清史论丛

中国社会科学院
历史研究所清史研究室 编

二〇一五年 第一辑

总第二十九辑

社会科学文献出版社
SOCIAL SCIENCES ACADEMIC PRESS (CHINA)

目 录
CONTENTS

专题研究

文献研究

史家与史评

学术争鸣

读史札记

专题研究

康熙四十七年众臣保举皇太子释疑

——兼论历史研究中如何正确分析史料

杨　珍

摘　要：本文通过传记档案等文献与《清圣祖实录》的比对，指出这些史料在记述康熙四十七年众臣保举皇太子及其首倡人物史事中有不实之处，并对撰修者书写这一史事的立场和观点提出看法。旨在探讨如何正确研读史料，并据此探究历史真实。

关键词：一废太子　康熙帝　满洲大臣　史料　史实

在研读史料、探究史实的过程中，我们经常遇到一个问题：由于史籍撰修者受客观环境、所据原始文本的可靠性以及撰修者本人学识、见解、情感等诸多因素的制约，他们对某些历史人物、事件的记载或不够准确，或语焉未详。这影响了我们对相关人物与事件的了解和认识。此外，我们论述历史，必有自己的评判。如果评判受到上述一类史籍撰修者的影响，便可能失之客观。围绕这些问题，仅以康熙四十七年（1708）十月众臣保举皇太子事件为例，从四个方面略做一些探讨，以求教于方家。

一　保举皇太子背景

康熙四十七年九月，康熙帝以"不孝不仁"为由废黜皇太子允礽，旋即后悔。他逐步发现，直郡王允禔于允礽未废之前谋欲行刺，且与皇八子允禩结党，力推允禩以取代允礽；允禩在查办允礽乳父、原内务府总管凌普家产案时所查未尽，"妄博虚名"。于是，令将允禩锁拿，交与议政处审理。十月初，允禩革去贝勒，降为闲散宗室。是月中旬，允禔指使蒙古喇嘛镇魇允礽事发，被幽禁。允禩得到开脱，受召见。十一月，康熙帝令满汉大臣于众皇子中推举一人为皇太子，许诺除允禔外，"众议谁属，朕即

3

从之"①。其意欲复立允礽,并向满汉大臣有所透露。② 可是,满汉大臣竟一致保举有才干、孚众望、性情平易的允禩为皇太子。康熙帝驳回此议,称:"八阿哥未尝更事,近又罹罪,且其母家亦甚微贱"③。当月,允禩复封多罗贝勒。

经过一番查询,康熙帝认为已掌握有关情况。四十八年正月,严厉追究保举允禩的首倡者。④

二 从整体视角看保举过程

修讫于雍正八年(1730)的《清圣祖实录》,对康熙四十七年众臣保举皇太子的首倡人有如下透露。

其一,四十七年十一月满汉大臣等会同详议时,"阿灵阿、鄂伦岱、揆叙、王鸿绪遂私相计议,与诸大臣暗通消息,书八阿哥三字于纸,交内侍梁九功、李玉转奏。"⑤

其二,四十八年正月康熙帝对满汉众臣表示:"此事必舅舅佟国维、大学士马齐以当举允禩,默喻于众,众乃畏惧伊等,依阿立议耳。"⑥

仅从这两条史料看,上述六人特别是佟国维与马齐为保举允禩的首倡者。

综合传记档案(见下文)与《清圣祖实录》的记载,所谓众臣保举允禩,大约是由相继发生的数件事所构成。

1. 国舅佟国维谏阻复立废太子允礽

四十七年十一月初,有朝臣为废太子允礽条陈保奏。康熙帝颁谕诸臣,为允礽的种种恶行开脱,显示复立之意。致仕十载的原领侍卫内大臣、国舅佟国维深谙此情,感到不安。他认为,允礽贪暴虐众,人心尽失,万不可复立。遂密奏称:"皇上办事精明,天下人无不知晓,断无错

---

① 《清圣祖实录》卷235,康熙四十七年十一月丙戌。
② 《清圣祖实录》卷235,康熙四十七年十月乙丑,十一月庚辰、辛巳、丙戌。
③ 《清圣祖实录》卷235,康熙四十七年十一月丙戌。
④ 关于康熙朝两废太子、储位之争以及相关人物情况,详见杨珍《清朝皇位继承制度》(修订本),学苑出版社,2009年版,第三、四章《嫡长子皇位继承制度》(上、下)。
⑤ 《清圣祖实录》卷235,康熙四十七年十一月丙戌。
⑥ 《清圣祖实录》卷236,康熙四十八年正月癸巳。

误之处。此事于圣躬关系甚大。若日后皇上易于措处，祈速赐睿断。或日后难于措处，亦祈速赐睿断。总之将原定主意熟虑施行为善。"① 康熙帝对此谏言十分反感，佟国维却受到众臣赞许："如此方谓之国舅大臣，不惧死亡，敢行陈奏。"②

2. 首席满洲大学士马齐将部分满臣拟举允禩之意转达汉臣

据一件撰写于乾隆年间、未被清修马齐传记采用的国史馆档案称，"（康熙）四十七年，内大臣佟国维等密奏建储，上令大臣会议保奏。疑马齐附国维，特命勿预"。③ 所谓佟国维密奏建储，并非事实。其密奏是在康熙帝命众臣保举皇太子之前。他在密奏中只是婉言劝阻复立废太子，并未奏请建储并提出储贰人选。

四十七年十一月十四日，全体朝臣应召赴畅春园。因佟国维密奏事在朝中影响颇大，康熙帝担心马齐附和其意，故在部分亲信满臣聆听面谕时说："议此事，勿令马齐预之。"④ 接着，满汉大臣陆续来到会议地。这时，马齐尚未退席，居显位。坐在他身边的是另一位满洲大学士温达。满汉大学士中排名第二位的汉族大学士张玉书后至，问马齐与温达："何故召集诸臣？"温达听罢不语，马齐告知张玉书："命于诸阿哥中举可为皇太子者。"张玉书又问："所举者为谁？"马齐答："尚未定，闻人中有欲举八阿哥（允禩）者。"言罢，离开会议地。⑤ 从马齐的语气看，他对"欲举八阿哥"的意向是赞同的。康熙年间，满汉大臣隔膜仍深，处境迥异。议事时，汉族大学士或予附和，少有己见，况且这次是保举皇储。马齐的回答对于汉臣当有较大影响。

3. 领侍卫内大臣阿灵阿等在会议中示意众人保举允禩

以达尔汉亲王额驸班第为首的满汉大臣分班列坐后，先是沉寂片刻，接着纷纷低声议论，感到"此事关系甚大，非人臣所当言，我等如何可以

---

① 《清圣祖实录》卷236，康熙四十八年正月癸巳。
② 《清圣祖实录》卷236，康熙四十八年二月己巳。
③ 中国第一历史档案馆：传包，第1147号。
④ 《清圣祖实录》卷235，康熙四十七年十一月丙戌。按，马齐、阿灵阿、揆叙等应同聆面谕。
⑤ 中国第一历史档案馆：传包，第1147号；《清圣祖实录》卷235，康熙四十七年十一月丙戌；卷236，康熙四十八年正月癸巳。

推举"。此时，领侍卫内大臣阿灵阿、内大臣鄂伦岱、户部右侍郎翰林院掌院学士揆叙、户部尚书王鸿绪等于手心俱写一八字。众人领悟，没有异议。于是，书八阿哥三字于纸，交内侍转奏。①

看来，佟国维与马齐虽是保举允禩的首倡者，但说他们"以当举允禩，默喻于众"并不属实。不过的确有一批满洲重臣在此中起了重要作用。

三 从保举皇太子看朝臣中坚的构成与特点

康熙二十七年，满洲大臣明珠因把持内阁、抵制上意而被革去大学士，但仍受信任（病逝于四十七年四月）。三十六年，和硕康亲王杰书去世，议政大臣内再无议政王。四十二年，领侍卫内大臣索额图因卷入康熙帝与储君允礽的矛盾而被拘捕，不久死于禁所。四十七年一废太子事件发生时，朝中既无权臣，满洲宗室中也乏一言九鼎之人，然而中坚力量依然存在。

了解这一中坚力量，需要对朝廷部分重要部门及其首要大臣的情况做一勾勒。

此时，宗人府宗令之位已空缺七载（四十九年由前任宗令、简亲王雅布子雅尔江阿继任）。担任左宗人的镇国公苏努比较能干，虽然意属皇八子允禩，其地位与影响力尚不突出。

领侍卫内大臣五人（公福善五月卒，博鼎九月任，二人未计内），依次为尚之隆、公阿灵阿，公颇尔喷（一作盆）、侯巴浑岱、宗室公鄂飞。其中，名列第二位、时年39岁的阿灵阿最为强势。阿灵阿，钮祜禄氏，满洲镶黄旗人。清朝开国元勋额亦都之孙，一等公遏必隆第五子，孝昭仁皇后、温僖贵妃幼弟。阿灵阿有才力，性耿直，敢担当。在朝中颇有声名，人称无愧勋旧大臣子弟，处事公正，铁面无私。② 病逝于康熙五十五年。

内大臣三人（明珠已逝，伯唐保住四月调任，二人未计内），依次为公诺尔布、公鄂伦岱、侯陈泰。三人中，鄂伦岱最得宠信。他是康熙帝的

---

① 《清圣祖实录》卷235，康熙四十七年十一月丙戌；《清世宗实录》卷45，雍正四年六月甲子。

② 中国第一历史档案馆编《康熙朝满文朱批奏折全译》第1643页，中国社会科学出版社，1996年，下同。

大舅、康熙二十九年在乌兰布通战役阵亡的佟国纲长子。鄂伦岱生性明敏，桀骜不驯，能言善辩，办事干练。四十七年，约 40 岁。雍正四年以"固结死党，怙恶不悛"罪被处斩。

大学士五人（是年正月席哈纳致仕，未计内），依次为马齐、张玉书、陈廷敬、李光地、温达。①满汉比例是二比三：满臣马齐、温达，汉臣张玉书、陈廷敬、李光地。温达出身寒微，性平和，寡交游。四十六年十二月由吏部尚书晋升大学士。一生笃行孝义，谨言慎行，才力稍逊。名列首位的马齐是大学士中核心人物，时年 57 岁。机敏练达，多谋善断。他是内大臣哈什屯之孙，户部尚书米思翰次子。因为通晓汉文，17 岁由荫生授工部员外郎。为官 71 载，历相三朝，年逾大耋。乾隆四年（1739）病逝。

满洲大臣中较为突出的还有揆叙和佟国维。

揆叙是大学士明珠次子，清代著名词人纳兰性德弟。先任侍卫，三十七年冬入值南书房。三十八年，康熙帝向众臣夸赞年仅 25 岁的揆叙，称他"极是小心老成，居官甚好，学问、文章满洲中第一。"②四年后，揆叙升任翰林院掌院学士。四十七年，35 岁。四月迁工部右侍郎，仍兼翰林院掌院学士。出身相门而行事低调，谦和慎谨。任议政大臣，所言中机要，有威信。病逝于康熙五十六年。

佟国维是康熙帝的二舅。平实好学，淡泊名利。康熙十二年冬，杨起隆等号召八旗奴仆在京起事。佟国维告发有功，廷议嘉奖。他却奏称汉军旗人郎廷枢告变在先，执意将爵位让与郎姓。③佟国维的长女为孝懿仁皇后，幼女为贵妃（雍正初年尊封皇贵妃）。长孙顺安颜，娶康熙帝第九女固伦温宪公主。二十一年，佟国维任领侍卫内大臣，兼议政大臣。三十六年以疾乞休，奉旨以原官致仕。四十一年，六十大寿，得赐"仁善谨恪"匾额及御制诗。内云："领袖高门称退让，英华雅望冠椒房。谦和不恃勋

---

① 关于康熙四十七年宗人府宗令、领侍卫内大臣、内大臣、大学士等任职人员，分见《八旗通志初集》卷 114、115、117，东北师范大学出版社 1985 年版，第 5 册，第 2954、2902、2957、3008 页；《清史稿》卷 174，中华书局标点本，第 21 册，第 6135 页；《清圣祖实录》卷 232，康熙四十七年正月癸酉。

② 王掞撰《皇清诰授光禄大夫经筵讲官起居注议政大臣都察院左都御史兼翰林掌院学士事教习庶吉士管佐领事加七级谥文端揆公墓志铭》，载中国文物研究所、北京石刻博物馆编《新中国出土墓誌·北京（壹）》下册，文物出版社，2003，第 334—338 页。

③ 中国第一历史档案馆：历朝八旗杂档，第 58 号。

臣贵，谨恪能承宠眷长。"① 四十七年，佟国维66岁。不在议政之列，于朝中威望仍高。

佟国维、马齐、阿灵阿、鄂伦岱、揆叙等分别隶属于两黄旗。除去佟国维年过六旬，余者均值盛年。

此外，户部尚书王鸿绪是汉臣中较为少见的敢言者之一。其有关情况本文从略。

这里有两点犹须关注：

佟国维等人与封在正蓝旗的皇八子允禩之间，似不存在荣辱与共的关系。如果说他们已与八阿哥结党，显与事实不符。保举允禩事件发生后，康熙帝分别对佟国维、马齐予以严责、惩处，但依然将马齐、阿灵阿、鄂伦岱、揆叙等视为心腹。直至康熙帝去世前，阿灵阿、鄂伦岱等对允禩始终有好感，对废太子允礽深恶痛绝，但似无拉党结派的具体表现。② 雍正帝胤禛继位后，对这些人予以严惩。主要原因是他们曾在奉命保举皇储时力举允禩，而不是时为四阿哥的胤禛本人。即便如此，这些指斥尚乏能够证实其结党的具体事例，此其一。

佟国维、马齐、阿灵阿等人之间，亦无结党迹象。他们在奉旨保举皇太子这一重大国事上看法相同，行动一致，然而平时的私人关系似乎一般。倘非如此，雍正帝对他们的反复批斥中不会只字未提。这与允礽戚属索额图等与允礽利害相关，故在允礽与康熙帝的矛盾中偏向允礽大有不同，此其二。

可见四十七年保举皇储事件中所显现出的中坚力量，是由朝中比较正派、敢于担当、口碑好、有威望的满洲重臣构成的。他们较少为个人身家计，主要从如何有利于巩固王朝基业出发，坚持选贤的满洲传统，充分发挥其影响力，以致出现满汉大臣一致保举允禩为皇太子的罕见现象。这是一批真正为朝廷效命，具有铮铮古士之风的满臣群体。康熙帝一意孤行，

---

① 《圣祖御制文三集》卷45，第2页，光绪朝武英殿刻本。

② 康熙五十三年（1714）冬，鄂伦岱护驾出巡塞外，驻跸遥亭。允禩属下太监代其主向康熙帝请安，因进呈之鹰殆毙而被夹讯，供出鄂伦岱、阿灵阿是允禩之党。鄂伦岱在旁申辩："我既系你主子之党，平日曾送过何物？你主子曾赏过我何物？"、参见《上谕内阁》，雍正三年二月二十九日，浙江书局刊本。按，这位太监对康熙四十七年众臣保举允禩时鄂伦岱等人的表现必有听闻，这或许是他做此指供的重要原因。

否决众臣意志，其后果不仅再立再废，而且严重打击了部分满洲大臣的公正之心和直谏的胆魄，致使中坚消殒，正气无存，人心涣散。这批满洲精英人物随即发生分化。有的远离政坛颐养天年（如佟国维），有的复职后惟旨是从，尸位素餐（如马齐），也有的锋芒或在，再无充分展露机会（如阿灵阿、鄂伦岱等）。这种变与不变，决定了其后他们截然不同的命运。众臣共举皇储的失败，预示着康熙帝专制独裁下庙堂风气的转变、清朝皇权的进一步强化以及康熙朝解决皇储问题的暗淡前景。

还须指出，四十七年十一月康熙帝令诸臣推举皇太子时，特让额驸班第等参与议政，并告知众臣："达尔汉亲王额驸班第虽蒙古人，其心诚实，朕深知之。新满洲娄徵额侍朕左右殆三十余年，其人亦极诚实。今令伊等与满汉大臣等会同详议，于诸阿哥中举奏一人。"① 按，额驸班第是康熙帝的舅爷满珠习礼之孙，康熙九年娶顺治帝的养女和硕端敏公主。娄徵额原为御前侍卫，康熙四十四年由镶红旗蒙古副都统任满洲副都统。俩人对康熙帝忠心耿耿，但在朝臣中缺乏威信，又非善辩能言之人。康熙帝期待通过他们在会议时贯彻其旨意，却事与愿违。会议前，康熙帝又特召大学士李光地入内，问："废皇太子病如何医治，方可痊愈？"李光地奏称："徐徐调治，天下之福"②。康熙帝暗示复立允礽之意，李光地的回答表明已心领神会。可是，满汉众臣议事时，善于见风使舵的李光地未将此意透露给众臣。

虽然有意掺沙子并利用传话筒，康熙帝想让众臣初次会议时提议复立允礽的愿望终未实现。可见封建帝王无论怎样机关算尽，如果一味独断专行，难免有失算之时。

四 史料记载不确抉微

皇帝讲话有时缺乏严谨，而官修史籍照录不纠；相关档案的记载有时没有明确时间。因此，我们通过官修史籍、原始档案所了解的一些史事，可能仍与事实有出入，或易产生误解。仅举同康熙四十七年保举皇太子有关联的三例。

---

① 《清圣祖实录》卷235，康熙四十七年十一月丙戌。

② 《清圣祖实录》卷235，康熙四十七年十一月丙戌。

例 1 马齐"御前拂袖而出"。

四十八年正月二十一日，康熙帝召集满汉大臣，追查保举允禩为皇太子一事。张玉书被迫陈奏当日保举情形后，马齐为己奏辩："臣实庸劣无知，但素无朋比怀私之事"，并说明回答张玉书所问之经过。[①] 第二天，康熙帝谕满汉众臣："朕因马齐效力年久，初心俟其年老，听彼休致，以保全之。昨乃身作威势，拂袖而出，众人见之，皆为寒心。如此不诛，将谁诛乎。著将伊族属一并拘拿。尔等传问马齐，伊之作威可畏，果何益哉。马齐奏曰：马齐原无威势，但因事务重大，心中惊惧，并不知作何举动。臣罪当死。奏入，谕曰：马齐……不念朕恩，擅作威势，朕为人主，岂能容此。……马齐于御前拂袖而出，殊为可恶，不可留于斯世者也。"[②]

依据《清圣祖实录》上述记载，马齐是在康熙四十八年正月二十一日受到康熙帝斥责后，表露强烈不满，以致"身作威势"，当着康熙帝面"拂袖而出"，愤然离开。这一情景不免让人生疑：马齐虽然是镶黄旗老臣，康熙帝对三上旗老臣一向宽厚。可是，马齐竟敢在皇帝与满汉众臣前有此举止，无论当时皇权高度集中，皇帝乾纲独断的宫廷氛围，还是康熙帝与马齐之间具有的八旗主奴关系，似都不允许出现这种现象。

马齐的传记档案解开了这一谜团。据档案载，康熙四十八年正月二十二日，"谕廷臣曰：马齐事朕久，方思保全之。乃闻其保奏储贰时陵轹同列，拂袖而起，人臣作威福如此，罪不可赦。遂下其族于狱，并令马齐对状"。[③]

将上述档案与前引《清圣祖实录》中马齐为其"举动"所作辩解并观，即可看出真相：此事其实发生在四十七年十一月十四日众臣聚集，拟行保举皇太子之时。马齐明确回答张玉书关于"所举为谁"的问题后，甩下衣袖，走出会议场所。其神态镇定，步履从容，如同以往。所谓"拂袖"，或是其平日习惯使然。可是，在康熙帝严厉追查下，马齐当时的表现由同僚密报并加以夸大。于是，其神色与"拂袖"之举便被康熙帝赋予政治含义，扣上"擅作威势"之罪名。实际上，康熙帝所以有此看法，绝

---

① 《清圣祖实录》卷 236，康熙四十八年正月癸巳。
② 《清圣祖实录》卷 236，康熙四十八年正月甲午。
③ 中国第一历史档案馆：传包，第 1147 号。

非因为马齐"保奏储贰时陵轹同列",而是在对储君人选的看法上违背了他的意志。

具有讽刺意味的是,《清圣祖实录》的监修总裁官恰是大学士马齐本人。

例2 "马齐、佟国维与允禔为党"

四十八年正月二十二日谕旨称:"今马齐、佟国维与允禔为党,倡言欲立允禩为皇太子,殊属可恨。"① 按,已如前述,皇长子直郡王允禔向与允礽不睦。四十七年九月随康熙帝从塞外返京途中,因感到自己于储位无望,转而保举皇八子允禩为皇太子,并说他当辅佐允禩,以试探皇父。② 康熙帝由此认为允禔同允禩结党并厌恶允禩。如果康熙帝仅以佟国维劝谏复立允礽、马齐向汉臣转达大臣中有欲举允禩之动议,乃称两人"与允禔为党",有失公允。若据此判断马齐、佟国维与允禔的关系,或与实情相距甚远。

例3 马齐"与皇太子反目"

康熙帝给步军统领托合齐的一纸谕旨称:"今马齐父子、朕之包衣牛录、浑托豁下佛保等人,伊等皆系已与皇太子反目之人,奢望转向大阿哥者多。"③ 这件满文谕旨没有日期。托合齐担任步军统领是在康熙四十一年至五十年期间。根据有关情况看,谕旨似写于四十八年三月允礽被复立为皇太子后,五十年十月托合齐被解除步军统领任之前。所写谕旨的时间大体明确后,可知康熙帝认为马齐已与皇太子反目之根据,很可能仍是马齐在四十七年保举皇太子时的态度。此前,首席大学士马齐绝无可能与皇储允礽反目。四十八年正月,马齐被革去大学士,交允禩严行拘禁。三月,复立允礽为皇太子。是年冬,俄罗斯人来京贸易。马齐获释,仍管俄罗斯事务。五十一年署理内务府总管。五十五年,复任武英殿大学士兼户部尚书。四十八年三月允礽复立后至五十年十月托合齐被解职前,马齐尚未复职,似更无可能与皇太子允礽不睦。

---

① 《清圣祖实录》卷236,康熙四十八年正月甲午。
② 《清圣祖实录》卷236,康熙四十八年正月癸巳;又参见《清圣祖实录》卷234,康熙四十七年九月戊戌。
③ 参见中国第一历史档案馆编《康熙朝满文朱批奏折全译》第1653页。

五　读清代史料勿与清帝"同好恶"

清代官私史籍记述某些人和事时，往往隐含撰者对记述对象的看法。其撰述口吻、所寓褒贬以及对相关史料的取舍等等，大都是以皇帝对某人某事的定论为准则。所以，我们在研读、采用史料时，需要具有批判性思维。

例如，如何看待康熙四十七年十一月众臣保举皇太子事件。倘若站在与《清实录》等官修史籍相一致立场，就会对佟国维劝阻复立允礽、马齐向汉臣转达满臣意向、阿灵阿等人倡举允禩等做法持否定态度，认为他们这样做打乱了康熙帝的既定部署。这种判断或会在我们对史事的论述中有所流露。

再如，清修传记中对于阿灵阿、鄂伦岱、揆叙等人的记述有两个共同特点，一是事迹简略，二是较多引用皇帝对传主的斥责。原因是，这些人虽然并未由于保举皇太子事件而失去康熙帝的倚信，却因此被当时尚为皇四子的雍正帝胤禛衔恨于心，并在继位后大肆报复，竭力诋毁其有关行为。雍正二年，命于已故阿灵阿、揆叙墓上分别镌刻污蔑文字①。四年，令将阿灵阿之子阿尔松阿及鄂伦岱分别于发配地处斩。如果我们重新认识与评价阿灵阿等在四十七年十一月保举皇太子时的行为，显然需要对他们在清修传记中的形象及其事迹予以修正和补充。

史料不等于史实。由于年代久远，语境消失，依据官修正史、私人著述、碑刻文献或原始档案，有时依然难以体味研究对象的复杂性、多面性和丰富性。原始档案既能提供正史记载中所没有的内容，也有可能存在谬误，或由于没有书写日期等原因，误导我们对相关人事产生不符合实际的看法。

尽可能全面、客观地了解历史上的人与事，认识、分析朝臣所曾依存的宫廷和社会，以期接近真实，找寻规律，鉴古知今，这是一条艰难之路，也是历史探研之魅力所在。

（作者单位：中国社会科学院）

---

① 雍正二年（1724），"著允禩将阿灵阿、揆叙墓上碑文磨去，另于阿灵阿碑上镌刻不臣、不弟、暴悍、贪庸阿灵阿之墓；于揆叙碑上镌刻不忠、不孝、柔奸、阴险揆叙之墓，以正其罪，昭示永久，庶使人心知所儆惕。"参见《上谕八旗》卷2，雍正二年十月二十八日，雍正刻本。

论图海之死

——兼论三藩之乱时期玄烨的降臣处置政策①

芦婷婷

摘　要： 三藩之乱期间，大将军图海在招降叛将王辅臣时，王辅臣有自杀之举。图海贯彻玄烨招抚政策，力保王辅臣日后不死，以便发挥其作为招抚工具的作用。战争结束后，玄烨欲重处王辅臣，而图海欲遵守诺言，这导致君臣二人的冲突。这种冲突，体现了平叛战争即将结束之时，二人在降臣处置问题上态度的不同。玄烨的招抚政策随着战争形势的变化不断变化。在康熙十九年以前，其降臣处置政策比较宽松。十九年以后，渐趋从严。图海则始终坚持"既已投诚，概行宽免"的政策。这使最初在政策上尚有交集的君臣二人，最终分道扬镳，图海也在抑郁、畏惧中病卒。《平吴录》《广阳杂记》关于图海"自尽"的说法，体现了非官方话语对图海信守诺言的肯定与对玄烨失信天下的指责。

关键词： 图海　玄烨　降臣

图海是清顺治、康熙时期的满洲重臣。"三藩之乱"期间，任抚远大将军，招抚叛臣、原陕西提督王辅臣。图海卒于康熙二十年（1681）十二月二十九日。关于图海之死，《平吴录》《广阳杂记》均记为自杀，且其自杀与王辅臣有关。

《平吴录》：

> 图海围平凉，久之，辅臣不能支，求援于屏藩。屏藩忌其轧己，

---

①　本论文在写作过程中，多次经姚念慈老师指导，在此致谢。

不应。辅臣困守半年，粮绝，杀马为食。海遣周昌入城招谕，即献城归顺……（辅臣）上阁自缢，海索得之，丞断索，救苏。辅臣曰："我负国至此，朝廷决不相恕。"海跪誓："愿以百口保君不死。"后海见上，力明辅臣之冤，触上怒，遂自尽，亦可谓不食其言矣。①

《广阳杂记》卷4《王辅臣》：

> 辅臣出战虽屡胜，而孤城坐困不支，经略图海招之降，与之钻刀设誓，保其无它，辅臣出降。随经略转战有功，事多不具录。事平，上撤经略还朝，即召辅臣入京……至夜半，（辅臣）泣谓众曰："我起身行伍，受朝廷大恩，富贵已极。前迫于众人，为不义事，又不成。今虽反正，然朝廷蓄怒已深，岂肯饶我。大丈夫与其骈首僇于市曹，何如自死。然刀死、绳死、药死，皆有痕迹，则将遗累经略，遗累督抚，遗累汝等。我筹之熟矣，待极醉，絷我手足，以纸蒙我面，冷水噀之立死，与病死无异，汝等以痰厥暴死为词。"众哭谏之，怒欲自刭。众从其言，天明以厥死闻。后经略入朝，上问王辅臣。经略言："反非其本意。"上怒曰："汝与王辅臣一路人也！"图海惧，吞金而死。②

《平吴录》著者孙旭，"三藩之乱"时以布衣招降叛将韩大任。后又至汉中，在图海军前从事招抚工作。孙旭所记多为亲历亲闻，可信度较高。刘献廷，顺治五年（1648）生，康熙三十四年（1695）卒，在世时多半时间生活在江苏吴县。但于康熙二十六年至二十九年，受徐乾学、徐元文兄弟之聘，在京参与《明史》《一统志》纂修工作。其图海吞金自尽之说，应得于京师传闻。观孙、刘二人所记，各有出处，情节不尽一致。但有两点基本相同。其一，康熙十五年六月，王辅臣投降时有自杀之举，图海曾力保其不死。③ 其二，战争结束后，图海为王辅臣辩护，触怒玄烨，畏惧

---

① 孙旭：《平吴录》，《丛书集成续编》第25册，史部，上海书店，1994年影印本，第174~175页。
② 刘献廷：《广阳杂记》卷4，中华书局，1957，第188页。
③ 刘健：《庭闻录》卷5《称兵灭族》，上海书店，1985年影印本，亦有类似记载，称："王辅臣之败也，自刭未死；大将军图海驰入城救之，得不死。"

自杀。

首先，分析王辅臣投降时为何自杀。

康熙十三年底王辅臣反叛后，大将军贝勒董额率领清军与叛军作战。玄烨采取剿抚兼施的策略，多次下诏招抚王辅臣。就玄烨而言，招降王辅臣利大于弊。当时，以吴三桂、孙延龄、耿精忠、尚之信为首的反叛势力，先后控制云南、贵州、四川、湖南、广西、福建、广东等南方省份。王辅臣以平凉为中心，控制陕西、甘肃大部分地区。若王辅臣投降，会使形势向有利于清军的方向倾斜，并大大减轻清军的负担。就王辅臣而言，当时清军与叛军处于对峙状态，战争形势并不明朗。清廷与反叛势力的角逐，谁胜谁负，尚难断定。且在反叛初期，其势力强劲，具有与清廷讨价还价的资本。所以，王辅臣拥兵自重，左右瞻顾，静观形势变化。十五年，玄烨撤久战无功的董额大将军一职，任大学士、正黄旗都统图海为抚远大将军。图海至平凉仅数月，便在虎山墩战役中重创王辅臣，并遣劄授参议道周昌招抚王辅臣。王辅臣孤立无援，被迫请降。六月，玄烨下诏，赦免王辅臣等人死罪①，王辅臣出降。就于此出降之际，发生了文中所引孙旭、刘献廷所记王辅臣自杀一事。王辅臣深知自己罪之不可恕，玄烨之不可信，虽已获免死诏书，但不免以后被秋后算账。所以，投降时有自杀之举。但当时玄烨正在大力推行招抚政策，若王辅臣自杀，不仅会令已降之人寒心，而且会使欲降之人却步。所以，图海秉承玄烨招抚政策，对王辅臣好言相劝，力保其日后不死，以安其心。

随王辅臣投降的叛臣有其继子王继桢，固原伪巡抚陈彭，伪布政使龚荣遇，伪总兵蔡元、周扬名、王好问、李国梁、李师膺，云南土司总兵陆道清，伪副将孔印雄等人。在这批降臣中间，弥漫着一股疑惧之风。八月，陈彭自缢身死。此事对陕甘降臣上下造成恶劣影响，王辅臣亦"追悔前事，中怀未能释然"。为"安"降臣之心，玄烨谕王辅臣："陈彭不思感恩图报，轻生自尽，殊负朕宽宥保全之意。至于卿之心迹，朕久已洞悉，前后屡次敕谕甚明。朕原情宥过，务全终始，卿宜开拓胸怀，奋励功绩，

---

① 《清圣祖实录》卷61，"康熙十五年五月戊寅"条："抚远大将军都统大学士图海奏言：'臣接奉赦诏，于本月初六日复令周昌，赍诏入城。'"

竭忠报国，永保恩荣。勿得仍怀小耻，自弃大猷，有负朕惓惓属望至意。"① 玄烨"谆谆教诲"，"一心保全"王辅臣，但这并没有让王辅臣释然。后王辅臣随图海大军驻汉中，又有自杀之举。② 玄烨闻知此事，令图海严加看守。在平叛战争结束前，王辅臣是玄烨标榜其招抚之"诚"的政治工具。如玄烨招抚耿精忠，谕："迩者抚远大将军图海，统兵至秦，剿抚兼施，王辅臣已经归顺，照旧录用，关陇地方悉平。……尔如翻然改悟，率众归诚，仍复尔王爵，照旧录用。"③ 又如，玄烨招抚韩大任，谕："前王辅臣等投诚，俱已免罪复用。近又特诏传谕，被胁从贼官吏，自拔来归，赦罪议叙。"④ 王辅臣被"保全"，使玄烨的招抚政策发挥一定效用，使某些想要投降但又疑惧不前的高级叛将看到一丝曙光。

康熙二十年七月，玄烨命图海自汉中还京，同时令王辅臣跟随。此前，耿精忠、尚之信已分别于十五年十月、十六年初投降，吴三桂也于十七年八月病死。清军长驱入滇，平叛战争胜利在望。王辅臣所能发挥的招抚作用愈来愈有限。玄烨令王辅臣来京，欲置重典的用意，不言自明。九月，王辅臣行至西安自尽。十月初六日，图海抵京，当日受到玄烨召见。此后，图海一直卧病在家⑤。所以，此次召见是图海还京后，唯一的一次被召见。前文所引《广阳杂记》中玄烨与图海的对话，就应该发生于此日。君臣之间的对话，史料没有详细记载。但透过《平吴录》《广阳杂记》所记，可揣测一二。玄烨令王辅臣来京的用意，图海心知肚明。王辅臣虽已死，但当玄烨问及王辅臣时，图海依然为王辅臣辩白，称"反非其本意"，而是属下所为。图海这种回答，令玄烨非常不满意。此外，二人的谈话必会涉及王辅臣死事。王辅臣死后，图海以王辅臣"病死"奏闻。⑥但王辅臣暴毙，必会引起玄烨猜疑。这使玄烨追问图海，王辅臣究竟是暴

---

① 李松龄编选《清康熙十年至十八年上谕选载》，《历史档案》1982 年第 2 期。
② 《清史列传》卷 80《逆臣传·王辅臣》载，王辅臣随图海大军驻汉中，"辅臣怀疑惧，与其妻妾四人，自缢死，独辅臣苏"。按：图海大军驻汉中是在康熙十九、二十年。
③ 李松龄编选《清康熙十年至十八年上谕选载》。
④ 《清圣祖实录》卷 68，"康熙十六年七月丁亥"条。
⑤ 《康熙起居注》第一册，康熙二十年十二月十七日，中华书局，1984，第 794 页，"上曰：'诏款关系甚重，大学士图海、杜立德虽病在家，仍应与阅，令伊等各抒己见，以示朕优待老臣之意。'"
⑥ 见《康熙起居注》第一册，康熙二十年九月十六日，第 750 页。

病而亡，还是另有他情。观王辅臣死后，图海代其家属请命，将遗骸运至平凉，避免运至京师后遭受刑罚，① 图海应对王辅臣抱有同情。这种同情，是出于不能信守诺言的愧疚心理。当初既力保王辅臣不死，如今却又无能为力，最终导致王辅臣自杀。况且图海由一等男爵受封三等公爵，是建立在招降王辅臣的基础之上。若当日王辅臣不降，顽抗到底，陕甘战局亦不知拖延多少时日。

君臣二人在对待王辅臣问题上的矛盾，集中体现了在平叛战争即将结束之时，二人在降臣处置问题上态度的明显不同。

一 图海的降臣处置政策

康熙十九年，清军制定四川、贵州、广西三路围剿云南的作战计划。叛军负隅顽抗，自贵州攻打四川。九月，泸州、永宁、叙州等处失陷。年初刚刚投降的谭洪、彭时亨等人复叛，攻陷夔州、巫山等处，叛军势力甚为嚣张。谭洪复叛，令玄烨大为意外。玄烨指责图海："至投诚官员，不可深信；务留置左右，时加防范，朕已屡行密谕。今谭洪、彭时亨等复叛，肆行侵扰；朕向谓此辈俱在尔军中，不意竟置之别所。此等背恩反叛之辈，受尔何恩而乃深信如是也？嗣后宜密防之。"② 玄烨此言透漏的信息有二。其一，陕西、四川等地的高级降臣多置于图海军前；其二，图海对这批降臣处置宽宏，防范不严，招致玄烨不满。

图海对降臣的处置政策比较宽宏。《平滇始末》是记述清廷平定"三藩之乱"的史籍。该书著者虽不详，但开篇便言"予吏滇，知逆藩吴三桂倡乱荡灭事颇详"③。故此书所记平定三藩之事亦比较可靠。其记："先是，将军图海受命为秦帅。朝辞时，言贼可灭状，但要不杀降，不惜饷，不中制，有请必行，灭贼有期；不然，虽去无益。上皆允之。"观图海日后所

---

① 王辅臣婿薛英向图海请求，携王辅臣骸骨、家口返回平凉。图海为其代请兵部。图海此举，遭到玄烨严斥："王辅臣系旗下人，应即令来京。图海乃准其呈请，送至平凉，移请部议，殊为不合。"见《康熙起居注》第一册，康熙二十年九月十六日，第750页。

② 《平定三逆方略》卷54，康熙十九年十月甲辰，《故宫珍本丛刊》第46册，海南出版社，2000，第462页。

③ 佚名：《平滇始末》，《丛书集成续编》第25册，史部，上海书店，1994年影印本，第185页。

行，其应曾向玄烨提出"不杀降"的降臣处置政策。该政策对瓦解反叛地区的军心、民心起到重要作用。试举一二：

平凉被清军围困时，云南土司总兵陆道清受王屏藩派遣，率3000苗猓兵救援王辅臣，后随王辅臣投降。这批苗猓官兵与王辅臣叛军最大的不同就在于，他们属于吴三桂的嫡系部队，在吴三桂反叛之初就参加叛乱。因而，他们也成为吴三桂嫡系军队中投降最早的一批官兵。图海贯彻"不杀降"的降臣处置政策，将这批苗猓官兵放归家乡，与家人团聚。这批官兵对此事莫不感恩，在家乡宣传"盛德如此，若再要打仗，惟有反戈相向耳"①，云南民心摇动。官修《平定三逆方略》亦言，清军入滇作战时，苗猓官兵"或输馈粮糗以资我军，或乡导前驱并力杀贼，无不倾心归顺，效力抒诚"②。又，图海奏请玄烨，授陆道清以高级职衔，并厚加赏赐，令其赴湖南招抚叛军。十六年十一月，清军将陆道清送还衡州吴三桂处。"三桂不敢杀，默然隐其事。而远近相闻，士卒有向顺之志，将帅无固守之心，皆欲解甲投戈矣。"③图海对降兵、降将的宽宏处置，促使一些叛将主动归附。其招抚政策的深久影响力，不仅达陕西、四川地区，且及湖广、云南等地。

康熙十九年，清军恢复陕南后，图海统帅一半陕甘大军驻扎汉中，除负责转运粮饷外，另一重要职责就是招抚四川叛将。《平吴录》记：

> 福建康亲王命王怀明赴陕西将军图海军前。海奏荐怀明往四川招抚王屏藩，不受，解怀明于贵州陆广门安插……怀明与故贵抚曹申吉等谋反正，潜遣人间道通将军图海。逾月，胡国柱陷叙州，获四川提督将军王之鼎，戮之。检箧中有塘报，载图海密摺内称"奉差副使道王怀明联络曹申吉、潘超先、来度、郭昌等为内应"。国柱奏世璠，立诛申吉等，惟怀明以间走苗狪得免。④

在吴氏政权中曹申吉任贵州巡抚，潘超先任贵州布政使，来度任户部

---

① 佚名：《平滇始末》，第187页。
② 《平定三逆方略》卷24，康熙十五年六月己卯，第212页。
③ 佚名：《平滇始末》，第187页。
④ 孙旭：《平吴录》，第176页。按：孙旭化名"王怀明"。

尚书，郭昌任侍郎。胡国柱攻陷四川叙州是十九年九月，所以，曹申吉等人是在此时谋求反正。当时在贵州掌权的是吴三桂女婿夏国相，曹申吉等人反正必要擒夏国相，以贵阳城降。参与此次反正事件的曹、潘、来、郭四人，在吴氏政权中均为高级文官。若反正成功，必会对吴氏政权造成沉重打击，加快清军作战步伐。此次反正事件虽因消息泄露而没有成功，但从侧面反映出，图海是此次反正事件的谋主，且得到了某些叛臣的信任。

二　玄烨的降臣处置政策

欲要弄清玄烨的降臣处置政策，须从玄烨的招抚政策入手。而玄烨的招抚政策随着战争形势的变化也是有阶段性变化的。平叛战争开始后，玄烨采取剿抚兼施的策略，曾多次下诏招抚叛臣。最早的诏书是面向云贵地区军民。康熙十二年底，吴三桂首先在云南倡乱，贵州等地失陷。玄烨在《诏夺吴三桂官爵书》中称："即或误从贼党，但能悔罪归诚，悉赦已往，不复究治。"① 后孙延龄、耿精忠先后据广西、福建反叛，玄烨招抚广西、福建军民亦如此。玄烨对反叛之首领吴三桂、孙延龄、耿精忠十分恼怒，所以将三人定为首恶，不在招抚之列。但是，很快玄烨就改变招抚策略，将招抚对象扩展到耿精忠、孙延龄二人身上，以孤立吴三桂。如，十三年三月招抚福建军民时称耿精忠"包藏祸心，潜谋不轨"②；而六月招抚耿精忠时则称耿精忠"系一时无知，堕人狡计，与吴三桂不同"，"非素蓄逆谋、首倡叛乱者比"③。两次上谕措辞明显不同，前谕将耿精忠指为蓄谋已久；后谕将耿精忠视为被人迷惑。此后，一直到战争结束，除首恶吴三桂、吴世璠不在招抚之列，其余叛臣均被视为"胁从"或者"被迫"，成为招抚对象。招抚诏书有的是广布叛乱地区官兵军民，有的是直接发给当事人，但都明确提到投诚免罪。如第一次招抚耿精忠："果能追念累朝恩德及伊父忠荩遗言，革心悔祸、投诚自归，将侵犯内地海贼速剿图功，即赦免前罪，视之如初。朕以至诚待天下，必不食言。"④ 十四年十二月，还

① 《清圣祖实录》卷44，"康熙十二年十二月壬戌"条。
② 《清圣祖实录》卷47，"康熙十三年四月辛酉"条。
③ 《清圣祖实录》卷48，"康熙十三年六月甲午"条。
④ 《清圣祖实录》卷48，"康熙十三年六月甲午"条。

将投诚免罪之意写入《建储恩诏》三十条，广布天下。[①] 而《清圣祖实录》《平定三逆方略》中此类诏书、谕旨比比皆是。

招抚之时既承诺投诚免罪，那招降之后有没有履行诺言呢？针对不同级别、不同阶段的降人，玄烨采取的策略不同。或调离军前，安置京城；或留置军前，严密防范；或授予实权，随军征剿；或委以劄衔，军前招抚。

其一，调离军前，安置京城。如冯苏随尚之信降于将军赖塔，初被授广东巡抚，后调至京城，任刑部侍郎；吴三桂属下大将韩大任，曾据守江西吉安，后降于大将军康亲王杰书，至京后被编入内务府包衣，任参领[②]。被调至京城的这批人，往往是叛军中的高级将领。因担心其与叛军暗通消息，再度反叛，所以将其调离军队，令其无所作为。

其二，留置军前，严密防范。如王辅臣投降后虽被授予"靖寇将军"衔，但没有实权，被置于图海军前，严密防范。被防范的这批人，往往是反叛后被迫投降的高级将领，也是玄烨眼中"罪大恶极"之人。

其三，授予实权，随军征剿。如王辅臣属下蔡元、李国梁、李师膺等人。蔡元被授予总兵官，镇守全州；李国梁、李师膺以总兵官随征湖南。被委以实权的这批人，往往以中低级将领为主。

其四，委以劄衔，军前招抚。如王辅臣属下黄九畴被委以布政使衔，赴湖南招抚叛军。又如伪两广总督董重民被俘后投降，后被委以四品衔招抚吴世璠。被委以招抚之责的这批人，往往受到清军信任，且又与叛军将领有联系，所以遣其招抚。这批人在招抚时，往往冒着生命危险，有被叛军杀害者。如董重民在贵州镇远被叛军杀害。

在康熙十九年以前，玄烨的降臣处置政策还是比较宽松的，基本上能践行"投诚免罪"的诺言。但"投诚免罪"的诺言不是没有原则的。对于降而复叛的人，则绝对不会宽恕。高雷总兵祖泽清降而复叛，玄烨对其采取的政策就是既不招抚，也不允许投诚，坚决围剿，以警他人。十九年，玄烨的降臣处置政策渐趋从严。这与当时的军事形势密切相关。十九年，湖广、江西、陕西等地告破，只余四川、贵州、云南三地尚未恢复，战争

---

① 康熙十五年六月初一日，皇帝敕谕王辅臣内称："且康熙十四年十二月内恩诏开载：一，各处叛逆为首者，如能悔罪投诚，俱各免罪，仍论功叙用等语。宣布中外，炳如日星。朕昭大信于天下，决不食言。"李松龄编选《清康熙十年至十八年上谕选载》，第24页。

② 《清史稿》卷260《姚启圣传》，中华书局，1977，第9861页。

愈来愈有利于清军一方。三月，四川降将吴之茂、韩晋卿被杀，是降臣处置政策开始从严的信号。接着，耿精忠来京被拘、尚之信被赐死，这一系列事件表明虽然"投诚免死"的招抚政策仍在继续推行，但玄烨已开始违背诺言，着手处理一些高级降臣。至二十年十一月，平藩战争完全取得胜利。此间有一大批降臣被杀，如马宝、巴养元、赵国祚、郑旺、李继业、郎应璧等。昆明城破时，有一大批叛臣子弟投降。这些叛臣子弟均因年幼，没有直接参与叛乱。清军统帅大将军贝子彰泰根据以往投诚政策，允诺他们可以免死。此事奏闻清廷后，引发一段君臣之间的讨论。《康熙起居注》记二十年（1681）十二月十三日玄烨与大学士的对话：

> 上曰："……至于投诚人等，概行免死，已有谕旨。而吴应麒等子弟在滇，将军亦许免死。凡事以信为主，今若诛戮，不惟将军失信，亦非朕所以示信也。如尚之信投降之后，欲谋反叛，故行正法。耿精忠投降之后，欲谋反叛，现在系狱治罪，其子孙亦未诛戮。我国家所欲食其肉而寝其皮，穷凶极恶如吴三桂、吴世璠、吴应麒、夏国相、马宝等，俱已就获。吴三桂族人已经投诚，或可免死，入官为奴。其吴应熊乳臭之子，朕既经免死，置之闲散之处，姑行豢养，亦未为不可，彼亦何能为哉？自古以来，叛逆之人，其九族未有不概行诛灭者，我国家宽恩，实出于格外。朕意欲践行前日投诚免死之旨，于天下后世示以大信。今日议政王、大臣、九卿官员现在会集，尔等传谕朕意，令其详议。"本日议政王、大臣、九卿官员会议称："皇上谕旨极其允当。但吴三桂反叛，地方困苦已甚，凶逆罪恶满盈，吴世璠复僭窃伪号，拒守云南，罪孽深重，其遗孽断不可留。至吴应麒等孽子，虽不投降，无处可逃，云南既破，终必擒获。吴应麒等党附叛逆吴三桂，助行凶恶，罪亦甚重，其遗孽亦不可留。吴三桂孙六人、吴应麒等子九人，应行一并正法。"大学士明珠入奏。上曰："朕欲践前旨，以示大信。今观议政王、大臣、九卿等议明执法，甚合大义，在朕亦难为宽免矣，着即行正法。"①

---

① 《康熙起居注》第一册，康熙二十年十二月十三日，第790～791页。

玄烨欲"践行前日投诚免死之旨，于天下后世示以大信"，遭到大臣反对，故"一改初衷"，做出勉强服从众议的姿态，下令将吴应麒等人的子弟处死。殊不知生杀大权握于君主之手，他人岂能操之？玄烨欲行诛戮，违背诺言，但又恐遭失信于天下的指责，故而故作姿态。如此一推一就，将失信责任推于大臣。

应该说，图海对降臣的宽宏处置政策，在最初是得到玄烨肯定与支持的，这也是形势需要。及至谭洪复叛，四川形势反复，清军入滇计划被迫延迟。图海的降臣处置政策便遭玄烨指责，此为图海遭谴之缘始。迨至回京，图海又为王辅臣辩白，与玄烨在降臣处置问题上的冲突已无法调和。作为一介臣子，图海无法理解，作为天子的玄烨缘何失信于天下，要将已赦免之降臣置于死地；作为当朝天子，玄烨无法理解，作为朝廷大臣的图海为何要替降臣说话，力保降臣不死。这就是君臣二人在降臣处置问题上的矛盾所在。当玄烨的降臣处置政策已随着平叛形势的好转而急剧转弯，欲对降臣"重加诛戮"时，图海却一如既往地坚持着以往"既已投诚，概行宽免"的政策。此时，图海与玄烨在降臣处置问题上已没有交集。

三　图海之死

康熙二十年十月初六日，图海还京。十二月十九日，卒。

大学士张玉书为图海之子诺敏撰写的《墓志铭》记："至二十年，滇逆平，（诺敏）班师在道，会文襄公（图海）自汉中师旋，以疾卒于京师里第。"[1] 此铭撰于康熙三十三年，明确记载图海为病卒。若图海真为病卒，则张玉书是据实书写；但墓志铭撰写好为尊者讳，若图海真为自尽，此铭亦不足为凭。所以，图海死因还须进一步考证。

康熙二十年七月，玄烨诏图海还京时，称"图海年老有疾"[2]。又，十一月上谕大学士："图海效力年久，军前劳绩甚多。今观病势不能霍然顿愈，现在应议之处，其罪亦不至重大，似可宽免。尔等传谕议政王大臣商酌具奏。"[3] 可见，此时图海确实已病，且病势不轻。关于图海生年，目前

---

[1]　张玉书：《张文贞集》卷12《诰授光禄大夫三等公蒙古都统佐领诺公墓志铭》，商务印书馆，2005年文津阁四库全书影印本，第615页。
[2]　《平定三逆方略》卷58，康熙二十年七月戊辰，第489页。
[3]　《康熙起居注》第一册，康熙二十年十一月初六日，第775页。

所见史籍没有确载，但可以大致推测。顺治二年（1645），图海升内国史院侍读。① 考虑到图海是以笔帖式入仕，不会骤然升至国史院侍读，则图海入仕应在崇德前中期。所以，图海应生于后金天命末年。又二十年十二月，图海与大学士冯溥同时请辞大学士。玄烨征询大学士明珠等人意见，明珠回奏："朝有老臣，物望为胜。但冯溥年七十余，甚为衰惫。图海虽有年，尚未甚老，仰赖皇上福庇，病幸得痊，尚可报效几年也。"② 康熙二十年，冯溥七十三岁③，在明珠看来已是"甚为衰惫"，则图海应在 70 岁以下。由此可以大致推定，图海卒时应在 65 岁左右。对于一个 60 余岁、经历 5 年战争风霜，且病势不轻的老人来说，病卒是极有可能的，却也不能排除其自尽。但是，根据图海的临终遗言，基本上可以推定其是病卒。二十四年正月，大学士明珠等以折本请旨："公诺敏请照伊父图海遗言，停其叙功，兵部议仍行议叙。"玄烨言："图海先经超授公爵，后出征川陕，并未著有功绩，此事着从诺敏之请。"④ 图海卒时，诺敏不在京城，尚在班师途中。诺敏所称"遗言"，应为家人转述。若图海自感罪孽深重，无法获得玄烨谅解，则自尽而已，岂能在乎有无功绩？其"遗言"停止叙功，则正是因与玄烨的冲突，内心充满失落，加之病情严重，抑郁而卒。

图海既为病卒，《平吴录》《广阳杂记》为何记为"自尽"呢？孙旭称图海"力明辅臣之冤"可谓"不食其言"，言语之间流露了对图海信守诺言的肯定，当然也包含对玄烨失信的批评。刘献廷具有遗民倾向，一生未仕清廷，对反清者怀有同情。⑤ 其记王辅臣"随经略转战有功，事多不具录"，明系不确。前文在分析玄烨的降臣处置政策时已经指出，王辅臣降后被严密监控，其部将则多被调赴湖南。王辅臣已不能有所作为，又能有何功而言？又，刘献廷在为固原提督陈福所立传中，记宁夏兵变后，陈福被杀，"嗟乎！辅臣于斯时不能北联宁夏之叛卒，以断河西之声援，而

---

① 见《清史列传》卷 6《图海传》，中华书局，1987，第 412 页。
② 《康熙起居注》第一册，康熙二十年十二月初十日，第 788 页。
③ 据《康熙起居注》第二册，康熙二十七年二月二十五日，第 1732 页，康熙二十七年，冯溥自言"臣年八十岁"，则二十年冯溥 73 岁。
④ 《康熙起居注》第二册，康熙二十四年正月二十八日，第 1282 页。
⑤ 参方祖猷《清初搜集南明文献述略》，《史学史研究》1990 年第 1 期；刘仲华《清初学者刘献廷的游历与交友》，《唐都学刊》2013 年第 5 期。

坐守平凉以待毙，此实不可解也"①。言语之中流露出对王辅臣战败的叹惜之情。其记"图海惧，吞金而死"，只能是对清廷上层统治的矛盾与冲突有所反映，并表达了其对上层统治的不满与指责。

结语

本文旨在透过图海之死，反观图海与玄烨在降臣处置问题上的冲突，进而反思平定"三藩之乱"时期玄烨的降臣处置政策。叛乱初期，玄烨推行剿抚兼施的策略，多次下诏招抚除吴三桂以外的所有叛军，以图孤立吴三桂，但成效不大。图海招降王辅臣，是图海贯彻玄烨剿抚兼施策略的成功案例。图海招抚之所以成功，是因其推行"不杀降"的降臣处置政策。在清军没有取得绝对性优势前，玄烨对图海的政策是比较支持的。但玄烨与图海的不同在于，玄烨对降臣的保全是一种政治手段，将降臣作为招抚工具来使用。一旦工具不能再发挥其作用，则必废之，哪怕失信于天下亦坚决为之。而图海对降臣的保全，虽也有战略上的考虑，但却没有玄烨那般功利化，而是从一始终，信守诺言。这使最初在政策上具有交集的君臣，最后分道扬镳。图海在抑郁、畏惧中病卒。《平吴录》《广阳杂记》关于图海"自尽"的说法则体现了非官方话语对图海信守诺言的肯定与对玄烨失信于天下的指责、批评。

(作者单位：中央民族大学)

---

① 刘献廷：《广阳杂记》卷1，第46页。

明清政府与欧洲三国的早期接触

——以闽粤地方政府为主线

吴莉苇

摘　要: 本文通过梳理明末广东和福建官府与葡萄牙、西班牙、荷兰之间的几次颇具戏剧性的接触,一方面看到明末沿海地方官事实上已经比较深入地同欧洲人接触,另一方面又看到,中国人如何在想象与务实之间应对"朝贡体系"有效范围之外的人群。这些事例足资考察和反思不同观念体系——欧洲国际秩序观念与中国朝贡观念——之间的碰撞。

关键词: 中西文化交流　明清　朝贡体系

自葡萄牙印度总督阿尔布克尔克 (Alfonso d'Albuquerque) 派人于 1514 年到达中国海岸屯门岛并立碑为念后,寻求与中国政府的官方接触就成为葡萄牙和其他西方国家的一项重要任务。《明史》虽有佛郎机、吕宋、和兰、意大里亚欧洲四国传,但《意大里亚传》所载是利玛窦等耶稣会传教士,所以最早与明朝有过官方接触的是葡萄牙、西班牙与荷兰。终明之世,除葡萄牙曾有一次不成功的北京出使,其他三国主要是与沿海地方官员来往。因为海防、地方利益及对海外华人政策这几方面的原因,广东和福建官府分别与葡萄牙、西班牙、荷兰之间发生了几次很具戏剧性的事件。从这些事件中,我们一方面看到明末沿海地方官事实上已经比较深入地同欧洲人接触,另一方面又看到,中国人如何在想象与务实之间应对"朝贡体系"有效范围之外的人群,有些事例足资考察不同观念体系之间的碰撞。入清以后,叩关多年的荷兰、葡萄牙得以数次遣使,但对他们预期的贸易利益而言并无多大成效,倒是在继续重演欧洲国际秩序观念与中国朝贡观念之间的冲突。

一 葡萄牙人与广东官府的斡旋

1. 遣使明廷

1513 年，葡萄牙印度总督阿尔布克尔克派阿尔瓦雷斯（Jorge Alvares）前往中国，1514 年抵达中国海岸屯门岛，因中国不许外人入境而仅在屯门岛立碑为念。1515 年，阿尔布克尔克又正式派遣佩雷斯特罗（Rafael Perestello）聘问中国。但直到 1516 年 8 月 12 日使团仍音讯全无，故又遣费尔南·佩雷斯·德·安德拉德（Fernão Perez d'Andrade）出使，却因风浪被迫中途返回，且遇佩雷斯特罗在中国获利而归。阿尔布克尔克大喜，1517 年（正德十二年）6 月 17 日再度遣使，由多默·皮列士（Tomé Pires）任使节，安德拉德则负责护送使节。此使节是阿尔布克尔克奉葡王之命派出，故可认为是葡王使节。

皮列士使团于 1517 年 9 月底进入广州，但是通过广东官员提出的入觐明廷、递交国书、讨论两国正式通商事宜等请求遭皇帝拒绝。皮列士因使命不遂不愿离去，凭借通译火者亚三在广东官府的周旋而得以滞留广州。后来火者亚三贿赂明武宗幸臣江彬，诈称满剌加使臣，使团终于在 1519 年末接到进京的命令，并于次年 5 月来到当时武宗南巡驻辇之地南京，继而于正德十六年（1521）一月随武宗到达北京。然而就在正德十五年十二月，满剌加因葡萄牙入侵而遣使来华乞援，火者亚三的伎俩败露，随即宠幸火者亚三的武宗于正德十六年三月驾崩。新即位的明世宗以火者亚三冒充满剌加使者之事情节重大而决议处斩，皮列士等人则被发送广东监禁。在这整个过程中，皮列士恐怕不知道火者亚三伪冒满剌加使臣的手段，也不知自己在明廷眼里是火者亚三的副使或随员，履行使命之事当然无从谈起。[①]

同一时期，葡萄牙人西芒·德·安德拉德（Simão d'Andrade）于 1518 年到达中国沿海，犯下许多海盗暴行，在 1521 年被中国军队驱逐出境。该事件明显影响了中国人对葡萄牙人及在京之皮列士的态度。至明廷获知葡萄牙侵占时为明朝属国的满剌加，而火者亚三又冒充满剌加使者，对葡萄

---

① 葡萄牙方面对皮列士出使经历的叙述可以参考科提松整理出版皮列士《东方志》时为皮列士所写的传注，见多默·皮列士《东方志——从红海到中国》，何高济译，江苏教育出版社，2005，第 5～32 页。

牙使团自然更加排斥。于是如《明史·外国列传·佛郎机》所载，当正德十六年七月复有葡使前来请求贸易时，尽管地方官已经答应，却遭朝廷断然拒绝。皮列士一行人在嘉靖元年（1522）九月被遣送至广东下狱。系狱期间，明廷曾多次要求皮列士致书葡王，归还所侵占的满剌加土地，以之为放其归国的条件，皮列士谢之以能力不及。据说皮列士1524年5月病殁狱中，葡萄牙派往中国的第一个使团就这样以失败告终。此后直至明亡，葡萄牙人都不再派遣使团。因为1554年始葡萄牙人得以在中国进行合法贸易，1557年则入居澳门，有了合适的对华贸易基地。贸易目的已经达成，自然也不必劳师动众派遣使团。

2. 市易广东

在明朝中叶海外贸易大幅收缩、禁海而又闭关的背景下，葡萄牙人得以入居澳门，可谓极不寻常，这生动地体现了沿海地方利益与朝廷利益间的离合关系。皮列士出访明廷失败一事直接导致朝廷关闭广东口岸。朝臣本厌恶江彬和火者亚三，随着武宗驾崩，朝廷不仅迅即驱逐葡萄牙使团，还拒绝了当年再次请使的葡萄牙人，同时出台闭关政策，"仍诏绝佛郎机进贡，并遏各国海商市舶"。[1] 正德末期，葡萄牙人在广东一带的行为无疑加剧了明廷对"外夷"的不信任感和防范意识。葡萄牙人不仅恃快船利铳横行南洋甚至侵犯明朝属国，还在广东海域耀武扬威。当时任广东按察司佥事的顾应祥称："蓦有番舶三只至省城下，放铳三个，城中尽惊。"[2] 不仅如此，正德年间的使团还在广东留下一个更可怕的印象，当这个使团起初不被允许进京时，他们没有按要求立刻离境，据说滞留东莞期间除劫掠商旅之外还掠食婴孩。[3] 令嘉靖皇帝及朝臣更为不安的是，不死心的葡萄

---

① 茅瑞征：《皇明象胥录》卷5《佛郎机》，明崇祯刻本。类似叙述亦见熊明遇《文直行书诗文》文选卷13《佛郎机》，清顺治十七年熊人霖刻本。
② 顾应祥：《静虚斋惜阴录》卷12《杂论三》，明刻本。
③ 掠食婴孩之说见诸多明人记载，如王希文《重边防以苏民命疏》，收贾三近辑《皇明两朝疏抄》卷16，明万历刻本；焦竑《国朝献征录》卷124《佛郎机》，明万历四十四年徐象橒曼山馆刻本；何乔远《名山藏》卷107《王享记三·满剌加》，明崇祯刻本。严从简《殊域周咨录》卷9之《佛郎机附》（明万历刻本）还详细叙述烹食小儿的烹煮程序。论者似乎都信之不疑。唯有张燮在《东西洋考》卷12《逸事考》（清惜阴轩丛书本）引嘉靖时李文凤《月山丛谈》中关于佛郎机人在广东烹食小儿过程的叙述后，婉转地质疑："然今在吕宋者却不闻食小儿之事。"此传说至为传神地表达了中国人对外夷的疑惧之心。

牙人在嘉靖二年便寇犯新会县。

但是，闭关广东很快就被证明并非良方。首先，葡萄牙人并未坐困于禁令，他们立刻潜赴福建漳州为市。其次，漳州私市得以维持则又因为东南地区的禁海令实则禁断了闽浙诸多居民的生计，走私贸易应运而生。在闽浙海防官员眼里，葡萄牙人私贩漳州使福建海患加重。嘉靖四年八月初，浙江巡按御史潘仿上奏："漳泉等府黠猾私造双桅大船下海，名为商贩，时出剽劫，请一切捕治。"① 而这却是闭关于广东所引出的后果。最后，广东官员成为闭关的最大受害者。因为广东文武官的月俸本来多以番货代替，如今禁止各国市舶，番货不至，官不聊生。于是朝中掀起开关还是闭关的争议，一番曲折之后，两广巡抚林富于嘉靖八年（1529）提出应当允许佛郎机互市的四个理由：（1）恢复抽分之法可足供御用；（2）可以充实两广军饷；（3）广西的度支一向仰赖广东，广东匮乏造成的隐患可想而知；（4）沿海小民的生计有赖于贩海贸易。② 这番说辞以"助国裕民、两有所赖"为诉求点，终于打动朝堂，自此葡萄牙人得入香山澳为市。正德时，暹罗、占城、爪哇、琉球、浡泥诸国的互市地点自广州移至电白县。嘉靖十四年起又移至濠境，葡萄牙人也混入其间。由是，在嘉靖前期，葡萄牙人虽然名义上不许朝贡，却终能在广东官府的默许之下享受贸易之利。

3. 入居澳门

葡萄牙人并不满足于仅在广东尾随诸朝贡国从事朝贡贸易或在粤、闽、浙从事走私贸易，他们一直在相机争取更好的待遇。终于，嘉靖三十二年，拥有葡萄牙国王所颁东方贸易特许权的苏萨船长（Leonel de Souza）与广东海道副使汪柏商谈，使葡萄牙人以交税为条件从广东地方官那里获得暂住澳门③和自由贸易的许可。

在中国史料中，一向称汪柏接受葡人贿赂，从而接受了葡人以遇难船只须晾晒货物为借口而留居澳门的要求，而该请求先由守澳官王绰代为申请。但是，在苏萨1556年写给葡萄牙路易亲王（Prince Louis）的报告中没有行贿情节，也未表明当时已赁居澳门。他声称与海道副使签订了一纸

---

① 徐日久：《五边典则》卷24，旧抄本。
② 《明史》卷352《佛郎机传》，中华书局，1997，第8432页。
③ 中文史料中关于获准居住澳门的时间还有嘉靖三十六年之说。

保证葡人自由贸易的和平协议，并就关税问题进行一番谈判，最后海道副使暂时同意了苏萨提出的 10% 的税率，而以后的实际运行中，葡萄牙商人缴纳的关税都没有超过 10%，而且葡萄牙人可以去广州和其他地方经商。因此，1554 年起，葡萄牙人便可以在广东进行合法贸易。西方史学界也提到贿赂银问题，依据是 17 世纪早期耶稣会士为表明葡萄牙人在澳门享有权利而写的一份申请书。据此，贿赂银始于 1560～1562 年，原本是葡萄牙人为使用澳门及其港口而向明朝国库缴纳的一笔商船停泊税之外的租金，但是在 10～12 年，这笔租金从未上缴国库，一直被海道独吞，葡萄牙人也心知肚明，故而称它为"海道贿金"。

直到 1572 年（隆庆六年）或 1573 年，一次葡萄牙人去赶市集并照例来缴纳停泊税和"海道贿金"，翻译把后者称为"澳门的租金"，而当时有其他官员在场，海道只好真把这一笔 500 两的银款当作地租银，要求葡萄牙人送至相应的管理机构地界司。此后，每年 500 两租金就成为定则。[①]按照这份资料，则葡萄牙人定居澳门始于 1560 年左右，而且此事似乎又是与海道直接交涉的结果，只是当时汪柏已不在海道任上。自由贸易和居住澳门这两件事，都是地方官在未报知中央，也明知不能得到皇帝批准的情况下，按照地方官府的利益、运用自己手中的权力处理的结果。

4. 朝廷认可

自葡萄牙人获准在广东自由贸易，对澳政策经历了嘉靖、隆庆、万历三朝才最终确定。嘉靖末年，明廷内部围绕澳门政策已起争议，而澳门葡人以极为恭顺的态度和不时的贿赂得以继续在广东官府的默许下生存。葡萄牙人还曾助明朝军队驱逐海盗，这也是广东地方官府许其活动的一个原因。[②] 隆

---

① 徐萨斯：《历史上的澳门》，黄鸿钊、李保平译，澳门基金会，2000，第 25 页。
② 葡萄牙人加斯帕·弗鲁托索（Gaspar Frutuoso）在 1580～1591 年撰写的作品中记载了一名葡萄牙船长在广东海域战胜了一个强悍的中国海盗，并在澳门兴建堡垒。耶稣会士利类思在1665 年撰写的《不得已辩》中追溯 130 余年以前（1530～1535），广东海盗张西老攘澳门，继而围困广州，葡萄牙人帮忙解围，由此督臣许其居住澳门。泉州同安县人林希元于嘉靖二十年罢归故里后，曾在《与翁见愚别驾书》中力陈当开放福建海禁，与佛郎机人贸易，其中提到葡萄牙人曾帮忙剪除危害 20 年的海盗林剪。林剪在嘉靖二十六年加入许氏海商集团，次年朱纨击破该集团，但俘虏名单中没有林剪，因此林希元所言之事当在 1548 年（嘉靖二十七年）以后。虽然上述各论所指时间难于核实，但看起来葡萄牙人确曾在平剿海盗一事上襄助过明朝军队。

庆初年，广东对澳政策在明朝海外政策做出重大调整的大背景下，确定了以"禁私通，严保甲"为基本点的大框架，澳门从此成为广州外港。万历初年的两个标志性举措表明对澳政策基本定型，一是广东官府对澳门实施地租银规范化，这从根本上说明了居澳葡人在中国的赁居地位，也表明广东官府事实上承认居澳葡人的赁居地位。自 1572/1573 年正式收缴 500 两地租银后，葡人一直向明朝缴纳这笔款项，明末一度增至每年 1 万两。入清后，澳门地租银仍继续缴纳至道光二十九年（1849）。二是广东官府于万历元年（1573）在澳门北面香山县咽喉之地莲花茎上设关建闸并置官防守，关闸定期开放，开放时定期集市，从而控制居澳葡人的随意扩张。但到此为止，葡人居澳仍是只得到广东官府的默许，而未得到代表中央的广东地方行政最高长官的正式承认。

万历十年，两广总督陈瑞在居澳葡人答应"服从中国官吏的管辖"的前提下，对其居澳予以承认，这可视为明朝对澳政策最终确定的标志。据葡萄牙方面的资料，陈瑞许可葡萄牙人定居澳门并且自治的条件又是收受贿赂。而陈瑞之所以一就任总督就召见澳门葡人的头面人物并申明朝廷对澳门的管辖权，与其说是为了晓谕天威，不如说是为了索取贿赂。①

整个万历年间，有关对澳政策的争议虽不间断，但政策本身再无根本改变，其中广东地方官员的倾向直接影响了明代中央政府对澳门问题的决策。广东官府在对澳政策确定之前曾有过激烈争议，这与葡萄牙人的势力在澳门迅速成长有直接关系。葡萄牙人不断结庐筑屋，还据险负隅、加以铳台，侵逼其他贡国商人不说，竟以防备荷兰人为由蓄倭缮兵。对此，任职广东的官员和任职朝廷的广东籍官员主要形成三种意见：第一，尽行驱逐，后果是海贸并废；第二，令番舶离开澳门，于浪白外海保留海外贸易；第三，许葡人居澳，开展海外贸易，严防守，禁私通，加强管理。第三种意见中还包含一种取消葡人自治，改在澳门建县设官，把对葡萄牙人的管理纳入地方行政体系的建议。倡议允许葡人居留澳门之代表人物是广东籍官员霍与瑕。他在《处濠镜澳议》中论道，此举一在政治上于澳门设官管理，合乎朝廷"临御四方"的传统；二在经济上借贸易获得经济效

---

① 徐萨斯：《历史上的澳门》，第 26 页。

益；三在军事上可以澳门为香山之屏卫。①

最后，第三种意见作为折中稳妥之论，借万历三十八年至四十二年任两广总督的张鸣冈而确定下来。张鸣冈的主张是，让葡萄牙人继续居留澳门，维持中葡贸易以保证广东的财税来源（此时下降到每年 16 万两银）；由于澳门葡人完全仰仗广东，广东有足够力量控制澳门，关键是要防备得当。张鸣冈的意见与霍与瑕颇为接近，但否定了在澳门建县设官的设想。此议于万历四十二年获朝廷支持，从而贯彻执行，终明之世未起大议。

5. 清代出使

入清以后，葡萄牙人在康熙初年两度派出大规模的使团，因为清政府的禁海、迁海政策严重影响澳门葡萄牙人的生计，葡萄牙人不得已把视线从地方官转向中央政府。第一个使团是 1670 年 6 月 30 抵京的撒尔达聂（Manuel de Saldanha）使团，第二个是 1678 年 9 月抵京的本多白垒拉（Bento Pereira de Faria）使团。两次使团当然是被当作朝贡国的代表而被接待，各项贸易请求全无着落，尽管本多白垒拉辛苦带去的非洲狮深得康熙皇帝欢心。②

康熙二十三年（1684）起开放海禁，准许沿海人民出海贸易，次年又准外国商船前来纳税贸易。《清会典事例》卷五一零《礼部·朝贡·市易》载，康熙五十六年又颁布南洋贸易禁令，禁止中国居民出海到南洋，而不禁外国商船来华贸易。起初广东政府也想将此禁令适用于澳门，澳门方面立刻派人与广东政府周旋而获免。此后，中国商船不能出海到南洋，澳门的葡萄牙人商船则得豁免。为了感谢中国政府免除澳门葡人适用南洋贸易禁令，澳门议事会于 1719 年 3 月 1 日缮具谢恩表和各种礼物，交两广总督进献北京。次年，即康熙五十九年，澳门第三次派出使团，或者就为此事而表谢意。但西文资料对这一使团几乎不载，盖因此为澳门议事会所遣而非印度总督以葡王名义所遣。《清会典事例》卷五零五《礼部·朝贡·朝仪》详载该使团的朝见仪式。

雍正皇帝即位后，下令禁止天主教在中国传播，使澳门再次面临衰颓

---

① 霍与瑕：《勉斋集》卷 19，光绪丙戌重刊本。

② 葡萄牙人康熙朝这两个使团的详情可参见 John E. Wills, *Embassies and Illusions, Dutch and Portugueses Envoys to K'ang - hsi, 1666 - 1687*（Harvard University & London, 1984），pp. 82 - 144，下文所述雍正、乾隆朝使团见该书 pp. 182 - 184。

之危。为了缓和雍正皇帝对天主教的严峻态度，澳门议事会策动葡王派出第四个使团——麦德乐（Alexandre Metello de Sousa Menezes）使团。该使团 1727 年初抵京，以庆吊为名，意图恳请中国保护葡侨及澳门居民。在葡萄牙人的叙述中，这次出使是一次超越"朝贡"的旅程。但在清朝官方记录中，该使团仍是被以朝贡国之礼对待，比如《清会典事例》卷五零五《礼部·朝贡》之"朝仪""敕封"两条及《清世宗实录》卷五十六"五年四月癸丑"条之记载。

乾隆十四年（1749），海防同知张汝霖与香山知县暴煜订立《澳夷善后事宜条议》十二则，对澳门葡人限制颇多。葡人怀疑这是地方官擅立之规定，并认为这是侵犯葡人权利之举，故而由澳门主教回国递呈一份呼吁书，请求葡王为此事派遣使臣来中国交涉。于是，北京于 1753 年 5 月迎来巴哲格（Francisco Xavier Assis Pacheco Sampaio）使团。由于这是乾隆皇帝第一次接待欧洲使团，所以巴哲格在北京五星期里受到高规格接待并满载礼物而归。然而最终结果表明，此次出使只达成让皇帝相信澳门近来的苦难源自地方官员的心胸狭隘和用心不良。

葡人在清朝前期五次出使，次次令澳门葡萄牙人财政拮据，而从未实现过以外交谈判达成政治成果的期望。一方面，开不开海，能不能来贸易，全是中国政府根据自己的判断做决定。此外，不管葡萄牙人怎样试图摆脱朝贡体制强加给他们的贡国地位，清廷上下都只把他们想象为朝贡之使并照此记录。另一方面，19 世纪之前的西方国家为打开中国的贸易大门而经常不惜在外交出使中委曲求全，这也是事实。因为，此时还在中国的"天下"体系之内。

二　荷兰人与福建官府的摩擦

1. 叩问福建

葡萄牙人在获准入香山为市之后不久便越界私赴福建，然而嘉靖二十五年朱纨之任闽浙巡抚后厉行海禁，并严禁葡萄牙人来漳州贸易。于是葡萄牙人于二十六年十一月侵犯漳州之月港、浯屿以示威，遭逐。二十七年，葡萄牙人不顾禁令再度来漳州私贩，漳民畏于禁令而驱逐之，葡萄牙人愤起格斗，终被漳人所擒，朱纨下令悉杀之。二十九年，朱纨因此次滥杀及将通商之夷谎报为犯边之夷而遭免官，随即在狱中自尽。继任者们引为前鉴，故而据称海禁复弛。但由于倭患日益严峻，海禁始终是东部的基本海防政策。

海禁政策长期执行的结果不仅使东南一隅的民生困顿不堪，还助长了海盗势力，"顾海滨一带田尽斥卤，耕者无所望岁，只有视渊若陵，久成习惯。富家征货固得赢载归来，贫者为佣亦博升米自给。一旦戒严不得下水，断其生活。若辈悉健有力，势不肯扸手困穷，于是所在连结为乱，溃裂以出，其久潜踪于外者既触网不敢归，又连结远夷乡导以入，漳之民始岁岁苦兵革矣"①。终于，隆庆元年（1567），福建巡抚都御史涂泽民请开海禁，准贩东西二洋，同时严禁与倭奴贸易。此议得朝廷批准，从此直至万历一朝，福建沿海的政策是有限度的开海，原走私贸易中心漳州月港（嘉靖四十四年先设海澄县并以月港所在地为县治）被指定为中国商民合法出海贸易的港口，相应的管理和税收机制也相继设立。但是，福建任何地方都不被允许设为对外贸易口岸，所以外国人不得到福建贸易。

万历二十九年八月，荷兰人首次出现在广东沿海，得到两广总督戴燿和广东税使李凤的欢迎，因为当时广东财政紧张，他们都希望多与外国人贸易而充实税收。但荷兰人在广州停留一个月后还是被劝离，一是因为澳门葡萄牙人抵制荷兰人前来争利，加强澳门防御而拒绝其登岸，二是因为广东官府最终不敢在澳门之外再为一个非朝贡国别设贸易基地。在接下来几年的多份御史奏折中，李凤私许荷兰人入广州事件被反复提及，皆称李凤勾结红夷以灭澳夷。这些言官虽是着眼于批评矿税中使，但既然将荷兰人叩关与税使跋扈行为联系在一起，则荷兰人的互市愿望也不可指望。②

万历三十二年七月，又一只荷兰船队在麻韦郎（Wybrand van Warwijck）带领之下驶往澎湖，希图向福建官府求得贸易许可，据说是得到侨居大泥的漳州商人李锦、潘秀和郭震的指引与帮助。李锦提议麻韦郎贿赂福

---

① 张燮：《东西洋考》卷7《饷税考》。
② 弹劾李凤的奏折如朱吾弼《参粤珰勾夷疏》，万历三十年闰二月上，收朱吾弼《皇明留台奏议》卷14《矿税类》，明万历三十三年刻本；汤兆京《内使擅刑爵宗乞究处以存祖制以崇国体疏》，万历三十二年上，收吴亮《万历疏钞》卷20《阉宦类》，明万历三十七年刻本；温纯《亟敕正法以平众怨以解贻危疏》，万历三十二年上，收温纯《温恭毅集》卷6《疏》，文渊阁四库全书本，又收吴亮《万历疏钞》卷29。李凤与荷兰人交游事，见张燮《东西洋考》卷6《外纪考·红毛番》。

建税使高寀，并拟书三封分别交高寀、兵备副使（按察副使）和守将。高寀得书后立即遣心腹周之范密会麻韦郎，讨 3 万贿金作为许其贡市的条件，麻韦郎接受，于是双方立约。而当潘秀将书信交付守将陶拱圣时，陶拱圣立刻报告上司（未说是南路总兵施德政还是负责盐政和漳南军务的按察副使高从礼），同时系潘秀于狱。原定给按察副使高从礼送信的郭震由此也不敢露面。高寀似将荷兰人的请求转告高从礼，高从礼以"无启夷心，生方来患"为由加以拒绝。与此同时，荷兰人又遣译者林玉正式拜诣福建官府，结果，不仅通商之议遭拒，林玉还被冠以主动勾引外夷生事之罪系于狱中。

福建官府决定派人申斥荷兰人，倘若不服，即出兵攻剿。于是，南路总兵施德政遣都司沈有容前往澎湖履命。沈有容认为，荷兰人是来求市，不是为了寇掠，应以安抚劝谕为先，所以请出译者林玉，将兵船留在身后，只身携林玉登陆澎湖妈祖庙。沈有容向麻韦郎说明中国不许外国随便通市，荷兰人这次是受奸人诱骗，行贿求市之举在法令森严的明朝行不通，而荷兰人倘挟大舰巨炮久留于此，官府也难以优容。当有荷兰人挑衅说，既然中国人都派了兵船来，怎么不敢开仗？沈有容回答，因为你们说来通商，所以好言劝慰，如果蓄意侵略，以明朝雄厚武力，焉有畏缩之理！据各种关于沈有容的传记称，麻韦郎在听过沈有容恩威并施的一番话后，羞愧万分，立即率船而退。但更真实的情形是，荷兰人十月二十五日才离开澎湖，这是因为巡抚徐学聚以死罪为挟，严禁奸民下海接济，总兵施德政则厉兵拭甲、严守要害，荷兰人无机可乘，又熬到粮草困乏，才不得已离去。沈有容劝谕之后，麻韦郎收回许给高寀的 3 万赠金，但仍以一些特产物品赠送高寀，请他将通市之请奏报朝廷。但这回高寀不敢答应。而施德政向御史（时方元彦任监察御史）参劾高寀受贿及私自许市情节，御史又上奏朝廷，谓："若许其入贡，祸闽将无已时。"[1] 朝廷于是下令不许荷兰通贡。[2]

总之，万历年间，荷兰人曾两度与中国地方官府接触并请求互市，两

---

[1] 高汝栻：《皇明续纪三朝法传全录》卷 6，明崇祯九年刻本。
[2] 麻韦郎来福建始末，较详细的叙述见张燮《东西洋考》卷 6《外纪考·红毛番》，茅瑞征《皇明象胥录》卷 5《和兰》，高汝栻《皇明续纪三朝法传全录》卷 6。

度无果。此后，终万历之世，荷兰人未再尝试与中国政府接触，而是以海盗之姿于东洋、南洋劫掠各国商船。一次，荷兰人与澳门葡萄牙人正面交锋并大获全胜，葡萄牙人与之讲和，允许其在澳门贸易，荷兰人略感满意。赴海外贸易的中国商人也日益频繁地与荷兰人私下贸易，致使沈德符在万历四十七年写作《红毛夷》（收《万历野获编》）时忍不住感叹，当年福建官府煞费苦心禁其通市，恐怕前功尽弃。事实上，天启、崇祯年间，福建一直严行海禁，因倭患又起，海盗猖獗，官府如惊弓之鸟。沈德符是多虑了。只不过海禁除了体现明末政府管理捉襟见肘之外，完全不符合各方利益诉求，并非良方。

2. 目为海盗

1622 年 4 月（天启二年），巴达维亚总督约翰·彼得松·考恩（Jan Pietersz Coen）派出一支舰队前往中国海域，再次尝试与中国建立官方贸易关系。此时的荷兰人在东南亚节节胜利，自视可以雄霸远东，排挤葡萄牙人和西班牙人而垄断同中国的贸易。因此，舰队 6 月 22 日到达澳门后即与葡萄牙人交战。葡人向中国军队求救，荷兰人未能得逞，便掉转船头向福建沿海进发，于 7 月 11 日占领澎湖，并在此设立堡垒，意图长驻。明朝官员对澎湖的重视程度颇不相同。大约自麻韦郎事件之后，澎湖开始有部队驻守，但是万历末年或天启初年，澎湖驻军撤离，"彭湖为浙直潮惠总要之路，自金中丞创议力争守此地，闽二十余年不受倭害，浙直诸处阴受其福，不知何时撤守，竟至今日狡夷披猖乃尔"[1]。当时甚至还有人认为，"彭湖原非我地，予之无伤"。[2] 这支荷兰舰队的指挥官雷约兹（Cornelis Reyertsz，中国史料称"高文律"，但也提到有人认为此名是其国官名）遣译者传话福建官府，要求享受澳门葡人的贸易待遇，如不答应就武力相向。荷兰人很快派船入岞屿（厦门），意图强行求市。福建官府以为，荷兰大船食粮有限、人数不多，粮困自去，本不足担忧，但只怕沿海奸民贪图利益私自售粮与荷兰人，同时勾结为寇，此将势成大患。鉴于此，福建抚、按向兵部上奏，要求实行海禁，使红夷坐困，同时加强防御。兵部于

---

① 徐昌治：《昭代芳摹》卷 34，癸亥天启三年九月"防红夷"，明崇祯九年徐氏知问斋刻本。此话出自巡抚南居益天启三年九月的一份奏报。

② 叶向高：《中丞二太南公平红夷碑》，收叶向高《苍霞余草》卷 1，《四库禁毁书丛刊》集部第 125 册，北京出版社，2000。

十月照准。这期间，荷兰人已频频骚扰同安、海澄诸地。

大约在天启二年年底，巡抚商周祚命徐一鸣为帅，在中左所与荷兰人开战，颇有斩获。商周祚因之要求荷兰人离开澎湖，荷兰人接受，表示愿市于咬口留吧。天启三年（1623），商周祚去任，南居益接任，而荷兰人在当年秋天又盘踞澎湖北港，并入峿屿求市。南居益在九月上奏红夷嚣张近况，指澎湖当年不应撤守，要求加强沿海防备。天启四年七月，南居益再次上奏，称红夷日益嚣张，不仅屡屡侵扰福建，还勾结日本倭人和本地奸猾，而将士畏缩不前，因此当申明赏罚，加强禁令。南居益上任以来，一直希望以武力驱逐荷兰人，但因闽人或言战或言市，相持未决，所以他只能一边加强防守，一边不停向朝廷申明形势严峻，为正式开战做准备。事实上，南居益自天启四年正月就已开始派兵在澎湖周边驱逐荷兰人，将荷兰人限制在一个小半岛风柜。准备完善后，六月十五日发起对风柜的总攻，七月初三日兵临荷兰人堡垒，荷兰人乞降，提出容留几日装米上船，即拆城还地。七月十三日，荷兰人的 13 艘船如约离去，只留下指挥官的住所不忍拆除，南居益随即派人尽行拆毁。[①]

荷兰人并没有远离福建，而是改以台湾岛上的台南为司令部，将西班牙人赶出台湾，之后几年专心以台湾岛为中介开展对日贸易，但仍未放弃对福建的企图。南居益于天启五年升工部右侍郎离开福建。这年冬天至次年春天，荷兰人又在同安县料罗、陈坑频繁停泊登岸，虽未大肆劫掠，但对居民的骚扰不轻。但直至天启朝结束，福建官府也未再与荷兰人发生武力冲突，原因当有两方面：一方面，如同安籍致仕官员蔡献臣所抱怨的，兵防力量不够，自南居益任上固然恢复了澎湖防守，可同安的防守却变得不尽如人意。另一方面，一些沿海小乡镇的地方官开始私下允许与荷兰人贸易，并且希望开放海禁，荷兰人实际上得以频繁在福建一些地方登岸私市。此现象令致罢官还乡的闽县籍官员董应举忧虑不已。[②]

崇祯登基，澎湖又议撤兵，已立足台湾的荷兰人也重返澎湖试探。崇祯三年（1630），荷兰人再度占据澎湖，此后两年时有骚扰，据说还勾结

---

① 述南居益平红夷事件最详者当推叶向高《中丞二太南公平红夷碑》及沈国元《两朝从信录》卷 23（明崇祯刻本），沈国元更有明确的时间信息。

② 蔡献臣：《浯洲建料罗城及二铳城议》，收蔡献臣《清白堂稿》卷 3，明崇祯刻本；董应举《谕嘉登文》，收董应举：《崇相集》卷 4，明崇祯刻本。

海盗刘香。福建官府因此视荷兰人为隐患，尽管沿海地方上多倾向于开放与荷兰人贸易，但福建最高行政层的主流政策是厉行海禁，直至明亡。这可谓把潜在的贸易伙伴逼为敌人。但中国传统政府的基本思维就是将边防清肃与否作为思考一切的标准。①

崇祯五年，荷兰人大举侵犯漳泉各地，巡抚邹维琏率兵击退。崇祯六年，荷兰人先犯南粤，又袭中左，继攻同安、海澄、鸿江、铜山等处。于上一年甫任巡抚的邹维琏正因海禁之议遭乡绅反对而不悦，这下理所当然尽全力攻剿入侵之荷兰人，于金门击溃荷兰舰队，焚舟擒俘的数量比南居益之战还多，所以有人评其为"闽海数十年来所未有之捷"②。郑芝龙大有功于此役。自此，明朝官方不再与荷兰人直接遭遇，因为郑芝龙成为他们之间的屏障。郑芝龙一边发展自己的海商集团势力，一边帮福建官府清剿其他海盗势力，同时还为了维护自己的闽海霸主地位一次次打击荷兰人，并于崇祯十二年六月重创荷兰人，使荷兰人在台湾安分数年。1661 年郑成功历时半年攻克台湾，荷兰人势穷而遁归南洋。1663 年秋天，荷兰人再度攻打厦门和金门，但这次是帮助清军与郑成功为敌，结果厦门和金门落入清军之手。此后，直至清朝降伏郑氏时，荷兰人仍与台湾保持贸易关系。

3. 遣使清廷

清朝建立之后，荷兰人便积极设法与清廷接触，以期取得中国本土的合法贸易地位，甚至想获得如在日本那样的贸易垄断特权。为此，荷兰人曾于康熙二年（1663）和十八年两次应清朝之邀派船助攻郑氏，这种姿态与明末澳门葡萄牙人积极为朝廷提供大炮和炮兵抵御关外后金政权颇为类似，而这也确实为荷兰人打开贸易大门提供了一些便利。③ 荷兰人还在顺治十年（1653）和十三年，康熙二年、六年、十七年、二十五年，乾隆五十九年（1794）七次遣使中国，其中 1653 年和 1678 年的使团未能获准进京。遣使之频繁为同期其他西方国家所不及，在一定程度上反映出荷兰人想获得自由贸易的迫切心情，以及顺康时期禁海令对欧洲国家贸易的重大

---

① 相关记载见胡维霖《通议大夫兵部右侍郎匪石邹公墓志铭》，收胡维霖《胡维霖集·长啸山房汇稿》卷 1，明崇祯刻本；蔡献臣《论彭湖成兵不可撤》，收蔡献臣《清白堂稿》卷 3。

② 胡维霖：《通议大夫兵部右侍郎匪石邹公墓志铭》。

③ 助攻之事见《清实录·圣祖实录》（一）卷 25，中华书局，1986；王之春《清朝柔远记》，中华书局，1989，第 16、33、36 页。

影响。

　　总体而言，荷兰人的出使紧紧围绕争取自由贸易展开，然而他们所取得的成果与出使过程所耗费的种种有形与无形的代价相比可谓入不敷出。1653 年抵达中国的第一个使团未能获准进京。1655～1656 年由巴达维亚当局派出的第二个使团花费近 100,000 佛罗林（约白银 28,000 两），仅得到清廷八年一贡且非朝贡不能贸易的回复。1663 年夏，北京接待了荷兰的第三个使团。是年秋荷兰派兵助清军攻克厦门、金门，于是借此东风请求贸易，竟然获准二年贸易一次。然而好景不长，康熙五年下旨"荷兰国既八年一贡，其二年贸易永著停止"[1]，康熙七年重申该禁令。荷兰人因此感到有必要立刻派遣使团巩固与中方的关系，于是 1667 年 6 月第四个使团抵达北京。本次出使花费高达 132,000 佛罗林（约 36,900 两白银），而使团提出的有关自由贸易的各项要求统统被置之不理，荷兰仍只能享受朝贡贸易待遇。康熙十七年，又一个荷兰使团抵达福州，锲而不舍地继续要求开放贸易。清政府提出以派船支援攻郑氏政权为条件，荷兰人履约，清廷却并未给予其优惠贸易待遇，甚至这个使团都未曾获准进京。直到康熙二十二年平定台湾后，荷兰商船以曾助剿郑氏而请求通市，获地方官准许。同年朝廷开海禁。获知中国政策转变的巴达维亚荷兰人在 1685 年 7 月再次组建使团前往中国，意在寻求同中国建立永久性的和平贸易关系。使团 1686 年 7 月 31 日至 9 月 17 日在北京终于有所收获，获准五年一贡，并可在中国规定的贸易季节内于福建或广东贸易。但与寻求在中国港口建立永久商站的出使初衷相比，依然成效甚微，而这次出使的花费又在 100,000 佛罗林以上。[2]

　　荷兰方面着实感到"出使"在获取贸易利益方面成果十分有限，于是当荷兰因陷入爪哇战争而导致对华贸易资金困难时，便于 1689 年放弃与中国的直接贸易，转而依靠来巴达维亚的中国帆船来获取中国货物。清廷也发现为接待荷兰使团花费甚巨，因不堪重负而对接待贡使失去兴趣。于是此后 100 多年间，荷兰不再遣使而清廷也对他们不遵守朝贡制度不闻不问。

---

①　《清会典事例》卷 510《礼部·朝贡·市易》，中华书局，1991，第 910 页。
②　荷兰在顺治、康熙朝出使的详情可参见 John E. Wills, *Embassies and Illusions, Dutch and Portugueses Envoys to K'ang - hsi, 1666 - 1687*, pp. 38 - 81、145 - 169，下文所述乾隆朝出使见该书 pp. 185 - 187。

直到乾隆五十九年，在与英国竞争中节节败退的荷兰为了扭转局面并对抗刚刚出访过中国的英国使团，这才再度派遣使团，以恭贺乾隆登位60年为名赴北京。考虑到以前数次出使都成效甚微而花费巨大，这次也是不得已为之。果然，本次出使的可见成果如《清会典事例》卷五一零《礼部·朝贡·市易》所载，仅是当使团离去时，乾隆免去使团船只除进口货物之外的各项税款。

荷兰使团不能圆满履行使命的重要原因是与清朝政府在外交观念上存在巨大差异，双方的关注点截然不同。荷兰人以当时欧洲已较为通行的国际关系准则为依据，设想可以通过与中国政府谈判以建立互惠型伙伴关系，甚至可凭借曾出兵助剿台湾的功劳而要求更大的贸易利益。然而，清廷只不过把荷兰当作又一个朝贡国，关心的是完整而又正确地执行迎来、进表、进贡、宴赉、送往等步骤。荷兰人想象中的谈判程序根本不可能出现，他们除了回答问话就没有机会与皇帝交谈。他们可以递上一份请求，却不会得到当面答复，直到临走时才接到一份密封敕谕，并且被禁止在中国境内打开。荷兰人并不理解中国的朝贡制度，却无可奈何地扮演了朝贡国的角色。

三 西班牙人与福建官府的接触

万历年间，福建官府同占据吕宋的西班牙人曾有过三次接触，一次为海盗林凤之事，一次为马尼拉华人反抗西班牙人之事，一次为赴吕宋勘探金山后引起华人遭屠杀事。明朝人虽然知道吕宋为外人所据，但不能区分西班牙人与葡萄牙人，把占据吕宋的人也称为佛郎机。[①]

1. 共捕林凤

1574 年 11 月底（万历二年），福建海盗林凤的舰队来到马尼拉，并与西班牙人展开数次激战，意欲占领此地，战败后退守吕宋西岸的彭加丝兰（Pangasinan）。1575 年 4 月，福建把总王望高因奉命追寻林凤的下落而率一艘中国战舰抵达彭加丝兰。王望高与马尼拉的西班牙总督拉维扎列斯

[①] 关于"佛郎机"在明朝人心目中的含义以及为何用此兼称葡萄牙人与西班牙人，笔者有专文讨论，可参见《华夷之别：明清中国人认识欧洲的基本特点》，提交香港大学中文学院"绝域远人：明清文化视野中的西方"国际学术研讨会，2012 年 12 月。

（Guido de Lavezares）达成协议，西班牙人帮助中国官方抓获或杀死林凤，王望高则同意从马尼拉带几位西班牙使者到福建。使团包括两名天主教奥古斯丁会士和两名军人、两名随员和一名充翻译的中国天主教徒，使者之一是终身修士马丁·德·拉达（Martin de Rada）。王望高带着西班牙使团于 7 月 5 日到达厦门，使团先后拜访了泉州和福州官府，寻求进京之路。但福建总督决定，西班牙人必须返回马尼拉等待消息，所以使团于 8 月 23 日离开福州并于 10 月底回到马尼拉。

使团离去后，福建方面确实向朝廷奏报西班牙来使之事并取得积极反响。按《明实录》万历四年"正月己未"条及"九月丙申"条所言，皇帝已经同意安排吕宋的西班牙人遣使。但事实上再无后文，因为拉达一行人出使福建期间，吕宋发生了两件足以影响中西关系的事：8 月初林凤设法逃出西班牙人的包围圈，8 月下旬桑德（Dr. Francisco de Sande）接替拉维扎列斯担任总督。前一件事令中国指挥官对西班牙人心怀不满，进而影响到福建当局乃至中国朝廷与西班牙人通商的信心。而新任总督桑德一直对中国持敌视态度，积极鼓吹武力征服中国，最终因遭菲利普二世否决而放弃。

2. 潘和五起义

近 20 年后，万历二十一年八月，寓居吕宋的一群华人（250 人）因不满西班牙人征其助战美洛居却又倍加虐待，而在潘和五带领下，趁夜刺死西班牙指挥官郎雷敝里系胜，夺了一艘船欲图归国。不幸，在交州海域迷路，遭当地人劫掠，大多数人落难交州，只有郭惟太等 32 人得以返回广东。与此同时，西班牙指挥官郎雷敝里系胜之子郎雷猫吝作为代理指挥官，派遣一位天主教传教士到广东诉冤。次年，福建巡抚许孚远遣贾舶召回久住吕宋之华人。郎雷猫吝给华人发放口粮助其归国，同时致书许孚远，重诉父冤。猫吝信中称，让华人回国，只是因为国内狭小、粮食供应不足，没有别的意思。但是，去年闹事的吕宋华人都是久住不安生理之人，为贪图船上金银宝贝而杀死指挥官及番目 40 余人，将本船宝贝驾逃。指挥官并无苛待华人之事，当时只是把一名犯错的番人吊在桅杆上惩戒。因此，其父乃属冤死，还请明朝做主。猫吝还称，事发之后，别的将领都计划报复，驱赶吕宋华人，只有他力劝止之，还特意为华人聚居地派遣驻兵，以便华人生理。

猫吝这封信似乎对许孚远颇有影响，他一面致书两广总督，请他以礼遣西僧归国并将郭惟太置于理问所候审，一面上疏朝廷陈述事件。而在许孚远的疏中，对华人的反抗举动并无什么同情之心，虽然也说起义属于被逼，番夷咎由自取，但又强调这些流落海外之人本非良善，杀人越货逃之交南，狼毒亦已甚矣。① 将"林凤事件"与"潘和五事件"放在一起，可以清楚地看到明朝官府对于影响国内治安的"海盗"决不姑息，但对于海外华人的权益却无心过问，倘遇突发事件，最友善的举动就是召华人归国。流寓海外的华人在古代政府眼里多少被视为离弃本国之人，甚至被视为潜在的海盗。海外华人不被政府支持，这就难免西班牙人有恃无恐，不久之后借故屠杀吕宋数万华人。

3. 张嶷惹事

万历三十年，因矿税中使四出，有一妄人张嶷欲乘此风讨好皇帝，上疏称，吕宋机易山生长金豆，如果皇帝遣人采取，可得巨万。万历皇帝立刻相信，不顾廷臣阻挠，命福建官府派人调查。不得已，海澄县丞王时和及百户干一成奉命带张嶷于同年四月前往吕宋勘察。西班牙人以为明朝要兴兵，流寓华人解释说，是皇帝听信奸人言语来勘察金山，只要揭穿这个谎言即可。西班牙人如言给了王时和与张嶷一场难堪。但是，西班牙人仍怀疑这几个人是来勘察军事虚实，欲杀之，流寓华人百般解释，才放之归国。回到福建后，王时和气病而死，张嶷以奏事不实坐诛，并传首海外。但西班牙人却没有因将肇事者处死而释怀，反而越发怀疑中国意图攻打吕宋。万历三十一年，西班牙人开始设计屠杀吕宋华人，先诡称要攻打他国，以铸造兵器之需，高价收购铁器，华人贪图利直，将大大小小铁器统统卖给西班牙人，以致家家无复寸铁。待解除华人武装的计谋得逞，西班牙人随即要求华人在指定的日子集合以备核查名籍，并要求 300 人为一院。待华人如约聚集，西班牙人即入而杀之。华人匆忙中奔走菜园屯聚。八月朔日，西班牙人大兵攻打菜园，死伤无数。次日，剩余华人又退居大仑山，揭竿应敌，西班牙人稍稍退却。三日后因粮草匮乏而冒死攻城，西班牙人发铳击杀，死者 25000 人，仅存 300 口。事至于此，西班牙人又下令

---

① 此事张燮、茅瑞征、何乔远都有叙述，而张燮在《东西洋考》卷5《东洋列国考·吕宋》中述之最详，并附猫吝书信和许孚远奏疏。

招抚，并封存所掠华人货物，移书福建官府，让货主的亲属前来领货。

福建官府中有不少人愤而请战，"有司各爱其民，愤怒上请，欲假沿海将士加兵荡灭，如播州例。且谓吕宋本一荒岛，魑魅龙蛇之区，徒以我海邦小民行货转贩，外通各洋，市易诸夷，十数年来致成大会；亦由我压冬之民教其耕艺，治其城舍，遂为陕区，甲诸海国。此辈何负于尔？有何深仇？遂至戕杀万人。蛮夷无行，负义如此，曷逭天诛，坚乞再三"[①]。但是，皇帝下旨，认为不值得为弃家的商贾兴兵讨伐，"皇帝以吕宋久相商贾，不殊吾民，不忍加诛。又海外争斗未知祸首，又中国四民商贾最贱，岂以贱民兴动兵革。又商贾中弃家游海，压冬不回，父兄亲戚共所不齿，弃之无所可惜，兵之反以劳师。终不听有司言，爰降旨特行，令所在遣使传谕……"[②] 福建巡抚徐学聚只好遵旨，仅向吕宋发了一纸责书，并令送死者妻孥归国。

自此以后，未有西班牙殖民政府与明朝往来的记载。而清朝前期西班牙也没有表现出接触北京朝廷的意图，与其他国家纷纷遣使之举颇不相同。按葡萄牙人的资料，1598 年（万历二十六年），马尼拉总督的代表胡安·德·扎马迪亚（Juan de Zamudio）曾与两广总督达成协议，在离广州 12 里格的地方（新会崖山）建立贸易集散地，西班牙人称为皮涅尔（Piñal，意为松林）。这似乎是西班牙人与明朝官府唯一富有成效的接触，但是因为葡萄牙人强烈抵触，在葡萄牙人同西班牙人激战一场之后，这个贸易基地未能维持下去。[③] 直到咸丰八年，西班牙政府才开始与清政府建立外交联系。

四 结语

有些晚清材料中记载了一次"意大利国王遣使"事件，需要略为澄清。王之春《清朝柔远记》与《清史稿》均载，康熙九年曾有意大利国王遣使至华，并于康熙十七年遣归。如记载属实，则这是清前期意大利世俗君主与中国朝廷的唯一交往，但来使的意图与结果均不详。然而《清实

① 徐学聚：《报取回吕宋囚商疏抚处吕宋》，收陈子龙《明经世文编》卷 433《徐中丞奏疏》，明崇祯平露堂刻本。
② 徐学聚：《报取回吕宋囚商疏抚处吕宋》。
③ 徐萨斯：《历史上的澳门》，第 35 页。

录》与《清会典事例》对这次意大利来使与遣归均不记载，而上述意使的来去时间恰与葡萄牙的两次出使时间完全相同，同时《清朝柔远记》与《清史稿》对康熙九年、十七年的葡萄牙出使却都不载。此外，《清会典事例》所载康熙九年的葡萄牙贡物与《清朝柔远记》和《清史稿》所载意大利贡物显系同一批物品。这样看来，所谓意大利出使当系葡萄牙出使之误载，王之春的书成于光绪五年（1879）前后，很有可能误传前朝史料，《清史稿》则更是晚出。但据西文资料，17世纪末期似乎确曾有一位意大利旅行家来过北京。

虽然意大利世俗政权在16～18世纪不曾与中国有过官方接触，但罗马教宗曾于康熙四十六年、康熙五十九年、雍正三年分别遣使来华，都是为讨论天主教在华传教事宜而来，与中国礼仪之争和中国政府禁教令相关，而与其他国家所关心的贸易问题无关。几次出使都只带来罗马教廷与中国政府的关系日益恶化。

清朝与欧洲国家的来往比前朝明显频繁，除葡萄牙与荷兰之外，英国政府也致力于寻求对话，来华贸易的则还有法国、丹麦、瑞典、普鲁士等。但这并不意味着清朝的对外政策比明朝开放，只说明欧洲国家的实力在不断上升，对华贸易的动机与需求日益强烈。对欧洲国家而言，建立通使关系是为了开辟贸易或保护既有的经济利益。但明清中国始终秉持朝贡政策，将欧洲来使都看作番邦外夷输诚慕义之举。因此，通使过程中固然有些许务实的政治经济成果，但文化的误解甚至冲突不可避免。不过，通使也是中国上层人士认识欧洲人的第一渠道，而欧洲使团成员带回本国的中国信息则成为欧洲人了解中国的一个重要途径。

（作者单位：中国人民大学）

从福建督抚奏疏看中西文化撞击

吴伯娅

摘　要：福建地处东海之滨，是中西文化交流的前沿之地。康雍乾时期，福建督抚多次就天主教上疏。这些奏疏从一个独特的角度反映了当时中西文化的撞击。本文以张伯行、觉罗满保、周学健的奏疏为例，进行分析。笔者认为作为清朝的封疆大吏，他们是从风俗人心、地方秩序、国家安全的角度来考察天主教对中国社会的影响。他们提出的禁教措施越来越严厉。这不仅是他们个人的问题，而且与当时国际国内形势和清廷对外政策的走向息息相关。

关键词：福建督抚　奏疏　天主教　文化冲突

　　明末清初，继利玛窦之后，一批欧洲传教士来华传教，既打开了天主教传播的大门，又架起了中西文化交流的桥梁。福建地处东海之滨，是中西文化交流的前沿之地。福建的官员和士民对天主教有不同的看法，作出了不同的反应。康雍乾时期，福建督抚多次就天主教上疏。这些奏疏从一个独特的角度反映了当时中西文化的撞击，值得我们认真研究。本文拟以张伯行、觉罗满保、周学健的奏疏为例，试作分析。

一

　　张伯行，字孝先，号恕斋，后号敬庵，河南仪封人，康熙二十四年（1685）进士，曾任内阁中书、山东济宁道、江苏按察使，居官清正，声誉日隆。康熙四十六年三月，康熙帝南巡至苏州，谕从臣曰："朕访知张伯行居官甚清，最不易得。""为人笃实，即置之行间，亦非退缩者。著升为福建巡抚。"①

在福建，张伯行"甫下车，即以表彰道学、成人才、美风俗为先务"②。当时福州有庙祭祀瘟神，士人惴惴崇奉。张伯行下令拆毁瘟神偶像，将其庙改为义学。对于闽俗鬻女为尼，张伯行严加禁止。令其亲属赎回匹配，特别贫困者设法为之赎领。为了振兴理学，他创办鳌峰书院，"为学舍百二十间，祀周、二程、张、朱五先生，贮古今经史子集数万卷，梓前辈先儒之书亦五十余种，访求闽中士有行谊，博学好古者令郡县资送，延入学舍，给衣服资用"③。每月，张伯行都要去书院数次，讲论先儒为学之旨和修己治人有用之学，精心培育人才。康熙帝颇为赞赏，赐匾额曰"三山养秀"。

张伯行认为，福建地区之所以风气不正，是由于社会上一些人信奉天主教，不祀祖祭孔所致。因此，康熙四十八年，他起草了《拟请废天主教堂疏》④，明确表示自己的目的是"请废天主教堂，以正人心，以维风俗"。

首先，他客观地指出："西洋之人，历法固属精妙，朝廷资以治历，设馆京师，待以厚礼，于理允宜。"这表明他认识到传教士所具有的西方科学的价值，赞同朝廷任用传教士的方针，将有技艺的传教士留居京城，为清廷服务。但是，紧接着，他笔锋一转，声称："不谓各省建立天主教堂甚盛，边海地方，如浙江、广东、福建尤多。臣莅任以来，细查确访，见其徒日广，诚有未安者。"由此可见，他要西学，不要天主教，对康熙时期天主教在中国的广泛传播，尤其在沿海地区的迅速发展深感不安。

随即，他表明了自己反对天主教的态度。理由是："凡人之生由乎父母，本乎祖宗，而其原皆出于天。未闻舍父母祖宗而别求所为天者，亦未闻天之别有所谓主者。今一入其教，则一切父母祖宗概置不祀，且驾其说于天之上曰天主，是悖天而灭伦也。尧舜禹汤文武列圣，相承至孔子，而其大著，自京师以至于郡县，立庙奉祀，数千年来备极尊荣之典。今一入其教则灭亲，视孔子而不拜，是悖天而慢圣也。且皇上以孝治天下，而天主教不祀父母祖宗。皇上行释奠之礼，而天主教不敬先圣先师。"他的这

① 《清史列传》卷12《张伯行》。
② 《重纂福建通志》卷140，第16页。
③ 朱轼：《太子太保礼部尚书张清恪公伯行神道碑》，《碑传集》卷17。
④ 张伯行：《正谊堂全书》，《正谊堂续集》卷1。

段话，所涉及的正是"礼仪之争"的焦点问题。

接着，他指责天主教"入教之人，男女无别，混然杂处，有伤风化。闽省地方，如福州、泉州、兴化、漳州、福宁州等沿海各郡县布置尤多。每教堂俱系西洋人分主，焚香开讲，收徒聚众，日增月益，不可禁止，诚恐其意有不测"。这是天主教入华以来始终摆脱不了的问题。明清时期，中国理学盛行，对女性在道德规范方面的要求颇为严格，不仅要妇女做到贞静端庄，而且强调"服三从之训，谨内外之别"。妇女信仰天主教，与男性一起参与宗教活动，必然受到反教者的责难。另外，西方传教士是伴随着西方殖民者来到东方的。西方殖民者在东南亚一带攻城掠地，杀人越货，并将侵略的魔爪伸向中国东南沿海，给中国人民带来危害。那么，伴随着殖民者而来的传教士的来华目的何在？这不能不引起人们的疑虑。许多中国人将传教士与西方殖民者联系在一起，对他们心存疑惧。这便构成明清时期中国人对天主教及其传教士认识的一个重要特征。早在明末，这些疑虑便表现出来。万历四十四年（1616），"南京教案"发生，反教人士就以邻邦的先例证明天主教对中国构成威胁。① 康熙初年，杨光先掀起"历狱"，声称"况其教以谋夺人之国为主，查其实迹，非止一端"，"如此狼子野心之凶人，又有火器刀甲之锬猛，安可与之中国哉？"②

最后，张伯行提出了自己的禁教主张："伏望皇上，特降明诏，各省西洋人氏，俱令回归本籍。其余教徒，尽行逐散。将天主堂改作义学，为诸生肄业之所，以厚风俗，以防意外。"

张伯行的这篇疏稿，重点是指斥天主教不祀祖祭孔，反映了当时中西文化的激烈冲突。明朝末年，为了便于在中国传教，以利玛窦为首的一批耶稣会士顺从中国礼仪，对于教徒的敬天、祀祖、祭孔均不禁止。利玛窦去世之后，传教士内部就产生了争议。康熙三十二年，担任福建代牧的法国外方传教会士阎当突然下令，严禁中国教徒祀祖祭孔，把礼仪之争推向了高潮。耶稣会士为了替自己的立场观点寻找辩护的材料，曾向中国奉教士人进行过调查，了解他们对礼仪之争的看法。康熙三十九年，闵明我等耶稣会士联名上疏，一方面表明耶稣会士对中国礼仪的看法，另一方面请

---

① 参见徐昌治《圣朝破邪集》。
② 杨光先：《不得已》卷下《四叩阍辞疏》，黄山书社，2000，第89页。

求皇上颁谕，证明中国礼仪与宗教无关。收到奏疏的当天，康熙帝就朱笔批示："这所写甚好。有合大道。敬天及事君亲、敬师长者，系天下通义，这就是无可改处。"① 康熙帝的朱批文字不多，但对礼仪之争的三项主要内容都作了答复，简明扼要，铿锵有力，表明了他维护中国礼仪的坚定立场。耶稣会收到之后，立即派人送往罗马。教宗格勒门十一世无视康熙帝的看法，于 1704 年做出了关于禁止中国礼仪的决定，并派遣多罗主教为特使，出使中国，解决礼仪之争。康熙帝耐心地向多罗解释中国的礼仪，说明祀祖、祭孔、敬天绝不是迷信，并下令凡在华传教士均须领票，声明永不返回西洋，遵守利玛窦的规矩，顺从中国礼仪，方可留居中国，否则必逐回去。康熙帝的态度明确而坚决。但多罗却顽固不化，死硬对抗。结果，他被驱逐出境，拘禁于澳门。

张伯行是在礼仪之争爆发后来到福建的。他一生笃学守道，被誉为清代"传道"名人。他崇尚程朱理学，每过书肆必问有无周张程朱诸子之书，对孔孟正传之书口诵手抄，认为"入圣门庭尽在此"。他以程朱理学为准的，"主敬以端其本，穷理以致其知，躬行以践其实"②，不仅深谙理学，广传理学，亦是理学的卫道士。阎当等人在福建的做法，激起了他的强烈不满，促使他起草了《拟请废天主教堂疏》。

礼仪之争中，中国教徒曾为中国礼仪作过解答，康熙帝曾为中国礼仪作过批示。张伯行的《拟请废天主教堂疏》是目前所发现的唯一一份表明督抚对礼仪之争的立场和态度的文件。不过，这份奏疏并未呈上，未对康熙帝产生影响，未对天主教造成直接的严重后果。

礼仪之争最终导致清廷对天主教的禁止，是由于福建籍官员陈昂的奏疏。康熙五十六年（1717），广东碣石镇总兵陈昂上疏，请求禁教。兵部议复："查康熙八年会议天主教一事，奉旨：天主教除南怀仁等照常自行外，其直隶各省立堂入教著严行晓谕禁止。但年久法弛，应令八旗直隶各省并奉天等处，再行严禁。"康熙帝批示："从之。"③ 从此，清廷确立了禁教政策。

① 转引自罗丽达《一篇有关康熙朝耶稣会士礼仪之争的满文文献》，《历史档案》1994 年第 1 期。

② 唐鉴：《国朝学案小识》卷 2，仪封张先生。

③ 《清圣祖实录》卷 272，康熙五十六年四月戊戌。

二

康熙末年，清廷确立了禁教政策，但并未严格执行。雍正元年十二月，礼部议复浙闽总督觉罗满保的奏疏，同意他的建议，"将各省西洋人除送京效力外，余俱安插澳门。天主堂改为公所，误入其教者严行禁饬"①。清廷开始严行禁教。觉罗满保的这篇奏疏影响甚大。其写作经过、主要内容及所反映的问题，值得细究。

觉罗满保，满洲正黄旗人。康熙三十三年进士，改庶吉士，授检讨。三十八年，充浙江乡试副考官。寻充日讲起居注官。四十年，迁侍讲。四十一年，充山东乡试副考官。四十五年，授国子监祭酒。四十八年擢内阁学士，充经筵讲官。五十年十一月，授福建巡抚。五十四年十一月，擢福建浙江总督。从此，一直担任此职，直到雍正三年九月去世。

雍正帝对天主教早有反感。他曾对传教士们说道："有一段时间，父皇糊涂了，他只听了你们的话，其他人的话都听不进了。朕当时心里很明白。""在朕的先父皇时期，各地才到处造起了教堂，你们的宗教才迅速地传播开来。朕当时看到了这种情况也不敢说什么。你们哄得了朕的父皇，哄不了朕。"② 对于康熙晚期，政纪懈怠、吏治废弛的情况，雍正帝也深有感受，亟欲改变。即位之后，他把澄清吏治视为巩固统治的根本大计和当务之急。雍正元年正月初一日，他颁发训谕全国督抚提镇、两司道府和州县各官上谕十一道，历数官场种种弊端，反复表明他"整纲饬纪""澄清吏治"的决心，声称："若尔等恣意徇私，不能竭忠尽职，则深负皇考简用之恩，其罪甚大。国法森严，朕虽欲宽贷尔等，不可得矣。"③ 在这种情况下，督抚等官对于地方事务自然不敢掉以轻心，而欲有所作为，赢得新君赏识。

福安是天主教活跃的地区。教徒人数众多，奉教热情很高。雍正元年仍有人捐助银两，兴建宏大的教堂。为了"以靖地方，以正风化"④，五月

---

① 《清世宗实录》卷14，雍正元年十二月壬戌。
② 朱静编译《洋教士看中国朝廷》，上海人民出版社，1995，第106页。
③ 《清世宗实录》卷3，雍正元年正月辛巳朔。
④ 吴旻、韩琦编校《欧洲所藏雍正乾隆朝天主教文献汇编》，上海人民出版社，2008，第19页。

十二日，觉罗满保下令在福安查禁天主教。其文曰："照得福安县地方，访闻有遵奉天主教者，无论贫富，俱各归从，在城在乡，俱有教堂，甚有闺女奉教，不许适人，名曰小童贞，宣教之时，男女不分。现今县内天主堂有十五六座，似此以外国之教惑人，风俗颓靡，莫此为甚，合行饬禁，备牌行道，即便转饬福安县，即日将前项各教堂名色严行禁止，着落房族长、乡保长明白开导晓谕，速改前非。倘敢再有故违定例，附和遵奉外教者，立即按名严拿，依律治罪，毋得轻贷。所有单开各处教堂将作何设法改换缘由，逐加确查，妥议通详，以凭察夺，均毋迟延。"①

接到这个命令后，福安知县傅植立即采取行动。他在辖区内四处张贴觉罗满保的禁教令，"宣布宪台宁谧地方，挽回风化之盛心"②。下令正在兴建的教堂立即停工，委派典史杨滋琪前往各村，查明各处教堂。查明传教士的真实姓名，有无内务府印票。即使有票，也不准在地方设教聚众，煽惑人民。要求教民速行省悟，改弦易辙，勿信外国之教。如敢故违，立即按名严拿，依律重治。小童贞者，速行领回择配，勿得仍前执迷不悛。

七月二十九月，觉罗满保与福建巡抚黄国材联名上奏。奏折中写道："福宁州之福安县乃山中小县，靠近大海，据闻有二名西洋人在彼传教。遂即核查得，入天主教之监生、生员有十余人，城乡男女入此教者数百人，城内大乡建男女天主堂十五处。二名西洋人隐居生员家中，不为人见，不惧知县禁令。且为诵经礼拜之日，便聚数百之众传教，男女混杂一处，习俗甚恶。故臣等即交付文武官员查出二名西洋人，照例解往广东之澳门，十五处天主堂或改为书院，或为义学之所，或者各为民祠堂所，依靠该十数名生员监生，晓谕入教愚昧男女，改信邪教，若再有行西洋教者，则将该十数名监生、生员全部黜免治罪，张贴告示严加禁止。"

奏折中还提出："查得西洋人在各省大府县内俱建天主堂居住，该西洋人留在京城尚可编制黄历，（治病及制造东西）（用于杂事）。今其恣意于各省之大府县内建天主堂或大房宅所居住，不仅于地方百姓无益，且频频传教，蛊惑于人，经年已久，（招至地方之患亦未可料）。（于地方丝毫无益）。伏乞皇上明鉴。西洋人除常住京城外，外省不准西洋人私自居住，

① 吴旻、韩琦编校《欧洲所藏雍正乾隆朝天主教文献汇编》，第20页。
② 吴旻、韩琦编校《欧洲所藏雍正乾隆朝天主教文献汇编》，第21页。

或俱送京城或遣返广东澳门。各省所设天主堂皆予改用，不得再建。此乃关系地方人心之事，臣等谨具奏陈，应否之处，伏乞皇上明裁。为此叩奏。"①

这篇奏折汇报了福建的禁教情况，提出了在各省禁教的具体措施，引起了雍正帝的高度重视。朱批："卿此奏甚是，多为可嘉，著遵照办理。如此缮本具奏。"② 由此可见，雍正帝不仅赞赏、支持福建的禁教行动，而且要把福建的方法推广到全国，因此他要满保缮写题本，再次上奏。

十月二十四日，觉罗满保秉承雍正帝的旨意，写了一个题本，内称："福建福宁州福安县有西洋二人在彼潜住行教，天主堂盖有一十五处。男女混杂，其风甚恶。臣等即饬行文武各官查出西洋二人，照例送往广东澳门安插。所有天主堂十五处房屋尽行改换。查西洋人留住京师，尚有修造历法及闲杂使用之处，今若听其在各省大府州县起盖天主堂大房居住，地方百姓渐归伊教，人心被其煽惑，毫无裨益。恩请将西洋人许其照旧在京居住外，其余各外省不许私留居住。或送京师，或遣回澳门。将天主堂尽行改换别用，嗣后不许再行起盖。"③ 十二月初五日，雍正帝将这份题本发往礼部议决。

十二月十四日，多罗嘉郡王允祹将礼部决议奏报雍正帝，明确提出："应如该督所请。"并强调："地方官不实心禁饬，容隐不报者，该督抚查参，交与该部严加议处。"十二月十七日奉旨："依议。"④ 严行禁教的措施正式出台了。清廷开始在全国范围内大规模地驱逐西方传教士，各地教堂拆毁改易。中国天主教受到沉重的打击。

觉罗满保的奏疏点燃了严行禁教的烈火，疏中所言反映了当时中西文化的撞击点。

第一，男女混杂。中国儒家传统伦理道德讲究"男女大防"，强调"男女不杂坐，不同椸枷，不同巾栉，不亲授。叔嫂不通问，诸母不漱裳。外言不入于阃，内言不出于阃"，"男女非有媒不相知名。非受币，不交不亲"⑤，

---

① 《雍正朝满文朱批奏折全译》，黄山出版社，1998，第257~258页。
② 《雍正朝满文朱批奏折全译》，第258页。
③ 《清中前期西洋天主教在华活动档案史料》第1册，第56页。
④ 《清中前期西洋天主教在华活动档案史料》第1册，第57页。
⑤ 《礼记·曲礼上第一》。

"男女授受不亲，礼也"①。耶稣会士冯秉正曾感叹道："（我们）知道中国人非常讲究男女授受不亲，因此特别注意不在这一问题上引起中国人的不安；因为鉴于中国人的特性，没有任何东西比这一问题上的失误更能诋毁宗教，使它变得可憎可鄙。"② 觉罗满保不仅在奏疏中指控天主教"男女混杂，其风甚恶"，而且在八月二日给福建地方官员的禁教命令中再次强调："男女授受不亲，又礼所切戒。"斥责福安妇女皈依天主教，"男女混杂，不顾嫌疑"，"且于暗室屋漏之中，不分男女，私相密语，名曰解罪"，"伤风败俗，莫此为甚"。③

第二，童贞女。中国传统社会讲求的是男女婚嫁有时。社会舆论普遍认为，男女到一定年龄如果仍未嫁娶，这些所谓怨女旷男的存在，容易损害社会风俗。为了滋生人丁，朝廷也要求女子必须适时出嫁。传统中国社会的守贞观念是与宋明理学所宣扬的妇女贞节原则紧密联系的。这种守贞是儒家礼制对妇德要求的直接反映，它所包含的核心内容是强调女子贞操的唯一性，即"从一而终"，"饿死事小，失节事大"。天主教的守贞观念宣扬的是将童贞奉献给天主，女性要发愿终身守童不嫁，潜心修道。这就与儒家思想相背离。五月十二日，觉罗满保在下令福安县查禁天主教时，严厉指出："甚有闺女奉教，不许适人，名曰小童贞。"④ 要求"小童贞者，速行领回择配，勿得仍前执迷不悛"。八月二日，在给福建地方官员的禁教令中，觉罗满保再次强调："不孝有三，无后为大，设使娶妻云亡，未有子息，自当再娶，为嗣续之计。至于子女及笄而嫁，礼所当然。"指斥天主教"妇死不再婚，甘于无后，闺女终身不字，名曰小童贞"，"灭绝伦理，邪僻异常"。⑤ 福安知县傅植在禁教告示中，也斥责天主教"售童身，则终身弗字，不再娶，甘毕世无儿。似此左道惑人，败伦伤化，良非浅鲜，辟之诚不可稍缓须臾"。⑥

第三，祀祖祭孔。前已述及，关于这一问题，康熙年间爆发了"礼仪之

① 《孟子·离娄章句上》。
② 杜赫德编《耶稣会士中国书简集》第2卷，郑德弟译，大象出版社，2001，第315页。
③ 吴旻、韩琦编校《欧洲所藏雍正乾隆朝天主教文献汇编》，第24页。
④ 吴旻、韩琦编校《欧洲所藏雍正乾隆朝天主教文献汇编》，第20页。
⑤ 吴旻、韩琦编校《欧洲所藏雍正乾隆朝天主教文献汇编》，第24页。
⑥ 吴旻、韩琦编校《欧洲所藏雍正乾隆朝天主教文献汇编》，第22页。

争"。雍正元年，觉罗满保下令在福安查禁天主教时，明确宣布："照得圣贤之垂教天下，与朝廷之化民成俗，总不外乎纲常伦纪。如人子事亲，非必甘旨之奉始为称孝，即以菽水可以承欢，及其既殁，失其怙恃，则必擗踊哭泣，丧尽其礼，祭尽其诚，此皆人情所同。又书曰祭神如神在，吾不与祭，如不祭。则祭祀神祇之礼，古圣人所首重。"① 斥责天主教"以圣贤、神祇、祖宗为魔鬼。不敬礼、不祭祀，遇父母死丧不哭泣、不祭典"，"种种行事，灭绝伦理，邪僻异常"。② 福安知县傅植在执行禁教令的过程中，诘问天主教徒郭显均等人，为何"祖宗不荐享，父母之丧不吊问"？郭显均等人回答："现在有西洋教主在堂，授经法，超升天界，其一切身后无益之事，何必举行？"③ 因此，傅植在向觉罗满保汇报的公文中，斥责天主教徒"不治丧，不追远，全无水源之木本；不祀神，不谒圣，居然华夏西洋"。④

第四，华夏子民归于化外。中国传统社会的一元论是封建专制体制的直接表现，它要求中国社会自上至下于人于心皆维系在中央政权、君主手中，"普天之下，莫非王土；率土之滨，莫非王臣"。而天主教传入中国之后，其教义本身就决定了它必然要在封建专制一元之外另立一元，形成二元制。觉罗满保在下令查禁天主教时，就敏锐地意识到了这一点。他认为，传教士在福安县"以外教煽惑人民，不独农工商贾被其诓骗，即举贡衿监亦一时如醉如痴，不辨邪正，误堕术中"，"举国若狂"⑤，若不"及早清除，则久而弥坚，将使华夏编氓，俱变为化外矣"⑥。因此，在上报朝廷的奏疏中，他明确指出："福安县乃山中小县，靠近大海，据闻有二名西洋人在彼传教。遂即核查得，入天主教之监生、生员有十余人，城乡男女入此教者数百人，城内大乡建男女天主堂十五处。二名西洋人隐居生员家中，不为人见，不惧知县禁令。"⑦ 恐日久年深，"地方百姓渐归伊教，人心被其煽惑，毫无裨益"⑧。雍正帝对此深有同感。他坚信"四海之内，

---

① 吴旻、韩琦编校《欧洲所藏雍正乾隆朝天主教文献汇编》，第23～24页。
② 吴旻、韩琦编校《欧洲所藏雍正乾隆朝天主教文献汇编》，第24页。
③ 吴旻、韩琦编校《欧洲所藏雍正乾隆朝天主教文献汇编》，第21页。
④ 吴旻、韩琦编校《欧洲所藏雍正乾隆朝天主教文献汇编》，第22页。
⑤ 吴旻、韩琦编校《欧洲所藏雍正乾隆朝天主教文献汇编》，第24页。
⑥ 吴旻、韩琦编校《欧洲所藏雍正乾隆朝天主教文献汇编》，第21页。
⑦ 《雍正朝满文朱批奏折全译》，黄山出版社，1998，第257页。
⑧ 《清中前期西洋天主教在华活动档案史料》第1册，第56页。

唯天与共，一国之中，宁有二主耶！"① 他对传教士们说道："尔等欲我中国人尽为教徒，此为尔等之要求，朕亦知之；但试思一旦如此，则我等为如何之人，岂不成为尔等皇帝之百姓乎？教徒惟认识尔等，一旦边境有事，百姓惟尔等之命是从，虽现在不必顾虑及此，然苟千万战舰来我海岸，则祸患大矣……中国北有俄罗斯是不可轻视的，南有欧西各国，更是要担心的，西有回人，朕欲阻其内入，毋使捣乱我中国。"② 这段话吐露了清朝最高统治者内心的真实感受，表明了雍正帝对天主教为患中国的隐忧。

雍正元年，觉罗满保之所以要在福安掀起禁教风暴，他在给福建地方官员的饬令中说得十分明白。他说："当今圣天子御宇方新，屡颁诏旨，勤求孝廉方正之士，所以激劝风俗，共臻上理。"③ 而天主教"与圣贤之垂教，朝廷之政治大相违悖，煽惑人心，伤风败俗，莫此为甚"④。他下令查禁天主教，目的是"专为救正风俗、安靖地方，使愚民不致惑于外教"⑤，"嗣后务各改邪归正，诵习圣贤诗书，循守礼法，共遵王化，庶几风俗淳而人心正"⑥。然而，宗教信仰难以用行政手段解决。10 多年之后，福安又成为教案的爆发地。

三

自雍正帝严行禁教之后，中国天主教受到沉重打击，但并未绝迹，许多地区都有秘密传教活动，⑦ 福安地区尤为活跃。终于导致了乾隆十一年"福安教案"的发生。天主教传入中国之后，曾发生过多起教案。"但乾隆十一年前，不是流血之教难，不过神父被拿到官，板责监押，遣送澳门而已。流血之教难始自乾隆十一年（1746）"⑧。这个变化与福建巡抚周学健的奏疏密切相关。

周学健，江西新建人，雍正元年（1723）进士，改庶吉士，历任翰林

① 杜文凯编《清代西人见闻录》，中国人民大学出版社，1985，第 158 页。
② 转引自顾长声《传教士与近代中国》，上海人民出版社，1991，第 16 页。
③ 吴旻、韩琦编校《欧洲所藏雍正乾隆朝天主教文献汇编》，第 24 页。
④ 吴旻、韩琦编校《欧洲所藏雍正乾隆朝天主教文献汇编》，第 24 页。
⑤ 吴旻、韩琦编校《欧洲所藏雍正乾隆朝天主教文献汇编》，第 23 页。
⑥ 吴旻、韩琦编校《欧洲所藏雍正乾隆朝天主教文献汇编》，第 24 页。
⑦ 参见吴伯娅《关于雍正禁教的几个问题》，《清史论丛》2004 年号。
⑧ 徐宗泽：《中国天主教传教史概论》，上海书店，2010，第 213 页。

院编修、提督福建学政、侍讲学士、少詹事、内阁大学士、刑部右侍郎、福建巡抚等职。乾隆十一年四月，周学健接到福宁府知府董启祚的禀报，得知该县地方向来崇奉天主教，民间尚有无知妇女崇奉西教，终身不嫁。周学健认为，"该县妇女既有信奉邪教守童不嫁之人，民间必有私行崇奉邪教之事"，"夷人藏匿引诱亦未可定"①。遂密饬董启祚访确具报，以便严行查拿。五月，周学健密遣标兵前往福安搜捕，抓获西方传教士费若用、德黄正国、施黄正国、白多禄、华敬5人，各村堂主教长生员陈紬，监生陈廷柱，民人郭惠人、陈从辉、刘荣水、王鹗荐6名；女教长郭全使、缪喜使2名，并从教男犯陈榧等11名，从教女犯及守童贞女15名。

五月十二日，周学健首次就福安教案上奏，称拿获夷人费若用，堂主陈廷柱等男妇各犯，并搜出画像、经卷等件，严审办理。这篇奏疏主要谈了如下几个问题：（1）福安县信奉西洋天主教之人甚多，尤以"穆洋、溪东、溪前、桑洋、罗家港、鼎头村为最盛。穆洋村民人刘荣水、王鹗荐、生员陈紬等家与溪东监生陈球家、县城大北门外民人陈从辉家，皆轮流藏匿西洋夷人于暗室、地窖、重墙、复壁之中。从教男妇甚众，且多充当胥役之人。一闻缉拿，齐心协力，群奉避匿，莫可踪迹"②。（2）教民竟敢反抗官府。当游击罗应麟与把总雷朝翰前往穆洋刘荣水家，准备捉拿西方传教士费若用时，"村众妇女与西夷人费若用闻拿抗拒。雷朝翰奋力上前，擒获夷人，被男妇围拥殴打受伤"③。守备范国卿驰赴穆洋支援，才将西方传教士擒获。（3）天主教是邪教，深为人心风俗之害。在疏中，周学健多次称天主教为邪教，明确指出："该县各村民人崇奉天主教，痼习已深。虽经雍正元年押逐夷人，拆毁教堂，严加惩创之后，复行私藏夷人，日渐蔓延。士庶男妇无不信心崇奉，习为固然。邪教蛊惑，深为人心风俗之害。不可不严究根株，剪除萌蘖，以靖地方。"④

随着审讯的深入，周学健进一步认识到秘密传教的严重性。五月二十八日，他再次上疏，明确指出，此前，他认为天主教"不过以天堂地狱诞妄不经之说诱惑愚民，使入其教者不认祖宗，不信神明，以父母为借身，

① 《清中前期西洋天主教在华活动档案史料》第1册，第78页。
② 《清中前期西洋天主教在华活动档案史料》第1册，第79页。
③ 《清中前期西洋天主教在华活动档案史料》第1册，第80页。
④ 《清中前期西洋天主教在华活动档案史料》第1册，第81页。

以西洋人为大父，且惑其邪说，幼女守童贞不嫁，朝夕侍奉西洋人，男女混杂，败坏风俗，为害于人心世教"，而今通过审理此案，"始灼见伊等邪教更有蛊惑悖逆之显迹，其罪有不可容于圣世者"。①

周学健的第二篇奏疏，将天主教的危害从"败坏风俗人心"，上升到"蛊惑悖逆"，"不可容于圣世"。他的理由是：（1）天主教存心叵测。西洋诸国皆海外岛夷，虽有天主教谬妄之说，止应自奉其教而已。而今传教士远渡重洋，纷纷来到中国，欲广行其邪教，彼其立心已不可问。且此等行教之夷人皆受其国王资给，故在中国用度宽裕，是其不畏险阻，不惜厚资，务行其教于中国，诚令人不可窥测。教长陈从辉家中，搜出青缎绣金天主帘一架，上绣"主我中华"四字。是其行教中国处心积虑，诚有不可问者。②（2）天主教行动诡秘。凡男妇入教之始，先于密室内令尽告其从前所作之恶事，谓之解罪。解罪后，每人领受一枚饼和一杯葡萄酒。以饼为圣体，以酒为圣血。自此一番领受之后，无论男妇坚心信奉。其所给之饼和酒，皆伊等密室自制。可谓夷人于饼酒之中暗下迷药，使人不知改悔。审讯被捕夷人时，因其狡黠异常，曾加以刑夹。夷人即默诵番经，虽受刑夹，若为不知。是其狡狯伎俩幻不可测，必有迷药异术，蛊惑民人。（3）教民顽固，不畏王法。经审讯得知，福安教民多至 2000 余人，守童贞女有 200 余名。城乡士庶男妇大概未入教者甚少，该县书吏衙役多系从教之人，是以审讯时竭力庇护，传递消息。审讯夷人费若用时，天下暴雨。该县衙役竟将自己的凉帽给予费若用，自己露立雨中。将被捕的 5 名夷人起解赴省时，县门竟聚集男妇千余人送行。或与抱头痛哭，或送给衣服银钱，或与打扇扎轿。通邑士民衙役不畏王法，舍身崇奉邪教。

因此，周学健在疏中指出："臣细察行教夷人蛊惑民心之邪术变幻不测，悖逆不道之形迹显然昭著。"③ 请求皇上将被捕传教士重治以国法，并密饬各省督抚彻底搜查，不使一名潜藏内地。六月二十六日，乾隆帝下令："传谕各省督抚等，密饬该地方官，严加访缉，如有以天主教引诱男妇，聚众诵经者，立即查拿，分别首从，按法惩治。其西洋人，俱递解广

---

① 《清中前期西洋天主教在华活动档案史料》第 1 册，第 86 页。
② 《清中前期西洋天主教在华活动档案史料》第 1 册，第 88 页。
③ 《清中前期西洋天主教在华活动档案史料》第 1 册，第 89 页。

东，勒限搭船回国，毋得容留兹事。倘地方官有不实心查拿，容留不报者，该督抚即行参处。"① 各省督抚遵命而行。"福安教案"演变为一场全国性的查禁行动。

乾隆帝的上谕指明了对传教士的处罚形式：递解广东，勒限回国。周学健对此却颇不以为然。他认为，如此处置不足以警示后人，以杜将来，必须严加惩治。

为此，周学健于九月十二日又一次上疏，强调天主教的危害，要求严惩传教士。他指出："接奉军机大臣等议复臣前奏请严治西洋天主邪教一折，令臣将现获夷人勒限回国，并分别量拟惩治。然臣观该国夷人，实非守分之徒，有难加以宽典者。"理由如下：（1）西洋人精心计划，独于行教中国一事，不惜巨费。现讯据白多禄等，并每年雇往澳门取银之民人缪上禹等俱称，澳门共有八堂，一堂经管一省。每年该国钱粮，运交吕宋会长，吕宋转运澳门各堂分发。（2）西洋风土，原与中国相似，独行教中国之夷人，去其父子，绝其嗜欲，终身为国王行教，甚至忘身触法，略无悔心。至中国民人，一入其教，信奉终身不改。且有身为生监，而坚心背道者。又如男女情欲，人不能禁，而归教之处女，终身不嫁。细加查究，亦有幻术诡行。（3）臣前于福安各堂内，搜出番册一本，讯系册报番王之姓名。凡从教之人，已能诵经坚心归教者，即给以番名。每年赴澳门领银时，用番字册报国王。国王按册报人数多少加赏。（4）现在福安从教男妇，计2600余人。夫以白多禄等数人行教，而福安一邑，已如此之多。合各省计之，何能悉数？是其行教中国之心，固不可问。至以天朝士民，而册报番王，以邪教为招服人心之计，尤不可测。因此，他请求"将白多禄等按律定拟，明正国典，以绝狡谋"。乾隆帝批示："未免言之过当。然照律定拟，自所应当。"②

周学健敢于质疑乾隆帝的决定，提出严惩建议，教会史书多认为这是由于他"素恶天主教"，"蓄意谋害"。③ 然而，认真阅读他的这篇奏疏，我们可以清楚地看出，作为一个海疆重臣，面对吕宋、澳门等地的风云和

① 《清高宗实录》卷269，乾隆十一年六月庚寅。
② 《清高宗实录》卷275，乾隆十一年九月壬戌。
③ 参见徐宗泽《中国天主教传教史概论》，第159页；方豪《中国天主教史人物传》下册，中华书局，1988，第104页。

辖区内秘密传教的严重情况，他比乾隆帝更直接更强烈地感受到西力东渐潮水的汹涌，天主教对中国传统文化和清朝统治的冲击。他之所以力主严格禁教，严惩传教士，与其说是他个人"素恶天主教"，"蓄意谋害"，不如说是他代表了清朝官绅的意愿，要防止天主教对中国社会的影响和对地方统治秩序的损害，维护清朝的统治。正是因为看到了这一点，体会到了他的苦心，乾隆帝才会既说他"言之过当"，又批准他的建议。白多禄因此被斩首，另外 4 名传教士先后监毙狱中。这反映了清朝官绅对乾隆帝禁教政策的影响。

结　语

以上我们分析了张伯行、觉罗满保和周学健的禁教奏疏，从中可以清楚地看出，作为清朝的封疆大吏，他们是从风俗人心、地方秩序、国家安全的角度来考察天主教对中国社会的影响。他们都认为，天主教有违儒家伦理，不合中土礼仪，甚为风俗人心之害，不利于清王朝的统治。作为康雍乾不同时期的反教代表人物，他们的奏疏又有鲜明的特点。那就是一篇比一篇激烈，越来越怀疑外国传教士的政治动机，越来越强调天主教对清王朝的危害，提出的禁教措施也越来越严厉。这不仅仅是他们个人的问题，而是与当时国际国内形势和清廷对外政策的走向息息相关。

（作者单位：中国社会科学院）

清代年班土司赏赐述略

黄　梅

摘　要：土司年班制度是清政府针对川西北藏区土司实行的管理制度，这一制度对维护川西北土司地区的稳定发挥了重要作用。本文利用中国第一历史档案馆收藏的内务府奏案，集中研究了土司年班管理制度中的赏赐制度，分析了年班土司赏赐制度中的等值折赏和品级给赏两种赏赐制度的具体内容与实行形式，总结了清代年班土司赏赐制度连续性和稳定性的特征。

关键词：土司　年班　等值折赏　品级给赏

清政府在借鉴历代中原王朝朝贡制度的基础上，建立了专门针对边疆少数民族首领的朝觐年班制度。在乾隆四十一年的金川之役后，为了笼络金川地区的土司，清政府将川西北藏区土司列入年班，并建立了相应的管理制度。目前学界有关土司年班制度的研究成果较少。张圆的《清代四川土司"年班"制度初探》[①] 一文是较早研究土司年班的专项成果，文章重点研究土司年班管理制度，涉及土司年班的班次编订、品级规定、班首有无、随带跟役与行李和病故或晚到土司的处理规定五方面的内容。张双智著《清代朝觐制度研究》[②] 一书中用一节的篇幅，简要论述了土司年班的班次和沿途支应等内容。但学界对清代年班土司赏赐制度的研究目前仍是空白。中国第一历史馆所藏的内务府档案中收录了嘉庆十四年至光绪三十年间 15 次土司年班的拟赏清单，记载了来朝土司进献的物品种类和贡品折

---

① 本文系国家社科基金 2012 年度重大招标项目"中国土司制度史料编纂整理与研究"（12&ZD135）的阶段性成果。苍铭主编《民族史研究》第九辑，中央民族大学出版社，2010。

② 张双智：《清代朝觐制度研究》，学苑出版社，2010。

价，给予土司的品级赏赐的银两数、物品数量和种类及等值折赏的物品数量和种类。本文利用这些赏赐清单集中研究清代土司年班的赏赐制度，从中窥视土司年班制度之一角。

清代土司年班有朝正年班和万寿年班两种形式。朝正年班指的是在正月朝觐，万寿年班则是在皇帝寿辰时朝觐。清政府对土司朝正年班和万寿年班分别制定了不同的赏赐制度。清政府对土司朝正年班的赏赐形式是等值折赏，对万寿年班的赏赐形式是等值折赏和品级给赏两种。

一　等值折赏

土司朝正年班和万寿年班的等值折赏制度是相同的。

朝正年班是土司年班的主要形式。在内务府奏案记录的17次土司年班中，朝正年班共有15次。本文以列表的形式展示内务府奏案中记载的朝正年班的班次和时间（见表1）。

表1　朝正年班班次表

年号	年班时间	合计班数
嘉庆	嘉庆二十年正月	2
	嘉庆二十三年正月	
道光	道光四年正月	7
	道光七年正月	
	道光十年正月	
	道光十三年正月	
	道光十六年正月	
	道光十九年正月	
	道光二十五年正月	
咸丰	咸丰九年三月	1
同治	同治四年六月	2
	同治十年五月	
光绪	光绪十七年正月	3
	光绪二十三年	
	光绪三十年九月	
总计班数		15

注：①表中所列的年班时间为内务府奏报的赏赐清单上所载的时间。

②光绪二十三年朝觐月份不详，内务府奏案中只收录了光绪二十三年五月内务府"奏为土司到京暂住官房事"奏折。

内务府奏案共记载朝正年班15次，嘉庆年间2次，道光年间7次，咸丰年间1次，同治年间2次，光绪年间3次，合计15次。除道光朝年班班次记载完整外，其他四朝土司年班班次的记载均不完全。且自道光朝后，由于政治形势的动荡，土司年班多未能按时在正月朝觐，但这并不能改变其朝正年班的本质。

清代年班土司均呈进贡品，作为政治臣服的标志。清政府重视的不是贡品的经济价值，而是贡品的政治意义。因而对年班土司呈进贡品的种类和价值，清政府并无明确规定。土司进贡的物品基本是宗教用品和土特产品，各土司的贡品种类和数量也多寡不等。清政府则根据土司贡品价值的多少赏给土司价值相等的物品，是为等值折赏。即由内务府先将土司贡物折算为价银，再计算出等值的各类绸缎的数量，上报皇帝批准后赏给。

嘉庆朝是土司年班制度的稳定时期。嘉庆二十四年广储司上奏的土司万寿年班赏赐清单记载的土司家数为土司年班中家数较多的班次之一，并且完整记录了等值折赏和品级给赏两种赏赐形式。本文选取这一年份的赏赐清单为例，分析清代土司年班的赏赐情况。内务府广储司上奏的"为正大光明殿筵宴蒙古王、公、土司、土舍缎绸数目事"奏案记录了年班土司等值折赏的具体情况，现抄录如下：

> 穆坪宣慰司丹江紫楚进长寿佛一尊，例不作价；金如意一柄，重十三两九钱，每两作银四两；银丝捧盒一个，重二十九两八钱，每两作银一两；银丝高灯一对，重二百八十一两七钱，每两作银一两；白香九匣，每匣作银一两；黑香九匣，每匣作银一两；镱镱十八个，每个作银二两四钱，共作银四百二十八两三钱。折赏大卷八丝缎十二疋、部项缎十疋、小卷八丝缎十疋、小卷宁绸十疋、小卷纱十疋、线绉十疋、素春绸十疋、花纺丝十二疋、绵绸十疋。

> 瓦寺土舍索诺木文辅进长寿佛一尊，例不作价；镶玉如意一柄，作银五两；银灯一对，重三十二两二钱，每两作银一两；银水瓶一对，重十两五钱，每两作银一两；海螺一对，作银八两；白香二匣，每匣作银一两；黑香二匣，每匣作银一两；黄连二匣，每匣作银三两；贝母四小袋，每袋作银二两；白蜡四块，每块作银三钱；镱镱八个，每个作银二两四钱，共作银九十四两一钱。折赏大卷八丝缎二

疋、部项缎二疋、小卷八丝缎二疋、小卷宁绸四疋、小卷纱二疋、线绉二疋、素春绸四疋、花纺丝四疋、绵绸二疋。

河西屯千总日更太进哈达二个，每个作银一钱；氆氇八个，每个作银二两四钱；左插刀二把，每把作银一两；腰刀二把，每把作银二两；鸟枪二杆，每杆作银三两，共作银三十一两四钱。折赏大卷八丝缎一疋、部项缎一疋、小卷素缎一疋、小卷宁绸一疋、小卷纱一疋、花纺丝一疋。

沈边长官司余尚均进长寿佛一尊，例不作价；长寿香一匣，作银一两；白香一匣，作银一两；黑香一匣，作银一两；白蜡三块，每块作银三钱；氆氇三个，每个作银二两四钱，共作银十一两一钱。折赏小卷素缎一疋、小卷宁绸一疋、线绉一疋。

长宁安抚司苏朝相进长寿佛一尊，例不作价；哈达一个，作银一钱；麝香一小瓶，作银二两；川椒二匣，每匣作银一两；柏香二匣，每匣作银一两，共作银六两一钱。折赏小卷八丝缎一疋。

杂谷脑屯守备桑加斯塔进长寿佛一尊，例不作价；哈达一个，作银一钱；银曼达一个，重十四两，每两作银一两；氆氇二个，每个作银二两四钱；鸟枪一杆，作银三两，共作银二十一两九钱。折赏部项缎一疋、小卷素缎一疋、小卷宁绸一疋、线绉二疋。

乾堡寨屯千总扣五斯甲进长寿佛一尊，例不作价；哈达一个，作银一钱；贝母二匣，每匣作银二两；腰刀二把，每把作银二两，共作银八两一钱。折赏小卷八丝缎一疋、花纺丝一疋。

上孟董屯守备一朱阿拉进长寿佛一尊，例不作价；哈达二个，每个作银一钱；银曼达一个，重十六两，每两作银一两；铃杆一分，作银一两；氆氇二个，每个作银二两四钱；左插刀二把，每把作银一两；腰刀二把，每把作银二两；鸟枪二杆，每杆作银三两，共作银三十四两。折赏大卷八丝缎一疋、部项缎一疋、小卷宁绸二疋、线绉二疋。

下孟董屯守备沙加噶舍进长寿佛一尊，例不作价；哈达一个，作银一钱；氆氇二个，每个作银二两四钱；左插刀二把，每把作银一两；腰刀二把，每把作银一两；鸟枪二杆，每杆作银三两，共作银十六两九钱。折赏部项缎一疋、小卷八丝缎一疋、线绉一疋。

九子寨屯守备杨桂进长寿佛一尊，例不作价；哈达一个，作银一钱；银瓶一个，重八两，每两作银一两；延寿果二匣，每匣作银一两；氆氇二个，每个作银二两四钱；乌枪一杆，作银三两，共作银十七两九钱。折赏部项缎一疋、小卷宁绸一疋、线绉二疋。

商巴寨土千户占巴拆伦进长寿佛一尊，例不作价；氆氇三个，每个作银二两四钱，共作银七两二钱。折赏小卷素缎一疋、小卷宁绸一疋。

上包坐余湾寨土千户六笑亚进长寿佛一尊，例不作价；氆氇三个，每个作银二两四钱，共作银七两二钱。折赏小卷素缎一疋、小卷宁绸一疋。

下包坐竹当寨土千户朗加笑进长寿佛一尊，例不作价；氆氇三个，每个作银二两四钱，共作银七两二钱。折赏小卷素缎一疋、小卷宁绸一疋。

麦集蛇湾寨土千户拆旺笑进长寿佛三尊，例不作价；哈达九个，每个作银一钱；延寿果三匣，每匣作银一两；五加皮三匣，每匣作银二两；贝母三匣，每匣作银二两；氆氇四个，每个作银二两四钱，共作银二十五两五钱折。折赏部项缎一疋、小卷八丝缎一疋、小卷宁绸一疋、线绉二疋、花纺丝一疋。

松枰土百户韩朝陆进长寿佛一尊，例不作价；哈达二个，每个作银一钱；麝香一小瓶，作银二两；贝母一匣，作银二两，共作银四两二钱。折赏小卷宁绸一疋。

梭磨土舍俄多生各尔济进哈达三个，每个作银一钱；银曼达一个，重十六两，每两作银一两；藏氆二块，每块作银五钱；氆氇二个，每个作银二两四钱；丝线花带四条，每条作银一钱；腰刀二把，每把作银二两；乌枪二杆，每杆作银三两，共作银三十二两五钱。折赏大卷八丝缎一疋、部项缎一疋、线绉二疋、小卷宁绸一疋、花纺丝一疋。

松岗土舍木尔吉进哈达二个，每个作银一钱；银水瓶一对，重六两，每两作银一两；左插刀二把，每把作银一两；腰刀二把，每把作银二两；乌枪二杆，每杆作银三两，共作银十八两二钱折。折赏部项缎一疋、小卷八丝缎一疋、线绉一疋、花纺丝一疋。

长宁土舍苏朝栋进哈达一个，作银一钱；贝母一匣，作银二两，共作银二两一钱。折赏花纺丝一疋。

布拉克底土舍生尔根进长寿佛一尊，例不作价；哈达十个，每个作银一钱；白香一小袋，作银五钱；黑香一小袋，作银五钱；氆氇十个，每个作银二两四钱，共作银二十六两。折赏部项缎一疋、小卷八丝缎一疋、小卷宁绸一疋、线绉二疋、素春绸一疋。

里塘土舍四朗杨丕进长寿佛九尊，例不作价；金曼达一个，重五两，每两作银四两；经一部，例不作价；延寿果九匣，每匣作银一两；白香九匣，每匣作银一两；黑香九匣，每匣作银一两；贝母九匣，每匣作银二两；氆氇九个，每个作银二两四钱；木碗一个，作银一钱，共作银八十六两七钱。折赏大卷八丝缎二疋、部项缎二疋、小卷素缎二疋、小卷宁绸三疋、小卷纱四疋、线绉四疋、素春绸二疋。

冷边土舍周永定进长寿佛一尊，例不作价；白香九匣，作银一两；黑香九匣，作银一两；黄连一匣，作银三两；贝母一匣，作银二两；川椒一匣，作银一两；氆氇四个，每个作银二两四钱，共作银十七两六钱。折赏小卷素缎二疋、小卷宁绸一疋、线绉一疋、素春绸二疋。

古柏树土舍朗永贵进茯苓一小袋，作银五钱；菖蒲四匣，每匣作银五钱；熊胆一小袋，作银一两；蛇胆一小袋，作银一两；麝香一小袋，作银二两，共作银六两五钱。折赏小卷八丝缎一疋。

峨眉喜寨土舍噶让保进长寿佛三尊，例不作价；哈达九个，每个作银一钱；延寿果四匣，每匣作银一两；五加皮四匣，每匣作银二两；贝母四匣，每匣作银二两；氆氇四个，每个作银二两四钱，共作银四十二两五钱。折赏大卷八丝缎一疋、部项缎一疋、小卷宁绸二疋、小卷纱二疋、线绉二疋、素春绸一疋。①

从这份赏赐清单中可以分析出土司年班等值折赏的三个主要特征。

---

① 中国第一历史档案馆藏《内务府全宗》，嘉庆二十四年十月初七日，"广储司奏为正大光明殿筵宴蒙古王、公、土司、土舍缎绸数目事"，案卷号：05－0604，档案号：05－0604－041。

（一）等值折赏的依据是土司贡品折价的高低

清代"土司年班各宗均有呈进贡物，惟无额定数目"①，所以各土司进贡的贡物种类和折价多不相同。本文通过将土司按品级排列，同品级土司再按贡品折价由高到低顺序排列的列表来了解年班土司的贡品折价和赏赐情况（见表2）。

表 2 嘉庆二十四年土司等值折赏表

土司	品级	贡品折价（银）	赏赐
穆坪宣慰司	从三品	四百二十八两三钱	大卷八丝缎十二疋、部项缎十疋、小卷八丝缎十疋、小卷宁绸十疋、小卷纱十疋、线绉十疋、素春绸十疋、花纺丝十二疋、绵绸十疋
瓦寺宣慰司	从三品	九十四两一钱	大卷八丝缎二疋、部项缎二疋、小卷八丝缎二疋、小卷宁绸四疋、小卷纱二疋、线绉二疋、素春绸四疋、花纺丝四疋、绵绸二疋
梭磨宣慰司	从三品	三十二两五钱	大卷八丝缎一疋、部项缎一疋、线绉二疋、小卷宁绸一疋、花纺丝一疋
布拉克底宣慰司	从三品	二十六两	部项缎一疋、小卷八丝缎一疋、小卷宁绸一疋、线绉二疋、素春绸一疋
里塘宣抚司	正四品	八十六两七钱	大卷八丝缎二疋、部项缎二疋、小卷素缎二疋、小卷宁绸三疋、小卷纱四疋、线绉四疋、素春绸二疋
峨眉喜寨土千户	正五品	四十二两五钱	大卷八丝缎一疋、部项缎一疋、小卷宁绸二疋、小卷纱二疋、线绉二疋、素春绸一疋
上孟董屯守备一朱阿拉	正五品	三十四两	大卷八丝缎一疋、部项缎一疋、小卷宁绸二疋、线绉二疋
麦集蛇湾寨土千户	正五品	二十五两五钱	部项缎一疋、小卷八丝缎一疋、小卷宁绸一疋、线绉二疋、花纺丝一疋
杂谷脑屯守备桑加斯塔	正五品	二十一两九钱	部项缎一疋、小卷素缎一疋、小卷宁绸一疋、线绉二疋
九子寨屯守备杨桂	正五品	十七两九钱	部项缎一疋、小卷宁绸一疋、线绉二疋

---

① 中国第一历史档案馆藏《理藩部全宗》，光绪三十四年三月二十九日，"四川等处承宣布政使司为查明咨复事案"，案卷号：549。

土司	品级	贡品折价（银）	赏赐
下孟董屯守备沙加噶舍	正五品	十六两九钱	部项缎一疋、小卷八丝缎一疋、线绉一疋
商巴寨土千户	正五品	七两二钱	小卷素缎一疋、小卷宁绸一疋
上包坐余湾寨土千户	正五品	七两二钱	小卷素缎一疋、小卷宁绸一疋
下包坐竹当寨土千户	正五品	七两二钱	小卷素缎一疋、小卷宁绸一疋
古柏树土千户	正五品	六两五钱	小卷八丝缎一疋
长宁安抚司	从五品	六两一钱	小卷八丝缎一疋
河西屯千总日更太	正六品	三十一两四钱	大卷八丝缎一疋、部项缎一疋、小卷素缎一疋、小卷宁绸一疋、小卷纱一疋、花纺丝一疋
松岗长官司	正六品	十八两二钱	部项缎一疋、小卷八丝缎一疋、线绉一疋、花纺丝一疋
冷边长官司	正六品	十七两六钱	小卷素缎二疋、小卷宁绸一疋、线绉一疋、素春绸二疋
沈边长官司	正六品	十一两一钱	小卷素缎一疋、小卷宁绸一疋、线绉一疋
乾堡寨屯千总扣五斯甲	正六品	八两一钱	小卷八丝缎一疋、花纺丝一疋
松枰土百户	正六品	四两二钱	小卷宁绸一疋
长宁土舍苏朝栋	无	二两一钱	花纺丝一疋

从表2可以总结出年班土司贡品折价的主要特点：（1）各土司的贡品价值多不相同，只有少数土司有贡品价值相同的情况。不论是同品级土司还是不同品级土司，贡品折价相同的情况较少。表2所列的年班22家土司中只有商巴寨土千户、上包坐余湾寨土千户和下包坐竹当寨土千户三家土司的贡品折价完全相同，其余各土司的贡品折价则高低不等。（2）土司贡品价值高低与土司等级并不完全成正比。表中穆坪和瓦寺两家宣慰司的贡品价值与其品级相当。但里塘宣抚司的贡品价值高于梭磨和布拉克底两家宣慰司，峨眉喜寨土千户的贡品价值也高于梭磨和布拉克底两家宣慰司，河西屯千总日更太的贡品价值则高于品级在其之上的10家土司。其他各土司的贡品价值高低也多与其品级高低不完全相当。

尽管土司贡品折价依品级而呈现以上特点，但最终决定土司获得的赏赐物品种类和数量的不是土司品级的高低，而是土司贡品折价的高低：
（1）土司贡品折价越高，被赐给绸缎的种类和数量越多；贡品价值越低，被赐给绸缎的种类和数量越少。穆坪宣慰司贡品折价为四百二十八两三钱，获折赏"大卷八丝缎十二疋、部项缎十疋、小卷八丝缎十疋、小卷宁绸十疋、小卷纱十疋、线绉十疋、素春绸十疋、花纺丝十二疋、绵绸十疋"，种类和数量均为各土司中最高；长宁土舍苏朝栋贡品折价二两一钱，获折赏花纺丝一疋，品种和数量为各土司中最低者。（2）土司获赏物品的种类和数量与土司品级无关。如河西屯千总日更太品级正六品，贡品折价为三十一两四钱，获赏绸缎种类和数量为"大卷八丝缎一疋、部项缎一疋、小卷素缎一疋、小卷宁绸一疋、小卷纱一疋、花纺丝一疋"。古柏树土千户品级正五品，贡品折价六两五钱，获赏"小卷八丝缎一疋"，种类和数量均少于品级更低的河西屯千总日更太。其他土司也均获得与贡品等值的折赏物品。（3）贡品折价相同的土司获赏相同数量和种类的绸缎。商巴寨土千户、上包坐余湾寨土千户和下包坐竹当寨土千户三家土司的贡品折价同为七两二钱，均获赏赐"小卷素缎一疋、小卷宁绸一疋"。

（二）等值折赏的物品均为种类不同的纺织品

虽然各土司进贡的物品种类众多，折价也多不相等，但清政府给土司等值折赏的物品均为纺织物，依各土司贡品折价的高低而在具体种类上有所差别。清政府在嘉庆二十四年的土司年班中赏赐给土司的织物种类共有10种：大卷八丝缎、部项缎、小卷八丝缎、小卷宁绸、小卷纱、线绉、素春绸、花纺丝、绵绸和小卷素缎。

（三）等值折赏的对象是进贡的本土司

乾隆四十一年三月，清政府规定："除土妇及土司中之未曾出痘不能至内地者，毋庸轮班外，其余土司头目俱按应行入觐之期，令于冬间由将军、总督、提督等照料进京。"① 所以，年班土司多为本人亲自来朝觐。有以下几种情况者可派遣土舍或头人代往：（1）土妇护印；（2）土司未出痘；（3）土司因患病或年幼出痘不能远行。

---

① 《清高宗实录》卷1004，乾隆四十一年三月庚辰。

嘉庆二十四年土司年班中，本土司亲自来朝的有 14 家：穆坪宣慰司、河西屯千总日更太、沈边长官司、长宁安抚司、杂谷脑屯守备桑加斯塔、乾堡寨屯千总扣五斯甲、上孟董屯守备一朱阿拉、下孟董屯守备沙加噶舍、九子寨屯守备杨桂、商巴寨土千户、上包坐余湾寨土千户、下包坐竹当寨土千户、麦集蛇湾寨土千户、松枰土百户。遣土舍或头人代为朝觐的有 8 家：瓦寺宣慰司、梭磨宣慰司、松岗长官司、布拉克底宣慰司、里塘宣抚司、冷边长官司、古柏树土千户、峨眉喜寨土千户。

但等值折赏不因是本土司朝觐或遣土舍朝觐而有差别，依据的是贡品折价的多少，赏赐的对象是呈进贡品的本土司。

土司随带的土舍和头人多不单独呈进贡品，但也有特例。长宁安抚司土舍苏朝栋单独呈进贡物，也依贡物折价获得等值折赏。

二 品级给赏

清政府对土司万寿年班的赏赐分为二部分，一是等值折赏，二是品级给赏。

品级给赏是依土司品级高低给予土司的赏赐。赏赐物品和银两多少依据的是土司品级高低，与土司贡品的价值高低无关。

本文通过分析嘉庆二十四年十月内务府广储司上报的品级赏赐清单来了解土司品级给赏的具体形式和特征。

> 此次正大光明殿入宴土司、土舍拟赏。二品顶戴宣抚司丹紫江楚、三品顶戴土舍索诺木文辅、三品顶戴屯千总日更太共三人，每人赏锦一疋、小卷八丝缎一疋、小卷宫绸一疋、倭缎一疋、银五十两。

> 四品顶戴长官司余尚均赏锦一疋、小卷八丝缎一疋、小卷宫绸一疋、银四十两。

> 五品顶戴大头人常林保、五品顶戴安抚司苏朝相、五品顶戴屯守备桑加斯塔、五品顶戴屯守备一珠阿拉、五品顶戴屯守备沙加噶舍、五品顶戴屯守备杨桂、五品顶戴屯千总扣五斯甲、五品顶戴土千户占巴拆伦、五品顶戴土千户六笑亚、五品顶戴土千户朗笑加、五品顶戴土千户拆旺笑共十一人，每人赏小卷八丝缎一疋、小卷宫绸一疋、绸一疋、银三十两。

六品顶戴土百户韩朝陆、六品顶戴小头人克斯甲、六品顶戴土舍木尔吉、六品顶戴小头人谟尔济、六品顶戴土舍苏朝栋、六品顶戴大头人周宏开、六品顶戴土舍生尔根、六品顶戴小头人希尔洛、六品顶戴土舍四朗杨丕、六品顶戴大头人安滚存度、六品顶戴土舍余国珍、六品顶戴土舍周永定、六品顶戴大头人李斌、六品顶戴土舍朗永贵、六品顶戴土舍噶让保共十五人，每人赏小卷八丝缎一疋、小卷宫绸一疋、银二十两。①

品级给赏含有以下几个特点：

（一）有加衔品级的土司按加衔品级赏赐，无加衔品级的土司按本品级赏赐

要了解按品级赏赐，首要的是明确赏赐品级的确定。

《大清会典事例》中明确规定了土官的品级："正三品，甘肃土指挥使；从三品，宣慰使司宣慰使、甘肃土指挥同知；正四品，宣慰使司同知、甘肃土指挥佥事；从四品，宣慰使司副使、宣抚使司宣抚使；正五品，宣慰使司佥事、宣抚使司同知、甘肃土正千户；从五品，宣抚使司副使、安抚使司安抚使、招讨使司招讨使、甘肃土副千户；正六品，宣抚使司佥事、安抚使司同知、招讨使司副招讨使、长官司长官、甘肃土百户；从六品，安抚使司副使；正七品，安抚使司佥事、长官司副长官。蛮夷官、苗民官、千夫长、副千夫长、土官中土舍头目，无专职品级。"②

屯土备弁是清代土司的特殊群体。清政府对部分有功的土司按绿营品级赏给职衔，在职衔前加土或屯字来以示区别。

为了嘉奖金川地区的有功土司，清政府对土司多赏给加衔，即赏给高于本品级的虚衔。嘉庆二十四年年班土司的本品级和加衔品级见表3：

① 中国第一历史档案馆藏《内务府全宗》，嘉庆二十四年十月初七日，"广储司奏为正大光明殿筵宴赏蒙古王、公、土司、土舍缎绸数目事"，案卷号：05 - 0604，档案号：05 - 0604 - 040。

② 光绪《大清会典事例》卷542，《兵部·官制一·土官品级》。

表3 嘉庆二十四年年班土司品级表

土司	本品级	加衔品级
宣抚司丹紫江楚	从四品	二品
土舍索诺木文辅	无	三品
屯千总日更太共	正六品	三品
长官司余尚均	六品	四品
大头人常林保	无	五品
安抚司苏朝相	从五品	无
屯守备桑加斯塔	正五品	无
屯守备一珠阿拉	正五品	无
屯守备沙加噶舍	正五品	无
屯守备杨桂	正五品	无
屯千总扣五斯甲	正六品	五品
土千户占巴拆伦	正五品	无
土千户六笑亚	五品	无
土千户朗笑加	正五品	无
土千户拆旺笑	正五品	无
土百户韩朝陆	六品	无
小头人克斯甲	无	六品
土舍木尔吉	无	六品
小头人谟尔济	无	六品
土舍苏朝栋	无	六品
大头人周宏开	无	六品
土舍生尔根	无	六品
小头人希尔洛	无	六品
土舍四朗杨丕	无	六品
大头人安滚存度	无	六品
土舍余国珍	无	六品
土舍周永定	无	六品
大头人李斌	无	六品
土舍朗永贵	无	六品
土舍噶让保	无	六品

此清单证明，对于有加衔的土司，赏赐是按加衔的品级赏给。获品级给赏的30名土司中，有20人有加赏品级。宣抚使丹紫江楚本品级为从四品，加衔为二品；土舍索诺木文辅本品级无，加衔为三品；屯千总日更太为六品，加衔为三品；长官司长官余尚均本品级为六品，加衔品级为四品；头人常林保本品级无，加赏品级五品；屯千总扣五斯甲本品级为六品，加赏品级为五品；来朝头人和土舍均无品级，统一赏给六品顶戴。土司加衔均为虚衔，并无实权。清政府对有加衔的土司均按虚衔给赏，以示对土司的特殊恩典。

对于无加衔的土司，则按本品级给赏。安抚司苏朝相、屯守备桑加斯塔、屯守备一珠阿拉、屯守备沙加噶舍、屯守备杨桂、土千户占巴拆伦、土千户六笑亚、土千户朗笑加、土千户拆旺笑、土百户韩朝陆10人无加衔，均按本品级五品给赏赐。

（二）区分初次朝觐和非初次朝觐，对同品级的土司给予不同赏赐

在确定品级的基础上，对土司再区分初次来京和非初次来京两种情况拟定赏赐。

1. 初次朝觐和非初次朝觐的土司，均依品级获赐规定数量的绸缎和银两。

品级给赏于正大光明殿设宴时赏给土司，入宴土司依品级分别获赏相应数量的银两和绸缎，赏赐数量随品级下降而递减。二、三品者"每人赏锦一疋、小卷八丝缎一疋、小卷宫绸一疋、倭缎一疋、银五十两"；四品"赏绸赏锦一疋、小卷八丝缎一疋、小卷宫绸一疋、银四十两"；五品赏"小卷八丝缎一疋、小卷宫绸一疋、绸一疋、银三十两"；六品赏"小卷八丝缎一疋、小卷宫绸一疋、银二十两"。

2. 对初次进京的土司，再依据有无顶戴，分别赏给顶戴并朝服等物品。

对初次进京的土司，除和已朝觐过的土司依品级于筵宴时赏给同样数量的绸缎和银两外，再区分有无顶戴分别给赏。

已有顶戴者，"按品级各赏纬帽、顶翎，朝珠、蟒袍、补褂、绸袄、靴、袜等物"。无顶戴的土舍或头人，"赏给六品顶戴，并赏蟒袍、补褂、朝珠、绸袄、靴袜"。① 赏给顶戴是对朝觐者的特殊恩赐，激励了土舍和头人参与朝觐的积极性。

嘉庆二十四年内务府"为拟赏土司使臣等朝珠由内讨领事"记录的就是对初次来朝或无顶戴土司的赏赐朝珠数目的情况：

> 总管内务府谨奏，由军机抄出初次来京恭祝万寿之土司、土舍等二十六名，内四品顶戴二名、五品顶戴八名、六品顶戴十六名，每人拟赏云产石朝珠一盘，计二十六盘，理合奏闻，向内殿如数讨领，谨奏。嘉庆二十四年九月十八日具奏。奉旨知道了，钦此。②

在嘉庆二十四年万寿年班中，清政府对初次来朝的四品土司 2 人、五品土司 8 人和六品土舍 16 人，共计 26 人，各按品级赏给朝珠。

（三）按品级给赏的对象是获准在正大光明殿入宴的土司和土舍

年班进呈贡品的土司有 22 家，长宁土舍苏朝栋单独呈进贡物，所以等值折赏的土司有 23 人，在按品级的赏赐清单中获赏赐的土司则有 30 人。品级赏赐于正大光明殿筵宴时赏给，因此按品级赏赐的对象是获准在正大光明殿入宴的土司、土舍和头人。

不是所有代土司朝觐和土司随带的土舍都可获得入宴资格。内务府奏请赏给朝珠的六品土司有 16 人，但获得在正大光明殿入宴资格的只有 15 人。代本土司朝觐的梭磨土舍俄多生各尔济即未在按品级赏赐的赏单中。所以，不是所有的朝觐土舍都能获得品级给赏。

（四）代土司朝觐的土舍按土舍品级赏赐

分析按品级给赏的赏赐清单可见，对于代本土司朝觐的土舍，赏赐的对象是来朝土舍，赏赐品级依据来朝土舍的品级，与其代往朝觐土司

---

① 中国第一历史档案馆藏《满文录副奏折》，乾隆五十五年六月二十一日，"军机处查报赏赐四川进京瞻觐土司喇嘛缎匹等物数目事"，档案号：03 - 194 - 3331 - 042；缩微号：150 - 2147 - 2157。

② 中国第一历史档案馆藏《内务府全宗》，嘉庆二十四年九月十八日，"奏为拟赏土司使臣等朝珠由内讨领事"，案卷号：05 - 0604，档案号：05 - 0604 - 004。

的品级无关。六品顶戴土舍生尔根代布拉克底宣慰司朝觐,六品顶戴土舍木尔吉代松岗长官司朝觐,六品顶戴土舍四朗杨丕代里塘宣抚司朝觐,六品顶戴土舍周永定代冷边长官司朝觐,六品顶戴土舍朗永贵代古柏树土千户朝觐,六品顶戴土舍噶让保代峨眉喜寨土千户朝觐。尽管派遣土舍的各土司品级不同,但对这些土舍的赏赐均按土舍本人的品级即六品赏给。

（五）土司随带土舍不单独进呈贡品,但仍按土舍品级给予赏赐

年班呈进贡物的土司有 22 家 23 人,但按品级赏赐的对象有 30 人。其中有 7 人是由土司随带的土舍和头人,即五品顶戴大头人常林保、六品顶戴小头人谟尔济、六品顶戴大头人周宏开、六品顶戴小头人希尔洛、六品顶戴大头人安滚存度、六品顶戴土舍余国珍和六品顶戴大头人李斌,符合清政府"一名土司准带大、小头人或土舍一至二名"① 同来朝觐的规定。土司随带的土舍或头人并不单独呈进贡品,但仍依品级高低获得相应的品级给赏。

三 稳定的土司年班赏赐制度

在对嘉庆二十四年万寿年班赏赐情况进行具体分析的基础上,本文通过对土司年班的连续性比较研究来了解清代土司年班赏赐制度的整体情况。

（一）等值折赏的稳定性和连续性

清代土司年班实行的是分两班轮流朝觐的形式。乾隆四十七年,乾隆皇帝下令四川年班土司"分作两班,三年一次"② 轮流朝觐。道光十九年,道光皇帝令:"四川土司年班,改为间五年朝觐一次。仍照旧班轮流。"③ 为了研究等值折赏在清代的实行情况,本文从年班土司中选取一名品级高且朝觐班次最多的土司作为分析对象。因为高品级土司的贡

---

① 《清高宗实录》卷 1435,乾隆五十八年八月庚寅。
② 《宫中档乾隆朝奏折》第 51 辑,第 209～210 页。
③ 《清宣宗实录》卷 318,道光十九年正月癸亥。

品种类多且贡品价值大，获得的回赐物品种类也比较齐全。通过对高品级土司贡物和获赐情况的分析，可以了解清代土司年班等值折赏的整体情况。

表 4　梭磨宣慰司贡品折价表

年班时间	贡品种类	贡品折价	等值折赏物品
嘉庆二十年正月①	哈达三个，每个作银一钱；银曼达一个，重十二两，每两作银一两；溜银壶一对，作银四两；丝线带四条，每条作银一钱；铃杆一对，作银一两；海螺一对，作银八两；鸟枪二杆，每杆作银三两；腰刀二把，每把作银二两；氆氇二个，每个作银二两四钱	银四十两五钱	小卷八丝缎二疋、小卷宁绸四疋、部项缎二疋
嘉庆二十四年十月②	哈达三个，每个作银一钱；银曼达一个，重十六两，每两作银一两；藏氆二块，每块作银五钱；氆氇二个，每个作银二两四钱；丝线花带四条，每条作银一钱；腰刀二把，每把作银二两；鸟枪二杆，每杆作银三两	银三十二两五钱	大卷八丝缎一疋、部项缎一疋、线绸二疋、小卷宁绸一疋、花纺丝一疋
道光七年正月③	哈达三个，每个作银一钱；银净水瓶一对，作银二十两；银提炉一个，作银十两；丝线带四条，每条作银一钱；海螺一对，作银八两；腰刀二把，每把作银二两；藏毡二块，每块作银二两；氆氇二个，每个作银二两四钱	银五十一两五钱	小卷五丝缎七疋、小卷江绸七疋、素春绸一疋
道光十三年正月④	哈达三个，每个作银一钱；银曼达一个，作银十两；银净水瓶一对，作银二十两；银酥灯一对，作银六两；铃杆二副，每副作银一两；花带四条，每条作银一钱；藏片二块，每块作银二两；氆氇二个，每个作银二两四钱；腰刀二把，每把作银二两	银五十一两五钱	大卷线绸四匹、官用缎二匹、花纺丝六疋
同治四年六月⑤	哈达二个，每根作银一钱；净水瓶一对，作银一两；银盒子一对，作银六两；银镶海螺一对，作银二十两；银香炉一对，作银二十两；铜铃一对，作银二两；丝线花毯二根，每根作银五钱；氆氇二根，每根作银二两四钱	银四十三两	绸绸五匹、绵绸五匹、内交大卷八丝缎四匹。
光绪十七年正月⑥	银小盒二个，每个作银一两五钱；银香插二个，每个作银二两五钱；银净水瓶二个，每个作银五钱；海螺二个，每个作银四两；铜铃二分，有伤，每分作银五钱；哈达二个，每个作银一钱；丝线花带二条，每条作银一钱；氆氇二个，每个作银二两四钱	银二十三两二钱	小卷江绸三件、绵绸八匹

续表

年班时间	贡品种类	贡品折价	等值折赏物品
光绪三十年九月⑦	进小哈达二个，每个作银一钱；银白鹤一对，作银十两；银镶边海螺一对，作银八两；带盖银香炉一对，作银二十两；银海灯一对，作银六两；紫氆氇二根，每条作银二两四钱；铜摇铃一对，作银五钱；铜杵一对，作银一两；织花条毯二根，每根作银二两	银五十一两五钱	小卷五丝缎八件、纺丝二十七匹。

注：①中国第一历史档案馆藏《内务府全宗》，嘉庆二十年正月初十日，"广储司奏为年班回子及土司等进贡照例折赏事"，案卷号：05－0576，档案号：05－0576－006。

②中国第一历史档案馆藏《内务府全宗》，嘉庆二十四年十月初七日，"广储司奏为正大光明殿筵宴赏蒙古王、公、土司、土舍缎绸数目事"，案卷号：05－0604，档案号：05－0604－040。

③中国第一历史档案馆藏《内务府全宗》，道光七年正月二十三日，"广储司奏为土司进到贡物折赏事"，案卷号：05－0643，档案号：05－0643－010。

④中国第一历史档案馆藏《内务府全宗》，道光十三年正月十八日，"广储司奏为土司等进贡折赏事"，案卷号：05－0671，档案号：05－0671－007。

⑤中国第一历史档案馆藏《内务府全宗》，同治四年六月十八日，"广储司奏为土司进到贡物折赏事"，案卷号：05－0830，档案号：05－0830－060。

⑥中国第一历史档案馆藏《内务府全宗》，光绪十七年正月二十八日，"广储司奏为土司进到贡物折赏缎绸事"，案卷号：05－0977，档案号：05－0977－013。

⑦中国第一历史档案馆藏《内务府全宗》，光绪三十年九月十五日，"广储司奏为土司进到贡物折赏事"，案卷号：05－1041，档案号：05－1041－010。

从表4可见，清代土司年班的等值折赏制度是具有稳定性和连续性的。

1. 等值折赏制度的施行形式相同

土司年班等值折赏的施行形式都是先将土司的贡品进行折价，再根据土司贡品折价的数量赏给等值的各种纺织品。

2. 同种贡品在历次年班中的折价相同

等值折赏的关键之一是贡品折价的计算。通过对梭磨宣慰司七次年班中相同贡品折价的分析，结论是同种贡品历代计算的折价是相同的，具体折价情况见表5。

表5

贡品名称	单位	折价（银）
哈达	个	一钱
净水瓶	对	一两
铃杵	对	一两

续表

贡品名称	单位	折价（银）
银曼达	个	每两作银一两
银净水瓶	对	二十两
丝线带	条	一钱
海螺	对	八两
鸟枪	杆	三两
腰刀	把	二两
氆氇	个	二两四钱
藏氆	块	五钱

3. 各次年班折赏物品均为纺织品，但具体种类不同

在梭磨宣慰司参与的七次年班中，尽管各次年班的贡品种类并不完全相同，但等值折赏的物品均为纺织品，只是各次年班赏赐纺织品的具体种类不同。

（二）品级赏赐的稳定性和连续性

在内务府档案记载的 15 次土司年班中，万寿年班只有 2 次，时间分别为嘉庆十四年十月和嘉庆二十四年十月。

表 6

品级	嘉庆十四年十月①	嘉庆二十四年十月②
二、三品	每人赏锦一疋、小卷八丝缎一疋、小卷锦一疋、氆氇一个、银五十两	每人赏锦一疋、小卷八丝缎一疋、小卷宫绸一疋、倭缎一疋、银五十两。
四品	每人赏锦一疋、小卷八丝缎一疋、小卷锦一疋、银四十两	每人赏锦一疋、小卷八丝缎一疋、小卷宫绸一疋、银四十两
五品	每人赏小卷八丝缎一疋、小卷锦一疋、银三十两	每人赏小卷八丝缎一疋、小卷宫绸一疋、绸一疋、银三十两
六品	每人赏小卷八丝缎一疋、小卷锦一疋、银二十两	每人赏小卷八丝缎一疋、小卷宫绸一疋、银二十两

注：①中国第一历史档案馆藏《内务府全宗》，嘉庆十四年十月初八日，"广储司奏为正大光明殿筵宴古王、公等赏给缎绸事"，案卷号：05 - 0545，档案：05 - 0545 - 013。
②中国第一历史档案馆藏《内务府全宗》，嘉庆二十四年十月初七日，"广储司奏为正大光明殿筵宴赏蒙古王、公、土司、土舍缎绸数目事"，案卷号：05 - 0604，档案号：05 - 0604 - 040。

经过比较两次万寿年班品级赏赐的情况，结论是清代年班土司品级赏赐也是具有连续性和稳定性的。

1. 两次品级赏赐的等级划分相同

两次年班均将获赏土司分为四个赏赐等级：二、三品土司为一级，四品土司为一级，五品土司一级，六品土司为一级。

2. 两次品级赏赐的各等级土司赏给银两数量相同

两次年班中，二、三品土司均赏银五十两，四品土司均赏银四十两，五品土司均赏银三十两，六品土司均赏银二十两。

3. 品级赏赐的物品均为纺织品，数量大致相同，只是具体品种不同

嘉庆十四年和嘉庆二十四年两次年班中，二、三品土司获赏织物四件，四品土司获赏织物三件。五品土司和六品土司在两次年班中获赏织物件数有所差别。嘉庆十四年万寿年班中，五品土司和六品土司均获赏织物二件，在嘉庆二十四年万寿年班均获赏织物三件。除数量上的轻微差别外，两次品级赏赐的织物品种也不完全相同。

结　语

清代年班土司赏赐制度在执行过程中变化较小，具有较强的稳定性和连续性。清代年班土司的朝觐制度是通过行政立法的形式规定的，具有强制性。由于不需再通过优厚的回赐吸引土司前来朝觐，历代对朝贡者"厚往薄来"的赏赐政策在清代发生了重要变化。清政府对朝正年班土司只是依贡品价值给以等值的回赐，在万寿年班时再加给入宴土司品级赏赐，免除了大量赏赐带来的财政负担。

稳定的赏赐制度并不表明清代土司年班制度的稳定。清代土司年班的整体规模是随清朝国力的下降而下降的。嘉庆朝和道光朝是土司年班的稳定时期。道光朝后，清代土司年班经常未能按期朝觐，各次年班的参与土司家数也逐渐减少，并最终随着清朝的灭亡而走向灭亡。

（作者单位：文山学院）

论雍正朝对广西泗城的改土归流及黔粤划界事宜

黄禾雨①

摘　要：泗城改土归流，在雍正朝广西改流中规模和影响最大。它是在雍正帝的大力支持下，由云贵总督鄂尔泰统筹指挥，滇、黔、粤西三省大员通力合作的一次有组织、有策略的改流。改流的目的，是为结束广西势力最大又长期肆虐不法的土司政权，划分黔、粤疆界，促进西南地区的稳定和发展。改流的手段是以武力震慑土司，以宣传动员土民，力求以较小的代价完成改流。改流的善后措施完备妥当，缓急适宜，未造成被参革土司的反抗和被改流地区的动荡。

关键词：雍正　广西　泗城　改土归流

雍正时，在西南地区进行了大规模的改土归流。其中，泗城改流是广西改流中规模和影响最大的一次，但相关研究成果寥寥。本文试图通过系统爬梳雍正朝汉文朱批奏折、《清世宗实录》、《广西通志》等文献，在占有详实史料的基础上，还原泗城改流的历史原貌。

一　泗城改流的背景和原因

"泗城府，古百粤地，宋置泗城州，元属田州路，明隶思恩府。"② 清顺治、康熙初年，广西政局动荡，战事频仍。为巩固统治的需要，清王朝

---

① 本文为国家社科基金重大招标项目"中国土司制度史料编纂整理与研究"（12&ZD135）的阶段性成果。
② 《清史稿》第47册卷516《土司五》，中华书局，1977，第14297页。

对向化来归的土司均准其仍袭世职，给予印信，设佐贰杂职进行辅佐。顺治十五年（1658），泗城土官岑继禄以从征滇黔有功，升为泗城军民府土知府，添设流官同知、经历、教授等官。① 在进剿吴三桂时，岑继禄身为向导，再立一功，时称"兵力之锐甲两江"②。在封授土司的同时，清王朝对不法和绝嗣的土司亦实行改土归流。康熙年间，先后将镇安土府、思明土州、陀陵土县和安隆、上林两长官司改流。雍正元年（1723），广西南宁、太平、庆远、思恩四府辖有土府二，土州二十九，土县四，土巡检、长官司十四，通计四十九属。③ "土府二"，即为泗城土府和思明土府。

雍正二年，广西提督韩良辅奏泗城土司岑齐岱不法，称："粤西各土司中，其官之昏愚贪暴，民之困苦颠连，从来如是，非一朝一夕之故也……如思明土知府黄晟、泗城土知府岑齐岱、龙州土知州赵殿灯、思陵土知州韦世革、忻城土知县莫振国、兴隆长官司韦绍岳、永顺长官司邓朝宸，此土司之中不肖者也。"④ 对于韩良辅严惩土司的主张，雍正帝告诫其须谨慎行事，朱批云："土官相袭已久，若一旦无故夺其职守，改土为流，谁不惊疑。其有贪暴昭著者，该督抚照例严加训饬，若有犯法抗拒者，即行剿灭，则言正理顺。若有大逆不道，明正其罪，而再议改土为流，还当斟酌。岂可生事，无因而举此无益之事也。"⑤ 可见，虽然岑齐岱被韩良辅划入不肖土司之列，但因雍正帝对待土司采取教谕为主的怀柔政策，故当时未对泗城大动干戈。

雍正三年，雍正帝谕各省督抚："疆界所关，诚为至重，从来两省交壤之地，其界至多有不清，云、贵、川、广等处为尤甚。朕深知此弊，今特降谕旨与各省督抚，其共矢公心，勿存私见，详细清查。如与邻省地界有不清者，则两省各委实在贤员公同勘定。"⑥ 接到谕旨后，广西提督韩良

---

① 金鉷：《广西通志》卷61《土司》，《文渊阁四库全书》电子版。
② 金鉷：《广西通志》卷4《图经》。
③ 《广西总督孔毓珣奏覆粤西设官管见折》（雍正元年九月二十八日），中国第一历史档案馆编《雍正朝汉文朱批奏折汇编》第2册，江苏古籍出版社，1989，第37页。
④ 《广西提督韩良辅奏陈抚绥边民劝惩土司折》（雍正二年八月十三日），《雍正朝汉文朱批奏折汇编》第3册，第447页。
⑤ 《广西提督韩良辅奏陈抚绥边民劝惩土司折》（雍正二年八月十三日），《雍正朝汉文朱批奏折汇编》第3册，第447页。
⑥ 《谕各省督抚共矢公心详细清查邻省及州县地界》（雍正三年三月十五日），中国第一历史档案馆《雍正朝汉文朱批谕旨汇编》第3册，广西师范大学出版社，1999，第372页。

辅将滇、黔、粤西三省疆界不清、蛮夷混杂、秩序混乱的情况和加强控制、划定疆界的建议奏折上报。称:"滇、黔、粤西,俱苗夷杂处之区,圣化涵濡数十年来,俱各相安无事。惟黔之安笼,滇之广罗、广南,粤西之泗城、镇安、安隆、上林等协营,为三省交界之处,层峦叠嶂,绵亘无际,侬、倮、仲、倮巢穴其间。每与邻省睚眦小怨,辄互相仇杀不已。"① 此奏折反映泗城因地处三省交界,蛮夷肆行,尤难管控的情况,实为泗城改流埋下了伏笔。雍正帝阅奏后十分重视韩良辅反映的问题,当即颁发谕旨,着令云贵总督高其倬、广西巡抚李绂、署贵州巡抚石礼哈、广西提督韩良辅对滇、黔、粤西三省接壤地区各营汛悉受安笼镇节制一事悉心商酌,各出所见,详议具奏。②

雍正四年二月,时任云南巡抚管云贵总督事的鄂尔泰提出改土归流的设想,认为"欲靖地方须先安苗猓,欲安苗猓须先制土司,欲制土司须先令贫弱"③。鄂尔泰改流的主张得到雍正帝的支持。自雍正四年至九年,在他的统筹指挥下,西南地区进行了大规模的改土归流,史称"蛮悉改流,苗亦归化,间有叛逆,旋即平定"④。雍正四年九月,鄂尔泰将地处川、滇、黔交界的乌蒙、镇雄二土府定为改流的目标,认为此二府"若不改土归流,三省交界均受其扰"⑤。十一月,鄂尔泰在上奏乌蒙、镇雄改流具体实施策略的奏折中,建议将广西泗城土府改流,他的理由是:泗城土府逞顽肆虐,势埒罪均。云、贵、川、粤四省劫杀之案,多由乌蒙、镇雄、泗城三郡酋虏诸凶所为。总以逼近临疆,沿成恶习,杀人掳人,越境以逃,缉人拿人,隔省无法,幸而擒获,赏牛赏马,视人命为泛常,一或潜踪,移咨移关,目官府为故事。凡此,卷牍丛集如山,故三土府不除,则四省界难靖。雍正帝赞同鄂尔泰的建议,认为"所论

---

① 《广西提督韩良辅奏称整饬滇黔粤西三省界地营汛以绥地方折》(雍正三年五月十三日),《雍正朝汉文朱批奏折汇编》第5册,第31~33页。

② 《谕着云贵总督高其倬等详将滇黔广西三省接壤地区各营汛悉受安笼镇节制等事》(雍正三年六月二十一日),《雍正朝汉文朱批谕旨汇编》第3册,第415页。

③ 《云南巡抚鄂尔泰奏遵旨覆议滇省田则增减之法折》(雍正四年二月二十四日),《雍正朝汉文朱批奏折汇编》第6册,第847页。

④ 《清史稿》第47册,卷512《土司一》,第14206页。

⑤ 《云南巡抚鄂尔泰奏遵旨商酌安顿东川乌蒙地方等事折》(雍正四年九月十九日),《雍正朝汉文朱批奏折汇编》第8册,第114页。

甚是"，并密谕韩良辅征求意见。① 雍正五年二月，雍正帝正式同意泗城改流。②

韩良辅与鄂尔泰均提出对泗城改流的建议，雍正帝为何表现出前后两种截然不同的态度？

其一，是因为二人提议泗城改流的时机不同。韩良辅在雍正二年提出泗城改流，此时雍正帝登基伊始，其施政重心在巩固政权和稳定地方上。虽然雍正帝久闻"各处土司鲜知法纪，每于所属土民多端科派，较之有司征收正供不啻倍蓰，甚至取其马牛，夺其子女，生杀任情，土民受其鱼肉，敢怒而不敢言"③，但由于政治局势所限，此时雍正帝对西南诸省土司主要采取怀柔笼络政策。鄂尔泰在雍正四年提出泗城改流，此时雍正帝已经解决了允禩集团等内部斗争，皇位得以巩固，开始着手加强中央政府对西南地区的管控和治理，并尝试解决西南地区长期存在的一些复杂、严重的社会问题。对云、贵、川、粤四省划分疆界和归并事权的工作进入雍正帝治理西南的议程。鄂尔泰提出将地处滇、黔、粤西三省交界，又长期肆虐不法的泗城改流的建议与雍正帝的总体计划不谋而合，因此在第一时间获得批准。

其二，是因为雍正帝认同了鄂尔泰所言泗城改流的必要性。鄂尔泰切中要害地指明了泗城改流的原因：第一，泗城土府地处滇、黔、粤西三省交界，"西南接滇，西北介黔，万山叠嶂，四面皆蛮"④，蛮夷犯案，无所顾忌，归属不清，责任不明，以致案牍难结。为缉拿越境案犯，惩治不法土司，堪明三省边界，归并各方事权，正是雍正帝下决心对泗城改流的关键。第二，泗城土司承袭数百余年，举动仪从盛于制抚，而富饶强悍复倍于乌蒙、镇雄。岑映宸倚赀交结，藐视流官，夷民受其鱼肉，边境肆其凭陵。若不及此惩创，使归法度，目今虽无能为，日后必将贻患。⑤

---

① 《管云贵总督事鄂尔泰奏议乌蒙等三十一府以靖云贵川粤四省边界折》（雍正四年十一月十五日），《雍正朝汉文朱批奏折汇编》第 8 册，第 452 页。
② 中华书局编《清世宗实录》第 7 册卷 53 "雍正五年二月丙戌"条，中华书局，1985 年影印本，第 811～812 页。
③ 《清世宗实录》卷 20 "雍正二年五月辛酉"条。
④ 金鉷：《广西通志》卷 9 《沿革》。
⑤ 《云南总督鄂尔泰奏报泗城土府事宜折》（雍正五年五月初十日），《雍正朝汉文朱批奏折汇编》第 9 册，第 771 页。

其三，是因为雍正帝认为由鄂尔泰坐镇，统领滇、黔、粤西三省大员酌商料理，泗城改流定能一举成功。雍正五年正月，韩良辅上奏反对鄂尔泰泗城改流的建议。雍正痛斥韩良辅的错误认识，明言其小知小见，不堪料理泗城改流的重任，要求他与鄂尔泰悉心商酌，不可固执己见。① 雍正五年二月，雍正帝谕内阁："若泗城土司怙恶不悛，有应行用兵之处，交与鄂尔泰调度，广西巡抚、提督、总兵官俱听鄂尔泰节制。"② 由此可见，雍正帝是在充分信任的前提下，任命云贵总督鄂尔泰统领滇、黔、粤西三省大员对泗城进行改流的。

二　泗城改流的经过和结果

从雍正四年十一月，鄂尔泰上奏建议雍正帝将泗城改流，到雍正五年六月，鄂尔泰按兵安笼镇，岑映宸上缴印信、号纸，请求免死存祀，仅用时8个月，清廷未费一兵一卒就将当时广西地区势力最大的泗城土府改流。雍正帝对泗城改流之易大感意外，认为"此皆上天神明，圣祖在天之灵赐佑之所致。朕实心诚感幸焉"③。实际上，泗城改流的大功告成与雍正帝的统筹部署，鄂尔泰的灵活策略，滇、黔、粤西三省大员的通力配合密不可分。

雍正四年十一月，鄂尔泰上奏建议先将乌蒙、镇雄两土府改流，随后与广西督、提诸臣会审合剿，将泗城改流。并请雍正帝密颁谕旨，令广西督、提先事预谋，同心协力。④ 雍正帝在接到鄂尔泰关于泗城改流的奏折后，准其所请，将奏折密谕韩良辅，命令广西做好准备。雍正五年二月，韩良辅回奏："今幸邻省督臣同心共绥边境，又蒙天语教诫谆切，臣倍增踊跃，敢不万分慎密，竭力预为料理准备。俟云南督臣到日，会同审究，面商改土为流之策，庶几不致贻误。"⑤ 雍正帝认为韩良辅奏折中有许多识

---

① 《署广西巡抚韩良辅奏进泗城地图并恭缴朱批折》（雍正五年二月初二日），《雍正朝汉文朱批奏折汇编》第9册，第9页。
② 《清世宗实录》卷53"雍正五年二月丙戌"条。
③ 《两广总督孔毓珣奏覆广西南丹土州矿徒散尽缘由折》（雍正五年九月二十六日），《雍正朝汉文朱批奏折汇编》第10册，第737页。
④ 《管云贵总督事鄂尔泰奏议乌蒙等三十一府以靖云贵川粤四省边界折》（雍正四年十一月十五日），《雍正朝汉文朱批奏折汇编》第8册，第452页。
⑤ 《署广西巡抚韩良辅奏进泗城地图并恭缴朱批折》（雍正五年二月初二日），《雍正朝汉文朱批奏折汇编》第9册，第8~9页。

见浅鄙之闲论，但肯定了他欲亲至滇省与鄂尔泰面商和进呈泗城土府地图的做法。

同月，雍正帝对泗城改流的人事任命和分工做出总体部署，谕内阁："前鄂尔泰曾奏称：广西泗城土司，甚属不法，素为民害，请敕令广西巡抚、提督惩治。朕曾降旨询问韩良辅，据韩良辅奏请，欲往云南与鄂尔泰面加商酌。朕思此事甚有关系，非韩良辅与鄂尔泰面议不可……李绂、甘汝来相继为广西巡抚，彼地情形，素所熟悉，着二人前往广西办理土司之事……韩良辅前往云南与鄂尔泰会商时，着李绂一同前往。将副将张杰调至省城署理广西提督。李绂一到，同韩良辅即起身赴滇，韩良辅起身后巡抚印务，着甘汝来署理……若泗城土司怙恶不悛，有应行用兵之处，交与鄂尔泰调度，广西巡抚、提督、总兵官俱听鄂尔泰节制。"① 由此可见，在人事任命和分工上，雍正帝认为，要顺利实现泗城改流，划分黔、粤疆界的目的，必须令三省大员合作，同时归并事权。他要求已赴京任职的李绂、甘汝来返回广西办理土司之事，并命令韩良辅、李绂赴黔与鄂尔泰当面商酌，将三省交界一切事宜讲明，齐心料理，并强调广西大员必须听命于云贵总督鄂尔泰。这体现出雍正帝对于泗城改流的总体部署和高度重视。

雍正五年闰三月，鄂尔泰奏报泗城改流的思路和手段：一是重视前期调查，向黔、粤两省官员了解泗城的具体情况。他先札致韩良辅，望详细告知泗城形势；再于赴黔会勘黔、粤边界之机，接见边界附近干员，并札嘱安笼镇臣蔡成贵，下令各自访查密报，从而得以明晰泗城形势之大略。二是强调同心协力，实力虚心，熟筹妥议。他札致韩良辅，相约于贵州安笼镇适中地方面议泗城事宜，并先以大意相商略，只为斟酌划一，慎重料理；又令贵州各署官员密报泗城形势，而后根据获得的信息迅速作出对策，密札蔡成贵勿失机会，更谕黔员暗差干役潜入泗城造势，告知土民改流后陋额苛派一概减免。三是做好战略部署，务期减少损失，事半功倍。他明言：兵乃凶器，不得已而用之，古有成训，岂可少有孟浪？针对泗城改流，他提出了两套方案：计策一，乘黔、粤两省会勘边界，明委泗城土知府岑映宸与泗城同知，并田州土知州赴黔办理诸务。此计是将岑映宸调

① 《清世宗实录》第 7 册卷 53 "雍正五年二月丙戌"条，第 811～812 页。

离巢穴，令其势穷。与田州同来，是为使泗城不疑。若泗城疑不肯来，即是违抗，勒兵擒治，名正言顺。同时，派黔员潜入泗城对土民进行宣传，称改流是要出民水火，以求得土民的支持。他预言：如此计得行，则事不劳而定。计策二，泗城土知府违抗，倘必须用兵，则计划酌派官兵，委蔡成贵总统擒治，并调田州土司岑应祺带领土兵作为前导。①

雍正五年四月，广西巡抚韩良辅赴安笼与鄂尔泰会商边境机宜。韩良辅查明当时岑映宸在者芒、者相地方会勘边境，距安笼三四日之程。认为若照鄂尔泰之计策一，借会勘、会审为名，檄调泗城土知府和田州土知州同赴鄂尔泰驻扎地方听候调遣，或可不疑，便可据案审理，不烦兵力。针对岑映宸生疑所采取的应对计策，韩良辅认为：一是自己仅带四五十兵役仆从，取道泗城地方。料岑映宸见此阵容，必不惊疑。俟其出迎之时，同行亦甚省力。二是倘或岑映宸抗违不遵，则四路官兵久已密为预备。自己即于泗城地方暂驻，立即通知鄂尔泰飞檄调集，照乌蒙、东川之成法改土为流。渠魁授首之役，将余党一一拘齐审究，其余土目、土兵则宣之以皇恩，胁之以兵力。雍正帝朱批云："总与鄂尔泰商酌，你识见较他不啻霄壤，虚心斟酌料理。然一己之见亦不可隐而不言，总着他称悉知道了，听他立主意，实力行之。"②

雍正五年五月，鄂尔泰再次奏报泗城改流的准备情况：一是密札黔省提镇及附近文武各员，或嘱侦探，或令计诱，各与细商机策。又获泗城土知府差有土役，越境拿人，侵占疆界，劫杀不休的罪证。据此，鄂尔泰更是下定决心将泗城改流，称："泗城土府地方二千余里，承袭数百余年，举动仪从盛于制抚，而富饶强悍复倍于乌蒙、镇雄……臣为封疆大计酌量轻重，故于诸土司事，宁刻毋宽，不敢少有隐讳，实非敢于好事，非敢越俎以自取嫌怨也。今仰赖圣天子仁威，略加震叠，遂尔敛踪，虽增卡设汛，亦不过探听风声，决不敢别施伎俩。臣料土知府岑映宸必当审时度势，缴印献土，必不肯蹈乌、雄之覆辙，自取殄灭。兵可毋用，或能了事。伏念圣主于乌蒙之役，缘系创举，则调以审图，勿令预觉。于泗城此

---

① 《云南总督鄂尔泰奏报料理黔粤边境事宜折》（雍正五年闰三月二十六日），《雍正朝汉文朱批奏折汇编》第9册，第519~520页。

② 《广西巡抚韩良辅奏报交送抚篆并赴安笼会议边境机宜折》（雍正五年四月初八日），《雍正朝汉文朱批奏折汇编》第9册，第601~602页。

举，缘有近事，则明谕用兵惩治。着臣调度，随机握要，至无定而至有定。"① 二是粗定于五月十六日自贵阳起程前赴安笼，亲自坐镇指导泗城改流。

雍正五年六月，鄂尔泰奏报泗城改流未费一兵一卒即告大捷。具体过程是：鄂尔泰见岑映宸聚兵江北，以震夷民，乃下严旨称将亲自调度，用兵惩治。岑映宸听闻风声遂连夜撤兵，四顾差探。此恐吓之计策实抢占先机，不啻甲兵数万，已使岑映宸心惊胆裂，自知无所逃遁。尔后，鄂尔泰决定乘此战机，于六月初二日亲赴安笼坐镇，就近急图。续密札韩良辅，令其由泗城至安笼，并明檄泗城土知府同往。至安笼后，岑映宸意在辩诉，仍妄希苟全。后见大势已去，遂具详呈，恳请从宽。数日始上缴印信、号纸，求免死存祀。② 至此，泗城改流在鄂尔泰周密筹划、审时度势、计出完全的统筹部署下大功告成，最终应验了他"兵可毋用，或能了事"的预想。

三　泗城改流的善后措施及黔粤划界

在将泗城土知府岑映宸参革之后，鄂尔泰又与韩良辅、李绂熟商酌议，制定了周密的善后措施，并获得了雍正帝的鼎力支持。

第一，安插土司。对土司岑映宸，革去世职，改设流官知府，岑映宸妻子家口一并解至原籍浙江余姚安插。③ 对土司宗支及土目，因岑氏经过数百年繁衍，人口众多，势不能尽行迁置，夷目中良顽不齐，亦未便尽行究治。遂委派田州土知州岑应祺在泗城遍行晓谕，大张告示，历数土府罪状，并宣布宗族概不波累，对从前助恶夷目，已往免究，后犯必诛。对前来投首的土府亲族及土目，俱面加开示，喻以利害，各给赏绸缎、银牌等物，并立即放归。土司宗支和土目皆能解悟，感泣领受，对妥善安置、概不波累的善后政策表示支持。鄂尔泰又查明岑映宸之弟，武举岑映翰年次居长，人亦柔善，且曾两次会试，颇见世务，恳请雍正帝赏给顶戴，准其

---

① 《云南总督鄂尔泰奏报泗城土府事宜折》（雍正五年五月初十日），《雍正朝汉文朱批奏折汇编》第9册，第769~771页。

② 《云南总督鄂尔泰奏报泗城改土归流事宜及韩良辅李绂等官箴折》（雍正五年六月二十七日），《雍正朝汉文朱批奏折汇编》第10册，第81页。

③ 《清世宗实录》卷60《雍正五年八月癸卯》条。

奉祀，只令约束岑姓，不许干涉地方，从而使地方更可宁贴。雍正帝认为鄂尔泰此举"妥协是当之极。宽恕以观其后，伊亦必自务保全，自然无事。如果再为不法，将来处治亦不难矣"。准其所请，赏给武举岑映翰八品顶戴，令其仍居泗城，量给田产奉祀，不得干预地方生事。①

第二，划分疆界。泗城改流后，清朝统治者按照分而治之、加强治理的原则，重新划分了黔、粤边界。雍正帝准鄂尔泰所请，以红水河为界，江以南属之广西，江以北属之贵州。凡广西西隆州所属罗烦、册亨等四甲及泗城府所属上江、长坝、桑郎、罗斛等十六甲，俱在江北，割隶贵州，其地南北约300里，东西径六七百里，势既辽阔，民复凶悍，于泗城对江之长坝地方建设州治，添知州一员、吏目一员、学正一员管理之。东北罗斛四甲与贵州定番、永宁二州相连，土苗凶顽，山溪尤险，于罗斛甲地方设州判一员分理之。西隆州所割四甲距长坝窎远，于册亨甲地方设州同一员分理之。②

第三，任用流官。鄂尔泰认为，"新定地方，流官最关紧要，自应拣调贤员，责成专理"③。泗城改流伊始，鄂尔泰举荐泗城同知刘兴第出任泗城知府，评价其虽系特用之员，任同知仅数月，土府非所辖。及经面询，历言土府情状，流官习气，无不恳切详尽，质之粤抚二臣皆称其廉能，或可胜泗城知府之任。④刘兴第任泗城知府未满一年，即遭到泗城协副将王大绥的揭发，称其擅发谕单，依照土例催收年例站银，致土民不甘，具词控告，又借先农祭品名色，按亭科派。署广西巡抚阿克敦接到王大绥的举报后，不敢姑容刘兴第的科派行为，立即将其革职题参。因平乐府知府胡醇仁历俸颇深，年力精壮，办事勤慎，阿克敦遂请调补胡出任泗城知府。⑤胡醇仁任泗城知府未满半年，即由广西巡抚金鉷题报病故。雍正帝对此特

① 参见《云南总督鄂尔泰奏报泗城改土归流事宜及韩良辅李绂等官箴折》（雍正五年六月二十七日），《雍正朝汉文朱批奏折汇编》第 10 册，第 82 页。
② 《清世宗实录》卷 60《雍正五年八月癸卯》条。
③ 《云南总督鄂尔泰奏报审办禄万钟等乌镇案犯等情折》（雍正五年五月初十日），《雍正朝汉文朱批奏折汇编》第 9 册，第 777 页。
④ 参见《云南总督鄂尔泰奏报泗城改土归流事宜及韩良辅李绂等官箴折》（雍正五年六月二十七日），《雍正朝汉文朱批奏折汇编》第 10 册，第 83 页。
⑤ 《署广西巡抚阿克敦奏请选补泗城府知府折》（雍正六年三月二十五日），《雍正朝汉文朱批奏折汇编》第 12 册，第 52 页。

颁上谕："胡醇仁居官廉洁，实心任职，今因办理苗疆军饷，身染瘴疠，以致病故，深可悯恤。着该抚将公用银赏给一千两付胡醇仁亲属，为伊归梓之费。泗城府员缺甚属紧要，该抚既称题补不得其人，着总督鄂尔泰于云贵属员内拣选，或将知府调补或将应升人员题补，其所遗之缺着一并拣选具题。"① 可见，土府虽经参革，流官的选任却着实让清政府煞费苦心。

第四，设置营汛。雍正帝认为，在新定地方添兵设防，"不可惜此小费，当谋一劳永逸，万不可将就从事"②。雍正五年，因泗城协向日所设官弁，仅仅驻守泗城内哨、外哨，而在泗城接壤贵州苗疆数百里之区域，并无一兵防汛，导致边界秩序混乱。雍正帝从鄂尔泰所请，将泗城协副将裁去，改设右江总兵官，添设左、右两营游击各1员，左营游击兼管营中军事，驻扎皈乐地方，右营游击驻扎百色地方。每营添设千总1员、把总2员。泗城协原设守备、千总、把总，仍照前驻扎，共设兵1600名，属右江镇管辖。③ 雍正七年，因广西右江镇左营游击、守备同总兵所驻扎之皈乐地方形势低洼，微有烟瘴，兼非适中扼要之区，而百色地方人烟稠密，实为黔、滇之门户。雍正帝从鄂尔泰所请，将右江镇总兵官及左营游击弁兵等移驻百色，留左营守备1员、把总1员、兵150名驻皈乐。右营守备亦撤回百色，移右营游击带千、把总各1员，拨原防百色汛兵100名，合泗城旧设兵278名，驻泗城府治。④

第五，安抚土民，清查户口钱粮，革除陋规。雍正五年八月，广西巡抚韩良辅委派泗城理苗同知刘兴第署理泗城府印篆，会同贵阳府同知黄世文，泗城协副将王大绥，楚姚镇标游击洪鸾协同合作，安抚土民，清查户口钱粮。⑤ 十二月，雍正帝下谕旨革除泗城陋规，称："泗城前系土府，是以有三年土贡之例。今既改土归流，自有应纳赋税。嗣后悉照例征输钱粮，不许借土贡名色，重累小民，着将土贡等物豁免。"⑥ 雍正六年二月，

---

① 谢启昆修，胡虔纂《广西通志》第1册卷1《训典1》，广西人民出版社，1988，第45页。
② 《云南总督鄂尔泰奏覆乌蒙镇雄二府底定情由并筹善后等事宜折》（雍正五年三月十二日），《雍正朝汉文朱批奏折汇编》第9册，第236页。
③ 《清世宗实录》卷60"雍正五年八月癸卯"条。
④ 《清世宗实录》卷88"雍正七年十一月甲戌"条。
⑤ 《广西巡抚韩良辅奏报赴黔会商边境事宜告竣缘由折》（雍正五年八月十九日），《雍正朝汉文朱批奏折汇编》第10册，第441页。
⑥ 谢启昆修，胡虔纂《广西通志》第1册卷1《训典1》，第44页。

两广总督孔毓珣奏称："据黔、粤委员并泗城知府刘兴第等册报，泗城户口已清查完毕。泗城田土有私田、官田、官庄之别。官田、官庄已清查完毕，内除留给武举岑映翰的祭祀田、原土知府眷口、族目、久工、各役的田地外，余者变价充公。民间私田各亭设一田清查，每年每白酌征银二钱。"① 后刘兴第借清丈钱粮滥行科派被革职，广西布政使郭鉷又委派左江道阎纯玺继续查丈泗城私田，并派思明土府同知顾延琮，土田州知州岑应祺一同协理。② 七月，鄂尔泰奏称泗城丈量一事，断不应轻举，因人心未定，遽绳以官法，旧主未忘，复增以新怨。③ 雍正七年，雍正帝对广西巡抚金鉷所奏泗城府雍正六年的额征钱粮和五年的缺欠租谷，均予宽免，并要求金鉷与云贵广西总督鄂尔泰会商，遵旨办理好泗城钱粮。④

结　语

综上所述，雍正朝对广西泗城的改土归流是在雍正帝的支持下，由云贵总督鄂尔泰统筹指挥，滇、黔、粤西三省大员通力合作的一次有目的、有组织、有策略的改土归流。同时，泗城改流也是雍正帝治理和开发西南地区重要的一步。泗城改流的目的：一是，清政府为划清黔、粤边界，进一步深入和强化对西南地区的控制。二是，为结束泗城土府这一广西势力最大而又长期肆虐不法的土司政权，震慑其余土司，促进区域社会的稳定和发展。

泗城改流预先做了充分的计划和准备。雍正帝亲自进行人事部署，命令三省大员听命于鄂尔泰统筹指挥。鄂尔泰重视调查研究，听取多方意见，并从实际情况出发，提出泗城改流的总体计划和战略方针，坚决执行，成效显著。三省大员向鄂尔泰详细汇报、献计献策、酌商妥议、实心办事，值得肯定。泗城改流的手段是以武力震慑土司，以宣传动员土民，

---

① 《两广总督孔毓珣奏报清查广西泗城户口田土事宜折》（雍正六年二月初六日），《雍正朝汉文朱批奏折汇编》第11册，第598页。

② 《两广总督孔毓珣奏遵旨与鄂尔泰会同泗城官庄田地变价充公事宜折》（雍正六年六月二十八日），《雍正朝汉文朱批奏折汇编》第12册，第779页。

③ 《云南总督鄂尔泰奏报商酌征收黔之泗城江北地方银粮情由折》（雍正六年七月二十一日），《雍正朝汉文朱批奏折汇编》第13册，第23页。

④ 《广西巡抚臣金鉷谨奏：为奏闻事》（雍正七年六月初四日），鄂尔泰《朱批谕旨》卷202中。

力求为以较小的代价完成改流。泗城改流的善后措施完备妥当，缓急适宜，未造成被参革土司的反抗和被改流地区的动荡。曾经称霸一方的泗城土府既经改流，对广西其他土司收到了"以儆其余"的良好效果。终雍正一朝，"粤西各属土职之为患者少，版目、所目之为害者多"①。故雍正朝广西的改流是"先改土司，次治土目"②，次序有别，重点突出，促进了广西社会的稳定和经济的发展。

（作者单位：浙江财经大学）

---

① 《云南总督鄂尔泰奏报巡查广西所见沿途城池营伍土官彝情暨田粮水利河道等情折》（雍正八年正月十三日），《雍正朝汉文朱批奏折汇编》第17册，第696页。

② 魏源：《圣武记·西南夷改土归流记》，中华书局，1984，第290页。

乾隆丙辰博学鸿词科研究

李立民

摘　要：有清一代，所举"博学鸿词"者凡有两次：一为康熙十八年己未"博学鸿儒科"，一为乾隆元年丙辰"博学鸿词科"。学术界目前对康熙己未科的研究较为重视，对乾隆丙辰科的研究则少有涉及。本文旨在探讨丙辰科在开科、遴选、任用等环节的相关问题，并在此基础上对康熙己未科与乾隆丙辰科之异同进行比较。

关键词：博学鸿词科　制举　遴选

清廷自定鼎中原后，为收纳天下博雅淹贯之士，使其"膺著作之任，备顾问之选"，凡两举"博学鸿词科"：一为康熙十八年（1679）己未博学鸿儒科，一为乾隆元年（1736）丙辰博学鸿词科。一时名儒硕彦，多膺其选，为士林所称道。学术界目前对康熙己未科的研究较为重视，对乾隆丙辰科的研究则少有涉及。[①] 本文旨在探讨丙辰科在开科、遴选、任用等环节的相关问题，并在此基础上对康熙己未科与乾隆丙辰科之异同进行比较。

一　从"相顾迟回"到"急思保荐"

雍正十一年（1733）四月，雍正帝欲仿康熙帝开设博学鸿儒科之例，下谕遴选博学鸿词之士，以备临轩御试，优加录用。但是，雍正十三年二月，各省所荐者寥寥。据《清史稿》云："诏书初下，中外大吏，以事关旷典，

[①]　关于康熙己未科的研究现状，参见张亚权《"博学鸿词"研究的回顾与展望》，《江海学刊》2006 年第 5 期。对于乾隆丙辰科的研究，学术界目前尚缺少专门研究性的论文，仅在相关专著如商衍鎏先生《清代科举考试述录》、周远廉先生《清朝通史·乾隆朝》、于景祥先生《金榜题名——清代科举述要》等书中有所涉及。

相顾迟回。逾年，仅河东督臣举一人，直隶督臣举二人，他省未有应者。"① 时人李绂亦云："逾年，河东督臣举一人，直隶督臣举二人，他莫有举者，特旨切责诸臣观望。又逾年，大学士高安朱公举四人，而封疆大吏所举，犹越趑不前。"② 雍正十三年八月，雍正帝去世，此事不得不中行而止。

乾隆帝即位后，于雍正十三年十一月，再下谕旨，复命大臣荐举博学鸿词。据《清实录》所载，至乾隆元年二月，"内外臣工所举博学鸿词，闻已有一百余人"③。时任陕西巡抚的硕色亦云："臣等仰遵圣谕，敢不悉心采访，急思保荐?"④ 至乾隆元年九月，"是科内外荐举共二百六十七人"⑤。可见当时诸大臣荐举之积极。那么，从最初的"相顾迟回"，到其后的"急思保荐"，诸大臣为什么在保举博学鸿词的态度上有如此之转变? 笔者认为，这与当时乾隆帝诏开博学鸿词科的政治背景不无关联。

保举是我国古代社会选拔人才、任用官员的途径之一。自秦汉至清末，历代统治者都曾推行过这一政策。有清一代对人才的保举，顺治、康熙、雍正三朝皆屡有施行。这一制度在人才的选任方面有其积极的社会意义，但其最大的弊端就是选"亲"为能，借保举之公，以行己之私。尤其在雍正末年，因保举问题而暴露的吏治问题尤为突出。雍正帝曾针砭时弊道："大凡荐举之典，臣工得以行其私者，往往踊跃从事，争先恐后。若不能行其私，则观望迟回，任意延缓，其迹似乎慎重周详，其实视公事如膜外也。"⑥

乾隆帝即位后，对雍正末年所暴露的吏治问题十分重视。为此，乾隆帝一方面强调大臣当"各矢公心，悉屏私意，以报圣恩，以副朕望"⑦。只有大臣黾勉奉公，"俾庶绩咸熙，百度整肃"⑧。而对于为官所持的"慎重"之心，乾隆帝认为，这是官场上的一种不良积习："识见系过于谨慎

① 《清史稿》第 12 册卷 105《选举志四》，中华书局，1977，第 3176 页。
② 李绂：《穆堂初稿》第 19 册卷 35《四库未收书辑刊》一辑，北京出版社，2000，第 685 页。
③ 《清高宗实录》卷 13，乾隆元年二月丁亥。
④ 中国第一历史档案馆：《大学士张廷玉议复陕西巡抚硕色荐博学鸿词事题本》，乾隆元年九月二十一日，参见王澈选编《乾隆元年荐举博学鸿词史料（上）》，《历史档案》1990年第 3 期，下引同。
⑤ 李富孙辑《鹤征后录·凡例》，清嘉庆十五年漾葭老屋刻本。
⑥ 《清世宗宪皇帝上谕内阁》，李富孙辑《鹤征后录》卷首，《四库未收书辑刊》第二辑，第 23 册，第 646 页。
⑦ 《清高宗实录》卷 1，雍正十三年八月丙申。
⑧ 《清高宗实录》卷 1，雍正十三年八月庚寅。

忠厚之人，勉为国家大臣可也。大臣之道，不在谨慎忠厚之一节……必其忠诚居心，明通措事，务存大体，时时以国计民生为念然后可。"① 另一方面，对于雍正末年官场上一些不作为的官员，乾隆帝予以严加整饬。雍正十三年九月，谕总理事务王大臣曰："六部俱关紧要，必须经理得人。近来各部皆有章程，惟兵、刑二部办事多有未协。兵部尚书高起，惟情乖张，怀私挟诈；刑部尚书宪德，识见卑鄙，昏愦糊涂。此二人者，皇考每见必严行申饬，廷臣共知。朕侍侧时，屡闻圣谕，深以二人不能胜任、废弛部务为虑，原欲更换，但未降旨。今朕即位之初，岂容以不能胜任之人为一部之表率，贻误公事？高起、宪德著解任，仍带尚书衔，候朕另降谕旨。"② 高起、宪德二人都是雍正帝时期尸位素餐的旧臣，乾隆帝将其免职，有利于对不良吏风的整饬。

而乾隆元年命大臣保举博学鸿词之士，正是在这样的政治背景下开设的。雍正十三年十一月，谕曰："国家久道化成，人文蔚起，皇考乐育群材，特降谕旨，令直省督抚及在朝大臣各保举博学鸿词之士，以备制作之选，乃直省奉诏已及二年，而所举人数寥寥。朕思天下之大，人材之众，岂无足膺是举者？一则各怀慎重观望之心，一则衡鉴之明，视乎在己之学问，或已实空疏，难以物色流品，此所以迟回而不能决也。然际此盛典，安可久稽？朕因再为申谕，凡在内大臣及各直省督抚，务宜悉心延访，速行保荐，定于一年之内，齐集京师，候旨廷试。"③

在谕旨中，乾隆帝将雍正末年博学鸿词科未能开设的原因，归咎于当时官员的失职失察：一则由于大臣"各怀慎重观望之心"，二则由于大臣学识空疏，"难以物色流品"。前者是缺乏克己奉公的"怠政"，后者是尸位素餐的"无能"。两者都是乾隆帝即位伊始所重点整饬的对象。如果此时的大臣依然持不积极态度，那么，兵部尚书高起、刑部尚书宪德就是前车之鉴。乾隆帝亦自云："今番特令诸臣各行保举，惟冀痛洗积习，以展丹忱。"④ 可见，乾隆帝已经将诸大臣能否积极保举博学鸿词的问题，视作窥探官员有无任意怠政，是否不胜其任的一种手段。这对于"明察秋毫"

---

① 《清高宗实录》卷5，雍正十三年十月乙未。
② 《清高宗实录》卷2，雍正十三年九月丁酉。
③ 《清高宗实录》卷6，雍正十三年十一月乙巳。
④ 《清高宗实录》卷4，雍正十三年十月壬申。

的当朝大臣们来说，不能不对此有深刻的认知。故诸大臣在接到谕旨后，纷纷以积极的姿态向朝廷推举博学鸿词，以展其"丹忱"之心。

二 大臣遴选博学鸿词的方式、标准与效果

乾隆帝在雍正十三年十一月下谕重开博学鸿词科，并规定了一年以后，在京举行廷试，择优选取各省所推举的博学鸿词。谕旨下发后，诸大臣纷纷进行遴选事宜。依据清廷规定，凡三品以上大员才有资格保举博学鸿词。① 因而，具有保举资格的官员主要是各部院侍郎以上的"京官"及各省督抚。

"京官"主要荐举的是其历官所闻之士。如兵部侍郎王士俊曰："臣巡抚湖北时，访得黄州府蕲水县举人、现任云南云龙州知州徐本仙，经籍渊深，史学淹贯，为文信屈坚老，古体诗直逼汉魏，而莅官之才尤为杰出，政绩风采卓有可观。"② "京官"所举荐者，均为其素所习知之人，没有统一、固定的遴选方式，主观随意性较强。这种遴选方式虽然灵活，但主要依靠"京官"的自我约束，因而，"京官"的遴选往往夹杂了一些人情成分，其中亦不乏旧知故友者。如方辛元，原名蕃，号雪泉，"与望溪侍郎为从父兄弟"③。而保举方辛元的户部仓场侍郎吕耀曾与方苞为"同年友"，方苞又与吕耀曾之父吕谦恒，"尤志相得"④。这种唯凭大臣自觉之心的遴选，为"滥举"的产生提供了可能。

各省督抚在遴选方式上则比较规范，有一套约定俗成的流程可供遵循。各省首先由县、府官员负责推荐所辖内学行优异、操履清白之士，汇集至总督、巡抚处。再由各省总督、巡抚会同学政一同遴选。遴选的方式大致有两种：一是面试察访。如山东省对各府所荐之士，经过巡抚岳浚会同学政喀尔钦"逐加面试，选得癸丑科进士牛运震、四氏学教授颜懋伦、

① 这一规定是乾隆帝沿袭了其父雍正帝的做法。据《清世宗实录》卷130，雍正十一年四月己未载："在京著满汉三品以上，各举所知，汇送内阁；在外著督抚会同该学政，悉心体访，遴选考验，保题送部，转交内阁。"

② 中国第一历史档案馆：《大学士张廷玉等为议复署兵部侍郎王士俊荐博学鸿词事题本》，乾隆元年三月十三日。

③ 马其昶：《桐城耆旧传》第6册卷8《清代地方人物传记丛刊》，广陵书社，2007，第645页。

④ 方苞：《方苞集》卷10《吕光禄卿谦恒墓志铭》，上海古籍出版社，1983，第282页。

观城县教谕刘玉麟、癸卯科举人耿贤举等四名"①。而安徽巡抚赵国麟在遴选方式上，则是"与两江督臣赵弘恩、安徽学臣郑江考验，复加察访"②。二是出题考试选拔。如浙江巡抚程元章"会同学臣帅念祖，详加考试看验，遴选得山阴县学附生周大枢、秀水县学增生万光泰、钱塘县学增生陈士璠、余姚县贡生邵昂霄、归安县学附生孙贻年、钱塘县贡生程川、秀水县贡生李宗潮、钱载等八名，恭候皇上御试录用"③。

至于各省督抚遴选的标准，笔者依据已发表的相关档案资料所载，截取一些大臣的"题本"，以略窥其豹。④

表1

题本者	上奏时间	内容（节选）
江苏巡抚高其倬	雍正十三年十二月初四日	华亭县副榜贡生张凤孙、兴化县学教谕姚焜、句容县学教谕沈虹、无锡县拔贡王会汾等四名，学赡文清，堪备采选。
江苏巡抚高其倬	乾隆元年二月初二日	臣等钦遵谕旨，详加咨访，并据布政使张渠行令各详加采访，遴选诸生呈送，督学二臣与臣先后出题面试，选得附生陈黄中，进士张廷橒，举人马荣祖，廪生叶荣梓、胡鸣玉，增广生员胡二乐，贡生汪腾蛟等七名，皆学赡文清，堪备采选。
江苏巡抚顾琮	乾隆元年四月十二日	兹据布政使张渠行令采访诸生呈送，督、学二臣与臣先后出题面试，选得山阳县岁贡邱迥、拔贡周振采二名，皆学问淹通，文词醇雅，堪以备选。
江苏巡抚顾琮	乾隆元年七月二十五日	兹准江苏督学臣张廷璐荐举刘纶、刘鸣鹤，并据布政使张渠详举陆桂馨呈送前来。经督、学二臣与臣先后出题面试，皆学问充裕，文词雅赡。
安徽巡抚赵国麟	乾隆元年八月初五日	经臣与两江督臣赵弘恩、安徽学臣郑江考验，复加察访江有龙腹笥既优，文亦充裕；梅兆颐思理敏捷，词藻畅达；李希稷考索敷陈，足称淹雅，俱堪膺鸿博之选。
云南巡抚张允随	乾隆元年八月初六	复查徐本仙修学训士，催科便民，调剂盐务，体恤灶户，桥梁道路修葺平坦，承办军需毫无派累，稽查保甲盗息民安，洵属学优才干、政绩懋著之员。

从表1中可见，诸大臣在遴选标准上，重点考察的是诸征士"文辞"

---

① 中国第一历史档案馆：《大学士张廷玉等议复山东巡抚岳浚等荐博学鸿词事题本》，乾隆元年三月初一日。
② 中国第一历史档案馆：《安徽巡抚赵国麟为荐博学鸿词事题本》，乾隆元年八月初五日。
③ 中国第一历史档案馆：《大学士张廷玉等为议复原浙抚程元章等荐举博学鸿词事题本》，乾隆元年正月二十二日。
④ 资料来源于王澈选编《乾隆元年荐举博学鸿词史料（上）》，《历史档案》1990年第3期。

是否优劣。此外，对其学识是否渊博也有考量。如安徽巡抚赵国麟称所保举的江有龙"腹笥既优"，李希稷"考索敷陈，足称淹雅"。对于保举的是现任官员者，还要考察其政绩与学行是否兼顾。如云南巡抚张允随保举的徐本仙，是"学优才干，政绩懋著之员"。

但是，我们从表1中各省巡抚的"题本"中也发现了问题。如安徽巡抚赵国麟、云南巡抚张允随二人的题本，语言简练，概括了所荐诸君的学行与特长。然而，江苏巡抚高其倬在雍正十三年十二月与乾隆元年二月先后两次保举十一人，然在题本中皆称"学赡文清，堪备采选"，用辞完全一致。又江苏巡抚顾琮两次荐举之辞，也大同小异。"题本"本应是诸大臣保举博学鸿词的依据，但高、顾二人的题本在文辞上千篇一律，内容空乏，草率敷衍之意，见诸笔端。

事实上，乾隆丙辰科多数大臣在保举问题上能够认真对待。如山东巡抚岳浚，在保举了牛运震、颜懋伦等人后，便云："今据济南等十府回称，各所属内悉心延访，并无堪膺博学鸿词之选，不敢滥行举送。"[1] 又如广东巡抚杨永斌荐举的兴宁县知县施念曾，"曾于雍正十二年十月初九日到任，计今试用一年有余，果系明白谨饬，能办理地方事务"[2]。但如前文所述，乾隆帝继位后，将诸大臣是否积极保举博学鸿词的态度，视其有无任意息政，能否胜任其职的一种手段。乾隆帝看重的仅是诸大臣的态度问题，而在具体的遴选环节中却缺乏相应的监督约制措施，在如此功利心态下，其中有些大臣难免会存有"草率"之心，这在随后的廷试中便有所暴露。

乾隆元年十月，在经过保和殿廷试后，阅卷大臣查出两份"雷同试卷"和五份"文理荒谬"试卷。[3] 对此，大学士鄂尔泰奏曰："臣等奉命

---

① 中国第一历史档案馆：《山东巡抚岳浚为荐博学鸿词事题本》，乾隆元年九月初十日。

② 中国第一历史档案馆：《大学士张廷玉等为议复广东巡抚杨永斌荐博学鸿词事题本》，乾隆元年八月三十日。

③ 这两份"雷同试卷"和五份"文理荒谬"试卷的名单如下。诗句雷同二卷：王霖，浙江绍兴府举人，内阁学士兼礼部侍郎吴家骐保；徐廷槐，浙江绍兴进士，礼部尚书任兰枝保。文理荒谬五卷：车文，河南开封府拔贡生，左都御史孙嘉淦保；邱迥，江南淮安府岁贡生，江苏巡抚顾琮保；阎式矿，河南开封府举人，兵部侍郎王士俊保；沈冰壶，浙江绍兴府廪生，太仆寺卿蒋涟保；方辛元，江南江宁府监生，户部仓场侍郎邵耀曾保。（第一历史档案馆：《大学士鄂尔泰等为请敕部查明滥举博学鸿词之员事奏折》乾隆元年十月初二日，王澈选编《乾隆元年荐举博学鸿词史料（下）》，《历史档案》1990年第4期）

阅看博学鸿词试卷，除拟取一、二等卷进呈，并文义平庸及平通者不取外，查有两卷，其诗文系全首雷同，显有情弊，而文理亦属陋劣，应请开拆弥封，查出姓名，将本生及保举之员，一并交部议处。又查有五卷，文理荒谬，俚鄙不堪，似此谫劣之人，何得滥膺鸿博之荐？"①

廷试中所暴露出的试卷问题，反映了乾隆丙辰科一些官员在遴选环节的玩忽职守："本生意躁妄进，不自知其分量，情尚可恕。至内外大员，当兹国家抡才盛典，理宜倍加慎重。而乃草率苟且，轻忽滥举，咎实难辞。"② 尽管诸大臣当时都以积极的姿态向朝廷保举博学鸿词，但在具体的执行环节（遴选）中，一些大臣却暴露出了草率敷衍之心。由此，诸大臣遴选博学鸿词的效果也就会良莠不齐。诚如丘复所云："疑当时膺举者，固不能无纯盗虚声，抑或钻营瞻徇之流混厕其中也。"③

三　丙辰博学鸿词的任用与迁转

在经过遴选环节后，诸大臣还须将拟荐博学鸿词者的履历，上报内阁复审。经批准后，方可给予其川资，令其赴京参加廷试。乾隆元年九月，廷试博学鸿词 170 余员于保和殿。十月，由大学士鄂尔泰、张廷玉等确定了乾隆丙辰科所取 15 人之名单，即一等刘纶、潘安礼、诸锦、于振、杭世骏 5 人，二等杨度汪、陈兆仑、刘玉麟（刘藻）、沈廷芳、夏之蓉、汪士鍠、陈士璠、齐召南、周长发、程恂 10 人。次年，又补试选一等万松龄 1 人，二等朱荃、洪世泽、张汉 3 人。对此，有学者认为，乾隆丙辰科所取，"多是平庸之辈"④。笔者认为，这一观点有待于商榷。今将这 19 人的任用与迁转概况列表 2 如下，以兹论述。⑤

---

① 中国第一历史档案馆：《大学士鄂尔泰等为请敕部查明滥举博学鸿词之员事奏折》，乾隆元年十月初二日。

② 中国第一历史档案馆：《大学士鄂尔泰等为请敕部查明滥举博学鸿词之员事奏折》，乾隆元年十月初二日。

③ 丘复：《愿丰楼杂记》卷 6 "博学鸿词"条，黑龙江人民出版社，2009，第 239 页。

④ 于景祥：《金榜题名：清代科举述要》，辽海出版社，1997，第 167 页。

⑤ 本表史料来源主要参考了《鹤征后录》《词科掌录》《词科余话》《清史列传》《清史稿》等文献。

表2

姓名	应征前身份	选任	迁转概况
刘纶	廪生	试一等，授编修。	迁侍讲，进太常寺少卿。又四迁擢内阁学士。乾隆十四年，直南书房，授礼部侍郎，调工部。十五年，命军机处行走。十八年，除户部侍郎。十九年，兼顺天府尹。二十八年调户部。后任协办大学士，加太子太保。三十六年，授文渊阁大学士，兼工部尚书。
潘安礼	雍正丁未进士，授户部主事。	试一等，授编修。	官至詹事府左春坊谕德
诸锦	雍正甲辰进士，选金华府教授。	试一等，授编修。	升宫赞，官至左春坊左赞善。乾隆十五年告归。
于振	雍正癸卯进士，授编修。	试一等，授编修。	官至侍读学士
杭世骏	雍正甲辰举人	试一等，授编修。	改监察御史。乾隆八年，免职。
杨度汪	拔贡生	除庶吉士	散馆二等，出知江西德兴县，寻丁忧解职。
陈兆仑	雍正庚戌进士，分发福建学习，即用知县。后授内阁中书，充军机章京。	试二等，授检讨。	乾隆十七年，擢左中允、侍讲学士。十九年，迁顺天府尹。二十年，侍读学士。二十一年，迁太常寺卿。三十三年，再迁太仆寺卿。
刘玉麟（刘藻）	雍正丙午年举人，授观城教谕。	试二等，授检讨。	迁通政史。乾隆六年，擢内阁学士，督江苏学政，授宗人府丞。二十一年，陕西布政使。二十二年，云南巡抚，加太子太保，兼领贵州巡抚。二十九年，云贵总督，移湖广总督，降湖北巡抚。因罪自刎。
沈廷芳	监生	除庶吉士	散馆一等，授编修。迁山东道监察御史、河南按察使。
夏之蓉	雍正癸丑进士，盐城教谕。	试二等，授检讨。	乾隆十年，授广东学政。十三年，改湖南学政。
汪士鍠	副贡生	除庶吉士	散馆一等，授编修。乾隆九年，提督河南学政，因坐罪革职。
陈士璠	生员	除庶吉士	散馆改授户部主事，历转员外郎。乾隆十一年，出知江西瑞州府。
齐召南	副贡生	除庶吉士	散馆二等，授检讨。八年，擢中允，迁侍读。十二年，迁侍读学士。十三年，内阁学士，命上书房行走，迁礼部侍郎。

续表

姓名	应征前身份	选任	迁转概况
周长发	雍正甲辰进士,原任翰林院庶吉士,改乐清县教谕。	试二等,授检讨。	迁至侍读学士,后降补侍讲。
程恂	雍正甲辰进士,原任北运河同知。	试二等,授检讨。	累升至中允
万松龄	雍正己酉举人,授内阁中书。	补试一等,授检讨。	乾隆十三年休致
朱荃	生员	除庶吉士	散馆一等,授编修。任四川学政,为人所劾,弃官走。
洪世泽	廪生	除庶吉士	散馆二等,授检讨。乾隆七年,告假归里。
张汉	康熙癸巳进士,原任河南知府。	补试二等,授检讨。	改监察御史,乞归里。

由表2可见,除一等刘纶以廪生身份授翰林院编修外,其余诸君凡进士、举人者,试一等授编修,试二等授检讨,没有进士、举人身份者,皆授庶吉士。补试四人中,进士、举人无论试一等、二等,皆授检讨,生员、廪生皆授庶吉士。

从所选诸君的出身状况看,有进士8人、举人3人、拔贡生1人、副贡生2人、监生1人、廪生2人、生员2人。我们知道,康熙帝之所以要首开博学鸿儒科,"是明知八比中所得士有未能酣经熟史,具鸿博之才也"①。康熙帝欲借博学鸿儒科以弥补八股科举考试的不足,故康熙己未科着眼的是"天下人才",所选任50博学鸿儒中有四大布衣,即李因笃、姜宸英、严绳孙、朱彝尊。然而,乾隆丙辰科所选19人中,都是具有科举功名的士人,在选任范围上,可以称作"科举人才"的典范,但却并不是"天下人才"的代表。因此,从乾隆丙辰科所选任的结果来看,其所选博学鸿词之士仍旧是"科举人才"的余绪。

再看诸公历年后的迁转情况。19人中,以刘纶、刘藻二人官位最显。

① 中国第一历史档案馆:《山东学政李光墺为请将鸿博性理二科确定年限考试奏折》,乾隆二年五月初二日。

刘纶官至大学士，一生为官"趋走禁籞，昕夕顾问"①，深为乾隆帝所倚重。卒后，乾隆帝"命皇子临其丧，赠太子太傅，祀贤良祠"②。而刘藻则官至总督，然在乾隆三十一年因不谙军务，谎报军情，"藻闻上怒，惶迫自杀"。③此外诸君之仕履，大致可分为以下五途。

其一，经年后辞官或遭革职者。如洪世泽，乾隆七年引疾归里后，在福建鳌峰书院任山长，"持身以存诚，主敬为宗，言笑不苟，步趋有仪，从容礼法，沉潜仁义，所学在是，所教亦在是"④。而诸锦则在乾隆十五年告归后，"仍键户读书，好留心乡邦文献，手辑《国朝风雅》，皆浙中诸家之诗"⑤，其一生能潜心经史，矻矻向学，著有《毛诗说》二卷，"每篇先证，而后发明，于毛、郑诸家外，有佳说则录之，有奥义则补之，引据疏通，时有心得"⑥；又著有《补飨礼》一卷，其书征实有据，"虽寥寥不满二十叶，而古典所存，足资考证"⑦。再如杭世骏，乾隆八年，诏求直言，开御史试，杭世骏由翰林院保荐与试，条陈用人不应存满汉畛域、藩库当有余款存留等四事，遭革职归里，但"高宗皇帝仍纳其言，天下督抚汉人泰半，于四条中已行其一"⑧。《清儒学案》亦曰："然后于督抚满、汉参用，未尝非隐纳其言。"⑨此外，杭世骏经史著述极富，"堇甫说经，裒然钜编，注史长于考证，一时推为博洽"⑩。尽管以上诸公皆不在其位，但其所发挥的社会价值不容忽视。

其二，在翰、詹间的迁转。诸公在选用上多在翰林院任职。历年后，其迁转也多是在翰林院内部，或是翰林院与詹事府间的迁转。他们在乾隆年间清廷组织的大型文献整理与撰修中，被委以重任。如齐召南"凡馆中

---

① 钱陈群：《绳庵内外集·序》，清乾隆三十九年用拙堂刻本。
② 《清史稿》卷 302《刘纶传》，第 10462 页。
③ 《清史稿》卷 327《刘藻传》，第 10884 页。
④ 转引自中国人民政治协商会议福建省南安市委员会编《南安文史资料》第 12 辑，1990，第 154 页。
⑤ 李富孙辑《鹤征后录》卷 1。
⑥ 周中孚：《郑堂读书记》卷 8，上海书店，2009，第 128 页。
⑦ 魏小虎编撰《四库全书总目汇订》，上海古籍出版社，2012，第 613 页。
⑧ 李富孙辑《鹤征后录》卷 1。
⑨ 徐世昌：《清儒学案》卷 65《堇浦学案》，陈祖武点校，河北人民出版社，2008，第 2272 页。
⑩ 徐世昌：《清儒学案》，陈祖武点校，第 2271 页。

纂修之役，如《大清一统志》、《明鉴纲目》、武英殿校勘经史诸总裁，悉以委公"①。又如陈兆仑，于乾隆七年充日讲起居注官，历任《大清会典》《明纪纲目》《续文献通考》纂修官，充《续文献通考》总裁。程恂"充《大清会典》、三礼馆纂修官，与李少宗伯清植同刊《仪礼》之误，极为研审"②。而周长发则"博闻强识，尝与修《纲目》、《皇朝文颖》、校勘《辽史》、《续文献通考》、《词林典故》诸书"③。诸公各尽其才，参与修书之中，体现了丙辰科"备制作之选"的宗旨。

其三，外用任职。如杨度汪散馆后，以二等授江西德兴知县。按清制：科举考试中，凡朝考授翰林院庶吉士者，"散馆考试成绩优者，原为二甲进士授编修，三甲进士授检讨，次授主事、中书、知县"④。据此，杨度汪散馆后授知县似无不可。但我们注意到，杨度汪散馆后试二等，而同是散馆二等的齐召南则授检讨。

或谓杨度汪因出补州县，有不释然之意。而据顾奎光曰："先生自以受特达之知，怡然捧檄，勤官守而恤民隐。是盖深知圣主简用之微意，而所谓读书致用者，庶几为徒然也！岂以一麾出守，遂颓唐自废哉？"⑤ 那么，"圣主简用之微意"究竟是什么？

考《清实录》乾隆元年五月载，乾隆帝曾训勉科目服官自效时谕曰："闻向来士子，因词林地望资格优于外任，每以得豫是选为幸。及至引见后，辄于内用外用，妄生计较，此狃于习俗见闻之陋，而于朝廷优待士子之心，实未深悉。盖今时县令所辖土地、人民，等于古者侯、伯、子、男之国，抚绥经理，实赖通材。故亲民之官，所系最重，果其材猷政绩，卓然表著，类皆不次超擢，膺斯任者，何得不力图报称，而更生企羡乎？"⑥ 杨度汪被外任知县，这或许正是乾隆帝"亲民实政"用人政策的贯彻与实践。杨度汪在德兴任职时，"洁己爱民，勤于抚字，用文学饰吏治，江右

---

① 秦瀛：《墓表》，载《宝纶堂文钞》卷首，清嘉庆刻本。
② 李富孙辑《鹤征后录》卷1。
③ 《清史列传》卷71《文苑传》2，中华书局，1987，第5860页。
④ 刘兆璸：《清代科举》，东大图书公司，1979，第81页。
⑤ 顾奎光：《云逗楼集·序》，乾隆三十二年刻本。
⑥ 《清高宗实录》卷18，乾隆元年五月己亥。

称最"①，其能以文辅治，惠政一方，堪称为官之表率。

其四，改为御史者。如沈廷芳，字畹叔，浙江仁和人，监生。由兵部侍郎杨汝谷举荐鸿词科，除庶吉士，散馆，授编修。据鞠逊行云，廷芳"登词科，官翰林，擢御史，克称厥职，而建白尤多。每草疏时，慷激谆挚之状，家人恒窃见之。然谏草秘不轻出，其见诸施行者，皆关天下大计，则人所共见也"②。又如张汉在官御史期间，建言颇多有裨于经世致用，尝上疏陈述湖广水利，提出不可与三楚之水争地的主张，认为"其倚江傍湖已辟之沃壤，须加谨防护堤塍，俾民有所依以资其生"③，建议多为清廷所采纳。

其五，改为学政者。如夏之蓉在任学政期间，"惟夙夜自矢，效拳拳报上之义"④，多能时时怀有勤勉之心。但"学政"一职在清中叶以降，逐渐为统治者所重视，成为官场上的"肥缺"。乾隆丙辰科诸公有最终在学政一职上腐化成贪官污吏者。如补试二等的朱荃，于乾隆十五年任四川学政时，"匿丧赶考，贿卖生童，并勒索新生规礼，赃私累累。已据四川、湖广、浙江、各督抚等研讯伊弟及家人等，供据确凿，实近年来学政所未有"⑤。而丙辰科试二等的汪士锽，于乾隆九年被任命为河南学政，在任期间"考试童生，声名平常。其取录文童，多系瞻徇情面，拔取搢绅子弟，文气平庸肤浅；考试武童，并不较射马箭，止射步箭一矢，以致物议纷纷，士论不服"⑥。因而被清廷革职。汪、朱二人最终浸染官场积习，并没有成为"品行端醇""文才优赡"的表率，实有愧于"鸿博"之美名。

毋庸讳言，乾隆丙辰科的影响不及康熙己未科深远。康熙己未科在清代科举史上具有开创意义，其所取之士"有汤文正之正己化物，李天生之孝谊纯备，乔石林之直言去国，施愚山之学行醇雅，毛西河、朱竹垞、徐花隐之问学淹洽，汪钝翁、陈迦陵、潘稼堂、李石台之才藻炳焕。之数公

---

① 齐召南：《云逗楼集·序》，乾隆三十二年刻本。
② 鞠逊行：《隐拙斋文集·序》，乾隆刻本。
③ 《清史稿》卷129《河渠志四》，第2621页。
④ 夏之蓉：《半舫斋古文》卷4，乾隆三十六年刻本。
⑤ 《清高宗实录》卷369，乾隆十五年七月庚申。
⑥ 《清高宗实录》卷273，乾隆十一年八月庚辰。

者，实堪追配古人，故足重也"①。而乾隆丙辰科则罕有与汤斌、毛奇龄、朱彝尊等诸公相媲美者，其所选之人，多局限在"科举人才"范围内，甚至丙辰科的一些鸿博之士，未能洁身自好，浸染官场积习，以致功名俱灭。

但我们也应看到，丙辰科诸公接踵人文之盛，在从政方面，如齐召南等，能参与文献纂修，沈廷芳、张汉能进言献策，杨度汪能惠政一方；在为学方面，如诸锦、杭世骏一生矻矻向学，其所著述，于经史考证裨益甚大。诸公在从政与治学方面皆能自有所树，"其间勋业赫奕，照耀史册，至文章足以黼国，著述足以传后"②，所产生的社会影响亦不容忽视。诚如福格所云，乾隆丙辰科"凡应荐之士，无论取落，皆非村儒俗士侥幸得名者可比也"③。因而，不能草率地将丙辰科所取诸公一概论为"平庸之辈"。

四 康熙己未科与乾隆丙辰科之异同④

乾隆丙辰科固然是对康熙己未科旧例的因循，但丙辰科在相关制度的设置方面也有与己未科不尽相同之处。清人陆以湉在《冷庐杂识》中略论两科之异同曰：

> 康熙己未、乾隆丙辰，两次博学鸿词，其制微有不同。己未三月，试一百五十四人，取五十人（一等二十人，二等三十人）；丙辰九月，试一百九十三人，取十五人（一等五人，二等十人）。丁巳七月，补试二十六人，取四人（一等一人，二等三人）。己未试一场，赋一、诗一；丙辰试两场，第一场赋、诗、论各一，第二场经、史、论各一。己未取者，进士授编修，余者皆授检讨，其已官卿贰、部曹、参政、参议者，皆授侍讲；丙辰取者，一等授编修，二等进士、

---

① 沈廷芳：《隐拙斋文集》卷37《词科同年录序》，乾隆年间刻本。
② 李超孙：《鹤征后录·跋》。
③ 福格：《听雨丛谈》卷4，中华书局，1984，第80页。
④ 对两科的比较，可参见魏彦彦《康熙与乾隆两次博学鸿词科比评》（硕士学位论文，北京大学，2002），该论文重在比较两科在时代背景、施行经过、社会影响等方面的差异，而本文的比较，则多倾向于两科在相关制度的设置，尤其是人员选用方面的异同。

举人授检讨，余授庶吉士，踰年散馆，有改主事、知县者。己未，自大学士以下，至主事、内阁中书、庶吉士、兵马指挥（刘振基荐张鸿烈）、督捕理事（张永祺荐吴元龙）等官，皆得荐举；丙辰，三品以下官荐举者，部驳不准与试。己未，凡缘事革职之官，皆得与试（陈鸿绩以革职知县，试授检讨）；丙辰，部驳不准与试。己未，已官翰林仍得与试，故有两次入词林者（秦松龄、沈筌、钱金甫）；丙辰，已官翰林者，皆不得与试。两科人才，皆以江南为极盛。己未取二十六人，丙辰取七人。己未王顼龄、丙辰刘纶入阁，皆江南人也。其次，则浙江为盛，己未取十三人，丙辰取八人。①

陆氏所论两科之异同，大致有七：其一，取士人数悬殊；其二，考试场次、内容不同；其三，授予官职不同；其四，丙辰科对荐举官员的资格有限制规定；其五，丙辰科不允许革职官员与试；其六，丙辰科已官翰林者不得与试；其七，两科所取诸公皆以江南省为最盛，浙江省其次。以上七条，简明扼要。但陆氏所论，亦有未尽允当之处，笔者先试对其酌加补证如下。

第一，关于丙辰科三品以下官员"部驳不准与试"的问题。丙辰科确实有其例，如秀水祝维浩"以奉天府丞之荐，部议谓非三品大臣所举，不准试"②。推荐祝维浩的奉天府丞官级为正四品，祝氏因此而不得与试。

但这一原则不适用于各省之学政。如张庚，字浦山，浙江秀水人。由翰林院检讨、湖北学政蒋蔚荐举，得以与试。③ 又如饶允坡，字右苏，江西进贤人，拔贡生④；蔡寅斗，字芳三，江南江阴人，监生。⑤ 二人均由翰林院侍讲、福建学政周学健荐举，皆得以与试。⑥ 考《清朝通典》"学政"条云："以侍郎、京堂、翰林、科、道、部属等官由进士出身者充，各带原衔品级。"⑦ 则清代学政无固定品级，其品级当视原衔品级而定。据此，

① 陆以湉：《冷庐杂识》卷1，中华书局，1984，第4页。
② 杭世骏：《词科余话》卷6，清乾隆道古堂刻本。
③ 李富孙辑《鹤征后录》卷11。
④ 李富孙辑《鹤征后录》卷10。
⑤ 李富孙辑《鹤征后录》卷4。
⑥ 李富孙辑《鹤征后录》卷2。
⑦ 《清朝通典》卷35《职官》13"学政"条，浙江古籍出版社，2000，第2213页。

时由翰林院检讨充任湖北学政的蒋蔚，其官级即为翰林院检讨的从七品，而福建学政周学健是时亦由翰林院侍讲充任，则其官级当为从四品。尽管荐举人蒋蔚、周学健皆非三品以上大臣，然其所推荐的张庚、饶允坡、蔡寅斗却皆得与试。

第二，关于丙辰科"缘事革职之官"不得与试的问题。实际上，丙辰科所举荐的征士中，也有曾被革职却得以与试者。如云南进士张汉，原任河南府知府，经由兵部侍郎王士俊举荐。又如，直隶总督李卫保举的程恂，原任北运河务同知。二人皆是缘事革职之官，部阁大臣议曰："原任河南府知府张汉，先经原任河东总督田文镜以不职题参革职，今该署侍郎王士俊将伊保举博学鸿词，与原题不符。但查雍正十三年二月内钦奉上谕：'荐举博学鸿词，若果有才华出众、与例不符者，著具折陈奏，候朕降旨。钦此。'又，先经直隶总督李卫保举原任北运河务同知程恂，经臣部议复，该员业经革职，与例不符，可否令其一并考试之处，候旨遵行。"① 显然，乾隆帝允许了程恂、张汉二人与试，因为程恂最终荣膺丙辰科二等，张汉为补试二等。据胡天游称，张汉"前守河南，值上官奸残，群属惴惴风靡，独持理抵拄，遂被诬劾。其后复用宏词，入翰林，改列台署"②。但同为兵部侍郎王士俊所举荐的原任湖北孝感县知县张弘敏，原任直隶丰润县知县方粲如，二人则被驳不准与试。张廷玉复议曰："至原任直隶丰润县知县方粲如，经直隶巡抚赵弘燮以贪婪题参革职，审拟杖徒，原任湖北孝感县知县张弘敏，经原任湖北巡抚马会伯以亏空题参革职，拟斩监候。现据该抚题请援赦开释，均系曾经拟罪之员，不便准其荐举，应将该署侍郎王士俊保举博学鸿词之处毋庸议。"③ 可见，对于缘事革职之官，丙辰科视其当时坐事之轻重，分别对待，并非一概不许其与试。

乾隆帝继位初始，便对革职官员再任用的问题表明了态度。其曾对都察院左都御史福敏曰，凡被参人员，"尔等须慎加分别，果系事属因公，审无赃私者，验看其才力可用，奏闻引见；其因私事被参，或审有赃罪

① 中国第一历史档案馆：《大学士张廷玉等为议复署兵部侍郎王士俊荐博学鸿词事题本》，乾隆元年三月十三日。
② 李富孙辑《鹤征后录》卷2。
③ 中国第一历史档案馆：《大学士张廷玉等为议复署兵部侍郎王士俊荐博学鸿词事题本》，乾隆元年三月十三日。

者，不得准理"①。部阁大臣对革职征士的这种态度，体现了乾隆帝即位初期的用人政策和主张。

第三，关于丙辰科已官翰林不得与试的问题。如刘自洁，直隶武强人，由兵部尚书、直隶总督李卫荐举乾隆丙辰科。据《大清畿辅先哲传》曰："自洁，康熙五十二年进士，授翰林院编修。"② 又如查祥，字星南，浙江海宁人，由刑部尚书徐本荐举丙辰科补试。据《词科掌录》曰："海宁查祥星南，康熙戊戌进士，改庶吉士，散馆授编修，原品休致。"③ 刘自洁、查祥二人都曾在翰林院任职，又据《鹤征后录》所载，二人亦都得与试。④

再者，丙辰科亦有两入翰院者。如张汉，字月查，云南石屏人，康熙五十二年进士，授庶吉士，"散馆，授检讨，历官河南府知府。乾隆丙辰，召试博学宏词，复授检讨，官至御史"⑤。又如于振，字鹤泉，江南金坛人，"雍正癸卯一甲第一名进士，授翰林院修撰，降补行人司司副。由户部尚书史直贻荐举（博学鸿词），授编修"⑥。则张汉、于振分别于康熙、雍正年间曾入翰院，后出为他职，乾隆丙辰被荐举入选后，又分别担任检讨和编修，二次入翰院。

除了陆氏以上所比较的不同外，笔者又新得两点：

其一，试卷审查宽严不同。乾隆丙辰科对试卷的审查较为严苛，即使因试卷不规范也会被斥落不予录取。如厉鹗，由浙江总督程元章荐应丙辰博学鸿词科，"试题误写论在诗前，遂罢归"⑦。又如沈德潜，应试丙辰博学鸿词科时，"失写题中字，以不合格不遇"⑧。姚世钰，"丁巳补考，已拟进呈，以卷中涂抹过多报罢"⑨。而康熙己未科对试卷的审查则

① 《清高宗实录》卷16，乾隆元年四月戊辰。
② 徐世昌：《大清畿辅先哲传》卷4，周骏富编《清代传记丛刊》第198册，明文书局，1986，第356页。
③ 杭世骏：《词科掌录》卷13。
④ 两人均详见《鹤征后录》卷5。
⑤ 朱汝珍：《词林辑略》卷2，周骏富编《清代传记丛刊》第16册，第102页。
⑥ 李富孙辑《鹤征后录》卷1。
⑦ 杭世骏：《词科掌录》卷2。
⑧ 沈德潜：《沈归愚自订年谱》"乾隆元年丙辰"条，《乾嘉名人年谱》第1册，北京图书馆出版社，2006，第308页。
⑨ 杭世骏：《词科掌录》卷8。

较宽松。据《清稗类钞》载："康熙特科读卷诸臣，依前代制科分等第，进士科分甲乙例，判作四等。拆卷日，圣祖问：'有不完卷者，何以列在中卷？'盖严绳孙仅作一诗也。众对曰：'以其文词可取也。'上又问：'上二卷内有验于天者不必验于人语，无碍否？'盖彭孙遹卷也。众对曰：'虽语滞，意圆无碍。'又问：'赋首有或问于予日中有唯唯否否语，岂以或指朕予自指耶？'盖汪琬卷也。众对曰：'赋体本有子虚亡是之称，大抵皆寓言，似不必有所指也。'"① 严、彭、汪三人最终都被康熙己未科所选取。对此，孟森先生道："康熙己未，取士最宽，而最为后世所传述，性道、事功、词章、考据，皆有绝特之成就。"② 相比而言，乾隆丙辰科的严苛之风，使其遗落了诸多贤才。商衍鎏先生便云："张廷玉主试事，托慎重之名，苛绳隘取，如淹通经史之桑调元、顾栋高、程廷祚、沈彤、牛运震、沈炳震，文章诗赋之厉鹗、胡天游、刘大櫆、沈德潜、李楷，他如裘曰修、钱载等，皆一时续学能文者，俱未入选，颇失士林之厚望焉。"③

其二，对待老年征士的态度不同。康熙己未科对年老征士，无论取落，俱授职官。如杜越被荐举博学鸿儒时，年84，傅山年74，康熙帝授予二人内阁中书，以示优待，"时人叹为美授"④。但乾隆丙辰科对年老征士的态度则不然。以丙辰科诸征士中最为年长的万经先生为例，其为万斯大之子，"幼即濡染家学，一切世俗之占毕不得牵引，经学、史学俱亲承指授"⑤，堪称学行俱佳。其为户部侍郎赵殿最荐举乾隆丙辰博学鸿词时，年已七十有八，然吏部却因其有被革职的经历而没有允许其参加考试。据黄嗣艾《南雷学案》云："（经）视学黔中，报政还京。忌者中之，革职，罚修通州城。"⑥ 则万经先生乃因人中伤而被革职，吏部不察，失职在先。两科对待老年征士态度上的差异，实际上反映了统治者对两科政治诉求的差异。康熙帝之所以会优待老年征士，体现了其将己未博

---

① 徐珂：《清稗类钞·考试类》，中华书局，1984，第707页。

② 孟森：《己未词科录外录》，《明清史论著集刊》下册，中华书局，2006，第484页。

③ 商衍鎏：《清代科举考试述录》，百苑文艺出版社，2004，第175页。

④ 徐珂：《清稗类钞·考试类》，第709页。

⑤ 李富孙辑《鹤征后录》卷3。

⑥ 黄嗣艾：《南雷学案》卷8《万九沙先生》，周骏富编《清代传记丛刊》第26册，第654页。

学鸿儒科作为争取明朝遗民的一种策略。① 当时这些年岁已高的"老师宿儒",往往以"遗民"自居,故康熙帝借授予其官职,以示招纳。至乾隆初年,社会上的遗民思想已渐趋消弭,对年老征士的这种政治诉求也就随之而不在。

综上,笔者试对两科之异同作如下概括:

第一,两科对所取者授予的官职基本相同。康熙己未科除了授予编修、检讨外,还授予侍讲,而乾隆丙辰科则增加了庶吉士,散馆后再授予具体官职。但两科所授予的官职,皆不出翰林院范围。

第二,从地域的分布看,乾隆丙辰科征召的地域更为广泛,如广东、四川、云南均有推荐,而康熙己未科以上诸省则没有被保举者。② 然两科所取又均以江浙文人为主。这体现了康乾以降,清代官僚集团中"北方士绅集团无可挽回地衰败没落了,江南士绅集团凭借雄厚的经济、文化实力逐步跨入清朝政权的中心,替代了他们的位置"③。

第三,两科考试内容有所不同,选取的名额多寡悬殊,考试的标准宽严有别。

第四,两科对保举大臣的资格要求不同。

由此可见,两科制度设置和人员选用等方面存在一些差异,乾隆丙辰科的限制措施明显较多,甚至过于严苛。乾隆丙辰科过于繁琐的限制措施,往往会因为一些官员拘泥于"旧例"而罔顾诸征士的真实学识。如太仆寺卿蒋涟举荐江南元和人邵岷,邵岷原系武生,部阁大臣覆议曰:"先经大学士九卿议复,令于现任各官,及进士、举贡、生监、布衣等项人员内据实荐举,并无武生亦准荐举之条。今太仆寺卿蒋涟既称从前所保附生邵岷实系武生,与荐举之例不符,应不准其考试。"④ 然据刘体信曰:"百

① 参见孔定芳《论清圣祖的遗民策略——以"博学鸿儒科"为考察中心》,《江苏社会科学》2006 年第 1 期。
② 如乾隆丙辰科,有云南石屏州人张汉,由兵部侍郎王士俊荐举。再有四川郫县人许儒龙,字士元,监生,由四川巡抚杨馝举荐。又有广东番禺人车腾芳,康熙庚子举人;番禺人钟狮,字作韶,雍正壬子举人;南海人劳孝舆,字巨峰,拔贡生,三人均由广东巡抚杨永斌举荐。
③ 赵刚:《康熙博学鸿词科与清初政治变迁》,《故宫博物院院刊》1993 年第 1 期。
④ 中国第一历史档案馆:《大学士张廷玉等为参劾太仆寺卿蒋涟荐武生为博学鸿词事题本》,乾隆元年九月初一日。

峰（邵岷之字）实当时之学人，而诗才卓绝，推为作手，不得仍以武生目之。蒋太朴荐举，确为学问而然，并非滥举。惜乎为部臣所纠，不得与试，诚为可惜。"① 这种忽略学识的审核原则也有违于乾隆帝开设"博学鸿词科"以"备制作之选"的初衷。

康熙己未科与乾隆丙辰科在选用制度设置上的差异，主要是因为两科开设的时代背景不同，致使两科的宗旨略有差别。康熙己未科的成功举行，"其意义则远远超出 50 名入选者个人的升沉本身。它的成功首先在于显示清廷崇奖儒学格局已定，这就为尔后学术文化事业的繁荣作出了一个良好的开端"②。在这样的背景下，尤其是康熙以降，科举制度已经走入正轨，成为清廷选任人才的主要途径。因此，乾隆丙辰博学鸿词科"求贤"的意义自不如康熙己未科强烈。正如孟森先生所云："己未惟恐不得人，丙辰惟恐不限制。己未来者多有欲辞不得，丙辰皆渴望科名之人。己未为上之所求，丙辰为下之所急。己未有随意敷衍，冀避指摘，以不入彀为幸，而偏不使脱羁绊者，丙辰皆工为颂祷，鼓吹承平而已。盖一消弭士人鼎革后避世之心，一为驱使士人为国家妆点门面，乃士有冀幸于国家，不可以同年语也。"③

（作者单位：中国社会科学院）

---

① 刘体信：《苌楚斋续笔》卷 10《武生荐举博学鸿词》，直介堂丛刻本。
② 陈祖武：《清代学术源流》，北京师范大学出版社，2012，第 16 页。
③ 孟森：《己未词科录外录》，《明清史论著集刊》下册，第 488 页。

明清徽州实学与经世人才的涌现[*]

徐道彬

摘　要："通经致用"或"经术致用"是中国传统儒学的普世价值取向。明清时期的徽州学者因艰难生活的磨砺，必须对生存之道所必备的"艺"和"术"做到最基本的掌握和运用。而这种先"术"后"学"的治学路径，使得他们必先通晓小学、历算和礼仪之学，甚至专力于此而成为经学家和科学家。他们以经术致用的态度与方法来应对人生问题，充满着深切的人文关怀。

关键词：徽州学者　经术致用　小学与科学　人文关怀

明清徽州人一方面承续了传统儒学的思想精髓，另一方面则因艰难生活环境的磨砺，必须对生存之道所必备的诸如文字书写、商业测算和人情礼俗之学，做到最基本的掌握和运用。这种既得"道"，又重"艺"，先"术"而后"学"的学术路径，使得徽州人尤其是杰出人才大多先精通小学、历算和礼制学，然后专力于此类学问，逐步成为经学家、哲学家和科学家。这种以学术结合生活的路径，与其他地方的学者的成长和成学过程也会稍有不同。明清时期的徽州学人大多亦学亦商（包括坐馆、入幕和鉴赏），所以他们的学问具有特别的实用性，他们的学术活动也相应地体现出匡时济世的思想倾向，以及对社会政治和民众生活的深切关怀。此一时期的徽州及其影响所及的江南地区，涌现出了一批博古通今、经世致用的

---

　　*　本文为国家社科基金项目（13BZX045）和教育部社科重点研究基地重大课题（12JJD750016）的阶段成果。赵吉士：《寄园寄所寄》卷11《泛叶寄》，黄山书社，2008。

实学人才。本文拟通过具体人物和生动事例，予以说明和阐释这一学术现象。

一

明清时期，徽州山地经济极其有限，山民不得不拓展自己的生存空间，外出谋取生路。除人口剧增外，山涧野谷更非产粮之所，"其田土所产，啬于他郡；生其间者，不得不裹粮服贾，奔走四方以谋食"。徽州的山地与江南平原不同，"地势陡绝，厥土骍刚而不化。水高湍急，潴蓄易枯。十日不雨，则仰天而呼。一雨骤涨，而粪壤之苗又荡然矣"①。因为人多田少，居民多垦山而种，山野生存艰辛之大略可见一斑。而此时明清江南经济的高度商业化，皖南也因其特有的地理位置而变得更加特别和突出，徽州人也不可避免地要卷入商业活动。

徽州人自少时就对生存之道具备最基本的掌握和运用，购买生产资料、出售产品、计算成本与利润、订立合同与契约、换算金银，以及进行雇工、借贷、典当、抵押、交租、纳税乃至商务诉讼等活动，都需要最基本的读、写、算的能力，也是人们生存和日常经济活动的基本技能。所以，礼乐祭祀、数理计算、文字账簿等实用性教育，在徽州经济与文化发展的过程中占有主体地位，起到了非常重要的作用。翻开《皖人书录》与《徽州府志》，其中不乏因科举而成名者如许国、汪由敦，但更多的读书人后来都成为手工者、商人、医生、幕僚、书办、账房乃至农业耕作者，像明代的数学家程大位，医学家汪机、徐春甫，清代科学家郑复光等，他们早年都曾读书应试，但随着生活的历练，认识的趋实，几乎终生执著于一艺，走着真实的经世致用的道路。程大位在称历算学的作用时，云："圣人继天立极，所以齐度量而立民信者，不外黄钟九寸之管；所以定四时成岁功者，不外周天三百六十五度之数。以至远而天地之高广，近而山川之浩衍，大而朝廷军国之需，小而民生日用之费，皆莫能外，数岂不重已哉。"② 章太炎论学问之用时亦云："惟有书、数两项是一切学问的根本。论致用呢，致用也最广；论求是呢，求是也最真。书一向唤作小学，数就

---

① 许承尧：《歙风俗礼教考》，《歙事闲谭》卷18，黄山书社，2001。

② 程大位：《算法统宗》，安徽教育出版社，1990，第1012页。

一向唤作算学。"① 所以，徽州学者对待《律历志》《九章算术》《金匮要略》《齐民要术》《天工开物》等古代实学典籍，就像重视儒家经典一样，甚至有过之而无不及。

明清时期，随着江南经济的繁荣，凭借着发展商用数学和汇通中西数学的两大契机，一批皖南数学家从民间崛起，成就斐然，并在相当长的一段时期内代表了中国数学研究和运用的主流和发展方向。程大位、梅文鼎、方中通、江永、戴震、汪莱、罗士琳等前后相承的杰出人物，在近两个世纪中对中国数学和天文学发展做出了重大贡献，足以证明这一说法的正确。我们在编纂《徽州文献综录》，整理徽州文书时就有这样的感觉：徽州文献中不乏文学吟咏和道德性理之作，但宗族谱牒、婚丧礼仪、账簿契约、识字读本、堪舆易法及许多自然科学类的世俗实用之学，更是比比皆是，其中字书、算书、礼仪、技艺之书占有很大的成分。仅就通行的实用性数学书而言，如《算林拔萃》《铜陵算法》《庸章算法》《算法纂要》《万宝全书》《四民必用》《历算全书》《数度衍》等不一而足，大多以民间实用为目的，编著者也多是账房师爷、乡村塾师、行商坐贾，间或也有仕途官宦。统而言之，他们都可姑且称为亦贾亦儒或亦学亦商者。

徽商经营于外，算学之书自然是第一重要的工具。许多算书的跋序也都指明了算学在人们生活中的重要作用，云：出纳不问几何，其家必败；算计不遗一介，维事有成。又云：临财当恤，记账要勤。诸如此类的格言和诫语，说明算学在日常生活中的重要性。徽州之所以算学发达，就是因为对徽商而言，算学既是生活之需要，更是事业之必要。明代歙人汪道昆就指出："休、歙右贾左儒，直以《九章》当六籍。""承命之儒则儒，先躬行而后经艺；命之贾则贾，先筹算则后锥刀。"② 清人江永亦云："算学如海，勾股、三角、八线为步历之管键。亦尝思之深而习之熟，颇知其要。程子论格物，天地之所以高深，亦儒者所当知。明于历算，而天地所以高深者，可以数计而得，不出户而知天下，不窥牖而知天道，此之谓矣！"③ 在几千年以"经艺"为上的儒家思想笼罩下，能够有儒者"明于

---

① 章太炎：《章太炎的白话文》，辽宁教育出版社，2003，第23页。
② 汪道昆：《太函集》卷77《荆园记》、卷37《海阳长者程惟清传》，黄山书社，2005。
③ 江永：《答汪绂书》，《双池先生年谱》，黄山书社，2005，第182页。

历算"而"知天道",褒扬商贾"先筹算则后锥刀"的思想,已实属不易。

中国数学史上具有划时代意义的数学家程大位(1533～1606),字汝思,号宾渠,休宁率口人,出身小商人家庭,少年留心数学,经商往来于外,遍访各地算学名师,又潜心研究,所著《算法统宗》是一部注重实用的通俗数学教科书。程涓(巨源)《算法统宗序》述其事云:"宗人汝思幼而慧,学为儒业。既通,不复出试吏,而为儒不废。耽坟籍科斗文字,而尤长于算数。年既壮,周游吴楚之墟。遇方田、米粟、差分、少广、商功、均输、盈不足、方程、勾股诸书,辄厚购得之。而闻有闻人耆宿通数学者,辄造请问难,孳孳不倦。"① 程大位也自称:"予幼耽习是学,弱冠商游吴楚,遍访名师,绎其文义,审其成法,归而覃思于率水之上,余二十年,一旦恍然若有所得,遂于是乎参会诸家之法,附以一得之愚,纂集成编。"② 《算法统宗》内容包括当时能收集到的各种实用数学问题和数学方法,依《九章算术》的次序,分为九章,分别叙述整数、分数的加、减、除、乘、乘方、开方等数学基本知识。按方田、粟布、差分、少广、商功、均输、盈朒、方程、勾股九项内容,叙述各种数学问题及解法。这部书全面介绍了珠算,以及珠算的各种方法和归除口诀,并用图形加以详细说明,确立了算盘用法,完善了珠算口诀。最为重要的是搜集了古代流传的595道难题并记载了解题方法,堪称中国16～17世纪数学领域集大成的著作,标志着具有千年历史的筹算向珠算转变的彻底完成,从此珠算成了最主要的计算手段,对于当时工商业活动中遭遇到的计算问题,若运用珠算来解决都是游刃有余的。可以说,《算法统宗》的流行,使珠算的运用在民间完全代替了古筹算。同时,这在士大夫思想中对于术数技艺的作用,也是一次很大的冲击。今人梅荣照等指出:"程大位终生学书、学算,蔑视当时的八股考试制度,学成以后,不复出试吏而为儒不废。他还一反中国古代儒家轻视商业的思想,从事经商;他十分重视数学,壮年以后,全部精力致志于《算法统宗》一书的写作,解决了当时社会急切需要的一些问题,这是和理学家反对研究经世致用的学问是背道而驰的。"③

---

① 程大位:《算法统宗》卷首程氏序,安徽教育出版社,1990。
② 程大位:《算法统宗》,安徽教育出版社,1990,第1012页。
③ 严敦杰、梅荣照:《程大位及其数学著作》,《明清数学史论文集》,江苏教育出版社,1990,第40页。

程大位"商游吴、楚",四处奔波成就了他的数学研究,正是徽商的活动和文化的交流,催生了《算法统宗》的问世。此后,为了便于实用,程氏又对之做了润删节缩,而成《算法纂要》一书,自称"是集以纂发名,但只纂其切要,便于初学者。若九章、杂问详见《统宗》"。两书同时流传,对于中国数学界的影响甚巨。譬如,周瀚光认为,《算法统宗》在中国历史上流传极广,影响极大。它不仅对传统数学从筹算向珠算的转变起了决定性的作用,而且对明代实用数学的发展起了很大的推动作用。在明末清初传统数学典籍大多散佚的情况下,许多数学家(如徐光启、李之藻、梅文鼎、梅毂成等)都是从此书中学习《九章算术》等古算书知识的,并以此书为数学研究之基础。如方中通撰《数度衍》、李之藻编《同文算指》,便主要取自德国数学家克拉维斯的《实用算术概论》和程大位的《算法统宗》两本书。梅文鼎著《方程论》《勾股举隅》《几何通解》等书,也引用了《算法统宗》的许多内容。一直到清代中后期的数学家李锐、焦循、华衡芳等,也都从此书中吸取营养,开展研究并取得成绩。清代末年各地书坊出版的珠算书,不是它的翻刻本,就是它的改编本。此书从明末以后陆续传入朝鲜、日本及东南亚各国,尤其对日本数学影响颇大。

清初,歙县人杨光先与西方传教士的中西历法之争,不仅激发了康熙帝与梅文鼎研究西方天算学的兴趣,也引起徽州人对数学、天文学的普遍关注,这可以算做杨氏的一点贡献所在。江永早年研究历算之学,苦无能与之切磋者,后来得到魏荔彤所刊兼济堂本《梅勿庵先生历算全书》,其学大进,并著《翼梅》和《推步法解》以推广和光大之。江永与人论学,自称:"度数之学,弟最刿心而癖嗜者也。历算是一家之学,弟偶好之,前札借用老子'不出户'数言,谓因是可知高深体象耳,非谓'通历算便可作圣贤'也。早年探讨西学,晚乃私淑宣城梅勿庵先生,近著《翼梅》八卷,写本归之梅氏令孙,余亦难以语人。"[1] 江永"私淑"梅氏,又将其学直接传于戴震、程瑶田。戴震撰写的《勾股割圆记》分上、中、下三卷,分别论述了平面三角术和球面三角术,对梅文鼎著作中疏漏之处有所补正,但所用名词、术语与一般不同,故难于理解;《策算》系介绍西方

---

① 江永:《答汪绂书》,《双池先生年谱》,黄山书社,2005,第198页。

筹算的乘除法和开平方法，采用了梅文鼎的横筹直书方式；《原象》和《续天文略》是天文历法的精心杰作。他在四库馆中所辑《算经十书》（《周髀算经》《九章算术》《海岛算经》《孙子算经》《五曹算经》《夏侯阳算经》《张邱建算经》《五经算术》《缉古算经》《数术记遗》），不仅得到乾隆帝的诗赞，而且在将来仍具有宝贵的科学价值。诗曰："算术由来非所学，不知难强以为知。大成广集钦皇祖，六艺曾论愧仲尼。分韵笑他割裂者，补图欣此粹完之。时为显晦晦今显，是用摛毫作弁词。"①

程瑶田一生的学术心血为《通艺录》，其中包括著作 24 种，近百万言，博及人文和自然科学的诸多方面。譬如《数度小记》中的《周髀矩数图注》和《周髀用矩》，就是专门解释我国古算书《周髀算经》的。在《周髀用矩》的前言中，他还自叙了学习和运用勾股术、重差术进行实物测量的过程。早在"不疏园"时期，程氏曾向戴震学习"准望之法"，因生性迟钝而当时未能清楚。滞疑盘旋心中十数年后，才逐渐贯通，并由此创制了"测高""因远知深""三测互求"三幅图谱，又进而通过《海岛算经》而推求出"重差术"源流并加以运用，以至于戴震都称之"沉思核订，比类推致，震逊其密"。程瑶田还是位文物考古学家，在考证出土文物或家藏古器时，常使用数学知识来研究其几何形体和器物尺度，以资佐证，如《考工创物小记》《沟洫疆理小记》《磬折古义》中多有例证。在天文历法方面，程氏著有《言天疏节示潘工生》《星盘命宫说》《四卯时天图规法记》《日躔空度出地说》等文章，都是贯通古今、融合西学、切于实用而影响深远的朴实之作，涉及回归年、朔望月、闰年法、岁差、日月食等天文历算问题。譬如，为了解释"两分两至"以及日出时间的差异，他通过长期观察积累知识，并注重实际运用。

程瑶田一生大部分时间都在江南游历，与焦循、李锐、凌廷堪和汪莱等交往过密，又因年长而多受崇敬，其学术思想与方法影响他人较深，歙人汪莱即其一。"汪莱，字孝婴，安徽歙县人。优贡生。大学士禄康荐修《天文》《时宪》二志，书成，选石埭训导。嘉庆十八年，卒于官，年四十六。莱少慕其乡江永、戴震诸人之学，力通经史百家，及推步历算。其学不由师授，默识静会，洞悉本原。性善攻坚，不苟同于人。尝与焦循、李

---

① 参见《九章算术》卷首御制诗，《四库全书》本。

锐论宋秦九韶、元李冶立天元一及正负开方法，锐谓少广一章，得此始贯于一。莱独推其有可知有不可知，互相齮龁。莱墨守西法，不逮锐之通变。然循称：锐善言古人所已言，而阐发得其真；莱善言古人所未言，而引申得其间。绝学之显，厥由两君云。"① 汪莱（1768～1813），号衡斋，歙县瞻淇人，自幼聪慧，15 岁考取生员，一生致力于数学研究，陆续写成《衡斋算学》七册，着重对一些新的数学问题加以探讨，对于割圆术、级数、方程式论等问题的研究，都有许多独到的见解，对当时学者启迪很大，拓展了当时算学的研究领域。该书注重探讨数学领域中的新问题，对前人已有详述的部分略而不论，指出方程既有正根，也可以有负根，并附有 96 道例题论证，还涉及因式分解和一元二次、三次方程根的判别式，这些都是对近代数学研究的重要突破。该书是清代中期数学发展的一项重要成果，其中关于球面三角形有解无解的详细讨论以及高次方程正根存在的数目及其条件的全面探讨，在中国数学史上具有首创的意义。稍后李锐所著的《开方说》，便是在此基础上所作的关于方程理论研究的新成果。②

汪莱在扬州主馆于秦恩复家，与秦氏外甥罗士琳也有深入的交往。罗士琳又与凌廷堪有姻亲关系，所以罗士琳在当时的江南学术界也享有盛誉。他不仅精于算学研究，而且还为总结自古至清的历代学术名家及其历算学成就，做出了重要贡献。《清史列传》称："罗士琳，字次璆，江苏甘泉人，国子生。尝游京师，考取天文生，以推算道光初元日月合璧、五星联珠，见知于时，为同辈所嫉，不得官。东出山海关，客汴梁、楚中，所至为名德通人所宾接，仪征阮元尤推重之。事母孝，家贫糊口四方，以供菽水，未尝一日辍学。咸丰元年，举孝廉方正，未就试。三年，粤匪陷扬州，列于难，年垂七十矣。"③ 罗士琳在所著《续畴人传》之"凌廷堪传"中，自称："士琳亦歙人，与先生同里，而兼葭莩（姻亲）。"④ 罗士琳为徽商占籍甘泉之故，故有扬州人的称谓。罗氏与阮元相从最久，曾帮助阮氏编著《畴人传》，并为之补充未备和续补后来学者，而著成《续畴人传》

① 《清史列传》卷 69，中华书局，1987。又见焦循《石埭儒学教谕汪君莱别传》，《碑传集》卷 135。
② 《中国学术名著提要·科技卷》，复旦大学出版社，1996，第 81 页。
③ 《清史列传》卷 69，中华书局，1987。
④ 罗士琳：《续畴人传》"凌廷堪传"条，《续修四库全书》第 516 册。

六卷，并有阮元为之序。钱宝琮认为："罗士琳《续传》叙述当代学者的生平事迹和他们的学术成就，比较翔实。列传后的论说，发挥他自己的见解，也比《畴人传》更能体现时代精神。"① 罗士琳在数学史上的最大贡献，除了著有《缀术辑补》《割圆密率捷法》以外，就是对元代朱世杰的《四元玉鉴》和《算学启蒙》所作的校订和疏解工作，使代表了我国宋元时期数学最高成就的著作重新得到人们的认识与研究。此外，与罗士琳同时而能屈指可数的数学家，如《象数一原》的作者项名达（歙县人），《求表捷术》的作者戴煦（休宁人），都是寄居于外的徽州学者。他们的经历与成就，也更进一步证明了徽州学者对于中国历算学的贡献。②

为何徽州学者多通历算之学？对此，钱穆有所解释云："徽人居群山中，率走四方经商为活。学者少贫，往往操贱事，故其风亦笃实而通于艺。"③ 徽州学者因自身需要而大多精于天文历算等技艺，从上述数位的治学经历来看，他们大都在中了秀才以后而长期不得进学，迫不得已而以授徒、经商、入幕为业。如此职业不仅需要识字记账、懂得天象水地，而且还要精通礼仪规矩、劳动技能等处世方略和生活手段。从传统观念来说，虽然商贾、工匠在社会上不能入流，但迫于生计，在进入仕途之前就不得不偏于这一方向，如此一来，他们的躬行践履也就无形中使治学的路向趋于质朴实用。徽州人在贫瘠环境下的求生本能，使得当地的学子的治学也带着很浓厚的"术"的色彩。学与术虽然不是同一范围，但二者密切相关：学者考自然之理，立必然之例；术者据既知之理，求可成之功。学是术之体，术是学之用，获得知识后就要施行于实践，也就是要"经世致用"。徽州人常言，"薄田小技，不烦生计"，"读书好，营商好，效好便好；创业难，守成难，知难不难"，就是这种思想的真实体现。由于社会生活与职业的需要，学习和运用文字、算学、医学与天象地理等实用知识，对于居家或在外的徽州商人和游学者来说都是生存的必备条件。所以，我们有理由认为，徽州朴学家们的学术起点和重点都在于实用性质的字学、算学和礼制之学，他们的先"术"后"学"，"以词通道"的学术

---

① 钱宝琮：《中国数学史》，《李俨钱宝琮科学史全集》，辽宁教育出版社，1998。
② 鉴于篇幅限制，此处不做详述。可参见王渝生《中国算学史》（三至五节），上海人民出版社，2006。
③ 梁启超：《中国近三百年学术史》，商务印书馆，1997，第342页。

路径，实际上就是对经世致用观念最切实的实践，这与"亦商亦儒"的生活经历和徽州地域文化的影响有着很大的关系。

二

徽州学者的历算之学，并非是书斋里不食人间烟火的纯粹学问。他们生于穷乡僻壤，为生存之需而必须学以致用。所以，既要讲明六经，又要以所学实施于实际生活中，以期"措天下于治安"而润泽民生。譬如，戴震在《江慎修先生事略状》中，对江永以《春秋传》"设义仓而救民饥"一事颇为称道，云："先生家故贫，其居乡，尝援《春秋传》'丰年补败'之义语乡之人。于是相与共输谷若田，设立义仓，行之且三十年，一乡之民不知有饥。自古积粟之法，莫善于在民，莫不善于在官。使民自相补救，卒无胥吏之扰。此先生善于为乡之人谋者。"① 江永一生不事科举，以课徒为生而擅长制作器物和发明技艺。关于他的经世致用以及制作奇具巧器的传说颇多，足以展现一介乡间老儒充分运用知识技能，在力所能及的情况下"悬壶济民"的精神品质。姚永朴曾追踪乡贤史实，称赞江氏"居乡尝称《春秋传》丰年补败之义，以语乡人。乃相与输田输谷，立义仓，行之数十年，而其乡不知有饥岁。先生精天算，能以巧思制仪器，尝作纸篝，留声寄远。其弟子戴东原震传其法，作浑天仪。又以铁轮管取水灌田云。"② 至于江永利用"纸篝寄声""铁管取水""水碓舂米"，以及"推时取胆""浑天仪"制作等事，在遵循孔子"不语怪力乱神"的正统朝代，对于传统学者而言，是不适宜记录其事的，但在人物轶事中却常有记载。譬如，金天翮对于历史掌故颇为熟悉，于慎修逸事及其影响也多有搜集和总结，云："世言永能制奇器，又以遁甲术知人世方来事，未之详也。婺人有江蓉舫人镜者，道咸间为两淮都转，能以思心制械器，其藏贮窟室甚秘奥，宾客不能窥也，且诫曰：凡窥之无攸利。客不悦，乃时人镜之出而启其扃。甫入户，一禺人出而搂之，不得脱。人镜归，始揿其机而出之。或曰此制盖永所创，以备暴客云。人镜与永不同谱系，疑不当有师受。然齐彦槐亦婺人，能制中星仪暨自动浑天仪、龙尾、恒升二车。彦槐所成浑

---

① 戴震：《戴震全书》六，黄山书社，1995，第413页。

② 姚永朴：《旧闻随笔》卷1，黄山书社，1989。

天凡三；一贮婺源，一置徽州，一赠之杭州。杭州之浑天，世传为欧罗巴人携之去；在徽州者，婺源程邦达及亲见之，而以告余。彦槐之学，疑亦出于永。先是，戴震尝因欧罗巴人龙尾车法，作《赢旋车记》，及引重法作《自转车记》。而《原象》第四篇备详璇玑玉衡之制。世有般尔，具斤削炉鞴，可以循文而得其用。震执弟子礼于永者垂十年，震之学，其出于永焉抑又无疑。永于奇遁术多载野史，其言不雅驯，为传志者多讳之。然其再传弟子洪榜则固以奇遁名于世。世以永为一代经师大儒，而兼通小道，虑醇与疵之不相掩。然吾闻阳明固习遁甲术，朱子且注《参同契》而笃信葬经。其于大儒之行焉，何伤哉?"① 江永不仅能够运用经史学问"丰年补败"，而且还利用数学、物理知识制作机械，方便时人，传于后人，这对于清末方东树、魏源等人以为乾嘉学者"空慕远古，不问时政"之论，也是一个很好的回击。事实上，儒者之学重在明体以达用，学无新旧，也无中西，更无有用无用之别。以经史为体，学有所本，用有所致，往往裨于经世。

徽州山区多水多山，不修水利则民生无助。据《婺源县志》"古迹"类记载："曲尺堰，在江湾乡汪口村头河中，又称汪口碣。清代著名学者江永设计。碣呈矩形，用卵石砌成，长 120 米，面宽 15 米。经历 200 多年，完好无损。"② 经过实地考察，我们可以知道：婺源境内的段莘水源出五龙山，流经汪口处与江湾水汇合，形成回旋湍急的水流。每年的春夏季节山洪暴发时，常使舟覆人溺。为了平缓流速，又能提高水位灌溉农田，唯有用筑坝的方法才能解决水患问题。为了不影响航运，江永观测了各个时期的水流量，利用所学的数学水利知识，经过精心筹算后，将坝体设计成曲尺形状。此石堰经历了 200 余年无数次的山洪冲击，毫无损坏，至今仍如巨龙横卧，发挥其实用价值，继续为山民服务。由于"曲尺堰"的设计独特，既堵又疏，不但大大减缓了水流对坝体的冲击力，而且利于泥沙下泄，永不淤塞，即使在今天仍具有一定的科技含量。江永认为，农业生产"溉田为最要"，而"碣屡冲决，岁一修造，不胜劳费"。既然"沟涧终不可恃"，则依照西人之法制作水车，既可避水患，花费又不多，"为吾

---

① 钱仲联主编《广清碑传集》，苏州大学出版社，1999，第 438 页。
② 婺源县志编委会编《婺源县志》，档案出版社，1993。

乡无涯之利"。且又言及"推广用之，能作自行车，载重致远，如诸葛公之木牛流马"，可知前述金天翮之语不为妄言，考据学家的经世情怀于此可见。

出身于徽商家庭的戴震，其论学以诚信为本，朴实忠厚，不尚浮华，无论是早年的小学历算之作，还是晚年的义理疏证之书，时时处处都表现出鲜明的政治观点和人文关怀，对民生疾苦寄寓了深切的同情，对社会政治理想提出了自己的希望和见解。在稽考古器物礼制及历算水时，也不忽视对人格的品评和王道清明政治的向往，以推阐修身、齐家、治国、平天下的理想人生。如《序剑》一文以剑为喻，寄托遥深，体现了解物以明经，通经而致用的思想，云："苟君之未能者剑之用，而能者剑之德，孰谓道远，终必至之。是故《易》之言曰：'君子多识前言往行，以畜其德。'"又如在《匠人沟洫之法考》中，戴氏考证古代井田制度，云："故农政水利之大，皆君任之，非责之民。及其失也，竭民之力，毕以供上。于是沟浍不治，井田所由废也。中原膏土，雨为沮洳，水无所泄，旸为枯尘，水无所留，地不生毛，赋减民穷，上下交病矣。"由考证古代农政水利之事，讲明兴利除弊之急，求证之语中已经寄寓了丰富的人文关怀和经世思想。戴氏以考据学显名于世，但绝不是做了识字功夫便算完结，而是将通经致用作为治学的终极目标，见诸躬行，发为经济。

戴震早年就精通历算、机械等多方面知识，著有《策算》用于账簿计算，《勾股割圆记》用于实物测量，《考工记图》用于器物制作，《迎日推策记》用于历法推算。其中《嬴旋车记》《自转车记》详细记述了用于生产劳动的实用性农业器具。戴震根据当地的农田实用情况，运用古代工匠的制作，帮助当地农民造出便利农具。如《自转车记》是描述制作手推运输车的方法、材料、尺度、结构问题的说明书；《嬴旋车记》是制作农田汲水工具的说明书，对使用材料的质地、注意事项、使用方法一一解说清楚。云："凡沟，视轴径以为度，或倍焉，或参焉。已广则吐水多而宜偃，已狭则吐水少而宜高。墙之外削版为之围，以铁约之。既约，以漆涂之。围版之内欲其附于墙也，其外欲其合之固也。车之上端为轮设之橧，或人力，或假器若物之力，别为任挽之轮，以发其橧而转之。"文末并附有铭文，云："我稼我穑，附惟尔翼。我恬我息，时惟尔力。箸车穰穰，佐我康食。铭尔之劳，终古不忒。"表现出对丰衣足食的农村生活的向往。戴震的作为裨益了当地民众，他们称赞东原"尝以休地山乡，吸水灌田，所需劳力多而无补于大旱，乃变通古法，制螺旋车与自转车以利农田……今休地西北乡，山河旁岸之田，多用自转车，永无亢旱之患，各处仿其法者甚多。又尝自制浑天仪，以为研究天算之用。若使生于今日工业发达之时代，则其所发明以利国便民者，安有既极耶"①。

与江永修造曲尺堰相似，戴震也曾设计建造了著名的珠塘坝水利工程，使附近地区水患解除，农田受益。据地方志记载："珠塘坝，在珠塘西部塘弯的南端。坝长43米，高7米，顶宽22米。为清代戴东原所首建，为旧时制约珠塘洪水灌溉农田的重要水利工程。建国以来，因市建扩展，坝脚已经填平。坝从塘名。"②据实地考察和调查得知：珠塘为休宁最大的天然水泽，从观音山到仙人洞，蜿蜒九曲，全长1.5公里，且塘面深广。每年雨季时，山洪暴发，塘水冲毁农田，农民深以为害，以为水泽内有龟精作怪。作为山村秀才，戴震不屈服于自然灾害和迷信思想的摆布，而利用其博学的科技知识，以"决之使导，流而能灌"的方法，设计了一座塘坝，变害为利，不仅可以使舟行其中，便利交通，而且对近区农田灌溉起到极其重要的作用。据道光《休宁县志》记载：其灌田三百余亩，每亩可得水五次。时至今日，珠塘坝仍可蓄水百万立方，有"珠塘鸥雨"的胜景美誉。明清时因其地界属于朱姓（戴震的母亲和夫人皆为朱姓），故名为朱塘，后改朱为珠，取谐音美称。其中一部分，今已纳入戴震公园之内。至今，屯溪珠塘坝仍发挥重要的水利灌溉作用。由此可见一个读书人"穷则独善其身，达则兼济天下"的思想境界。

经术之士的希望在于修齐治平，所幸在于能够举平日所学，见诸施行，虽未必见采于明王，也期于后世取法。徽州学者如江慎修、戴东原等在稽古证今的同时，也时刻把民情疾苦放在心上，开物成务，经世济民，迥异于明季那些整日畅谈性理、坐而论道的俗儒。他们有志于闻道，更有心于致用，修身益人，利民富国。功在当时、利在千秋的平渡碣和珠塘坝至今仍在发挥着水利功用，这些都是无言而又最为实在的经世致用的杰作。由是观之，徽州学者以考核经术为途径，着力将学术求实与通经致用

---

① 戴震：《戴震全集》六，清华大学出版社，1999，第3468页。

② 参见屯溪市地名委员会办公室编《安徽省屯溪市地名录》，1985。

结合起来，对于民生利病的关心，体现出匡时济世、切于实用的思想倾向，并非如人所言的"冬烘先生"只能钻研故纸堆，专做脱离实际生活的烦琐考证，而更多地看到的是他们的经世致用观，以及对社会政治和民众生活的深切关怀。

（作者单位：安徽大学）

跨越政权的领事保护

——清政府对墨西哥华侨"菜苑惨案"的处理

王士皓

摘　要： 1911 年 5 月在墨西哥内乱期间，北部城市托雷翁（Torreon）发生了对墨西哥华侨造成重大生命财产损失的暴力事件，史称"菜苑惨案"。由于墨原政府被推翻，清政府与墨新政府进行了及时的交涉，最终双方签署了《赔偿华侨损失证明书》。而这一领事保护的成果，得到了民国外交部的认可。因此，从某种意义上说，对"菜苑惨案"的处理，是一次跨越政权的领事保护。

关键词： 清政府　领事保护　菜苑

一　中墨建交后墨西哥华侨的基本情况

晚清时期，在中国和墨西哥建交之前，墨西哥华侨数量很少，直到 1895 年旅墨华侨人数尚不足 1000 人。[①] 双方于 1899 年建交后，赴墨华侨人数大量增加。可以说，在晚清时期与中国建交的拉丁美洲国家中，建交后华侨数量增加最为显著的就是墨西哥。"华人赴墨日益众多"[②] 正是中墨建交后的真实写照。根据相关统计，自建交后第二年即 1900 年起，赴墨华人逐年递增，该年在墨华侨人数为 2719 人，到了 1910 年达到 13203 人。[③]

---

① 李春辉、杨生茂主编《美洲华侨华人史》，东方出版社，1990，第 628 页。
② 《清季外交史料·光绪朝》卷 175《外部奏墨国华民日众拟请派员驻扎借资保护折》，光绪二十九年八月十七日。王彦威辑《清季外交史料》，书目文献出版社，1987。
③ 参见周麟《墨西哥华人与中墨关系概述》，《侨协杂志》2002 年第 78 期（电子版），http://www.oca.com.tw/sidepage/magazine/78/78th_index.html。

另外，在其他的统计资料中，这一数字甚至达到 3 万人。① 不管怎样，墨西哥华侨在建交后人数的迅速增长是不争的事实，造成这一现象的原因主要有三方面：

第一，1902 年中墨直达航线开通，极大地提高了往来的效率并降低了旅程的成本。

第二，清政府的海外移民政策已经转向，特别是对于墨西哥而言，在建交时中方对墨西哥即有"消纳之区，既可广开利源，又可隐消患气"②的寄望。建交后，中方对华人赴墨西哥，更是采取了较为积极的支持政策。据 1904 年 5 月《北洋官报》所载商部咨文称：

> 墨国无他国之重税苛例，应转饬各关道，酌量情形，出示晓谕……华工前往墨西哥，系有裨生计。现中国受灾之地甚多，饥民不鲜，华官更不便不准华工订立合同，前赴墨国佣工。③

第三，双方建交，特别是中国在墨西哥设立使领馆后，墨西哥华侨在当地的生活得到了应有的领事保护，生存环境在墨西哥革命爆发前相对较为稳定。

和其他拉丁美洲国家华侨的情形类似，随着华人的增多，墨西哥也出现了排华的倾向。自 19 世纪后半叶以来，世界各地出现了较大范围的排华现象，除了各自国家和地区自身的政治经济原因以外，时任中国驻墨西哥公使④梁诚还注意到了华侨自身的一些原因。在其 1903 年至外务部函中指出，"今墨国华侨已有数万，种种恶习，势所必有"，具体而言，"其最著者，如开设烟馆，华洋男女群聚吸食一也。开设赌场，日夕喧嚣，显干巡警禁例二也。私立堂号，因小嫌，辄行械斗三也。卫生不讲，疾病丛生，衣服饮食，安于秽恶四也。不检细行，败俗伤风五也"。⑤ 当然，在其他场

---

① 参见李春辉、杨生茂主编《美洲华侨华人史》，第 629 页。
② 《清季外交史料·光绪朝》卷 142《使美伍廷芳奏遵旨与墨西哥妥订约款定期画押折》，光绪二十六年一月二十日。
③ 陈翰笙主编《华工出国史料汇编》第一辑第三册，中华书局，1984，第 1264 页。《墨使为柏楼矿拟招华工前往墨国佣工照请允准致外务部照会》，光绪三十三年四月初六日。
④ 此时，中国驻美公使兼任驻墨西哥、古巴和秘鲁的公使，常驻美国。
⑤ 陈翰笙主编《华工出国史料汇编》第一辑第三册，第 1243 页。《使美梁诚为墨西哥驰禁华人登岸事致外务部函》，光绪二十九年八月二十九日。

合下，驻外公使对当地华侨会有完全不同的评价。此处引用此段史料，并不代表绝大多数海外华侨，只是借此从不同角度说明国外排华倾向错综复杂的原因和背景。

由各种原因造成的排华氛围，在某些突发事件中有可能会使华侨承担更大的损失和风险，而这种不幸在墨西哥的内乱中就发生了。

二 "菜苑惨案"简要过程

1910 年，墨西哥爆发了旨在推翻波费里奥·迪亚斯（Porfirio Díaz）政府的革命，墨西哥从此开始了长达 7 年之久的内乱。在 20 世纪 10 年代的这场革命冲突中，墨西哥损失了 100 万人口。[①] 墨西哥全境的华侨都受到了不同程度的冲击，这些冲击既有针对所有外国侨民的，也有专门指向华侨的。1911 年 5 月，在墨西哥革命军攻下北部城市托雷翁（Torreon）后，大批当地和附近的暴民与革命军一起对该市的中国侨民进行了大肆地抢掠和屠杀。

在此处投资经商的美国人、德国人、西班牙人、阿拉伯人和土耳其人都遭受到不同程度的财产损失，但和中国人所遭受的大屠杀和野蛮洗劫相比，则显得微乎其微。在这场暴乱中，303 名华人丧生，财产也蒙受重大损失。华侨经营多年的华墨商业银行首当其冲，遭到重创。此外，托雷翁城内一个华人活动中心、40 家日用百货市场、4 家洗衣房、5 家餐馆、10 个菜摊、23 个食品摊及数个菜园都悉数遭到破坏。此外，还有 5 名日本人，因被误认为中国人而惨遭毒手。[②]

这一对墨西哥华侨造成重大生命财产损失的暴力事件，史称"菜苑惨案"[③]。在这一惨案发生的同月，在墨西哥执政长达 30 余年的迪亚斯政权被推翻，其本人也流亡国外。迪亚斯执政期间，墨西哥经济得到了很大发展，中墨实现了历史上的首次国家间的正式建交，其对华政策也比较友好，双边关系有一定发展。然而，"菜苑惨案"发生时，迪亚斯政权已经

---

① Brian Hamnett, *A Concise History of Mexico*（Shaihai: Foreign Language Education Press, 2006），P. 178.

② 参见杨立《墨西哥托雷翁城排华血案》，《今参考》2008 年第 8 期。

③ 托雷翁（Torreon）当时译作"菜苑"或"菜苑埠"。

倒台。这样，中方对于这一突发事件的处理就要在对方政权更迭的情况下进行了。①

三　中墨交涉——签订《赔偿华侨损失证明书》

"菜苑惨案"发生后，中方对此高度关注。虽然此时清廷的统治已岌岌可危，但在处理"菜苑惨案"时，清政府依然代表中国与墨西哥新政府进行了必要而及时的交涉。在事发后一个月内，驻墨西哥代办沈艾孙即奉命"以索偿礼、偿恤、办凶、保侨"②为方针，与墨方进行了初步交涉。关于最为实际的索赔事项，由于在此次针对外国侨民的暴力事件中，"华损最巨"，中方在处理过程中考虑到"各国视我为准，不得不力争上游"，最初准备"索三千万姑备磋磨"。③不过，在驻墨西哥公使张荫棠赴墨之前，双方未就赔偿数额进行过实质商谈。

在墨西哥局势稍微稳定，具备中墨正式交涉的社会环境后，张荫棠以驻墨全权公使的身份由常驻地美国起程赴墨。同行的除了参赞梁联芳、通译刘田海外，还有正在美国公出的中国驻巴拿马总领事欧阳庚。之所以在人员配置上要如此加强，一是事件本身重大，二是任务需要。一行人于1911年6月25日出发，6月29日抵达墨西哥首都墨西哥城后，即在7月1日和7月3日同墨西哥外交部和总统进行了第一轮交涉。双方在事实认定上有一些不同的观点，但面对众多受害的华侨，张荫棠在与墨西哥总统第一次会晤后，立即派联芳等人，再加派驻美国旧金山领事，分兵四路，一面将清政府紧急拨付的一万两赈抚款项核实发放，其中"菜苑受害最重，当拨给赈款五千两"；一面继续深入调查，为后续交涉搜集证据。而张荫棠本人原本在7月11日亲赴菜苑调查、赈抚，但在其旧友、美国驻墨西哥大使"此时宜常见总统"的建议下，他选择了继续留在墨西哥城，与墨方

---

① 1911年5月25日，迪亚斯离职；此后近6个月内，墨西哥总统为无党派人士弗兰西斯科·莱昂·德拉瓦拉（Francisco León de la Barra），关于"菜苑惨案"的中墨交涉，是与该届政府进行的；实际上，德拉瓦拉政府可以看作过渡政府，革命党领导人弗兰西斯科·马德罗（Franciso Madero）于11月6日正式就任墨西哥新政府的总统。

② 《清季外交史料·宣统朝》卷21《驻墨代办沈艾孙呈外部华侨被戕墨国允予偿恤电》，宣统三年五月初七日。

③ 《清季外交史料·宣统朝》卷21《驻墨代办沈艾孙呈外部华侨损失索三千万姑备磋磨电》，宣统三年五月十六日。

继续交涉。可以说，对墨西哥华侨领事保护的攻坚战就此展开了。①

张荫棠根据墨西哥政权的实际情况，在与墨西哥政府进行第二轮会谈前，特意会晤了革命党领袖弗兰西斯科·马德罗（Franciso Madero），其"为墨人所崇仰，将来订议赔款，彼实为主动力"，因此与其会晤有利于对墨西哥政府的交涉。当然，就实际问题的交涉而言，对手还是墨西哥政府，尽管此时的墨西哥政府只具有过渡性质。张荫棠多次与墨西哥总统会晤，在其致外务部函中，对此作了详细的描述：

> 棠迭次见墨总统，措词均极和婉，而地步则尺寸不敢轻让。该总统每次复答，措词均甚含糊笼统，有诿卸意。六月十六日，棠复往见，语以革军在菜苑及各埠惨杀华人三百余名之多，抢掠财产至百数十万，在墨华侨，恐怖万状。我政府视此事，实违条约，有辱国体，特饬本大臣前来交涉，务请从速严办凶犯，秉公偿恤云云。该总统谓此次革党杀毙华人，墨政府莫名歉疚，前已饬驻北京代办，向中国政府道歉，将来自当缉凶惩办，议给偿恤，以昭公允。至谓墨国政府故背条约，损辱中国国体，亦非情实，盖两军激战，伤及外人，固势所必至者而。棠云按照条约，无论如何，外人应受保护，乃革军入菜苑后，明目张胆，专事搜杀华人，肆行抢掠，无论老幼，见即屠戮，其凶横残忍情形，几无人理。今革命已济，前失愈彰，兹呈律师威福理巴塞特所查菜苑华侨被害事实节略一册，望贵总统察阅。

> 当经该总统订于二十四日再晤商。至是日，棠复往见，据云昨送来报告一册，业经细阅。惟查我政府于菜苑乱事，未有报告，无从核办，现已经电菜苑军法会质所，速将报告缴呈矣。棠云现据各埠华侨电称，革军仍骚扰不休，常有杀人抢劫等事，愿贵政府早日将菜苑一案，迅速公平妥办，并严惩凶犯，实偿财命，庶几各处党人知所儆俱，不敢恣意暴行。该总统答谓，目下乱事渐定，正在设法将各处兵权收回，料当不日安靖，菜苑一案，俟报告到时，自当互相核阅，按公平办理。

---

① 参见陈翰笙主编《华工出国史料汇编》第一辑第三册，第1284页。《使美张荫堂为菜苑华工被害事呈外务部函》，宣统三年七月十一日。

闰六月初二日，复谒见该总统。据云莱苑军法会质所报告已到，惟据称此次不幸之事，实因华人先行枪击革党所致，与贵大臣所称互异。棠云本大臣查明确无此事。该总统云，此事凭空辩驳，徒废时日，该会质所报告既如是声称，似须将两报告参看，核实办理，较为妥速。棠即将该报告索取一册而归。

闰六月初五日，复谒该总统，棠云会质所报告所称华人先开枪一节，出自屠杀华人之士兵所称，不过掩其恣意屠戮之罪耳。至谓有医生黄琳作证，查黄琳所供，均属虚诬，不足为据，且革军入莱苑之初，以黄琳系华人，拘入狱中，威胁之下，何不可得。又查该报告前序有云，此报告系当军倥偬之际，杂取各兵士人民供状，编辑成帙，编者于法律非所素习，只有纪其大略，语其详情，应俟将来确加调查等语，可知该报告难以为凭证也。此次惨杀华人，各国士夫目击之者甚多，谅贵总统已有所闻。该总统云，此报告系由会质所递来，我政府尚未派员实行调查，自亦不能专据以为事实。现拟派精通法律专员，会同贵国人员，亲往莱苑再加详查，以昭核实何如？棠允即派员会查。旋由该总统派培德路艾萨为调查专员，棠亦派欧阳庚携律师巴塞特，及商董等前往，各该员均于闰六月十五日，遄往莱苑。

此棠迭次与墨总统交涉及派员重加调查之情形也。①

这段史料记述了张荫棠与墨西哥总统四次的会晤过程，再加上前述的刚到墨西哥第四天即与总统的那次会晤，张荫棠与墨西哥总统在一个月内共会晤了五次。在会晤中，张荫棠根据中方"偿礼、偿恤、办凶、保侨"的方针，对这些问题递次进行了交涉。关于"偿礼"，墨方表示"（驻）北京代办，向中国政府道歉"；关于"偿恤、办凶"，墨方表示"将来自当缉凶惩办，议给偿恤，以昭公允"；关于"护侨"，墨方表示"目下乱事渐定，正在设法将各处兵权收回，料当不日安靖"。这些问题似乎双方逐渐达成一致，但是双方在最根本的问题上却存在着分歧，这就是此次"菜苑惨案"的性质。

---

① 陈翰笙主编《华工出国史料汇编》第一辑第三册，第1284页。《使美张荫堂为莱苑华工被害事呈外务部函》，宣统三年七月十一日。

我们看到，当墨方拒绝中方所提"损辱中国国体"的指责时，实际是在表达此次事件是"两军激战，伤及外人"，而非针对华侨的暴力事件。中方根据所掌握的事实指出，"革军入菜苑后，明目张胆，专事搜杀华人，肆行抢掠，无论老幼，见即屠戮，其凶横残忍情形，几无人理"。在这个原则问题上，中方寸步不让，使墨方无法推卸责任。在领事保护实践中，针对某国侨民的侵害事件与针对所有外国侨民的侵害事件，需要外交官员采取不同的态度进行交涉。

之后，墨方又以"此次不幸之事，实因华人先行枪击革党所致"为由，试图减轻自身的责任，但中方对墨方的证据提出了有力的回击，致使墨方同意会同中方人员共同赴菜苑进行调查。这样，中方就进一步争取到交涉的主动权。

这次联合调查对事态发展起到了积极的作用，墨方承认了事实真相，双方得以对具体赔偿事宜的事务性的环节进行实质的交涉。张荫棠在致外务部电中写道：

> 革军报告华人先开枪一事为词，面商特派专员赴菜苑会查。棠派欧阳庚律师、华商同往。查明华人确无先开枪事，委系革党有意屠杀。各国官商均签名作证。二十一日见总统，谓已派员缉凶惩办，当将办法备文详报贵政府，惟偿财命不能照报纸宣传之巨款，已饬外部与贵大臣秉公商定实数，交议院核准拨给等语。嗣据外部谓菜苑华人被害不过三百三名，财产损失只二十余万，自当照实偿恤，以昭公理。因询中国拟索偿若干，棠原拟遵庚电，参考各国成案，折中每命索偿二万五千元，但财产则归墨廷所派筹办赔款署委员断理。惟据外部所言，又虑华侨报有不实，棠意此案重在办凶，少安华侨，索款过巨，徒生墨人恶感。现拟核实持平，将人命财产一并索赔，总数与墨廷直接交涉了结，免致逐案挑拨，偿恤无期。应索数目若干，仍乞尽筹示遵。再。此案律师酬金订扣赔款二成，财产五百以下成五。①

① 《清季外交史料·宣统朝》卷22《使美张荫棠致外部墨西哥菜苑华人被害墨总统允缉凶赔偿电》，宣统三年七月二十四日。

从这份电文可以看出，中方在原则立场上，认定这一事件为"革党有意屠杀"，墨方必须"缉凶惩办"。但在善后赔偿问题上，为了尽快结案，避免"索款过巨，徒生墨人恶感"而导致"偿恤无期"，中方同意"将人命财产一并索赔，总数与墨廷直接交涉了结"。后又经过细致的协商，张荫棠与墨西哥外长于1911年12月16日在墨西哥首都墨西哥城签订《赔偿华侨损失证明书》。在这份证明书开篇写道：

> 前因华侨在墨西哥境内身家财产均受损失，且多有被害甚惨酷无人理者，墨西哥共和国政府以为，凡待人理应谊挚义厚，对于友邦人民尤宜加厚，而此次所有举动殊悖此意，是以亟向中国政府道歉致意。①

在赔偿数额方面规定，"墨西哥政府应交付中国政府墨币三百一十万元"。另外，对赔偿的人员、追溯时限、交付时间地点以及该证明书的换文事项也做出了具体的规定。

至此，晚清时期中墨关于墨西哥华侨被害事件的交涉以签订《赔偿华侨损失证明书》为标志而结束。对于被害华侨而言，无论交涉结果怎样，也无法改变自身悲惨的命运。对于一个主权国家而言，本国侨民的生命财产在外国受到不法侵害，特别是在对方发生革命性的政权更迭时，则必须要最大限度地努力维护本国侨民的合法利益。中方根据"菜苑惨案"针对华侨的性质，以"偿礼、偿恤、办凶、保侨"为交涉方针，根据墨西哥革命后政坛的实际情况，与墨方进行了多次的实质谈判。同时，借助各方力量，加强人员配置，中方在调查取证方面进行了充分而有实效的准备。最终的赔偿数额虽然与最初的设想有较大差距，但是相对于华侨所受损失，议定的数额更具有操作性和可执行性。

以"菜苑惨案"为主的墨西哥华侨被害事件，是墨西哥在特殊环境下发生的极端个案。对于领事保护而言，虽然不能要求其作用超越其本身的能力，但中方在墨西哥爆发内乱时没有进行有效的撤侨工作，的确是对墨西哥华侨领事保护的一个遗憾。即便如此，事发后领事保护依然还要进行，中方为受害华侨所争取到的赔偿，也许视为遗憾中的成果更为恰当吧。

---

① 王铁崖编《中外旧约章汇编》第二册，三联书店，1957，第775~776页。

四 《赔偿华侨损失证明书》的后续事宜

在签订《赔偿华侨损失证明书》后不到3个月，统治中国近三百年的清王朝即以清帝逊位而正式结束。此时，尚未到《赔偿华侨损失证明书》的换文日期。这一遗留问题就转由中华民国政府负责，以下为外交部的呈文和批示：

> 本部详加查核，所订条款均尚妥协，应请批准互换。即由本部电知该代表遵照办理，并一面照会驻京墨国公使备案，以资信守。所有中墨证明书订明互换缘由，理合具文呈请鉴核示遵。
>
> 民国元年四月二十八日奉大总统批，据呈已悉，即照准委任张荫棠届期互换。此批。①

由此可见，民国政府认可清朝对这一事件的解决方案。另外，此时的驻外人员基本留任，只是因未得到民国政府的正式授权，驻外公使只称驻外代表，因此电文中了有了对中墨两国外交官的不同称谓。由于民国初建，此事未能按原定日期交付和互换。为此，在同年12月，中墨双方又签订了《续订展期赔偿华侨损失证明书》，对后续事宜进行了补充规定。

事实上，这笔赔偿款项的交付情况并不顺利，② 但是这种结果已经不能归咎于晚清时期中方的外交努力了。中墨关于华侨被害的交涉起因于墨西哥政权更迭时造成的内乱，然而在双方达成协议后，中国也发生了政权更迭。在这种情况下，领事保护的社会环境是不容乐观的，其所能取得的效果也只能是尽力为之。清政府代表中方完成了《赔偿华侨损失证明书》的签订，自身不久也走到了历史的尽头，而民国政府对这一证明书的认同，则是对清政府在这一事件上所做努力的最大肯定了。

（作者单位：中国社会科学院）

---

① 《清季外交史料·宣统朝》卷24《使美张荫棠咨外部墨乱议结赔偿华侨财命订立证明书送请备案文》（附复文呈文照会函及证明书各一件），宣统三年十一月初三日。

② 周麟在《墨西哥华人与中墨关系概述》中指出，该案嗣"因墨第二次革命再起，赔款遂未果领"，当时墨总统虽曾表示，愿与中国政府派员会同办理后即可交款，但是迄1954年尚未赔款结案。

鸦片战争后知识界的反应再省思

——以理学家李棠阶为例

黄　涛

摘　要：鸦片战争一般被认为是中国近代史的开端。然而清王朝在战争中的失败是否促使当时大多数士人去重新认识并了解西方世界，进而发生思想转变，是一项值得深入探究的议题。本文以道光年间"理学复兴"的代表人物李棠阶为例，尝试探讨鸦片战争对他的影响。研究以李棠阶在鸦片战争前后的日记为中心，展示出他如何一直以理学家的思维方式来应对外在世界的变化。这一个案，或许有助于我们重新省思鸦片战争在中国历史上的地位问题。

关键词：理学　李棠阶　《李文清公日记》　鸦片战争

一　前言

晚清时代，由于中国一直受到西方的强烈冲击，被称为"三千年未有之大变局"。一般学者将鸦片战争视作中国近代史的开端，并强调其后林则徐（1785～1850）、魏源（1794～1856）等有识之士开始"睁眼看世界"，主张向西方学习，改变现状。放在一种更大的背景下，道光年间，随着内忧外患的出现，经世之学的确出现了复兴的迹象。在鸦片战争刚刚结束的道光二十三年（1843），何绍基（1799～1873）、张穆（1808～1849）为首的一批在京士人合力为顾炎武（1613～1682）建祠，并发起祭祀活动①。顾炎武地位的

---

① 参见王汎森《清代儒者的全神堂——〈国史儒林传〉与道光年间顾祠祭的成立》，载王汎森：《权力的毛细管作用：清代的思想、学术与心态》，联经出版事业股份有限公司，2013，第566页。

提升，说明明末清初的经世致用传统开始得到了恢复。这种学术转变，当然与鸦片战争的失败有关。其中值得关注的人物是冯桂芬（1809～1874），他于鸦片战争时期在翰林院任职，并曾参与祠祭顾炎武的活动。同治年间，在担任李鸿章（1823～1901）私人幕僚期间，他将顾炎武地方自治思想与西方的代议民主制结合，提出了自己的经世理论①。

由此可见，一方面，当时的部分有识之士已开始关注现实，提出变革的要求。然而，另一方面，由茅海建《天朝的崩溃：鸦片战争再研究》一书可以看出，除却魏源等知识界的精英，道光帝以及包括林则徐在内的参与对英交涉或作战的官员，并未因鸦片战争的失败而产生出改革中国的思想。战争结束后，一切似乎又回到了昔日的轨道上②。故而蒋廷黻在其《中国近代史》一书中说："可惜道光咸丰年间的人没有领受军事失败的教训，战后与战前完全一样，麻木不仁，妄自尊大。直到咸丰末年英法联军攻进了北京，然后有少数人觉悟了，知道非学西洋不可。所以我们说，中华民族丧失了二十年的宝贵光阴。"③

不过，上述两类群体，在当时事实上也许并不占据主流地位。毕竟鸦片战争期间与英国有过直接接触的官员，屈指可数，不过寥寥十数人而已。甚至于顾炎武在清代前期"是一个忌讳人物"，直至道光年间"仍旧是一个敏感的名字"，故而当时不少京官"不敢或不愿涉足"参加其祠祭④。这说明经世之学在当时只为少数人所提倡。因此，这两类人并不足以说明鸦片战争前后绝大多数士人的思想状态。

然而，值得注意的是，与经世之学的兴起同时，理学亦开始出现了复兴的趋势。作为其标志之一，"道光的最后十年（1840～1850），由唐鉴（1778～1861）京师讲学开始，北京出现了较具规模的理学群体"⑤。这批提倡理学的士人对于鸦片战争的反应如何，上述研究均未涉及。清代虽考

---

① William T. Rowe, *China's Last Empire: the Great Qing* (Boston: The Belknap Press of Harvard University Press, 2012), p. 208.

② 茅海建：《天朝的崩溃：鸦片战争再研究》，生活·读书·新知三联书店，2005，第560～577页。

③ 蒋廷黻：《中国近代史》，上海古籍出版社，1999，第16页。

④ 王汎森：《清代儒者的全神堂——〈国史儒林传〉与道光年间顾祠祭的成立》，载王汎森：《权力的毛细管作用：清代的思想、学术与心态》，第594、595页。

⑤ 张昭军：《清代理学史》下卷，广东教育出版社，2007，第73页。

据学兴盛，但程朱理学始终被官方尊奉为正统，其影响不可忽视。因此，这一理学群体或许更能够反映当时一般士人的思想状态。有鉴于此，笔者选择其中的一员李棠阶作为此文的研究中心，原因是：

其一，李棠阶被认为是晚清理学复兴的代表人物。方宗诚（1818～1888）《吴竹如先生年谱》即称：同治年间，李棠阶与倭仁（1804～1871）、吴廷栋（1793～1873）"道义相契，可以密相赞襄，切磋德义，海内称为三大贤。都中凡有志正学之士，皆以三公为依归焉"①。而当代学者则较多强调他对于陆王心学的肯定与提倡②。

根据《李文清公行实》的记载，鸦片战争期间，李棠阶同经世之学的代表人物冯桂芬一样，亦曾在翰林院任职③。二人后来思想发展演变的轨迹，可资比较。

其二，李棠阶的日记保存相对完整，现存的部分始于道光十四年（1834）二月，终于同治四年（1865）十月，期间有部分时段失记，但以本文所要研究的时段——道光年间——最为详尽。现代学者往往会利用日记来进入某位历史人物的内心世界，以获得对其生平与思想的新的认知④。这是由于撰写者并不欲日记公之于众且传之后世，故而其真实性较高的缘故。李棠阶日记作为修身日记的一种，具有一定的特殊性，因为它会在师友之间传阅，并请他们加以评点，以促进自己修养功夫的提升。尽管如此，修身日记仍然要求作者真实地记录自己的作为以及内心感受。李棠阶在道光二十年六月十七日的日记中说："至卯正二，记昨日事。人不认过，

---

① 见吴廷栋《拙修集续编》卷4，载《清代诗文集汇编》第583册，上海古籍出版社，2010，第581页下。

② 如张昭军指出：李棠阶等人"身为高官，为学以不立门户相标榜，对心学的态度较为宽容，甚至表示欣赏"。见张昭军《清代理学史》，第287页。史革新则认为：李棠阶肯定陆九渊所主张的"先立其大"，他讲的"先立其大"主要指的是"治心"；在"治心"的方法上，他采取了调和程、朱与陆、王的态度。参见史革新《晚清理学研究》，商务印书馆，2007，第82、83页。

③ 王轺：《李文清公行实》，载李棠阶《李文清公遗书》卷首，《清代诗文集汇编》第598册，第329页上。

④ 这方面的成果，可参余英时《未尽的才情：从〈顾颉刚日记〉看顾颉刚的内心世界》，联经出版事业股份有限公司，2007。

是第一病，不说实话，直是无如何。"① 修身日记具有"自警"的作用②，故而作者尤为注重对自己过错的记录，即所谓不隐过、不文过，以防止再犯。可见它虽然会在一个小范围内公开，但其真实性并没有受太大影响，故而仍然可以作为研究作者生平、思想的可靠资料。

本文关注的时期，起于现存李棠阶日记中最早的一年——道光十四年，止于道光三十年。将考察的时段定在道光年间是基于以下两点原因：第一，学者分析鸦片战争对林则徐等政治家所产生的影响，考察的时段主要在其后15年的时间③。第二，李棠阶的生平分为三期，第一期（1822～1846）恰好与道光帝在位的时期（1820～1850）重合，其间他先后"中第、入仕"，最后则"罢官乡居"，主讲河朔书院④。本文试图通过分析李棠阶道光十四年至道光三十年这10多年间的修身实践与思想发展，来观察鸦片战争对当时在朝且后来又外放的士人所造成的影响有多大，以及他们的思想是否因为西方的冲击而发生了转化；希望凭借这一个案，尝试重新反思鸦片战争对传统士大夫所造成的冲击与影响。

二　李棠阶的修身理念与实践

鸦片战争前，李棠阶于道光二年成进士后，先后任翰林院庶吉士、编修，国子监司业等职。在修身实践这一方面，从他的日记看来，有别于清初河南理学注重孝弟礼法教育的传统⑤，作为道咸年间中州理学代表人物的李棠阶则强调"治心"的重要性。他修身的目的在于"惩忿"与"窒欲"，而后者又重于前者，故而在日记中李棠阶对自己各种与欲望有关的念头记录得极为详尽，甚至连口腹之欲他都主张克制⑥。另据王辂《李文清公行实》记载：

① 李棠阶：《李文清公日记》，道光二十年六月十七日，穆易校点，岳麓书社，第281页。
② 《李文清公日记》道光十五年三月初三日，第96页。
③ 茅海建分析的12位政治家，多数均在咸丰五年（1855）前去世或致仕。只有奕山（1878年卒）、刘韵珂（1864年卒）、耆英（1858年卒）、黄恩彤（1882年卒）四人为例外。参见茅海建《天朝的崩溃：鸦片战争再研究》，第560～577页。
④ 丘为君、郑欣挺：《晚清士人的修身观：以李棠阶为例》，第341、342页。
⑤ 参见吕妙芬《清初河南的理学复兴与孝弟礼法教育》，收入高明士编《东亚传统教育与学礼学规》，台湾大学出版中心，2005，第177～223页。
⑥ 参见丘为君、郑欣挺《晚清士人的修身观：以李棠阶为例》，第345、346页。

公初入翰林，即潜心理学……乙酉（道光五年，1825年）在云南遇佟观察景文，讲程朱之学。公与之论其旨，毅然以圣人为可学而至。癸巳（道光十三年，1833年）遇新郑王孝廉钤于京邸，语连日夜，觉所学未得其要，乃相与讲王文成、罗念庵之学。①

可见，道光十四年在李棠阶的成学历程上，有着特殊的意义。道光十三年，他开始讲习陆王心学。到了第二年，他便将这种学说付诸实践。从道光十四年李棠阶的修身日记中，我们确实可以看到阳明学的影响。比如他强调通过默坐获得"寂然不动"之本体后，自然能够"惩忿窒欲，迁善改过"②。阳明四句教中有所谓"知善知恶是良知"一语，王阳明认为，"良知"能够辨别善恶，故而他说："良知只是个是非之心。是非只是个好恶。"③ 李棠阶认为本体的作用是使人能够"迁善改过"，这个本体，恰恰就是阳明所讲的良知。又比如他强调对于善念，则要扩充之；对于恶念，则要遏制之。所谓"有一善念，即有一见好之念杂其中；有一恶念，即有一文过之念随其后"④。这简直就是阳明"善念发而知之，而充之。恶念发而知之，而遏之"⑤ 一语的翻版。

三　李棠阶对鸦片战争的反应

如果说鸦片战争前李棠阶对修身实践倾注较大精力的话，那么，随着战争的爆发，在翰林院任职的他，关注重心是否发生了转化呢？让我们先来看道光二十、二十一年他对于时事的态度。

道光二十年六月，英军抵达广州海面，并北上进攻浙江。此后半年，李棠阶一直对事态的进展予以关注，故而我们可以在日记中看到以下的记录：

---

① 王辂：《李文清公行实》，载李棠阶《李文清公遗书》卷首，《清代诗文集汇编》第598册，第329页上。
② 《李文清公日记》，道光十四年七月初五日，第40页。
③ 陈荣捷：《王阳明传习录详注集评》卷下，黄省曾录，台湾学生书局，2006，第341页。
④ 《李文清公日记》，道光十四年五月初八日，第23页。
⑤ 《王阳明传习录详注集评》卷上，陆澄录，第100页。

六月二十七日："晚饭后闲步许久，心牵□逆事。"①

十月二十七日："□夷事缠绕。"②

十二月二十二日："闲步许久，沾带夷务，出外妄思……傍晚闲步，仍沾带□夷事。"③

面对国家的"变局"，李棠阶未尝不想乘机建功立业。因此在接受陆王心学的义理之后，鸦片战争期间，他也开始对阳明之事功有所关注。李棠阶称颂王守仁之用兵"出奇用间，变化无穷，故能以寡胜众，而神闲气定，若无事然，令人神往"④。但李棠阶在道光二十一年已"停升四年"，故而"见人升迁，辄动心"⑤。因此，在国家面临危难之际，他渴望在事功方面有所成就，亦是希望能够借建功立业而获得升迁。李棠阶在该年的日记中对此这样记录道：

正月初七日："晚饭闲步许久，泛思□夷事。已为出位，又隐有名利念，陋极。"⑥

十一月十九日："收摄仍未密，牵扯时事，利根不断。"⑦

所谓"名利念""利根"，即是冀望能够获得更高职位。至于鸦片战争中的应敌之策，从李棠阶的日记来看，他提出以下两点：

其一，道光二十一年九月，厦门、镇海失守的消息传至北京。李棠阶在该月十五日的日记中写道：

> 起又思时事，须从根本处做起。开不讳之门，明功罪之实，大反前事，引咎责躬，使人心畅然而无所憾，则逆夷亦隐然而夺其气。指日荡平，定可预卜。⑧

这一建议，主要是希望道光帝能够积极纳谏，反躬自责，但同时体现出一

① 《李文清公日记》，道光二十年六月二十七日，第285页。
② 《李文清公日记》，道光二十年十月二十七日，第299页。
③ 《李文清公日记》，道光二十年十二月二十二日，第318页。
④ 《李文清公日记》，道光二十一年九月初九日，第414页。
⑤ 《李文清公日记》，道光二十一年十月十七日，第424页。
⑥ 《李文清公日记》，道光二十一年正月初七日，第321页。
⑦ 《李文清公日记》，道光二十一年十一月十九日，第431页。
⑧ 《李文清公日记》，道光二十一年九月十五日，第415页。

种理学家的思维方式，即决定战争胜负的关键因素不在于器用，不在于双方的实力对比，而在于"人心"，只要士气振作、"人心畅然"，战争就必然能够获得胜利①。而其中的"逆夷""荡平"等词语，又表现出一种"天朝上国"的思想观念。

其二，利用沿海各地的渔户，出其不意，对英军进行骚扰。所谓"照团练乡勇法，募集沿海渔人蛋户，使游手有所归而不为寇用，似为要着"以及"渔户快艇，其人便捷善斗，能伏水中七八日，最宜募用，要须重赏方可"②。根据学者的研究，林则徐等在前线指挥作战的将领，亦曾提出过相同的应对策略，但民众缺乏"组织上和战术上的指导"以及"觉悟和牺牲精神"，况且亦没有有利的地理形势，当时的"官、民对立"亦使得二者不可能密切合作③。由此思之，这看起来不是一个很好的御敌方式。

必须指出，上述内容只在道光二十、二十一年的李棠阶日记中占据极小的一部分。这两年他本人乃至于他所从属的理学群体，仍然把主要精力放在修身实践上。李棠阶除了默坐、检点念头外，还立志要"矢除三妄"④，即所谓"心不妄思、口不妄言、身不妄动"⑤。此外，在师友之间互相传阅日录，是李棠阶等人在这两年间所进行的另一项与修身有关的活动。翻阅别人的日录，亦可督促自己提升修养功夫。如李棠阶在看到倭仁等人的日记后即发愤道："友录在心，愧厉勃然，务必持之永久，践之躬行。"⑥

从下引倭仁对李棠阶日记的两则批语中，亦可看出这一理学群体的关注重心。道光二十一年二月十日，李棠阶在日记中写道："听谈浙江当事情状。承奉逆夷无所不至，不知何故至此。"⑦ 这应当是针对当时的两江总督伊里布不执行道光帝旨意，主张与英军停战而言⑧。倭仁在批语中并未

---

① 参见茅海建《天朝的崩溃：鸦片战争再研究》，第 353 ~ 356 页。
② 《李文清公日记》，道光二十年七月初七日、道光二十一年七月二十九日，第 288、402 页。
③ 茅海建：《天朝的崩溃：鸦片战争再研究》，第 139 页。
④ 《李文清公日记》，道光二十一年十一月初一日，第 427 页。
⑤ 《李文清公日记》，道光二十一年四月二十一日，第 368 页。
⑥ 《李文清公日记》，道光二十一年正月十一日，第 322 页。
⑦ 《李文清公日记》，道光二十一年二月初十日，第 334 页。
⑧ 具体过程可参茅海建《天朝的崩溃：鸦片战争再研究》，第 184 ~ 205 页。

对此事发表议论，而是说："我辈承奉物欲，任其猖獗，与此相类。"① 关注的是理学中"窒欲"这一问题。该年九月九日，李棠阶在日记中称赞王阳明善于用兵（上文已引），但倭仁感兴趣的不是王阳明用兵如何"出奇用间，变化无穷"，而是其临危不惧的风度，并将其与修身联系起来，他批点李棠阶日记中"以寡胜众，而神闲气定，若无事然"这一句话道："定识定力，是涵养学问中来，我辈勉旃。"②

这些理学家花费如此大的精力在修身上，是有其理论依据的。为宋明理学家所推崇的《大学》一书认为："自天子以至于庶人，壹是皆以修身为本。"对于李棠阶来讲，修身主要就是"治心"，心不正，其他的一切都无从谈起。所以他在日记中说："纠缠时事。自家一个心尚管不了，何论其他。"③"思感慨时事，皆虚怵之气，心贼未除，须埋头暗修方可。"④ 按照这样的逻辑，既然在作为为学根本的修身这一领域都还没有做好，那么就不应该花费太多的精力在"治国平天下"上，因此，对于具体的应敌之策也就无须过多关注。

四 鸦片战争后（1843～1850）李棠阶的言行与思想

道光二十二年，李棠阶任广东学政。道光二十五年，他"以再继祖母艰，去官里居，建家祠，立义塾"，此后遂一直在家乡河南居住，并于道光二十九年起主讲河朔书院。尽管经历了鸦片战争，但此一时期李棠阶对西学的了解仍然极其有限。道光二十三年至三十年，其日记中涉及西方仅此一条：

> 看西洋天下全图，以地球分五大处：一欧逻巴，□咭唎、哵兰西、荷兰诸国。一亚细亚，中国及高丽、日本、琉球、安南、暹罗等国。一亚非利加，大西洋大吕宋诸国。一额西亚尼亚，小吕宋等。以上共一地球；一亚美理加，分南北。今花旗，北亚美理加。以上一地球。⑤

---

① 《李文清公日记》，道光二十一年二月初十日，第 334 页。
② 《李文清公日记》，道光二十一年九月初九日，第 414 页。
③ 《李文清公日记》，道光二十一年五月十二日，第 376 页。
④ 《李文清公日记》，道光二十一年十月初五日，第 421 页。
⑤ 《李文清公日记》，道光二十四年十月初十日，第 505 页。

按李棠阶于道光二十年六月二十二日的日记中有"看地球图，未了了"的记录①。可见，鸦片战争之后，他只是对于世界地理有了初步的了解。除此之外，李棠阶对于中国以外的世界，并没有进一步的认识。

李棠阶在鸦片战争后并未能做到"开眼看世界"，但当时国家并非处于承平之日，由此他也只能转向传统的经世致用之学。具体而言，道光二十六年九月十日至十七日，李棠阶的日记中均有阅读顾炎武《日知录》的记录。他主要关注的是该书卷十一中有关金、银、铜、钱的部分。根据学者的研究，嘉道年间，由于鸦片贸易以及中国茶叶、生丝出口的减少等原因，导致白银外流，出现了银贵钱贱的现象，从而引发了社会秩序的紊乱②。正是基于这一背景，《日知录》的相关部分才会引起李棠阶的注意。此外，《日知录》中"水利""河渠""雨泽"等有关地方实政的部分，亦引起李棠阶的兴趣。这自然是与该年的"岁荒"有关，李棠阶在该年九月十八日的日记中即称自己"多忧旱及饥窘意"；在阅读《日知录》的同时，他还"写信与府县，劝疏通广济渠，使上下流均沾其利"③。

然而，鸦片战争后，李棠阶的思想并没有发生根本性的转化，他仍然在以理学家的思维方式来思考问题。在地方上，从李棠阶在广东学政任上所颁布的两份《劝士条约》来看，他仍十分强调修身的重要性。李棠阶将"立志"，即"以圣贤为必可为"放在首要位置，在通过读书以"明理"之后，则要"反己"，时时"检点省察"，致力于道德实践，这样读书"方为有益"④。

后来回到家乡河南主讲河朔书院期间，李棠阶以正风俗为己任。正如他自己所说："士君子当以力持风气为己任，岂可随波逐流，往而不反乎?"⑤而其方法则是"激动人之本心，使自反自思"⑥。故而他称："因文

① 《李文清公日记》，道光二十年六月二十二日，第283页。
② 参见林满红《银线：19世纪的世界与中国》第二章"鸦片：罪魁祸首?"及第三章"社会秩序的紊乱"，南京人民出版社，第61～133页。
③ 《李文清公日记》，道光二十六年九月十三日、十八日，第544、545页。
④ 李棠阶：《劝士条约》，载《李文清公遗书》卷5《杂著》，见《清代诗文集汇编》第598册，第381、382页。
⑤ 《李文清公日记》，道光二十九年闰四月初一日，第689页。
⑥ 《李文清公日记》，道光二十九年闰四月初一日，第689页。

题深劝诸生因端察识，切实为己。学能为己，仕乃能为民。四端无时不发见，心不存则混过而不觉，必时时察识而扩充，力克私利之心，则今日良士，则他日好官，读书方为有益。"① 这里的思路，仍然是以治心为本。通过修身而成为一个"良士"之后，那么就自然会在治国一端有所成就，成为一个"为民"之"好官"。

对于君主，李棠阶往往会强调其道德修养的重要性。这可以从他对于一些史事的评论中看出。李棠阶认为，唐玄宗本人"不能遏欲"，故而"卒致大乱"②；唐宪宗因为不重修身，"无学力以持之"，最终导致"英明而不终"，而要"有始有终"，除非"欲尽理纯"不能③。这里是在强调克制私欲的修身功夫。

下至同治元年，李棠阶在上给皇帝的《条陈时政之要疏》中，仍然将治心放在首要位置，他说：

> 一曰端出治之本。夫出治在君，而所以出治者在人君之一心。今海内沸腾，生民涂炭，诚刻苦奋励之时也。臣窃谓刻苦奋励之时，不徒在于用人行政，而在于治心。治心之要，不徒在于言语动作，而尤在于克己。④

综上所述，我们可以看出，鸦片战争之后，尽管中国已经开始面对西方的冲击，但李棠阶的思想并无根本性的变化，他作为一个理学家，始终将修身作为第一要务。即便到了第二次鸦片战争结束后的同治元年，依然如此。需要说明的是，理学家虽强调修身，但并非对经世无所措意。就像张灏所说："宋明儒学的主流把修身与经世绾合为一，从而强调政治是人格的扩大这一观念。"⑤ 从李棠阶的情况来看，他的政治思想是正风俗、格

---

① 《李文清公日记》，道光二十八年九月初五日，第658、659页。
② 《李文清公日记》，道光二十八年八月二十四日，第657页。
③ 《李文清公日记》，道光二十八年八月二十六日，第657页。
④ 李棠阶：《条陈时政之要疏》，载《李文清公遗书》卷1《奏疏》，见《清代诗文集汇编》第598册，第332页下。
⑤ 张灏：《宋明以来儒家经世思想试释》，载张灏《幽暗意识与民主传统》，新星出版社，2006，第79页。

君心，然二者终究是围绕着修身来进行的。

五　结语

以李棠阶为代表的这批理学家的思想，用一句话来概括就是："自天子以至于庶人，壹是皆以修身为本。"对于李氏来说，修身主要指的是"治心"。诚然，道德修养的高低对于成就一项事业具有决定性的作用，就像陆宝千在讨论晚清理学时所说的那样："德者，治事之'力源'也。无德者治事不能尽其诚，从而不能尽其力，终于不能竟其功。"但对"治心"的过分强调，则会使人蜷缩在自己的小天地中，不去认识和了解外部世界，忽视"用人行政"等具体技能，而这些在一个"三千年未有之大变局"中，却又是迫切需要的。清初思想家颜元对宋元以来儒者的批判，用在李棠阶等人身上，可谓恰如其分：

> 宋、元来儒者却习成妇女态，甚可羞。无事袖手谈心性，临危一死报君王，即为上品矣。岂若真学一复，户有经济，使乾坤中永享治安之泽乎！①

蒋廷黻感慨道：鸦片战争后"中华民族丧失了二十年的宝贵光阴"。这与多数士人深受理学的影响，注重修身远甚于经世致用，不无关系。而1840年与李棠阶同在翰林院任职的冯桂芬，早年虽有志于经世之学，但较为系统、直接地接受西学，也是在咸丰十年移居上海之后②。包括冯桂芬在内的开风气之先者，其思想在鸦片战争后20年间亦未能发生根本转变，当与思想资源匮乏、缺乏有效的途径了解西方有关③。而造成这一现实的原因，从根本上说仍然是观念的作用，一方面是上述理学的思维方式局限了人们对外部世界的了解；另一方面是"天朝"的妄自尊大，将英人视作"夷"而加以鄙视。这使得当时的绝大多数人没有向西方学习的意识，不去引进、译介西学书籍，而少数有志于变革之士，也

---

① 颜元：《存学编》卷1《学辨一》，见《颜元集》，中华书局，1987，第51页。

② 参见熊月之《冯桂芬评传》，南京大学出版社，2004，第122～123页。

③ 参见茅海建《天朝的崩溃：鸦片战争再研究》，第581页。

就无从了解西方。这种状况，导致时人没有提出有效的"制夷"之策，以至于 20 年后英法联军入侵北京①。自然，这是后话了。

诚如本文前言所述，史家往往会强调鸦片战争在中国历史上的重要意义。由此造成一种印象，战争之后，以林则徐、魏源为代表的中国士大夫阶层，开始了解与认识西方，并师其所长。但经由上文的分析，我们可以看出，鸦片战争对李棠阶来说，并没有构成太大的影响。战事进行时，他专注于修身实践；而中国在战争中的失败，亦没有对他产生什么刺激，促使其开眼看世界。张灏将 1895 年作为晚清思想的转折点，并称 1895 年至 1925 年这 30 年的时间为"中国近代思想史的转型时代"②。他指出：就西学的传播而言，1895 年以前，西学的影响仅"限于沿江沿海商埠中的工商阶级和政府中少数负责办理所谓'洋务'的官吏"，绝大多数士大夫仍然"生活在传统的思想世界里"③。李棠阶的个案，可以从一个侧面印证张灏之观点。林则徐、魏源只能代表沿海地区极少数与西方有过直接接触的知识界精英。反观更多的士人，就同李棠阶一样，由于身处内陆，信息不畅，西学并未对他们产生太大的影响。或许西方的冲击，需要 20 年乃至于更长的时间，才会波及他们。

（作者单位：香港理工大学）

---

① 第二次鸦片战争期间，咸丰帝、叶名琛等人在处理对外事务时，仍然为传统观念所限，对西方世界一无所知。参见茅海建《天朝的崩溃：鸦片战争再研究》第八章及《苦命天子：咸丰皇帝奕詝》之"外患又来了"及"公使驻京问题"。

② 参见张灏《中国近代思想史的转型时代》，载张灏《幽暗意识与民主传统》，第 134～152 页。

③ 张灏：《晚清思想发展试论——几个基本论点的提出与检讨》，《"中央研究院"近代史研究所集刊》1978 年第 7 期。

"肥缺"与"瘠缺"

——清末广西官缺肥瘠分布及与繁简等级、选任制度之关系

张振国

摘　要： 官缺划分肥瘠，是清代社会普遍存在的现象，但因不见于选任规章，故不为人们所熟知。广西巡抚柯逢时于光绪二十九年（1903）所奏公费档案的发现，为研究这一问题提供了较佳的史料。通过分析这组档案，不仅可以弄清广西肥瘠缺的分布及特点，还可以此为基础，论述其与"冲、繁、疲、难"四要素、"最要缺、要缺、中缺、简缺"四等级及选任制度之间的关系，加深对清末广西地方社会和人事管理制度的了解和认知。而官缺肥瘠现象对清代官员选任、地方治理乃至对整个清代社会具有重要的型塑作用，更值得人们深思和警醒。

关键词： 清末　肥缺　瘠缺　繁简　选任

清代的官缺是一个重要问题。按照所得收入之多寡，把官缺分为"肥缺"和"瘠缺"（或"优缺"和"苦缺"，或"美缺"和"恶缺"，或"优缺"和"劣缺"，或"丰缺"和"瘠缺"等），是清代社会普遍存在的现象，在当时影响很大。一方面，候补、候选、候升官员们均是以官缺肥瘠为依据，在选任过程中，千方百计地追逐钻营肥缺，推脱规避瘠缺，扰乱了铨法；另一方面，职司文官选任的吏部官员、负有地方职责的地方官员乃至辅佐长官处理政务的幕吏等，多以官缺之肥瘠度量陋规之多寡，百端苛求，徇私舞弊。不仅如此，影响更为恶劣者，各省督、抚、布、按和京中大员，亦以官缺肥瘠为标准，调剂属员，照顾私人，致使官员更动频繁、员不久任，败坏了吏治。最高统治者皇帝在选任过程中同样受肥缺观

念的影响,加惠私人。诚如杜家骥先生所言:"在清代,不仅官员钻营肥缺,皇帝对肥缺也加以利用,在选官制度中本已偏重满人任职的同时,收入丰腴的肥缺职位成为其加惠私近之人的恩赐。"① 这些行为和态度都极大地影响到清代官员的选任和地方吏治。

但因个中缘由,尤其是"收入的来路并不光明",肥缺、瘠缺的数额、分布并不见于选任规章。② 这就导致肥瘠缺的划分标准,与官缺繁简、等级,及与选任制度的关系等一系列问题,至今还不得而知。③ 笔者最近在查阅中国第一历史档案馆所藏《宫中档朱批奏折》和《军机处录副奏折》时见到一组档案,虽非直接记载广西省官缺之肥瘠,但通过分析这件档案,我们可以较为清晰地把握清末广西省所属道、府、厅、州、县等官缺的肥瘠分布及其特点,深化对广西地方社会的了解和认识;同时,还可以此为个案,将其与"冲繁疲难"制度、四等级制度、特殊缺分制度、地方官选任制度等进行对照,探究官缺肥瘠与职缺繁简、等级、官缺特殊性及官员选任之间的关系,以加深对清代人事管理制度的认知。

一 档案内容及其独特价值

笔者所见的这组档案,是广西巡抚柯逢时于光绪二十九年(1903)十一月二十八日向慈禧太后和光绪皇帝奏报酌拟均定广西省官缺公费一事的奏折。该奏折由三部分组成,一是奏折正文,述说广西省酌定公费的原因、实施的办法及预期目的;④ 二是广西各缺每年入款数目清单;⑤ 三是广

---

① 杜家骥:《清代官场中的"肥缺"问题》,国家清史编纂委员会、国家清史纂修领导小组办公室编《清史镜鉴——部级领导干部清史读本》第6辑,国家图书馆出版社,2013,第70页。

② 杜家骥:《清代官场中的"肥缺"问题》,第68页。

③ 关于清代官缺肥瘠问题,很多著作都有涉及,但多是只言片语,鲜深入论述。唯何汉威《〈李星沅日记〉中所见道光朝后期的政治社会》(郝延平、魏秀梅主编《近世中国之传统与蜕变:刘广京院士七十五岁祝寿论文集》上册,"中央研究院"近代史研究所,1998,第311~342页)、杜家骥《清代官场中的"肥缺"问题》(第68~72页)、王丽《清道光朝苦缺制度探微》(《历史教学问题》2013年第5期)三文有所申论,颇值后来者借鉴和参考。

④ 正文部分,见《广西巡抚柯逢时奏报酌拟均定广西通省各缺公费事》(光绪二十九年十一月二十八日),中国第一历史档案馆藏《宫中档朱批奏折》,档号:04-01-35-1066-016;或《广西巡抚柯逢时奏为整顿广西吏治请先酌定各缺公费等事》(光绪二十九年十一月二十八日),中国第一历史档案馆藏《军机处录副奏折》,档号:03-6583-002。

⑤ 《广西巡抚柯逢时呈广西各缺约计每年入款数目清单》,中国第一历史档案馆藏《军机处录副奏折》,档号:03-6583-003。

西各缺每月所需公费数目清单。①

在正文中，柯逢时指出，广西一再动乱，实由吏治之不修，而吏治之不修，"非尽官之不肖，实由缺之不均，甘苦相悬，趋避不免，中材以下大抵皆然"。若想使甘苦均平，又不得不"体察情形"，"予以调剂"。其结果，"优瘠之缺，例有更替，而皆不可以久居。用人者不独不能为地择人，竟不能不为人择地"，以致迁调频繁、官如传舍、吏治败坏、治理乏术。为改变这一局面，柯逢时与布政使、按察使等"再四商酌"，一致认定，唯有订立公费章程，"将通省院、司、道、府、州、县各衙门"之花销"均匀支给"，无畸多畸少之嫌，才能免于调剂。

至于匀给之法，则就各衙门之养廉银和其他入款，包括正常款项及各项陋规，一并归入计算，再根据各缺之"用度繁简、道途远近"，按照月份"酌定公费"，"照章匀闰"支给。并"在桂林设立广西官银钱号，收发司局各款，拟于梧州、浔州、南宁、柳州等府一并设立分号，凡各官公费，准其在附近官号支领；各缺入款，亦均解交官号收储抵用"，以保障收支之法度。同时规定，"定章以后，不准于公费之外另立名目，收取分文，违者以脏私论"。

这样一来，可以"令缺况相均，足敷所用，虽边远之地，亦可久于其任，庶任事者无所借口，自爱者亦有所资，自各激发天良，勉图称职，奔竞营求之弊可不禁而自除，于吏治或有起色"②。

在入款数目清单中，柯逢时将广西省州县以上正印官缺分为十类，分别为巡抚、藩司、臬司、盐道、左江道、右江道、太平思顺道、知府、直隶州、直隶厅、散厅同知和散厅通判、散州、县等，一一列举各缺年收入数额。其中巡抚、藩司各 24000 两，臬司 10000 两，盐道 40000 两，左江道 4400 两，右江道 3400 两，太平思顺道 2500 两，知府 2000 至 20000 两不等，直隶厅、直隶州 4000 至 14000 两不等，散厅、散州、知县，最少者

---

① 《广西巡抚柯逢时呈酌均广西各缺公费数目清单》，中国第一历史档案馆藏《军机处录副奏折》，档号：03－6583－004。

② 《广西巡抚柯逢时奏报酌拟均定广西通省各缺公费事》（光绪二十九年十一月二十八日），中国第一历史档案馆藏《宫中档朱批奏折》，档号：04－01－35－1066－016。

2000 两，最多者 30000 两。共计 90 缺，通计每年约入银 683500 两。[①]

在公费数目清单中，柯逢时则按照每月所需公费，将知县以上正印官分为 14 类。若以年为单位来换算，各缺每年所需之公费数额分别为：巡抚、藩司，各 24000 两；臬司，14400 两；盐道，24000 两；左江等 3 道，各 9600 两；桂林、梧州 2 府，各 9600 两；平乐等 7 府，各 6000 两；郁林等 5 州、厅，各 6000 两；临桂县，12000 两；苍梧等 4 州、县，各 9600 两；贵县等 3 县，各 7200 两；左州等 20 州、县，各 6000 两；阳朔等 36 州、县，各 4800 两；岑溪等 3 厅、县，各 3600 两。90 缺每年共需公费银 594000 两。[②]

由上可见，柯逢时折奏既有正文，又有附单，附单之中，又分收入单和公费单，内容全面、清晰。这是我们所能见到的有关该档案较为直观的特点。如若再与同时期其他类似档案进行对比，就能够进一步发现该档案的独特价值。

与柯逢时折奏相前后，亦有很多反映官缺肥瘠的档案，或根据本省情况，分别优瘠，酌盈济虚；或区分甘苦，酌加款项，补贴瘠缺，不一而足。如光绪二十五年，四川总督奎俊为"筹饷练兵、整饬吏治"，建议应清查川省道、府、厅、州、县各缺收入之多寡，分别优瘠，酌盈济虚，以示均衡。[③] 光绪三十一年，署理盛京将军廷杰认为，奉天官缺肥瘠不平，其中苦缺廉俸过薄，额征有限，款无所出，经费不敷，应酌加津贴，给予补助。[④] 而出现频次最高者，莫过于清末各省奏请设立公费制度之奏折。光绪三十三年，东三省总督徐世昌奏设奉省地方官公费制度；[⑤] 宣统元年

---

① 《广西巡抚柯逢时呈广西各缺约计每年入款数目清单》，中国第一历史档案馆藏《军机处录副奏折》，档号：03 - 6583 - 003。

② 《广西巡抚柯逢时呈酌均广西各缺公费数目清单》，中国第一历史档案馆藏《军机处录副奏折》，档号：03 - 6583 - 004。

③ 《四川总督奎俊奏为清查川省道府厅州县各缺分别优瘠酌盈济虚事》（光绪二十五年八月初十日），中国第一历史档案馆藏《宫中档朱批奏折》，档号：04 - 01 - 01 - 1032 - 009。

④ 《署理盛京将军廷杰，署理奉天府府尹增韫奏为奉天正佐瘠苦各缺请准酌加津贴事》（光绪三十一年六月初六日），中国第一历史档案馆藏《宫中档朱批奏折》，档号：04 - 01 - 13 - 0407 - 004。

⑤ 《东三省总督徐世昌，奉天巡抚唐绍仪奏为酌议奉省各官养廉并酌定公费事》（光绪三十三年十二月十九日），中国第一历史档案馆藏《军机处录副奏折》，档号：03 - 6670 - 155。

(1909 年)，护理云贵总督沈秉坤奏设滇省司道各官公费制度；① 宣统二年，浙江巡抚增韫奏设浙省府、厅、州、县公费制度；② 宣统三年，山东巡抚孙宝琦奏设东省道府以下厅、州、县正杂各官公费制度；③ 等等。他们均在奏折中详述官缺肥瘠不均的弊端、订立公费的缘由、公费划分的等级、每级每缺所给之公费数额以及所有官缺所需之公费总额。唯与柯逢时奏折不同者，前列若干奏折均未叙入所属各缺入款数额。由此可知，柯逢时奏折的独特之处，在于"入款数目清单"。

何谓"入款"？实际就是指各官缺每年所有收入款项。有关其来源和种类，曾如柯逢时奏折正文中所述，不仅包括"各衙门本有入款"，而且"养廉（银）亦归入计算"。④ 换言之，柯逢时所说之入款包括两类，一是各缺之本有入款，二是各缺之养廉银。其中，"养廉银"是清朝创设之薪给制度，数额有定，并视各地富庶与否而有不同，毋庸赘言；⑤ 而"本有入款"涵盖哪些款目，奏折中虽未明说，但从清末设立公费制度的大背景⑥和学界已

① 《护理云贵总督沈秉坤奏报云南酌定司道各官公费事》（宣统元年九月十八日），中国第一历史档案馆藏《宫中档朱批奏折》，档号：04 - 01 - 35 - 1091 - 062。

② 《浙江巡抚增韫奏报浙省遵章酌定府厅州县公费并拟厘定经费办法事》（宣统二年八月二十一日），中国第一历史档案馆藏《宫中档朱批奏折》，档号：04 - 01 - 35 - 1097 - 021。

③ 《山东巡抚孙宝琦奏为酌定东省道府以下厅州县正杂各官公费等项银数事》（宣统三年六月二十九日），中国第一历史档案馆藏《军机处录副奏折》，档号：03 - 7518 - 011。

④ 《广西巡抚柯逢时奏报酌拟均定广西通省各缺公费事》（光绪二十九年十一月二十八日），中国第一历史档案馆藏《宫中档朱批奏折》，档号：04 - 01 - 35 - 1066 - 016。

⑤ 关于养廉银之研究，详参曾小萍《州县官的银两——18 世纪中国的合理化财政改革》，董建中译，中国人民大学出版社，2005；佐伯富《清雍正朝的养廉银研究》，郑樑生译，台湾商务印书馆 1997 年版；陈锋《论耗羡归公》，《清华大学学报》2009 年第 3 期；等等。

⑥ 这一大背景，从光绪二十八年八月十一日的一段上谕即可看出："光绪二十八年八月十一日内阁奉上谕，袁世凯奏整顿吏治，请将各项陋规一律酌改公费一折，国家设官分职，原期大法小廉，洁己奉公，乃该管上司收受陋规，视为故常，无怪吏治日益颓坏。兹据袁世凯奏请，将旧有规费责令和盘托出，化私为公，酌给公费，整饬官方起见。此等风气各省皆然，著各督抚仿照直隶奏定章程，将各项陋规一律裁革，仍酌定公费，以资办公，务期弊绝风清，认真考察属员，俾吏治蒸蒸日上，用副朝廷实事求是之至意。"《护理山西巡抚赵尔巽奏陈山西裁革陋规酌定公费事》（光绪二十八年十月十七日），中国第一历史档案馆藏《宫中档朱批奏折》，档号：04 - 01 - 35 - 1387 - 018。另参中国第一历史档案馆编《光绪宣统两朝上谕档》，第 28 册，广西师范大学出版社，1996，第 209 页。

有研究成果①推知，不仅包括该缺之盈余收入，如"地丁、漕粮、税契、徭役、杂税之盈余"，还应包括"当规、盐规及各项陋规"等灰色收入。②二者合算，入款清单中所列数额，即该缺明暗收入之总和。

至于"公费"，其含义及所含款项，柯逢时奏折中亦未明述。据关晓红教授之研究，在当时，非但包括官僚机构在运作过程中所需要之办公经费——公务支出，也包含其他如官场应酬、幕僚束修、家庭开支等官员所需之各项经费开支③，远较现在的"公费"含义宽泛。换言之，当时之公费包括各衙门所有之公私开支。

综上可见，柯逢时奏折不仅提供了清末广西省各正印官缺之收入额和支出额，还间接地展示了每缺的收支差额。这为分析广西省道、府、厅、州、县官缺肥瘠分布，排定肥瘠等次以及比较官缺肥瘠与繁简等级、选任制度之间的关系奠定了基础。

二　官缺肥瘠分布及其特点

本文开头曾指出，一般观点，以收入多寡，作为划分官缺肥瘠的标准，收入多者为肥缺，收入少者为瘠缺。根据这一观点，只要弄清各缺收入数额，再将其按照多寡排列，分别等次，即可看出何缺较肥，何缺较瘠，何缺中等。就广西省而言，我们仅以柯逢时所列之"入款数目清单"就能对广西官缺肥瘠情况一目了然，并不需要其他数据。

但在实际生活中，存在这样的情形：一些官缺，表面上收入颇丰，但因事务繁杂，迎送频繁，花销极大，以致所剩无多，甚至入不敷出，未必是肥缺；而另一些官缺，看似较为贫瘠，收入不多，但因事务较简，迎来

---

① 岁有生《清代州县衙门经费》（《安徽史学》2009 年第 5 期）、魏光奇《有法与无法——清代的州县制度及其运作》（商务印书馆，2010）、刘伟和刘魁《晚清州县的办公经费与公费改革》（《安徽史学》2013 年第 3 期）等著作和文章，详细介绍了州县衙门各种经费的来源。

② 《江西道监察御史叶苐棠奏为州县缺分不均难期久任拟化私为公酌加津贴而免更调等整顿吏治事》（光绪三十二年七月十三日），中国第一历史档案馆藏《军机处录副奏折》，档号：03 - 5463 - 105。

③ 关晓红：《晚清直省"公费"与吏治整顿》，《历史研究》2010 年第 2 期。此外，刘伟和刘魁二人在《晚清州县的办公经费与公费改革》（《安徽史学》2013 年第 3 期）一文中，就当时州县衙门办公经费的支出种类和公费特征亦有详细论述。

送往寥寥无几，所余不菲，未必是瘠缺。换言之，收入多少，仅是衡量官缺肥瘠的一个因素，除此之外，还受职掌繁简、地理冲僻及迎来送往频寡等因素的制约。[①] 所以说，衡量官缺肥瘠的真正标准，应是该缺净收入的多寡，即入款和出款之差额。用公式表示，即：

$$净收入额 = 入款额 - 出款额$$

按照这一标准，在论述广西省官缺肥瘠分布之前，需要弄清各缺净收入之多寡。而柯逢时奏折中恰恰列举了两个数目清单，一是入款数目清单，即公式中所指示的"入款额"，二是公费数目清单，也就是"出款额"。将官缺每年"入款"和"出款"相较，即可得出净收入数额。此为柯逢时奏折独特和珍贵之处，也是其价值所在。

广西一省，除巡抚、藩司、臬司为地方大员，毋庸比较，恩阳州判属于佐杂官，仅有一缺，无法比较外，其余道、府、厅、州、县，共计86缺，其净收入数额，按照柯逢时所列清单中"收入"和"支出"（公费）之差额，可以分为三类：有盈余者（"＋"）、收支平衡者（"0"）和入不敷出者（"－"）。（见"附表"）其中，有盈余者45缺，占总缺额的52.3％；收支平衡者6缺，占总缺额的7.0％；入不敷出者35缺，占总缺额的40.7％。如果概约言之，有盈余者为优缺，入不敷出者为瘠缺，那么，广西省官缺肥瘠分布情况清晰可见。

但实际情况又非如此简单。且不说其间还有收支平衡者一级，即使是在有盈余者和入不敷出者二类官缺内部，肥优与瘠苦程度亦迥然有别。有盈余之官缺中，最优者盈余高达18000两，最少者仅200两，相差90倍；而入不敷出之官缺中，少者仅负600两，多者负达7100两，也达十数倍之多。这样一来，就不能简单地以收支差额之正负作为衡量官缺肥瘠的标准，而需要依据净收入之多寡，综合考虑。

《听雨丛谈》记载："外省道府丞倅州县等官，以冲繁疲难四字，别其简要。兼四字者为最要缺，三字为要缺，二字为中缺，一字及无字为简

[①] 王丽以道光朝山西省所属21苦缺州县为例，也证明了这一观点。其认为苦缺"大都具有地理位置偏僻、气候寒冷、户口凋残、产业结构单一、赋役负担沉重等特点"。但是，"设成苦缺州县的，并不尽然都是自然条件恶劣之地，也有因为诸如兵燹、差务殷繁等原因设为苦缺的"。见王丽《清道光朝苦缺制度探微》，《历史教学问题》2013年第5期。

缺,此定例也。外省大吏又将通省州县各缺,略其繁简,视其肥瘠,别定为上、中、下九等,为捐摊经费之地,以均其力,不知从何伊始。"① 由此可知,清代道、府、厅、州、县等级之划分,有两个重要的标准,一是以"冲、繁、疲、难"四要素为标准,分为"最要缺、要缺、中缺、简缺"四等;二是以官缺肥瘠为标准,分为"上上、上中、上下、中上、中中、中下、下上、下中、下下"九级。但对于九级划分的具体尺度,福格在书中并未言明,笔者也未见有史料谈及。就广西省而言,到底该如何以九级划分官缺肥瘠,颇费思量。经过权衡,笔者认为,可以按照净收入从多到少,从正到负,将其分为10000两以上、5000两以上、1000两以上、1两以上、0两者、-999两以上、-1999两以上、-3999两以上和-4000两以下等九级,分别如下:

第一级(上上缺):净收入10000两以上者: 盐道、平乐府、全州、宾州、临桂县、怀集县、宣化县。共7缺。

第二级(上中缺):净收入5000两以上者: 百色直隶厅、贺县、罗城县、怀远县、武缘县、桂平县、贵县。共7缺。

第三级(上下缺):净收入1000两以上者: 梧州府、浔州府、归顺直隶州、永安州、象州、横州、恩隆县、博白县、北流县、灵川县、阳朔县、平乐县、恭城县、富川县、荔浦县、昭平县、柳城县、融县、宜山县、天河县、迁江县、上林县、平南县。共23缺。

第四级(中上缺):净收入1两以上者: 新宁州、陆川县、义宁县、灌阳县、藤县、武宣县、隆安县、永淳县。共8缺。

第五级(中中缺):0两者: 庆远府、郁林直隶州、西隆州、奉议州、兴安县、凌云县。共6缺。

第六级(中下缺):-999~-1两者: 桂林府、永宁州、河池州。共3缺。

第七级(下上缺):-1999~-1000两者: 龙胜厅、天保县、岑溪县、马平县。共4缺。

第八级(下中缺):-3999~-2000两者: 南宁府、泗城府、镇安府、上思直隶厅、龙州厅、那马厅、养利州、永康州、东兰州、宁明州、崇善

---

① 福格:《听雨丛谈》卷11《繁简》,中华书局,1982,第227页。

县、西林县、兴业县、永福县、修仁县、容县、雒容县、来宾县、思恩县、镇边县。共 20 缺。

第九级（下下缺）：-4000 两以下者：左江道、右江道、太平思顺道、柳州府、思恩府、太平府、左州、苍梧县。共 8 缺。

上、中、下三等之中，上等缺数额最多，共 37 缺，占总额的 43.0%；下等缺次之，共 32 缺，占总额的 37.2%；中等缺最少，共 17 缺，占总额的 19.8%。而第一至第九级之中，第三级和第八级缺数额最多，分别占总额的 26.7% 和 23.3%；其余依次为第四级（9.3%）、第九级（9.3%）、第一级（8.1%）、第二级（8.1%）、第五级（7.0%）、第七级（4.7%）、第六级（3.5%），均不足总额的 10.0%。

通过九等官缺之分布、额数及所占百分比，可以看出清末广西省所属道、府、厅、州、县官缺肥瘠分布具有以下特点：

首先，官缺等级复杂，肥瘠分布有差。"肥缺"抑或"瘠缺"，是各省对官缺作出的大致分类，除此之外，介于二者之间者，还应有一类官缺——"中缺"。故准确言之，广西省官缺应分为三类：肥缺、中缺和瘠缺。每一类别中，又分为不同的级别。如肥缺中，按照净收入之多寡，有第一级、第二级、第三级之分，其肥美程度有所不同。如果我们将第二级称为"肥缺"，那么第三级即可称为"较肥缺"，第一级则为"最肥缺"。瘠缺有第七级、第八级、第九级之别，其瘠苦程度亦有区别。与肥缺相埒，若第八级为"瘠缺"，那么第七级则为"较瘠缺"，第九级就为"最瘠缺"。即使中缺，亦有"中上""中中""中下"之异。可见，官缺之间的差异远非"肥瘠"二字所能尽数表达的。

其次，类别不同，地位有差，官缺肥瘠分布迥异。道员一缺肥瘠悬殊最巨，4 缺之中，第一级者 1 缺，第九级者 3 缺，处于最肥和最瘠两个极端。知府 11 缺，其中下等者 6 缺，数额最多，比例最大；上等者 3 缺，不足总额的 30%；中等者最少，仅 2 缺。直隶厅、直隶州共 4 缺，分布匀散，第二、三、五、八级各 1 缺。散厅、散州和知县共 67 缺，额数最多，分布最广，各级都有，按照额数多寡，第八级最多，16 缺；其余依次为第三级 10 缺，第四级 8 缺，第二级 6 缺，第一级 5 缺，第五级、第七级各 4 缺，第六级和第九级者最少，各 2 缺。可见，地位越高，肥瘠分布悬殊越大。

最后，肥瘠分布具有典型的地域性特点。对照广西历史地图可知，肥缺主要分布在广西东部地区和中部部分地区，其中以平乐府、桂林府、柳州府、思恩府和浔州府所属官缺最多。瘠缺主要分布在广西西部和中部部分地区，尤其集中在广西西南部地区，其中以太平府、南宁府、梧州府、镇安府、柳州府所属最多。而中缺则比较分散，大致分布于广西南部和北部地区，其中以桂林府、南宁府、庆远府、泗城府所属最多。这就形成"东肥、西瘠、南北两线处中间"之格局。

三　官缺肥瘠与繁简等级之关系

清代地方官缺划分有多种类型，因标准之不同而迥异。其中最重要也最为学界所关注者，当数"冲繁疲难"制度，及以此为标准的等级划分方式。所谓"冲繁疲难"制度，是根据官缺所处地理位置的冲或僻、政务的繁或简、赋税征收的完或欠、命盗案件的多或寡四方面情况，分别定为"冲"（"地当孔道者为冲"）、"繁"（"政务纷纭者为繁"）、"疲"（"赋多逋欠者为疲"）、"难"（"民俗刁悍、命盗案多者为难"）四要素。再按官缺所占四要素之多寡，将其分为五个等级：四项俱全之缺、三项之缺、二项之缺、一项之缺和无项之缺。而在"冲繁疲难"制度订立之前，清政府已在原有"要、中、简"三等级制度的基础上，根据官缺繁简，确立了"最要缺、要缺、中缺、简缺"四等级制度。迨"冲繁疲难"制度订立后，两种制度逐渐融合，最终统一。其中，"冲繁疲难"四项俱全者为"最要缺"，占有三项者为"要缺"，占有二项者为"中缺"，仅有一项者和四项俱无者为"简缺"。这就是前引《听雨丛谈》之第一种划分等级的方法，也最为学界所熟知。

需要注意的是，上述"冲繁疲难"四要素和"最要缺、要缺、中缺、简缺"四等级之对应关系，只是一般规定，除此之外，因苗疆、烟瘴、夷疆、极边、沿海、沿河等特殊官缺的存在，兼之督抚有意为之，还存有很多特例。如仅占三项者被定为最要缺，仅二项者甚至无项者被定为要缺，等等。这类官缺，可称为"特例缺"。据考察，在这些特例缺中，大多数是项数少者被定为高等之缺，也有一些项数多者被定为较低等之缺，如四项者被定为要缺，三项者被定为中缺，二项者被定为简缺之类，但数额很少。这说明，"冲繁疲难"四要素与"最要缺、要缺、中缺、简缺"四等级之间，既密切相连，统为一体，又各有侧重，互有差别，完全可以分开讨论。

第一，官缺肥瘠与"冲繁疲难"四要素之间的关系。前文已述，按照"冲繁疲难"四要素之多寡，可以把官缺分为五等，即四项缺、三项缺、二项缺、一项缺和无项缺。将此五等与"上、中、下"三等九级对应起来，可列为表1如下：

表1　广西省官缺肥瘠与"冲繁疲难"制度之关系

等级	四项之缺		三项之缺		二项之缺		一项之缺		无项之缺		总额
	数额	比例（%）	数额	比例（%）	数额	比例（%）	数额	比例（%）	数额	比例（%）	
上上	1	14.3	2	28.6	4	57.1	0	0	0	0	7
上中	0	0	0	0	5	71.4	2	28.6	0	0	7
上下	0	0	0	0	13	56.5	6	26.1	4	17.4	23
中上	0	0	0	0	2	25.0	3	37.5	3	37.5	8
中中	0	0	1	16.7	3	50.0	2	33.3	0	0	6
中下	0	0	1	33.3	0	0	1	33.3	1	33.3	3
下上	0	0	1	25.0	1	25.0	2	50.0	0	0	4
下中	0	0	1	5.0	6	30.0	9	45.0	4	20.0	20
下下	0	0	3	37.5	4	50.0	1	12.5	0	0	8

资料来源：《缺目总汇》，手抄本，南开大学图书馆线装书库藏书；《大清缙绅全书》（光绪二十九年夏季册）、《爵秩全览》（光绪二十九年秋季册），清华大学图书馆科技史暨古文献研究所：《清代缙绅录集成》第74册，大象出版社，2008；《大清最新百官录》（光绪三十三年秋季册），槐荫山房刻本，南开大学图书馆线装书库藏书；中国第一历史档案馆藏《宫中档朱批奏折》。以下各表资料来源均同此表，恕不一一标注。

由表1可见，上、中、下等级不同，官缺所占"冲繁疲难"四要素之多寡亦有差别。就上上缺而言，共计7缺，其中二项者4缺，占总额的57.1%；三项者2缺，四项者1缺，共占42.9%。上中缺7缺，其中二项者5缺，占总额的71.4%；一项者2缺，仅占28.6%。而上下缺23缺，其中二项者13缺，占总额的56.5%，一项和无项者共10缺，稍多于43%。由此可知，上等官缺——肥缺中，以二项者为多，仅有少部分是其他项数之缺。唯不同者，最肥缺无一项者和无项者，肥缺和较肥缺无四项和三项者。

中等官缺——中缺中，中上缺8缺，二项者2缺，一项和无项者各3缺，项数少者占多数。中中缺6缺，二项者3缺，占总额的50%，三项者1缺，一项者2缺，共占50%。中下缺中，三项、一项、无项者各1缺，各占33.3%。可见，中缺与肥缺不同，以一项者为最多，二项者次之，无项者再次之，三项者最少，无四项者；与上等缺相比，中缺多是事务较简之缺。

下等官缺——瘠缺中，下上缺4缺，其中一项者2缺，占总额的50%，二项、三项者各1缺，各占25%。下中缺20缺，其中一项者9缺，数额最多，占总额的45%，二项、无项和三项者分别为6缺、4缺和1缺，各占30%、20%、5%。下下缺8缺，二项者4缺，占总额的一半，三项者3缺，一项者1缺，共占一半。可见，瘠缺以一项者为最多，二项者次之，三项者再次之，无项者最少，无四项者；其趋势与中等缺大致相同，唯三项者和无项者之排序有别。

综上所述，广西省官缺肥瘠与"冲繁疲难"四要素之间，大致呈"V"字形关系，以中等缺为分水岭，先是呈正比例关系，所占项数越多，官缺就越肥美；后是呈反比例关系，所占项数越多，官缺就越瘠苦。但这种趋势并不明朗，九级之间的变化颇大。

第二，"最要缺、要缺、中缺、简缺"四等级与"上、中、下"三等九级之间的对应关系，具表2如下：

表2　广西省官缺肥瘠与"最要缺、要缺、中缺、简缺"四等级之关系

等级	最要缺		要缺		中缺		简缺		总额
	数额	比例（%）	数额	比例（%）	数额	比例（%）	数额	比例（%）	
上上	1	14.3	2	28.6	4	57.1	0	0	7
上中	0	0	2	28.6	3	42.9	2	28.6	7
上下	0	0	3	13.0	11	47.8	9	39.1	23
中上	0	0	0	0	2	25.0	6	75.0	8
中中	1	16.7	3	50.0	1	16.7	1	16.7	6
中下	0	0	1	33.3	1	33.3	1	33.3	3
下上	0	0	3	75.0	0	0	1	25.0	4
下中	1	5.0	8	40.0	4	20.0	7	35.0	20
下下	1	12.5	4	50.0	2	25.0	1	12.5	8

据表 2 可见，上等缺中，上上缺、上中缺、上下缺三类，均以中缺额数最多，所占比例最大，唯不同者，上上缺无简缺，上中、上下缺无最要缺。与表 1 反映的官缺肥瘠与"冲繁疲难"之关系走向大致相同。

中等缺中，中上缺大多为简缺，仅有 2 缺是中缺；中中缺多数为要缺，最要缺、中缺、简缺均有分布；中下缺则要缺、中缺、简缺各占 1 缺。三者合计，中等缺以简缺为多，但也有相当数量的中缺和要缺。

下等缺中，无论下上缺，还是下中缺、下下缺，均以要缺额数最多，唯不同者，下上缺无最要缺和中缺，下中缺、下下缺则四类缺均有分布。

综而言之，官缺肥瘠与"最要缺、要缺、中缺、简缺"四等级之关系，与表 1 所显示的其与"冲繁疲难"四要素之关系较为相似，不是一味地成正比例关系，亦非一味地成反比例关系，而是以中等之缺为分水岭，肥缺与中等缺之间成正比例关系，职掌越要，官缺就越肥美；中等缺与瘠缺之间成反比例关系，职掌越要，官缺就越贫瘠。唯不同者，官缺肥瘠与"冲繁疲难"之关系较为模糊，趋势走向并不明显，而官缺肥瘠与四等级之关系则非常清晰，趋势走向较为明朗。这也从一个侧面再次证明了，"冲繁疲难"四要素和"最要缺、要缺、中缺、简缺"四等级之间有同有异，并不完全对应。

不仅如此，表 2 更告诉我们，官缺肥瘠与职掌要简之间的密切关系是有限度的。官缺职掌不能过于繁要，否则事务繁多，花销极大，入不敷出，沦为瘠缺；也不能过于简单，否则无事可做，收入较寡，入支平衡，归入中缺；只有处于二者中间者，有相当多的事务，但又不过于繁杂，有丰厚的收入，所余不菲者，才是肥缺。

第三，除"冲繁疲难"制度这一划分方式外，各省官缺亦可根据缺分是否具有特殊性，分为"一般缺"和"特殊缺"。相对于一般缺，特殊缺是指那些管理苗民，或地处边地，或环境恶劣、瘴气环绕之地的官缺。其中，苗民聚居地区之官缺为"苗疆缺"，其他少数民族聚居之地为"夷疆缺"，地处极边者称为"极边缺"，环境恶劣、有瘴气环绕者，则为"烟瘴缺"，管理河工者，为"管河缺"，等等。就广西省所属官缺而言，存在三种特殊官缺，一是苗疆缺，如思恩府等；二是烟瘴缺，如百色直隶厅等；三是极边缺，如贺县等。当然也有苗疆、烟瘴或苗疆、极边混合之特殊官缺，如凌云县既是苗疆缺，又是烟瘴缺，上思直隶厅既是苗疆缺，又是极边缺之类。官缺肥瘠与缺分性质的关系，可以见表3所示。

表3　广西省官缺肥瘠与缺分特殊性之关系

等级	一般缺		特殊缺						总额
	数额	比例（%）	苗疆缺	烟瘴缺	极边缺	混合缺	总额	比例（%）	
上上	7	100	0	0	0	0	0	0	7
上中	4	57.1	1	1	1	0	3	42.9	7
上下	18	78.3	5	0	0	0	5	21.7	23
中上	8	100	0	0	0	0	0	0	8
中中	3	50.0	0	1	0	2	3	50.0	6
中下	2	66.7	1	0	0	0	1	33.3	3
下上	2	50.0	0	1	0	1	2	50.0	4
下中	9	45.0	3	3	0	5	11	55.0	20
下下	4	50.0	2	1	0	1	4	50.0	8
总额	57	66.3	12	7	1	9	29	33.7	86

从表3可知，官缺级别不同，特殊性在其中的影响有别，有的级别一般缺占多数，有的级别特殊缺占优势。但总体来说，中上缺以上四级官缺，除上中缺一级特殊缺所占比例高于平均值——33.7%外，其余三级均是一般缺占据明显优势，尤其是上上、中上两级更无特殊缺；而中中级以下五级官缺，除中下缺一级特殊缺所占比例略低于平均值外，其余四级则是特殊缺和一般缺分庭抗礼，甚至有些级别（下中）特殊缺还略占上风。这说明，官缺肥瘠与缺分的特殊性有密切关系，肥缺多是一般缺，瘠缺则多为特殊缺。

如若从上、中、下三等来看，以上特点更为明显。上等37缺中，特殊缺8缺，仅占21.6%；中等缺17缺，特殊缺4缺，占23.5%，略高于前者，但也不足1/4；下等32缺，特殊缺17缺，高达53.1%。随着官缺从肥到瘠转移，特殊缺所占比例越来越大，二者成反比例关系。究其根源，实因特殊官缺或所处地方环境恶劣，收入贫寡，或管辖区域苗民杂处，事务繁多，不像一般缺那样清净、富庶，以致多为瘠缺、苦缺。

四 官缺肥瘠与选任制度之关系

清代官员选任制度非常复杂，因级别高低、职掌繁简和辖区大小之不同，其选任方式、选任程序和官缺性质迥异。据会典规定，外官道员和知府，有"请旨""题补""调补""拣补""月选"五种方式，与之相对应，其官缺分别为"请旨缺""题缺""调缺""拣补缺""选缺"五类；厅同知、厅通判、直隶州知州、散州知州、知县等官，有"题补""调补""拣补""月选"四种方式，其官缺则分别为"题缺""调缺""拣补缺""选缺"四类。其中，道、府请旨缺出，"由军机处以奉旨记名之员进单请旨"，皇帝钦定一人补授；拣补缺出，"如非奉旨特授者，由（吏）部行六部、理藩院，各拣选满洲、蒙古郎中一人，报送到（吏）部，引见补授"。厅、州、县之拣补缺出，"由（吏）部行知内阁、部院各衙门，于京察一等之小京官、笔帖式内"拣选人员，保送到部，再"由部奏派拣选引见，记名注册"，每遇缺出，"以十人引见"，钦点一人补授。而道、府、厅、州、县之题缺、调缺出，由各该督抚（府尹）于本省所属官员中，拣选适合条件者一人，具题请旨补授；选缺，由吏部统计出缺额数，每月一次，掣签补授。[①] 由此可见，道、府、厅、州、县所属五种选任方式，按主掌机构（官员）之不同，可以分为两大类，一类是请旨、拣补和月选，遇有缺出，由皇帝和在京衙门（或吏部，或军机处，或多个部院衙门）负责选任，故称为"内选"，其官缺统称为"内选缺"；另一类是题补和调补，遇有缺出，由各外省督抚于该省（府）官员中拣选人员，具题补授，故谓之"外补"，其官缺统称为"外补缺"。

广西省所属道、府、厅、州、县亦不例外，其选任方式、选任程序和官缺划分与会典规定相同，唯有差异者，广西省道、府、厅、州、县无拣补缺，这体现出清代选任制度在"地方化"过程中的因地制宜和灵活变通。若将题补、调补合为外补一种，则广西省官缺之选任，道员和知府有请旨、外补和部选三种方式，厅、州、县有外补和部选两种方式。这些方式及其代表的选任制度是否与官缺肥瘠有关系呢？先具表4如下：

---

① 嘉庆《大清会典》卷6《吏部》，"近代中国史料丛刊三编"，文海出版社，1991，第285~297页；光绪《大清会典》卷8《吏部》，中华书局，1991，第72~75页。

表 4　广西省官缺肥瘠与选任制度之关系

缺分	请旨缺		外补缺		部选缺		总额
	数额	比例（%）	数额	比例（%）	数额	比例（%）	
上上	0	0	3	42.9	4	57.1	7
上中	0	0	3	42.9	4	57.1	7
上下	0	0	3	13.0	20	87.0	23
中上	0	0	0	0	8	100	8
中中	1	16.7	4	66.7	1	16.7	6
中下	1	33.3	0	0	2	66.7	3
下上	0	0	3	75.0	1	25.0	4
下中	1	5.0	8	40.0	11	55.0	20
下下	3	37.5	3	37.5	2	25.0	8
总额	6	7.0	27	31.4	53	61.6	86

从表4可见，广西省所属道、府、厅、州、县86缺中，请旨缺6缺，占总额的7%；外补缺27缺，占总额的31.4%；选缺53缺，占总额的61.6%。这是平均值。如果以这些数据为参考标准，请旨缺尽数分布于中缺和瘠缺两类之中，尤其是最瘠缺（下下）一级，更是占据请旨缺总额的半壁江山。外补缺一类，其在九级中分布中超过平均值者，有上上、上中、中中、下上、下中、下下六级，从少到多排列，依次为中缺、肥缺和瘠缺，形成两头多中间少的格局。与请旨缺、外补缺不同，部选缺则只有上下、中上、中下三级超过平均值，或为肥缺，或为中缺，并无瘠缺；即使就总额言之，上等缺和中等缺六级中，除中中缺一级外，其余均超过一半，而下等缺所占比例，远低于平均值。

请旨缺、外补缺，从会典规定的选任程序和官缺性质可以看出，多为职掌重要、政务繁多、地处要冲之官缺，所以才由皇帝亲自挑选，或由外省督抚直接选任，以便人缺相宜，利于地方治理。而部选缺，就重要性而言，则不及请旨缺和外补缺，故由吏部集中选任，每月一次，掣签补授。但职掌的重要性，和皇帝、督抚对官缺的重视程度，与官缺之肥美并不成正比，反而相反，请旨缺、外补缺多为瘠缺，部选缺才占肥缺和中缺的大多数。这是选任制度与官缺肥瘠之间的关系，不可不察。

论述至此，有一点必须提及。清代中后期，政局动荡，捐纳大兴，保举盛行，候补人员急剧增加。而官缺总额无甚变化，每年出缺之频率和额数又相对固定，更换替代速度缓慢。这样一来，剧增的候补人员就与缓慢的代谢速度之间产生了很大矛盾，十数年甚至数十年不得补缺者比比皆是，仕途极度壅滞。为了疏通仕途，缓解吏部和候补人员的补缺压力，朝廷决定，或由吏部请拣，或经督抚题请，或允许候补人员捐纳，将部分候补官员分发各省，等候补缺。一方面减轻了部选压力，另一方面通过署缺、出差，候补人员不仅可以增加行政阅历、提高办事能力，还能够获得一些收入，在一定程度上缓解了巨大的生存压力。这是清代社会特有的现象，也是选任制度发生变化的转折点。

分发人员，原本由吏部负责选任，每月一次，按照班次，统一补授。换言之，分发人员与吏部负责之选缺是一体的，其所选之官缺是选缺，而非督抚负责的外补缺。迨分发制度实行后，候补人员分发到各省，其所占之选缺也应随之分配给各省，否则仅分发人员，不分配官缺，不仅会割裂官与缺的一体性，还必将造成地方仕途的拥挤和混乱，于铨法甚属不公。所以，接踵候补人员分发制度而至者，就是选缺的扣留外补制度。即遇有选缺缺出，允许各省督抚先行扣留，于本省候补人员中拣选人员，循资补授。换言之，本应由吏部月选的选缺，此时也改归地方督抚选任了。清代政书将这种选任方式称为"留补"；留补之官缺，谓之"留缺"。相对于请旨缺、拣补缺和未被扣留之选缺而言，留补亦由外省督抚拣选补授，故也称为"外补"。这样，外补就涵盖题补、调补和留补三种方式；外补缺也相应地包含题缺、调缺和留缺三类官缺。

但是，与题缺、调缺不问出缺原因，遇有缺出，即由该督抚拣选人员具题补授不同，留补则受出缺原因的制约。据笔者考察，清代官员离任出缺，其原因大致有3类16种：第一类是因升降黜陟出缺者，包括升迁、调任、革职、降补、劳绩保举离任、俸满引见离任、改用教职、捐升离任等；第二类是因自身身体状况出缺者，包括告病、病故、休致等；第三类是因家庭原因出缺者，包括丁忧、终养、修墓、葬亲、省亲等。其中，道员、知府、厅同知、通判、知州所能留补者，光绪朝续修《钦定吏部铨选则例》中规定：

　　道、府、同知、直隶州通判、知州补缺班次，……如系选缺，遇告病、病故、休致所遗，应先尽候补班前酌补一人，次将候补正班酌补一人；升、调所遗，应先尽候补班前酌补一人，次将候补正班酌补一人；终养、回避、撤回、改教、降补、丁忧、参革等项所遗，应将候补班前与候补正班酌量补用……此外应归月选之缺，悉归部选。①

即包括告病、病故、休致、升迁、调补、终养、回避、撤回、改教、降补、丁忧、参革12种原因出缺者，无论种类抑或数额，均占据选缺缺额的大半。

而知县缺的留补范围，时有变化。光绪初年为升、调、告病、病故、休致五种原因所出之缺，到光绪末年则扩大至升、调、告病、休致、病故、改教、撤省、回避、降补杂项九种原因所出之缺，亦占选缺缺额的大半。

故此，随着留补制度的推行，大部分选缺在选任方式上发生了变化，由吏部月选改为各该督抚扣留外补。这样一来，督抚所能掌控的官缺，不仅包括题缺和调缺，还涵盖大部分选缺。从上文的论述可知，题缺、调缺多是瘠缺，选缺多是肥缺和中缺。与之相应，督抚手中不仅握有瘠缺，还占有大部分肥缺和中缺。遇有缺出时，督抚不仅可以任命瘠缺，亦可补授肥缺、中缺，当然也能将肥瘠缺互调，调剂私人。从这一意义而言，选任方式的调整，不仅体现出权力分配格局的变化，也体现出肥瘠缺配给格局的变更。

五 余论

通过分析清末广西省官缺肥瘠分布可以看出，官缺肥瘠与三等九级、"冲繁疲难"四要素、"最要缺、要缺、中缺、简缺"四等级、特殊缺分等制度具有密不可分且非常复杂的关系，不能简单地以成正比或成反比来描述。这对于我们较为全面地理解清代的官缺制度和地方社会具有重要

---

① 锡珍：《钦定吏部铨选则例》之《汉官则例》卷6，《拣选·补用试用人员题缺·候补道府同知直隶州通判知州分别题补各缺》，上海古籍出版社，2002年"续修四库全书"影印本，第535～536页。

作用。

然而，无论是"冲繁疲难"制度，抑或是四等级制度，还是特殊缺分制度，仅是衡量地方官缺的一个标准，其最终目的则是为官员选任服务。前文业已论述，清代道、府、厅、州、县官员之选任，或请旨，或拣补，或题补，或调补，或留补，或月选，方法不一，其主掌机构或人员、选任标准、选任程序和权力分配也迥别各异，这些均毋庸赘述。此处需要申论的，也是最重要的，是官缺肥瘠观念对清代外官选任的影响，外补权力在行使过程中的异化现象，以及对各阶层人们心态的型塑作用。

题缺、调缺制度的订立，目的是将职掌紧要之缺交由外省督抚负责，遇有缺出，于所属官员中选择能力较强与官缺适宜的官员，利于地方治理；留缺制度的推行，则是为了缓解部选的压力，给予候补人员锻炼的机会，令外省督抚循资补授，有利于候补官员及时上手。这是朝廷赋予督抚的正当权力，也是制度明文规定督抚所具有的合法权力。

但是，权力是把"双刃剑"，在行使的过程中，督抚一方面可以利用朝廷赋予的题补、调补或留补权力，为缺择人，利于地方治理；另一方面，也可以打着为缺择人的旗号，徇私舞弊，拣肥避瘠，调剂属员，为人择缺。随着时间的推移，为人择缺的现象越来越多，官缺频繁更替，"各省州县无论实缺、署事，往往一岁一易其人，甚或一岁而数易其人，其在任数年者，一省不过六七人，在任十数年者，数省不过二三人"[1]。至光绪朝后期，"各省更调，无月无之，每牧令一人，多者历十余缺，少亦四五缺，罕有始终任一缺而不移动者。甚或补实缺后，东西历署，终其身未履本任"。[2] 这不仅有碍铨法之执行，还败坏了地方吏治。"在任既不能久，则一切兴利除弊之事，自不能责效于一人之身，为州县者亦遂视如传舍，但求敷衍塞责，不复为久远之谋"。不仅如此，"即民间之视官，亦知其为五日京兆，凡地方利益，苟非旦夕可以奏功者，皆不敢望之于官"。至于"豪奸巨蠹"之徒，危害更大，"偶遇强健之吏，只须暂避他境，待其去而

---

[1] 《掌陕西道监察御史呈纬炳奏为拟请匀定州县公费以期久任事》（光绪三十四年五月三十日），中国第一历史档案馆藏《军机处录副奏折》，档号：03 - 5747 - 055。

[2] 《日讲起居注官恽毓鼎奏为官缺肥瘠不均请旨均匀州县公费以期专心吏事久任责成事》（光绪三十二年十一月初七日），中国第一历史档案馆藏《军机处录副奏折》，档号：03 - 5469 - 041。

后归，年复一年，任复一任，而地方之积弊、宵小之潜滋，遂以日甚一日"①。可见官员频调造成的危害，绝非一二言所能概括也。

调剂如此盛行，危害如此之大，究其根源，"皆因缺分肥瘠不均所致也"。②"优者岁入七八万金，瘠者岁入一二千金，优者终任而归，即成豪富，瘠者竭蹶从事，尚虑亏赔"③。于是，"属员以此为要求"，"处膏腴则不使久据，曰须让他人也；处硗薄则日冀量移，曰不堪赔累也"④。在这种情况下，"为疆臣者势不能不为调剂之策，瘠者既不能使之久处于瘠，优者自不能任其久处于优，非是即无以鼓舞人材，驱策群力。此疆臣所以不能恪遵定制，使州县久于其任之苦衷也"⑤。

如果说只是迫于形势压力才不得不予以调剂的督抚还算是较有责任心者，那么唯利是图之欠缺责任心者更是大有人在。有责任心之督抚尚且如此，更不用说欠缺责任心之督抚了，其造成的危害更大，钻营奔竞之风盛行，瞻徇贿赂之俗泛滥，无官不赂，无缺不贿，弊病"罔不由此而生"。⑥在这样的选官环境下，一些本来有工作能力、理应得到提拔的官员如果不行贿就得不到正常的提拔和任命。当这样的官员也不得不行贿时，就已经不仅仅是个别官员的行贿受贿或买官卖官现象了，而是整个官僚制度已经被一种腐败的潜规则所支配，长此以往，清廉和正直开始成为被嘲弄的对象，而腐败却开始被人们普遍接受。在这样的社会中，官员会把精力用在什么地方，就可想而知了。不仅如此，更令人警醒者，这种由腐败和由腐败催生的潜规则，具有型塑其中人们行为的作用，也具有很强的渗透性和

① 《掌陕西道监察御史呈纬炳奏为拟请匀定州县公费以期久任事》（光绪三十四年五月三十日），中国第一历史档案馆藏《军机处录副奏折》，档号：03－5747－055。

② 《日讲起居注官恽毓鼎奏为官缺肥瘠不均请旨均匀州县公费以期专心吏事久任责成事》（光绪三十二年十一月初七日），中国第一历史档案馆藏《军机处录副奏折》，档号：03－5469－041。

③ 《掌陕西道监察御史呈纬炳奏为拟请匀定州县公费以期久任事》（光绪三十四年五月三十日），中国第一历史档案馆藏《军机处录副奏折》，档号：03－5747－055。

④ 《日讲起居注官恽毓鼎奏为官缺肥瘠不均请旨均匀州县公费以期专心吏事久任责成事》（光绪三十二年十一月初七日），中国第一历史档案馆藏《军机处录副奏折》，档号：03－5469－041。

⑤ 《掌陕西道监察御史呈纬炳奏为拟请匀定州县公费以期久任事》（光绪三十四年五月三十日），中国第一历史档案馆藏《军机处录副奏折》，档号：03－5747－055。

⑥ 《掌陕西道监察御史呈纬炳奏为拟请匀定州县公费以期久任事》（光绪三十四年五月三十日），中国第一历史档案馆藏《军机处录副奏折》，档号：03－5747－055。

扩散性。久而久之，腐败蔓延，渗入肌体，侵蚀了清朝社会中的基础秩序，使得正常的社会秩序无法建立，甚至使得正常的制度无法有效运行，最终危及清朝的存续。

面临如此困局，官员们纷纷上奏，或建议酌盈济虚，均平肥瘠，或请求酌增款项，补贴苦缺，或奏请取缔陋规，统行公费制度等，以改变官缺肥瘠不均的现状。迫于舆论压力，光绪二十九年十月二十九日，朝廷颁布谕旨，痛斥现状之非，并严令各督抚详加考察，随时激扬，令官员久于其任。《清德宗实录》记载：

> 自来康济民生，端在澄清吏治。州县为亲民之官，闾阎利弊，职当加意勤求，一切兴养立教，除暴安良，苟能事事认真，何患不日臻治理？方今时局艰危，群生困弊，宫廷轸怀民瘼，常若痌瘝之在身。大小各官，宜如何实力拊循，培养元气。乃近来各省州县，真能尽心民事者，殆不多得。或由瞻徇情面，用非其人，或由更替太繁，视同传舍，皆足为地方之害。著各该督抚详加考察，随时激扬，除贪酷昏颟各员应即立予严参外，其安坐衙斋，公事隔膜，及专务铺张，并不知民间疾苦者，均著分别撤任开缺，慎选贤能补署，不准徇私滥委。如有循良勤职之员，务令久于其任。即或缺分瘠苦，亦当酌提津贴，不得托名调剂，动辄更调。各该督抚受国厚恩，务即切实办理，用副朝廷视民如伤之至意。①

激扬之法因官员素质之不同而迥异：循良勤职者，令久于其任；无所事事或铺张浪费者，撤任开缺，另选贤能；贪酷昏颟者，立予严参。并就更调的根本原因——"缺分肥瘠"也提出了平衡办法，酌提津贴，补贴瘠苦。

为响应皇帝谕旨，广西巡抚柯逢时立即行动起来，于十一月二十九日具折，奏请设立公费制度，这就是前文所介绍的档案内容。正是这一档案，让我们了解了清末广西省所属道、府、厅、州、县之肥瘠分布及其特点，同时也为我们分析官缺肥瘠与繁简等级、选任制度之间的关系提供了极佳的原始材料和研究案例。

---

① 《清德宗实录》卷522，光绪二十九年十月己卯。

附表

光绪末年广西省所属道、府、厅、州、县收入与公费表

级别	官缺	收入	公费	净收入	级别	官缺	收入	公费	净收入
道员	盐道	40000	24000	+16000		武缘县	10000	4800	+5200
	左江道	4400	9600	-5200		罗城县	10000	4800	+5200
	右江道	3400	9600	-6200		怀远县	10000	4800	+5200
	太平思顺道	2500	9600	-7100		阳朔县	6000	4800	+1200
知府	平乐府	20000	6000	+14000		博白县	9000	4800	+4200
	梧州府	14000	9600	+4400		富川县	10000	6000	+4000
	浔州府	8000	6000	+2000		平南县	10000	6000	+4000
	庆远府	6000	6000	0		融县	8000	4800	+3200
	桂林府	9000	9600	-600		平乐县	7000	4800	+2200
	泗城府	3000	6000	-3000		恭城县	7000	4800	+2200
	镇安府	3000	6000	-3000		昭平县	7000	4800	+2200
	南宁府	2400	6000	-3600		北流县	7000	4800	+2200
	柳州府	2000	6000	-4000		荔浦县	7000	4800	+2200
	太平府	2000	6000	-4000	知县	宜山县	8000	6000	+2000
	思恩府	2000	6000	-4000		柳城县	6000	4800	+1200
直隶州	归顺州	8000	6000	+2000		天河县	6000	4800	+1200
	郁林州	6000	6000	0		迁江县	6000	4800	+1200
直隶厅	百色厅	14000	6000	+8000		上林县	6000	4800	+1200
	上思厅	4000	6000	-2000		恩隆县	7000	6000	+1000
散厅	龙胜厅	2000	3600	-1600		灵川县	7000	6000	+1000
	龙州厅	4000	6000	-2000		灌阳县	5000	4800	+200
	那马厅	2400	4800	-2400		藤县	5000	4800	+200
散州	全州	20000	9600	+10400		义宁县	5000	4800	+200
	宾州	16000	6000	+10000		武宣县	5000	4800	+200
	象州	8000	4800	+3200		陆川县	5000	4800	+200
	横州	9000	6000	+3000		隆安县	5000	4800	+200
	永安州	6000	4800	+1200		永淳县	5000	4800	+200

续表

级别	官缺	收入	公费	净收入	级别	官缺	收入	公费	净收入
	新宁州	5000	4800	＋200		兴安县	6000	6000	0
	东兰州	2000	4800	－2800		凌云县	6000	6000	0
	奉议州	6000	6000	0		马平县	5000	6000	－1000
	西隆州	6000	6000	0		天保县	5000	6000	－1000
	河池州	4000	4800	－800		岑溪县	2000	3600	－1600
	永宁州	4000	4800	－800		容县	2400	4800	－2400
	宁明州	3200	6000	－2800		思恩县	2000	4800	－2800
	永康州	3000	6000	－3000		兴业县	2000	4800	－2800
	养利州	2400	6000	－3600		永福县	2000	4800	－2800
	左州	2000	6000	－4000		雒容县	2000	4800	－2800
知县	临桂县	30000	12000	＋18000		修仁县	2000	4800	－2800
	怀集县	22000	7200	＋14800		来宾县	2000	4800	－2800
	宣化县	20000	9600	＋10400		崇善县	3000	6000	－3000
	贵县	17000	7200	＋9800		西林县	3000	6000	－3000
	贺县	16000	7200	＋8800		镇边县	3000	6000	－3000
	桂平县	15000	9600	＋5400		苍梧县	4400	9600	－5200

资料来源:《广西巡抚柯逢时呈广西各缺约计每年入款数目清单》,中国第一历史档案馆藏《军机处录副奏折》,档号:03－6583－003;《广西巡抚柯逢时呈酌均广西各缺公费数目清单》,中国第一历史档案馆藏《军机处录副奏折》,档号:03－6583－004;《缺目总汇》,手抄本,南开大学图书馆线装书库藏书;《大清缙绅全书》(光绪二十九年夏季册)、《爵秩全览》(光绪二十九年秋季册),清华大学图书馆科技史暨古文献研究所:《清代缙绅录集成》第74册,大象出版社,2008;《大清最新百官录》(光绪三十三年秋季册),槐荫山房刻本,南开大学图书馆线装书库藏书;中国第一历史档案馆藏《官司中档朱批奏折》。

(作者单位:渤海大学)

19 世纪中叶中国矿业生产的估值研究

徐　毅　张紫鹏

摘　要：本文利用各种历史数据与史料相互佐证，并结合一定的统计方法，逐一估算了 19 世纪中叶全国煤、铁矿石、生铁、钢、金、银、铜、铅、锌、锡、水银、朱砂、雄黄、硫磺与硝 15 种矿产品的产量。

关键词：19 世纪中叶　中国　矿业　产量

一　问题缘起

清代矿业是当时国民经济部门的重要产业之一。从 20 世纪五六十年代起，国内外学者便开始尝试对其部门的产量与产值进行量化研究。留美学者张仲礼于 1962 年著作《中国绅士的收入——〈中国绅士〉续篇》中引入国民账户核算方法，首次对 19 世纪 80 年代清代矿业展开较为系统的量化统计，分别估算出煤、金、银、铜、生铁、铁矿、锡、盐以及其他矿产品的总产量与增加值。[①] 与此同时，大陆学者彭泽益所编《中国近代手工业史资料》第一卷对 1644 年至 1838 年、1840 年至 1880 年的中国矿厂数量进行了分省和分矿种的逐年统计，成为学界讨论清代矿业发展的重要依据。许涤新、吴承明等人所著《中国资本主义发展史》第一卷，对清代乾嘉时期一些重要煤、铁与铜等矿产区总产量进行估算。但此后，学界似鲜有人再对清代矿业进行系统量化研究。近来，随着计量史学、新经济史学

[①] 其估算过程与结果参见该著 Supplement 1. Chuang – li Chang, *The Income of the Chinese Gentry: Studies on Their Role in Nineteenth-Century Chinese Society* (Seattle: University of Washington Press, 1962), pp. 305 – 307.

的崛起，在国内外学术舞台上兴起了一股量化中国不同历史时期的经济发展水平并与同时期的世界其他经济体进行比较的所谓"历史 GDP 研究热"。置身于这一研究热潮的学者们不免要对作为国民经济重要部分的矿业在各历史时期的产量与产值展开讨论。仅就清代而言，研究这一时期历史 GDP 的学者大多援引张仲礼和彭泽益的成果，推算 19 世纪 80 年代之前清代各主要时期的矿业产量与产值，[①] 其结果难以让人信服。事实上，有关清代各类矿业生产的统计资料仍大量保存在各种清代史料中。本文即尽可能利用官书、档案、方志、文集、近代调查等各种史料并结合今人论著，尝试重建清代发生大规模社会动荡的前一年——1850 年这一时点上矿业总产量数据，文中选取资料相对集中的煤、铁、金、银、铜、铅、锌、锡、水银、朱砂、雄黄、硫磺与硝等十余种矿产作为清代矿业的主要产品。

方法上，本文采用先分矿再分省，逐一估算，然后加总的"会计核算法"。对于前者的逐项估值，根据数据史料特点，我们又分别使用直接提取与间接估算两种不同方法，即对于史料中有记载某种矿产产量的数据，直接收集、录入；对于没有产量记载的矿种，只能根据其他相关数据记载，如矿课、矿厂、炼炉、上游原材料、下游矿成品、矿工人数、工作时间以及劳动生产率等，利用这些数据与产量之间的既定关系，间接估算出这些矿种产量。

二　煤的总产量

由于没有技术突破，传统土法采煤至道光时进入瓶颈，而新式近代机器煤矿的出现则迟至光绪朝。实际上，手工锤凿的采掘方式在明、清以至于 20 世纪中叶都难有多大改变。有煤炭史专家指出，牛皮囊早在魏晋就已

① 这方面的国内外成果可见刘逖《前近代中国总量经济研究 1600－1840 兼论安格斯·麦迪森对明清 GDP 的估算》，上海人民出版社 2010 年版，第 77 页；Stephen Broadberry, Han-hui Guan, and David Daokui Li, "China, Europe and the Great Divergence: A Study in Historical National Accounting", 2012 年亚洲历史经济学大会论文，参见 http://ahec2012. org/programme. html; Ye Ma and Herman de Jong, "China's per capital GDP between 1840 and 1912: a new estimation", 2012 年亚洲历史经济学大会论文，参见 http://ahec2012. org/programme. html.

被用于煤井排水，而这种土名"牛皮包"的设备甚至"解放初期不少煤窑仍在使用"[1]。如果工具与技术水准相当，那么各地土法采煤效率的影响因素主要是当地煤层深浅和由此造成的开采难易。由于缺乏对 19 世纪中期各地煤矿效率的直接描述，以下讨论将借助其前后数十年间土法采煤资料进行推算。在手工开采技术背景下，这样的估计是合理的。

山西素称"煤海"，主要产无烟煤，不仅是生活燃料，还造就了坩埚冶铁法。当地"一字号"小煤窑季节性很强，夏秋"歇窑"，冬春需煤且事少，农民相率暂做窑工，这种形式从宋代延续到 1913 年平绥铁路通车，但也仅是部分变成四季生产。[2] 所以按 180 天计算 19 世纪山西煤窑年工作日。

同治时，德国地理学家李希霍芬考察超过 20 个山西产煤州县，其中：大同某矿坑每天出煤 6 万斤，每名矿工每天下井 20 次，每次采煤 25 斤；灵石两渡村，每天出煤 360 筐，每筐 120 斤；洪洞鄂山最大的矿有 2 井，每天出煤 850 筐，每筐 30～35 斤，有 100 名矿工；泽州城南 3 个矿坑，每坑每天出煤 320 筐，每筐 200 斤。[3] 由此可知：山西每名矿工日采煤 500 斤；李氏所记大同等 4 处煤矿样本，日产量共 350450 斤，平均 87613 斤（43.81 吨）；7 处煤窑（煤坑、煤井）平均每天产 50064 斤（25 吨）。按每年开采 180 天计算，每处煤窑年产 4505.786 吨。按每人每天采煤 500 斤的效率，要达到这一产量，平均每处煤窑约需 100 名矿工。另有文献载列该省 1852 年至 1890 年天井沟等 8 处有记载的煤窑，年产量共 12660 吨。[4] 其平均年产量 1582.5 吨，按每年工作 180 天计算，平均每窑日产约 17583 斤，需 35 名矿工。显然，李希霍芬所见煤窑较大，天井沟等较小。

大同"一字号"小窑工人多不过几十名，而 80% 以上的煤窑都是梯子窑。[5] 所以，估计大同以至山西 80% 的煤窑是年产 1582.5 吨较小煤

① 吴晓煜：《中国古代煤炭科学技术的主要成就（上）》，《中国矿业大学学报》（社会科学版）2007 年第 4 期。
② 大同矿务局矿史党史征编办公室编《大同煤矿史》（一），人民出版社，1989，第 19～20 页。
③ 彭泽益：《中国近代手工业史资料》第 2 卷，生活·读书·新知三联书店，1957，第 160～163 页。
④ 山西煤炭工业志编委会编《山西煤炭工业志》，煤炭工业出版社，1991，第 507～508 页。
⑤ 大同矿务局矿史党史征编办公室编《大同煤矿史》（一），第 20、30 页。

窑，20%是年产4505.786吨较大煤窑。有文献统计，咸丰朝至光绪朝，平定等45县煤窑共开有240处，其中光绪时期开有215处。[1] 山西冶铁发达，完全依赖晋煤，煤铁紧密相关。据后文对山西铁产估算，1850年仅省内冶铁即须消耗无烟煤35.6万吨，加上生活用煤和外销，总量应更高。山西铁业在道光朝达鼎盛，同治朝至光绪朝严重衰退，生产用煤需求相应减少。从光绪三年开始，山西遭遇罕见灾荒，人口仅一年即减少87.6万人，至光绪十三年全省人口相比光绪三年已经减少了35.1%。[2] 生活用煤需求也大幅降低。所以，我们估计19世纪中期山西至少有240处煤窑，其中192处较小煤窑年产量303840吨，48处较大煤窑年产216278吨，共约520118吨。

山东煤矿借助水运。乾嘉时峄县"煤矿最盛……漕运数千艘，连樯北上，载煤动数百万石，由是矿业大兴"[3]。按1石100斤计算，即使仅有200万石，其规模也可达2亿斤。但道光时，山东煤业已随运河衰落。据彭泽益的统计，博山一处煤矿创于1875年，每日工数36，一年采掘工数8500。[4] 那么该煤矿一年采掘约236天，以此作为山东煤矿年采掘日数。19世纪初，峄县八大家占据绝大多数煤矿，使用劳力多者七八百人，少者一二百人，矿工总数"当在数千人以上"，每人每天可采煤500斤。[5] 峄县煤业此时"最盛"，所以我们按八大家各有750名矿工计算，那么6000名矿工每天可采煤300万斤，按236天计则每年可产煤7.08亿斤，合35.4万吨。不过，"咸丰后……煤价遂大绌，诸业矿者皆大困"，而且"洞深煤烧，开挖维艰，往往竟岁一无所得"，同治以后"县境无复有窑"[6]。土法采煤无法破解深层开挖造成的技术难题，这是所有土法煤矿无法逾越的障碍。我们将峄县八大家在道光三十年的用工人数按嘉庆时大户用工最少的100人估计，则八大家共有800名矿工，每天

---

① 山西省史志研究院编《山西通志》第26卷《商业志·商业贸易篇》，中华书局，1999，第137页。

② 山西省史志研究院编《山西通志》第6卷《人口志》，第18页。

③ 光绪《峄县志》卷7《物产略》。

④ 彭泽益：《中国近代手工业史资料》第2卷，第383页。

⑤ 中共枣庄矿务局委员会、山东大学历史系、中国科学院山东分院历史研究所编《枣庄煤矿史》，山东人民出版社，1959，第2~3页。

⑥ 光绪《峄县志》卷7《物产略》。

可采煤 40 万斤，按 236 天计全年产煤 9440 万斤，合 4.72 万吨。

李希霍芬认为，博山县以煤炭为支柱，其最重要的两个矿坑每天各出煤 400 筐（每筐 300 斤）和 300 筐，分别合 80 吨、60 吨，由此估计博山全县每年出煤 15 万吨。[①] 博山在今淄博。《淄博煤矿史》结合 1914 年日本人的调查，认为李氏估计"大致说来是正确的"，技术上"看不出同治时期比康、雍、乾时期有什么特别发展之处"[②]。博山这 2 个矿坑分别日产 12 万斤和 9 万斤，则李氏按 1 吨 1500 斤计。我们按 1 吨合 2000 斤换算，博山同治时期年产煤 11.25 万吨。以此数作为对其道光三十年产量估计，尽管在鲁煤衰退背景下，道光朝产量应更高于同治朝。以上山东道光三十年煤产量共约 15.97 万吨。

吉林。嘉庆二十年开缸窑等 6 处煤矿，"以裕旗民生计"[③]。至道光元年，缸窑等处已坍塌，"仅余田家屯一处"，又准开荒山子等 4 处煤矿。[④] 道光二十一年，封闭田家屯。[⑤] 估计道光三十年吉林有 4 处煤窑。

光绪二十三年，吉林矿务公司成立，将商民 15 处煤窑归官，改为"吉"字号官窑。据该司新旧各煤窑人员数目清折，是年十月，15 处煤窑共有 290 名矿工，其中，吉泰窑煤夫 24 名、吉升窑 30 名，吉源窑把头、煤夫、佣工共 40 余人。[⑥] 又据矿务委员朱国安当年十二月十五日查勘，吉庆窑"历年已久，煤尽山空……刻间做出 10 万之谱"；吉祥窑"煤虽次，出产甚广，现已出煤 300 万之谱"；吉升窑"煤斤先后共处 60 余万"；吉泰窑"现约出煤 60 万斤"[⑦]。吉升、吉泰二窑相对有代表性。吉升窑十月二十一日开工，至查勘时已经生产 55 天，按 30 名矿工开采 60 万斤计，平均每人每天产煤约 364 斤；吉泰窑十月初二日开工，至查勘时已经生产 74 天，按 24 名矿工开采 60 万斤计算，平均每人每天产煤约 338 斤。我们以

---

① 彭泽益：《中国近代手工业史资料》第 2 卷，第 159 页。
② 淄博矿务局、山东大学编《淄博煤矿史》，山东人民出版社，1986，第 29 页。
③ 《清仁宗实录》卷 302，嘉庆二十年正月己丑。
④ 《清宣宗实录》卷 12，道光元年正月戊午。
⑤ 《清宣宗实录》卷 363，道光二十一年十二月辛卯。
⑥ 吉林省档案馆编《清代吉林档案史料选编·工业（上）》（内部发行），1984，第 381 ~ 382 页。
⑦ 吉林省档案馆编《清代吉林档案史料选编·工业（上）》（内部发行），第 385 页。

其均值 351 斤作为吉林矿工效率,由此推算,15 处"吉"字号官窑 290 名矿工 360 天可采煤 36644400 斤,平均每窑产 2442960 斤。这与 19 世纪中叶水平相距不会很大,所以我们估计道光三十年,吉林 4 处煤窑可产煤 9771840 斤,按 1 吨为 2000 斤折算,约合 4886 吨。

新疆。贾建飞考察满汉档案文献,认为乾嘉时哈密、乌鲁木齐、辟展、伊犁、巴里坤、塔尔巴哈台采煤,喀喇沙尔在道光二十三年以后开始开采,主要供应驻军。[1] 明确煤窑数来自伊犁。据《新疆图志》,乾隆四十七年开设煤窑 24 座,其中"长年挖取者 16 座……惟冬春始能开挖者 8 座","均照盛京煤窑之例,每座获利以 12 股抽分",抽收 2 股,"每年征收税银 324 两 8 钱";乾隆五十年增添 12 座,"加增税银 134 两 6 钱";五十三年坍塌 2 座,余共 34 座。[2] 可知,盛京、伊犁煤窑抽税比为 2/12,伊犁前后 36 座煤窑共征税银 459.4 两,平均每座每年征税约 12.76 两。有研究指出,伊犁煤炭计量为每"车"700 斤,乾隆后期至嘉庆初期较常见价格是每车 3 钱。[3] 按 2/12 的税率,伊犁煤窑平均每座每年产值为 76.56 两。按每 700 斤煤售价 0.3 两银计算,每座煤窑每年可产煤 178640 斤,则伊犁 34 座煤窑年产 6073760 斤。这一时期新疆采煤主要为军用。有文献记载,伊犁驻军 9167 人,乌鲁木齐等六地驻军共 18610 人。[4] 估计乌鲁木齐等地每年需 12330389 斤煤,约合 69 座煤窑产能;新疆共有 103 座煤窑,产煤约 18404149 斤,约合 9202 吨。

盛京。《盛京通鉴》被认为是咸丰年间对该地区道光时期档案文件的汇编。据该文献记载,道光后期锦州等 4 城共计开采煤窑 63 座,"每座每年应交税银"17.608 两,共 1109.304 两。[5] 我们将盛京煤窑产能比照相邻的吉林,按每窑每年产 2442960 斤计,估计盛京 63 座煤窑在道光三十年可产煤 153906480 斤,约合 76953 吨。

蒙古以归化城为中心。江桥据归化满档认为,雍正时每百斤煤折钱 20文、纳税 4 文钱规定以后未见更改;乾隆三十八年二月在采煤窑 167 座、

---

① 贾建飞:《人口流动与乾嘉时期新疆煤矿业的兴起和发展》,《西域研究》2011 年第 4 期。
② 光绪《新疆图志》卷 31《赋税 2》。
③ 贾建飞:《人口流动与乾嘉时期新疆煤矿业的兴起和发展》,《西域研究》2011 年第 4 期。
④ 新疆社会科学院历史研究所编《新疆简史》第 1 册,新疆人民出版社,1980,第 282 页。
⑤ 咸丰《盛京通鉴》卷 3,第 87 页。

实际出煤者 95 座;乾隆四十七年二月在采 165 座、实际出煤 93 座。[1] 他根据税额、税率测算乾隆、同治、光绪部分产量,其中乾隆四十七年二月429 万斤,六月 242 万斤。我们以其平均数 335.5 万斤,按 12 个月计算,年产量为 4026 万斤。程琳引用文献讨论乾隆朝至宣统朝煤税,其中乾隆三十三年十二月至三十四年十一月底,"归化城所管煤窑 160 余座,共收钱3194332 文";乾隆四十六年十二月至四十七年十一月底,"共收钱 2212472文";道光二十七年十二月至二十八年十一月底,"呈解钱 2148660 文";光绪八年至十八年的数量与此大致相当。[2] 其中所谓乾隆三十四年"煤窑 160余座",其实是"名义生产煤窑"。我们以乾隆四十七年为基期,以煤税为指数,推算道光二十八年实际生产煤窑数为 90 座,年产量 39098823 斤,约合 19550 吨,以此估计蒙古道光三十年煤产量。

陕西煤业因南山地区开发在道光时期处于发展阶段。该省在清代有 36个县开采煤炭,见于记载的煤窑中有 81 处为开采至道光朝或自道光朝起开采。[3] 有研究估计,其每年产量在 10 万吨左右。[4] 我们以此作为对 19 世纪中期陕西煤业的估计。

河南煤矿开采季节性明显,清代多限于农闲一季。例如,密县"仅系一季之窑"[5],禹县"每于三冬农隙之时……纠工开采……一交夏令,即行停止"[6],清末民初仍是"农隙为之"[7]。所以按 90 天计算该省煤矿年工作日数。据李希霍芬考察:清化镇有 10 个大坑,每坑每天出煤 1000 筐,每筐 120~130 斤;鲁山用末煤制焦煤,4 个矿坑采煤、炼焦工人约 1000 名;

① 江桥:《清代归化城地区的煤炭开采及其特点》,《内蒙古大学学报》(哲学社会科学版)1989 年第 3 期。
② 程琳:《土默特煤炭管理沿革及煤税收入简介》,土默特左旗土默特志编纂委员会编《土默特史料》第 7 集,1982,第 325 页。
③ 陕西省地方志编纂委员会编《陕西省志》第 17 卷《煤炭志》,陕西人民出版社,1993,第 338 页。
④ 陕西省煤炭工业厅、陕西省煤炭学会:《陕西煤炭开采的回顾与前瞻》,《陕西煤炭技术》1993 年第 1 期。
⑤ 杨炳堃:《杨中议公自订年谱》卷 2,转引自中国人民大学清史研究所与档案系中国政治制度史教研室合编《清代的矿业》,中华书局,1983,第 458 页。
⑥ 杨炳堃:《杨中议公自订年谱》卷 2,转引自《清代的矿业》,第 458 页。
⑦ 民国《禹县志》卷 7《物产》

汝州煤大部炼焦，芦店有煤矿，各有 4 个坑。① 可见，清化镇每大坑日产量 12 万 ~ 13 万斤，取其中值 12.5 万斤，则每大坑年产量 1125 万斤，10 个大坑每年可产煤 1.1125 亿斤（55625 吨）。据密县知县所述，道光四年整顿全县煤窑，统计"阖邑雇工"达 4259 名。② 又据记载：道光六年，修武县庙河村打煤井十数处；渑池董村开煤窑；道光二十六年，汤阴开办聚义等 8 个煤窑；道光年间晋人在禹县桃源开煤窑。③ 将修武记为 10 处煤窑，渑池、汤阴、禹县共 10 处煤窑。民国统计"工房有卷可考"煤矿，其中道光年间先后有 10 人在 8 地开设煤矿，将偃师标为 10 处煤窑。④

晚清仅焦作一地，中州等大公司名下小煤窑合计就达 781 个，虽然各司小煤窑不是同时生产，但各窑日夜挖煤，每天产量 1 万斤左右。⑤ 1914 年，中州等公司合并，只有 27 个井继续生产，4000 余名工人日产煤千余吨。⑥ 按日产 1000 吨计算，那么，27 个矿井平均每天的产量约 37.04 吨，平均每个矿井约有 148 人，平均每名工人每天产煤 0.25 吨，合 500 斤，与我们考察的晋、鲁效率相当。所以，密县 4259 名矿工一年可产煤 19165.5 万斤。修武等 28 处煤窑，按焦作小窑 1 万斤日产量计算，一年可产煤 2520 万斤。合计以上清化镇大坑、密县 4259 名矿工、修武等县小煤窑，年产量约 164053 吨。我们以此估计道光三十年河南煤产量。

北京西部产煤。乾隆初年大学士赵国麟奏称，"京师百万户，皆仰给于西山之煤，数百年于兹，未尝有匮乏之虞"⑦。韩光辉推算，北京城市人口乾隆四十六年约 98.7 万。⑧ 元廷植按乾隆朝时 100 万人口计，"以最接近前近代的近代资料来推测"，每户用煤量为 0.7 吨，按每户平均 5 口人计算，估计当时北京民用取暖煤每年约 14 万吨。⑨ 北京集中有铸币等高耗能

---

① 彭泽益：《中国近代手工业史资料》第 2 卷，第 162 ~ 163 页。

② 杨炳堃：《杨中议公自订年谱》卷 2，转引自《清代的矿业》，第 458 页。

③ 中国煤炭志编纂委员会编《中国煤炭志·河南卷》，煤炭工业出版社，1996，第 14 页。

④ 民国《偃师县风土志略》第 2 篇《物产》。

⑤ 焦作矿务局史志编纂委员会编《焦作煤矿志（1898 ~ 1985）》，河南人民出版社，1989，第 163 ~ 164 页。

⑥ 中国煤炭志编纂委员会编《中国煤炭志·河南卷》，第 820 页。

⑦ 彭泽益：《中国近代手工业史资料》第 1 卷，第 318 页。

⑧ 韩光辉：《北京历史人口地理》，北京大学出版社，1996，第 128 页。

⑨ 元廷植：《清中期北京的煤炭不足和清朝的对策》，《中国社会经济史研究》1998 年第 3 期。

产业，而周边缺乏木炭，所以煤炭得到大量应用。元廷植据煤窑数量推算，认为京西煤矿乾隆朝最高年产量约 32 万吨，与北京地区煤炭年消耗量大致相当。[1]

乾隆中期，北京煤价持续攀升。乾隆二十七年，大学士兼管工部事务史贻直分析，"各处煤窑开采者少，废闭者多，山中所产，不足以供民间所需"[2]。乾隆四十六年，"京师开采煤窑，为日用所必需，近闻煤价较前昂贵，推原其故，皆因煤矿刨挖日深"[3]。嘉庆六年上谕，"煤窑刨挖愈深，工本脚价愈重，以致煤价渐贵"[4]。至 19 世纪中期，仍有时人感慨煤"价倍于昔"[5]。虽然人口增长拉升煤炭需求，但煤窑减少、采挖更难的确造成产量下降。土法采掘只能获得浅层煤，北京煤矿至清代中期就已经过数百年大量开采，土法可采的浅层煤越来越少。据乾隆二十七年工部统计，西山、宛平、房山共有 750 处煤窑，实际在采者不过 273 处。[6] 据嘉庆六年直隶总督姜晟统计，宛平等地共 778 处煤窑，真正开采的只 185 处，[7] 仅占总量的 23.78%。

据吴承明等人估计，门头沟 1 座有 40 名挖煤工、200 名拉煤工的"中等煤窑"需投资 1000 两银；道光二十七年，一座名为定宝窑的煤窑工本约 800 两。1949 年 5 月调查统计，门头沟 411 座手工煤窑，12 月窑工最多达 14700 人，7 月最少为 2300 人，全年平均每天有采煤窑工 6040 人。[8] 那么，北京煤窑雇员中挖煤工与拉煤工的比例大致为 1:4；道光二十七年时煤窑有 32 名挖煤工、128 名拉煤工；1949 年全年平均每天每窑有 15 名窑工，最多的月份达到 36 名，与道光后期处在同一水平。按 23.78% 的比例计算，1949 年门头沟 411 座手工煤窑只有 98 座在实际生产。按 1949 年统

① 元廷植：《清中期北京的煤炭不足和清朝的对策》，《中国社会经济史研究》1998 年第 3 期。
② 彭泽益：《中国近代手工业史资料》第 1 卷，第 321 页。
③ 光绪《钦定大清会典事例》卷 951《工部 90·开采煤窑》，中华书局，1991。
④ 光绪《钦定大清会典事例》卷 951《工部 90·开采煤窑》。
⑤ 元廷植：《清中期北京的煤炭不足和清朝的对策》，《中国社会经济史研究》1998 年第 3 期。
⑥ 彭泽益：《中国近代手工业史资料》第 1 卷，第 322 页。
⑦ 中国第一历史档案馆藏《嘉庆六年五月二十三日直隶总督姜晟奏为遵旨委员察看宛平房山二处煤场并酌定开采处所事》。
⑧ 许涤新，吴承明主编《中国资本主义萌芽》，人民出版社，2005，第 550~551 页。

计，北京煤窑生产具有明显季节波动。虽然清代京煤还要大量供应手工业，但如按一年工作 360 天计算，总量似过高，所以我们参照邻近省份，同样需要支持居民生活并且大量供应手工业生产的山西煤业，按一年工作 180 天对北京煤窑进行估计。北京矿工采煤效率缺乏直接资料，而其邻省山西、河南、山东水准经过前面讨论发现每人每天产煤均为 500 斤，所以我们在这里也参照 500 斤的水平计算北京煤窑产量。

那么，乾隆二十七年，北京 273 处实际在采煤窑，按每窑 32 名挖煤工计算，年产量 39.312 万吨。嘉庆六年，185 处实际在采煤窑，按每窑 32 名挖煤工，年产量为 26.64 万吨。1949 年，门头沟 98 处在采煤窑，按每窑 15 人采煤计算，年产量为 64809 吨。民国实业部地质调查所《中国矿业纪要》称，1933 年门头沟煤矿产量为 10 万吨。[1] 综合时代背景，参考地质调查所数据，我们估算的 1949 年门头沟煤矿产量应是合理的，也说明我们的计算条件和参数是合理的。与元廷植估计乾隆时期最高年产 32 万吨相比，我们计算的乾隆二十七年产量 39 万余吨多出约 23%。由于缺乏道光时期北京煤窑数字，这里我们只能根据清代中期之后北京煤矿发展趋势来估计，以乾隆二十七至嘉庆六年的年均煤矿产量减少率 0.003% 计，我们估计 1850 年北京煤产量约为 12 万吨。

湖南如张之洞所称，"道光以前，江浙沿海各省无不仰资湖南之煤铁"[2]。但其发展仍长期受政策因素和乡规民约阻碍，前者如嘉庆十九年布政使翁元圻封禁新化等 10 处煤矿，后者如同治五年湘乡周姓氏族强行封禁煤窑。[3] 直到光绪九年，"诏各省煤矿招商集股举办"[4]，政策束缚才得以解除。桂阳"石炭山中往往有之，采煤一夫日千斤"[5]。可知湖南矿工日采煤 1000 斤，高出我们考察的北方省份 1 倍。湖南煤矿在清前期也有季节性，如雍正《耒阳县志》称，当地农民"或以农隙而为之"，但清后期已

① 侯德封编《第五次中国矿业纪要（民国二十一年至二十三年）》，国立北平研究院地质学研究所，1935，第 43 页。
② 张之洞：《光绪十六年劝开湖南煤铁矿示》，盛康辑《皇朝经世文续编》卷 57《户政 29·开矿》。
③ 中国煤炭志编纂委员会编《中国煤炭志·湖南卷》，煤炭工业出版社，1997，第 5 页。
④ 赵尔巽等：《清史稿》第 11 册卷 99《食货 5·矿政》，中华书局，1976 年影印版。
⑤ 同治《桂阳直隶州志》卷 20《货殖》。

有变化，如同治《桂东县志》即称"终岁勤动，无宁处焉"①。所以，我们将 19 世纪中期湖南煤矿的年工作日定为 360 天。

关于这时的湖南煤业，缺乏煤窑数量、矿工人数直接记载，我们尚未获得一个具体样本可以分析。不过，咸丰二年从桂入湘的太平军或许可以提供一些线索。太平军入湘后，将道州、郴州、桂阳、耒阳数以千计的投军煤矿工人编为土营。史籍中称，"于道州、郴、桂等处，尽掳挖煤山人数千，另立土营"②，"自湖南以至南京，遇有城池，则私挖地道，安置地雷，以轰城墙"③。土营展现出优秀坑道作业技能，表明当时湖南矿工有丰富采掘经验，可以推论他们已经成为专业煤矿工人，而不再仅仅是农闲才挖煤的业余矿工，说明我们将其年工作日定为 360 天是合理的。文献没有明确其"数千"具体是多少，如以 3000 人计算这批煤矿工人，按每人日采煤 1000 斤计算，年产量可达 54 万吨。这仅是对道州等 4 地煤矿工人参军者的估计，鉴于湖南全省 70 多个州县中有 50 多个产煤，实际产能必高于此数。我们暂以 54 万吨作为道光三十年湖南煤产量，并不会高估。

四川是煤业大省，清代 130 多个州县有 80 余个产煤。煎盐的大量燃料需求推动了煤业的发展。据陕西按察使严如熤道光二年所著《三省边防备览》，"四川之货殖，最巨者为盐……州县著名产盐者 20 余处"，"煤户用四轮小车推之溪侧"，通过小船运送到灶厂，"井厂所用夫匠、水陆运煤及商贩运背之人"在旺季"日以万计"，"凡产盐之处，未有不产煤者"。④随着木炭资源耗损，井盐业日益改用煤炭，如咸同时户部官员王守基称，"先年煮以薪，道光末年薪少改用石炭"⑤。据记载：道光二十年，邻水县绅士集资开设河坝煤厂；道光二十七年，忠县金竹铺煤厂，以平硐方式开采；同年，资中县大地主曾七万开办天元煤厂、斜井地宝厂，有 300 多名抽水工人、2000 多名挖工、1000 多名砂班和拖工，日产原煤最高达 60 余

---

① 李华：《清代湖南农村的采矿业》，《中国社会经济史研究》1990 年第 2 期。
② 张德坚：《贼情汇纂》卷 4《伪军制·土营》，华文书局，1969 年影印版。
③ 涤浮道人：《金陵杂记》，中国史学会主编《中国近代史资料丛刊·太平天国（四）》，上海人民出版社，1957，第 617 页。
④ 严如熤：《三省边防备览》卷 10《山货》。
⑤ 王守基：《盐法议略》，转引自钟晓钟，祁守华编《中国地方志煤炭史料选辑》，煤炭工业出版社，1990，第 380 页。

吨；道光三十年邻水县有老河湾煤厂；咸丰三年，万县地主陈相甫在方斗山开凿 2 个平硐，日产煤 2 吨。[①] 由此推算，曾七万名下煤矿 2000 名挖工，最高日产 60 吨，则每人每天可采煤 0.03 吨（即 60 斤），我们以此作为当时四川矿工采煤效率。陈相甫名下 2 个平硐，日产煤 2 吨，则每个平硐每天产煤 1 吨。有记载称，荣县煤矿是清代四川较大矿区，清中期受自贡等地盐业带动迅速发展，有 10 多口煤井，专业采煤工人达 200 多人，年产量增加到 2000 多吨。[②] 按每年工作 360 天计算，荣县煤矿平均日产量约 5.6 吨，平均每名矿工日采煤约 56 斤；平均每口煤井有 20 名矿工，每天产煤约 0.56 吨，年产量 200 吨。由此可见，荣县煤矿人均采煤效率与曾七万名下煤矿相当，但规模差距很大。有 200 名采煤工的荣县煤矿已被视为"较大的矿区"，曾七万名下煤矿仅挖工就有 2000 人，所有雇工总数超过 3300 人。

我们将天元煤厂标为四川大型煤矿，年产量 21600 吨；将荣县煤矿记为中型煤矿，年产量 2000 吨；设金竹铺、河坝和老河湾 3 处为小型煤厂，各有 1 个平硐，以咸丰三年方斗山煤厂每平硐日产 1 吨计算，1850 年共产煤 1080 吨。在缺乏更多资料的情况下，我们权将以上 5 处煤厂产量作为道光三十年四川煤业总产量，共计 24680 吨。鉴于四川采煤之广、井盐之发达，这一估值不仅不会高估，还有改善空间。最后，我们将各省的估算汇总，得到 1850 年全国煤产量，约为 1,739,142 吨。

三　铁的总产量

冶铁业包括铁矿开采、生铁冶炼和炼钢三个不同行业。由于资料缺乏，我们不再直接估计铁矿石开采数量，而是在估计生铁和钢铁产量的过程中，从生产原材料角度推求铁矿数量。19 世纪中期的中国仍在沿用传统采铁、炼铁和制钢工艺。冶铁史专家认为，"清代冶铁炉的规模，大体上和明代相同"，技术在"明代末年以后就停滞不前了"[③]。引进西式机器的近代化铁厂迟至中法战争失败之后方才出现，而土法采炼铁方式的运用一

---

① 中国煤炭志编纂委员会编《中国煤炭志·四川卷》，煤炭工业出版社，1997，第 12 页。
② 陈世松、贾大泉编《四川通史》卷 6《清》，四川人民出版社，2010，第 468 页。
③ 杨宽：《中国古代冶铁技术发展史》，上海人民出版社，2004，第 191、307 页。

直持续到新中国初期。以下讨论的一个重要前提即是在这样一个时期内，传统手工土法采、炼生产方式在技术上没有重大革新，其生产效率相当。一般地，铁矿受季节雨水影响难以全年开采提供矿石，铁炉本身也须定期停工维护，所以来华担任地质调查所顾问的瑞典地质学家丁格兰即称："铁炉开炼之每日产额，不能以 360 日乘，而当以 250 日乘之，方得全年之数。"[①]

云南铁产，吴承明认为"乾隆以后呈衰退趋势"[②]。考古学家也认为其"成本高、费工大……发展极为缓慢"[③]。吴其浚于道光二十三年至二十五年曾任云南巡抚，其《滇南矿厂图略》刊于道光二十四、二十五年间，记载当时该省"凡铁厂十有四"，"无闰之年共课银"281.53 两。[④] 这 14 处铁厂名称及课银见于道光《云南通志》。[⑤] 其中水箐厂课银占全省比重最低，为云南总量的 2.74%。这时的云南铁课比例与铁价均尚未见记载，所以无法直接由课银换算产量，须通过生产效率推算。

巫宝三讨论 1933 年中国土铁时，援引 1939 年曹立瀛对云南昆华厂的调查：采铁，该厂有 56 名工人，平均每人年产铁矿 58 吨；炼铁，该厂五岳村大炉"每日产铁 0.7 吨，共有工人 16 人"，由此推算"每人日产 0.04375 吨，年产 13 吨"[⑥]。可知巫宝三按 297 天左右计算生产时间。同时期，王代之多次调查昆明一带几十个土法铁厂。1958 年，黄展岳调查罗次县土法铁厂。据他们调查，"这一带的炼炉形式和冶炼操作方法大致相似"，炼炉俗称"大炉"，高 6 米，每 4 小时出铁一次，连续 24 小时为一"火"，每天需矿砂1440 公斤；初时每次出铁 100～150 公斤，每天出铁 600～900 公斤，逐渐增多；开炉 10 天后，每天出铁量最高可达 1200～1400 公斤，也有因材料、技术不佳一天只出铁 300～400 公斤；大炉一年"大体上是二百多个火"；维护得当则"一个大炉的使用期可以长达一百数十年"[⑦]。比较曹和黄、王的调

---

① 彭泽益：《中国近代手工业史资料》第 2 卷，第 145 页。

② 许涤新、吴承明主编《中国资本主义的萌芽》，第 475 页。

③ 黄展岳、王代之：《云南土法炼铁的调查》，《考古》1962 年第 7 期。

④ 吴其浚：《滇南矿厂图略》，《续修四库全书·史部·政书类》，上海古籍出版社，1996，第 185 页。

⑤ 道光《云南通志》卷 74《矿厂 2·铁厂》，1835 年刻本。

⑥ 巫宝三主编《中国国民所得：一九三三年》下册，中华书局，1947，第 22 页。

⑦ 黄展岳、王代之：《云南土法炼铁的调查》，《考古》1962 年第 7 期。

查，前者日产 0.7 吨仅与后者开炉前 10 天的效率相当。生产时间上，巫宝三按 297 天计，黄、王的调查则是 200 多天。

我们的计算：铁矿石产量按每炉每天用 1.44 吨计；铁炉日产量，取黄、王所述之中值 825 公斤；生产日数，297 天似较多，200 天又略少，取丁格兰 250 天颇为居中；则 1 座铁炉年产生铁 206.25 吨。清代惯例课银与产品数量正相关。已知道光 14 处铁厂中水箐厂课银最少，则其产量、设备也最少，为 1 座铁炉。按其为云南总量 2.74% 推算，云南全省产生铁约 7527 吨，约产铁矿石 13139 吨。

贵州土铁兼用高炉和小炉。据民国《续遵义府志》，道光二十年开挖矿宝林等 3 处铁矿，"设高炉熔冶……不久停息"，但至 1936 年 "高炉犹存"[1]。青溪河一带铁厂从同治十三年开始生产，"生产方法比较原始，一般采用小炉……全部生产过程都由手工操作"；光绪十九年，商人用标炉炼铁，每炉一昼夜平均产 1000 斤左右，一座炼炉有 20 多名冶炼工人。[2] 标炉实为一种土高炉，平均日产量 0.5 吨。又民初遵义苟江乡有 4 座高炉，每天用 4000 余斤铁矿，年产铁 300 吨左右；1929 年，尚稽水浸厂有员工 20 名，每天产铁 7.5 吨，至 1936 年年产量达 100 万斤，"是当时贵州最大的铁厂"；仁怀县茅坝干河沟铁厂 1 座三标炉，旺季有 100 多名技工，一昼夜可炼铁 1.5~2 吨，一年生产 7 个月（210 天），年产量约 300 吨。[3] 那么，苟江 1 座高炉每天要用 0.5 吨铁矿；如果一年生产 210 天，每天生铁产量约为 0.36 吨；生产 1 吨生铁需要大约 1.39 吨铁矿。仁怀三标炉日产量在 1.75 吨左右。水浸厂 20 名工人平均每人每天产铁 0.375 吨，效率是同时代云南昆华炼厂的 8 倍以上，而且 20 名工人一般也不大可能同时工作于一座以上的铁炉，该厂 1 座炼炉单日产量 7.5 吨也超出上述云贵地区各铁炉水准太多，似不足为信。所以，我们选取青溪河标炉 0.5 吨、苟江高炉 0.36 吨、仁怀三标炉 1.75 吨均值 0.87 吨作为贵州铁炉日产量，并且按 1:1.39 的比例估计其每天需要 1.21 吨的铁矿。鸦片战争前，该省有天柱、修文等 11 个府、州、县、厅开采铁矿冶炼。[4] 有可能出现某州县有 1 个以上的铁矿，例如道光二十年《贵阳府志》

---

① 民国《续遵义府志》卷 29《矿产》。
② 林富民主编《贵州矿产开发史略》，西南财经大学出版社，1988，第 121~122 页。
③ 遵义市地方志编纂委员会：《遵义地区志·乡镇企业志》，贵州人民出版社，2003，第 58 页。
④ 周春元等编著《贵州古代史》，贵州人民出版社，1982，第 354~355 页。

记载，"铁，开州木老山、三岔河等处有之"①，或某处厂有 1 座以上铁炉，但由于未见更多具体资料，只能以最低数来假定其各有 1 处铁厂、1 座铁炉。所以，我们按 13 个铁厂、13 座铁炉一年生产 210 天计算，估计 1850 年贵州铁矿产量 3301 吨，生铁产量 2375 吨。

湖南被认为是"地位相当重要"②的产区。丁格兰考察该省长期流行的标炉，1 座可容 6000 余斤矿石，"每日夜可出铁二十三四担（一吨又三四成）"③。可知用 3 吨铁矿，按一担 100 斤计，1 天能出铁 1.15～1.2 吨。我们取 1.15 吨，则产出 1 吨生铁约需 2.61 吨铁矿。据道光《辰溪县志》，湘西辰溪县铁厂"每秋凉时开炉，至次春夏之交为止……计每炉 1 座，所需雇工及挑运脚夫约数十人，10 座则数百人矣"④。可知该县道光时有 10 座铁炉，一年生产秋、冬、春三季。由此以 270 天作为湖南铁炉年生产日数。湘东攸县，清代中期"铁矿供应 48 家铁厂"，咸同年间标炉所炼生铁已居全省前列，最多年产量达 30 万担⑤。30 万担合 1.5 万吨，按 1 座炉一年生产 270 天、1 天出 1.15 吨铁计算，相当于 48～49 座标炉年产量，符合"48 家铁厂"的说法，也说明我们对生产时间和效率的估计合理。咸同时期该县所在地区受战乱影响，其在道光末年水平应不低于此数，所以估计攸县 1850 年有 48 座铁炉。嘉庆五年，巡抚祖之望奏称湖南"产铁之区计 16 州县"⑥。光绪《湖南通志》列举清泉县七里山等 6 处铁矿名称，及桑植、邵阳、武冈、新宁等 17 处产地州县⑦。前述辰溪、攸县合计 58 座铁炉；假定清泉县七里山等 6 处为 6 炉；桑植等 17 州县除邵阳等 3 县外尚有 14 个地区，我们按最低 14 炉计。以上辰溪、清泉、桑植等地合计 78 座铁炉，按每炉每日需 3 吨铁矿、产 1.15 吨生铁、年生产 270 天计算，年产生铁 24219 吨、铁矿 63180 吨。

湖南土钢产自邵阳、武冈、新宁、湘潭四县。据民国实业部统计，邵

---

① 道光《贵阳府志》卷 47《土物》。
② 许涤新、吴承明主编《中国资本主义的萌芽》，第 475 页。
③ 杨宽：《中国古代冶铁技术发展史》，上海人民出版社，2004，第 196 页。
④ 道光《辰溪县志》卷 21《矿厂》。
⑤ 攸县志编纂委员会：《攸县志》，中国文史出版社，1990，第 237 页。
⑥ 朱批奏折，嘉庆五年闰四月初二日湖南巡抚祖之望奏，转引自《清代的矿业》，中华书局，1983，第 502 页。
⑦ 光绪《湖南通志》卷 58《矿厂》；卷 60《物产》。

阳等三县"宝庆大条钢",原料是"当地之矿铁",同治时 20 余家钢坊年产"一万余担"钢条;湘潭用芜湖"苏钢法",以安化县高炉熬版铁为原料,咸丰时有 40 余家苏钢坊。[1] 乾隆时苏钢法从湖广传入四川。据抗战时对四川土钢调查,其炼炉"皆甚小,每日产量不过 200 斤",且"为师者又多半留艺不传",造成"制钢艺术势必退步矣";苏钢法工序之一即炒生铁为熟铁,每炉每次约炒生铁 8 斤,"约损失百分之三四十"[2]。可见,这种工艺每天炒生铁 576 斤,得熟铁 345.6 斤 ~ 403.2 斤(取其平均值 374.4 斤),炼钢 100 斤所用生铁在 153.85 斤以上。清代中后期一套苏钢系统日产应不高于 0.1 吨。

以此观湖南炼钢,按每年 270 天计,每家钢坊年产量 27 吨。又按民国实业部所称,20 余家钢坊年产 10000 余担(合 500 余吨),则平均每家钢坊年产量约 25 吨。我们取 26 吨作为对清代中后期钢坊年产量的估计。所以,邵阳、湘潭等四县咸同年间 60 余家钢坊年产量在 1560 吨以上,邵阳、安化等四县至少须产出生铁 2400 吨、铁矿石 6264 吨。战乱前的道光末年应不在此之下。进而,我们估计湖南 1850 年产铁矿 69444 吨、生铁 26619 吨、钢 1560 吨。

安徽芜湖炼钢在清代中前期非常著名,盛行"苏钢法",以繁昌、当涂的铁矿为原料。从康熙朝至嘉庆朝,仅大型钢坊就从 8 家发展到 18 家,"居市廛治钢业者数十家",产品行销七省,远达山西。[3] 我们以 18 家作为对道光时芜湖炼钢坊数量的估计,效能按湘潭苏钢坊计算,因此估计 1850 年芜湖钢产量为 468 吨,至少需 720 吨生铁、1879 吨铁矿。

四川,据户部尚书科尔坤所题,康熙二十三年开采黄铁山铁矿,"计每人每日可获生铁 3 斤"[4]。乾隆十七年,总督策楞题报,威远县等 2 处铁矿,设 6 座高炉,"每炉 1 座,用夫 9 名,每名每日挖矿 10 斤,煎得生铁 3 斤……惟春冬二季,方可开挖,计每年 6 个月,共 180 日,高炉 6 座,

---

① 实业部国际贸易局编《中国实业志·湖南省》,1935,第 349 ~ 350 页。

② 安朝俊:《四川土法制钢》,《经济部矿冶研究所钢铁汇报》1941 年第 1 期。

③ 杨宽:《中国古代冶铁技术发展史》,上海人民出版社,2004,第 271 页。

④ 户科题本,康熙二十四年十月十七日户部尚书科尔坤等题,转引自《清代的矿业》,第 504 页。

通共用夫 54 名……共挖矿砂 97200 斤……共煎生铁 29160 斤"①。又光绪
《叙州府志》载,乾隆二十六年、二十八年,屏山县李村等 6 乡先后设炉 8
座,"每炉采矿砂丁 9 名,炉夫 1 名,厢煽夫 2 名,共计夫丁 96 名,除承
值炉厢夫 24 名不能采矿外,实得砂丁 72 名,每丁约获矿砂 10 斤,每日可
获矿砂 720 斤,每砂 10 斤煎获生铁 3 斤,每日共煎生铁 216 斤……所有春
冬二季共 180 日,所获矿砂 129600 斤,实煎生铁 38880 斤"②。道光四年,
户部尚书英和题准,在奉节县喜纱溪开设铁厂,"设炉 2 座,每炉 1 座用
夫 9 名……每名每日获矿砂 10 斤,煎生铁 3 斤……春冬二季计 180 日"③。
同治《钦定户部则例》载四川铁矿,除前述威远、屏山等外,还有珙县 2
处、江油县 2 处、峨眉县跳金河、平武县潮阳坝(3 炉)、洪雅县山梯党
(1 炉)、老林沟(1 炉)、奉节县茂林溪(2 炉)。④ 平武、洪雅、奉节均为
"每炉 1 座,用夫 9 名……夏秋二季雨水浸硐不能采取";平武矿工"每名
日挖矿砂 15 斤,煎获生铁 4 斤 8 两";洪雅、奉节矿工"每日获矿砂 10
斤,煎获生铁 3 斤"⑤。可见从康熙朝至同治朝,200 年间四川采炼铁技术
水准大体相当,这也印证了我们的讨论前提。所以,四川 1 座铁炉需 9 名
矿工提供矿砂,每天产生铁 0.0135 吨,每出 1 吨生铁约需 3.33 吨铁矿,1
年生产 180 天产铁 2.43 吨、用矿约 8 吨。

按嘉庆《钦定大清会典事例》,嘉庆十七年户部统计,四川铁厂为江
油县 2 处、屏山县 6 处、洪雅县 2 处、奉节县 2 处、峨眉县跳金河、建昌
镇黄铁山。⑥ 吴承明援引文献称,"黄铁山有铁炉 54 座"⑦,但该铁矿开采
始于康熙朝,年代太早,且有文献称黄铁山"铁炉 6 座……至乾隆三十八
年停闭"⑧,所以不将其纳入计算。按《清实录》,珙县铁厂在乾隆三十年

① 彭泽益:《中国近代手工业史资料》第 1 卷,第 315 页。
② 彭泽益:《中国近代手工业史资料》第 1 卷,第 315 页。
③ 中国第一历史档案馆藏题本,道光四年四月二十五日户部尚书英和题为遵议四川奉节县开采铁矿照例抽税事。
④ 同治《钦定户部则例》卷 42《关税五》。
⑤ 同治《钦定户部则例》卷 42《关税五》。
⑥ 嘉庆《钦定大清会典事例》卷 194《户部 67·杂赋·铜铁锡铅矿课》。
⑦ 许涤新、吴承明主编《中国资本主义的萌芽》,第 474 页。
⑧ 四川省地方志编纂委员会:《四川省志·文物志》上,四川人民出版社,1999,第 177 页。

以前、江油铁厂在乾隆三十年已经开设；① 洪雅铁厂为乾隆五十六年题准开采。② 整理统计以上所述各厂（资料未说明铁炉配置的上罗基、洪养坝等 6 厂按各 1 炉计算），估计 1850 年四川有 20 处铁厂、30 座铁炉，产生铁 73 吨，用铁矿 243 吨。

广东被认为拥有"鸦片战争前清代最先进的炼铁炉"，"是清代冶铁最发达的地区"③，但仍用明代遗留技术。由明末清初学者屈大均对这种炼炉的描述④可知，这种大型高炉有千余人为其服务，日产量达 3600 斤，合 1.8 吨；开炉三季，按 270 天计，一年可产铁 486 吨。另有小型土炉，"以生铁团之入炉……炒铁之肆……一肆数十砧，一砧有十余人，是为小炉"⑤。显然，大炉和土炉相差甚远。据总督卢坤介绍，大炉用途是"在山采矿，煽生"，由"藩司每年征饷银五十三两"，土炉则是"贩生炒熟，收旧铸新"，由"运司每年征饷银五两三钱"⑥。大炉用铁矿炼生铁，供应佛山等地制造铁器；土炉用废生铁炼熟铁，用于农具制作，面向当地市场。由于缺乏广东土炉性能资料，而其税额是大炉 10%，所以估计土炉产量也是大炉的 10%，即一天 0.18 吨、一年 48.6 吨。

广东铁矿清代中期逐渐枯竭，铁炉在乾隆后期大量减少，且多因矿尽停闭。⑦ 按《钦定大清会典事例》记载，嘉庆十七年广东从化等 14 州县有铁炉 20 座。⑧ 李龙潜统计道光年间，广东有 18 个州县设有"铁冶工场"，共 18 座铁炉；14 县有"铁冶作坊"，共 28 座土炉，共计 46 座炉。⑨ 邓开颂统计道光年间，罗定等 10 县有 25 座铁炉，清远等 13 县有 17 座土炉，二共 42 座炉。⑩ 这两种统计我们取其较多者。由于缺乏广东高炉原料使用

① 《清高宗实录》卷 728，乾隆三十年二月戊子。
② 《清高宗实录》卷 1373，乾隆五十六年二月丙寅。
③ 许涤新、吴承明主编《中国资本主义的萌芽》，第 471 页。
④ 屈大均：《广东新语》卷 15，中华书局，1985，第 409 页。
⑤ 屈大均：《广东新语》卷 15，中华书局，1985，第 409 页。
⑥ 中国第一历史档案馆藏朱批奏折，道光十四年正月二十日两广总督卢坤奏为遵旨讯明惠州协左营守备周戴清尚非勒规索扰并详查铁禁章程分别酌核议拟事。
⑦ 许涤新、吴承明主编《中国资本主义的萌芽》，第 473 页。
⑧ 光绪《钦定大清会典事例》卷 244《户部 93·杂赋 3》。
⑨ 李龙潜：《清代前期广东采矿、冶铸业中的资本主义萌芽》，《学术研究》1979 年第 5 期。
⑩ 邓开颂：《明至清代前期广东铁矿产地和冶炉分布的统计》，《学术论文选 1979～1982·历史学》上卷，广东省社会科学院，1983，第 182～187 页。

资料，所以我们参照湖南铁炉 1∶2.61 的比例，再考虑广东技术较先进，估计广东高炉产 1 吨生铁约需 2 吨铁矿。因此，估计 1850 年广东共 53 座炼炉，其中 25 座铁炉年产生铁 12150 吨，使用 24300 吨铁矿，28 座土炉年产熟铁 1361 吨。

广西被视为"清代新兴的一个铁产区"①。据嘉庆六年《广西通志》介绍，当时广西有 18 处铁厂、35 座铁炉，按每座铁炉每年缴纳 10 两税银，每年共需纳税银 350 两。② 嘉庆十七年，户部统计广西"桂林等府州县"铁炉数量达 42 座。③ 据巡抚郑祖琛所题，道光二十六年兴安等 14 州县"共设铁炉、土炉五十七座"④。又据大学士潘世恩所题，灵川县"前因采矿稀少、封闭多年"的白水岭铁厂在道光二十七年获准重新开采，设炉 2 座。⑤ 所以，我们认为广西在道光三十年有 59 座炼炉。郑祖琛特别区分"铁炉"和"土炉"，说明当时广西铁厂使用两种形式炼炉。同时在档案中，我们发现一个关于广西铁厂炼炉配置的案例。道光二十五年，巡抚周之琦题称，兴业县民刘元隆开采松尾塘一带铁砂，在泗水江开设铁炉 1 座，在车地坪开设土炉 1 座，缴纳铁炉炉税 20 两。⑥ 由此可知，刘元隆 1 家铁厂由松尾塘 1 处铁矿、泗水江 1 座铁炉和车地坪 1 座土炉构成；铁炉、土炉纳税标准相同，并不因性能差异而不同。前述嘉庆六年广西的 18 厂 35 炉，平均数值也基本符合 1 厂 2 炉。所以，我们估计道光三十年，广西 59 座炼炉为 29 座铁炉、30 座土炉。

按《钦定户部则例》规定，一方面，广西"有运铁赴广东销售者"须到运司衙门"纳税给领旗票"；另一方面，"开设土炉，收买废铁，铸造锅头、农具，就地发卖"⑦。这样，广西铁炉、土炉分工类似广东大炉、土

① 许涤新、吴承明主编《中国资本主义的萌芽》，第 474 页。
② 嘉庆《广西通志》卷 161《经政略 11·榷税》。
③ 光绪《钦定大清会典事例》卷 244《户部 93·杂赋 3》。
④ 中国第一历史档案馆藏题本，道光二十八年四月十九日大学士管理户部事务潘世恩题为遵查广西省报销道光二十六年份银铅锡铁矿厂抽收课税银两事。
⑤ 中国第一历史档案馆藏题本，道光二十七年九月十六日大学士管理户部事务潘世恩题为遵议广西省灵川县属白水岭铁厂矿砂渐旺准其开采输纳税银事。
⑥ 中国第一历史档案馆藏题本，道光二十五年三月二十一日广西巡抚周之琦题为请准广西郁林州兴业县民刘元隆开采松尾塘一带铁矿事。
⑦ 同治《钦定户部则例》卷 42《关税 5》。

炉。我们尚未见到任何资料明确记载清代广西炼铁炉性能。考虑地域和技术因素，我们将广西铁炉比照湖南高炉，将广西土炉比照广东土炉。估计1850年广西29座铁炉产生铁约9005吨，使用铁矿约23490吨，30座土炉产熟铁约1458吨。

山西用坩埚和煤炼铁。1957年，范百胜用现代冶金学解读这种坩埚，其每出1吨铁，约用无烟煤2.67吨、铁矿石2.22吨。[①] 1870年，李希霍芬考察山西，估计山西产铁16.2万吨。[②] 1898年，英国人宿克来专门调查山西铁矿，得知盂县铁炉每年做工250天，每炉每天炼铁500斤，60座铁炉年产0.45万吨；平定250座铁炉，每炉产500斤，共1.8万吨；加上长治等6地，合计山西每年产铁50248吨。[③] 丁格兰认为，1870年至1898年间山西铁业已经衰退，另外"铁炉产额冬夏不一，李希霍芬氏以最旺之时，统概全年"，计算方法有误，将李氏估值修正为"125000至130000吨"，认为"此当为当时产铁之数"[④]。

由宿克来调查可知，1898年山西铁炉每天的产量为500斤，每年运作250天。其所用比例为1吨合1667斤，我们按1吨合2000斤改算，则每炉每天产500斤合0.25吨。先以宿克来所估山西产量50248吨与盂县60座铁炉产量4500吨计算，那么1898年晋城应有54座铁炉，山西应有670座铁炉。类似地分析丁格兰估值，则1870年晋城应有667座铁炉，山西应有1667～1734座铁炉。按1吨合2000斤、每炉每天产0.25吨、一年生产250天计算，山西铁1870年产量为104188～108375吨（平均值约为106281吨，不含晋城为64594吨），1898年产量为41875吨（不含晋城为38500吨）。

如丁格兰所述，同治朝至光绪朝，山西铁业已经衰退，而其鼎盛在道光朝。民国实业部即称，晋城炼铁业"在前清道光年间，其业甚为发达，全县炉数，计千余座之多。光绪初年，民遭大祲，地方凋弊，炉数顿减过

---

① 范百胜：《山西晋城坩埚炼铁调查报告》，《科技史文集》第13辑《金属史专辑》，上海科学技术出版社，1985，第143页。
② 彭泽益：《中国近代手工业史资料》第2卷，第144页。
③ 彭泽益：《中国近代手工业史资料》第2卷，第144页。
④ 彭泽益：《中国近代手工业史资料》第2卷，第145页。

半"，熟铁炉业"在道光年间，全县炉数约计百余座，光绪初年，顿减半数"①。据此，1850 年仅晋城一县生铁产量就有 68750 吨，也可由此推断全省铁炉量和产量必高于 1870 年。为不高估 1850 年全省产量，我们以 1850 年晋城产量与 1870 年其他地区产量之和作为 1850 年山西产量估计，即产铁 133344 吨，须用铁矿 296023 吨、无烟煤 356028 吨。

陕西，巡抚卢坤②和道光《宁陕厅志》③ 所记铁厂共 27 处。吴承明估计"其小厂有炉 3～4 座，大厂倍之，平均每厂按 4 座计，约有炉 100 余座……每炉日产 700 斤，每年生产按 180 天计，每炉年产量 126000 斤，总计 100 炉年产共约 1200 余万斤"④。我们借用这一方法和结果。鉴于地理和技术因素，陕西铁炉的消耗铁矿比例我们参照四川，估计每出 1 吨生铁约需 3 吨铁矿，所以 1850 年陕西铁产量 6000 吨，需铁矿 18000 吨。

江西，按同治《钦定户部则例》统计，上犹等 3 县 6 处铁厂，"每铁百斤抽课二十斤，每斤折银一分"；长宁县双桥堡 1 厂，"设炉四座，除修炉停歇等日外，每日熔铁一千二百斤，折纳税银二两四钱"⑤。据乾隆四十年巡抚海成所奏，长宁县围子坳厂由 2 处铁矿供应原料，设 4 座铁炉，"试熔每砂百斤可得铁五十斤，每炉每日可熔砂六百斤，四炉共可熔砂二千四百斤，出铁一千二百斤"⑥。可见，江西铁炉从乾隆朝至同治朝效率均为每座日产铁 300 斤，合 0.15 吨，产 1 吨生铁需矿 2 吨。其铁矿来源不是山中石，而是水中砂，如总督高晋、巡抚海成乾隆四十年所奏，"每遇春夏雨水时，行流积溪涧，设厂召商，收砂熔铁"⑦。那么，江西铁厂工作春夏两季，一年生产 180 天，1 炉年产铁 27 吨，需矿砂 54 吨。按《钦定大清会典事例》，嘉庆十七年，上犹、长宁、兴国三县铁税共 2920 两银，⑧按每斤铁折银 0.01 两，其铁税相当于 29.2 万斤铁价；按每百斤铁抽课

---

① 彭泽益：《中国近代手工业史资料》第 2 卷，第 144 页。
② 彭泽益：《中国近代手工业史资料》第 1 卷，第 315 页。
③ 彭泽益：《中国近代手工业史资料》第 1 卷，第 315 页。
④ 许涤新、吴承明主编《中国资本主义的萌芽》，第 473 页。
⑤ 同治《钦定户部则例》卷 42《关税 5》。
⑥ 朱批奏折，乾隆四十年十月十四日江西巡抚海成奏，转引自《清代的矿业》，第 507 页。
⑦ 朱批奏折，乾隆四十年八月初二日两江总督高晋、江西巡抚海成奏，转引自《清代的矿业》，第 506 页。
⑧ 嘉庆《钦定大清会典事例》卷 194《户部 67·杂赋·铜铁锡铅矿课》。

20%，其总量应为146万斤，合730吨。按一年做工180天计算，生产730吨铁需27座铁炉。所以，嘉庆十七年江西应有6处铁厂、27座铁炉。我们按同治《钦定户部则例》，估计1850年江西有7处铁厂、31座铁炉，产铁837吨，用矿1674吨，铁税3348两银。

福建，按《钦定大清会典事例》，嘉庆十七年每年须缴铁税银228.5595两，[①] 按同治《钦定户部则例》每年"额征铁炉课银"共208.558两。[②] 由于缺乏更多资料，不妨这样尝试：取嘉庆朝铁税228.5595两与同治朝208.558两的中值218.55875两，将此数记为道光时期福建铁税，再以此数结合邻省江西同期3348两铁税银、837吨产量，按比例推算，道光时期福建铁产量约为55吨，约用铁矿109吨。

最后，我们将上述各省产量相加，得到1850年全国铁矿石产量约451，548吨，生铁198，759吨，钢2，028吨。

四　金的总产量

清代，各地所产黄金大多解交内务府，供应宫中。根据我们考察，19世纪中期纳入官方统计的金厂主要分布于云南、甘肃和新疆。云南黄金开发历史悠久，但清代其规模反不如元、明。《滇南矿厂图略》对于"我朝初课金七十余两，递减至二十八两余"的解释则是"深仁厚泽，迥迈前古"[③]。按吴其濬所述，当时云南设有麻姑、金沙江、麻康和黄草坝4处金厂，于嘉庆十五年设定了28.8653两的额课金，其中麻姑厂和金沙江厂按生产工具"床"计收课金，黄草坝厂按塘口抽收课金，只有麻康厂按"每金一两，抽课金二钱"的方式计算。[④] 我们在巡抚张亮基关于题销该省道光三十年各矿厂抽课情况的档案中发现，这4处金厂当年共收获课金28.8653两，达到定额。[⑤] 其中，麻康厂课金占全省总量的38.8%，道光三十年收获课金为11.2两，课金为产量的20%，则产量为56两。如前所

---

① 嘉庆《钦定大清会典事例》卷194《户部67·杂赋·铜铁锡铅矿课》。
② 同治《钦定户部则例》卷42《关税5》。
③ 吴其濬：《滇南矿厂图略》卷2，第183页。
④ 吴其濬：《滇南矿厂图略》卷2，第183页。
⑤ 中国第一历史档案馆藏本，咸丰元年十二月初四日云南巡抚张亮基题请核销滇省道光三十年份各金厂抽收厂课等银事。

述，清代矿业惯例抽课与产品数量正相关，所以由麻康厂课金与云南总量比重，估计道光三十年云南金厂产量为 144 两。

道光后期甘肃金厂尚在开采者，可确知的有沙州和马莲井 2 处。据《清高宗实录》所载，沙州厂开于乾隆五十一年，当时"敦煌县沙州南北二山，深崖邃壑，每有金沙搀杂土内，无业贫民潜往偷挖"①。总督福康安认为，与其留下"日久滋衅"的隐患，还不如"明立官厂……俟春夏之交，给票入山，按乌鲁木齐开设金厂例"②，获准施行。台湾"中央研究院"历史语言研究所藏移会档案显示，至道光十五年，总督杨遇春以该厂"开采年久，砂微课短"为由，奏准"于沙州老厂原设额夫一千名内，裁减五百名"，移至马莲井开设新厂，"将每岁应征课金一百九十八两责令新旧两厂各半承纳"③。这一水平此后下滑。中国第一历史档案馆所藏奏折档案表明，从道光二十二年至咸丰三年，总管内务府每年奏报陕甘总督解交来的沙、马二厂课金时，均声称其数目为正课金 144 两、撒散金 14.4 两，合计 158.4 两。④ 所以我们认为，道光三十年甘肃官厂的课金数量为 158.4两。按《钦定大清会典事例》，"沙州金厂每夫每月交课金三分"⑤，并不直接与产量挂钩。我们参照云南麻康厂的标准计算，估计道光三十年甘肃官金厂产量为 792 两。

新疆，道光后期可考官厂有 3 处，即库尔喀喇乌苏属奎屯厂、济尔噶浪厂和塔尔巴哈台属达尔达木图厂。据总管内务府奏报，奎、济二厂道光二十三年冬至二十六年春的课金，道光二十九年才解交到京，共计 71.1两。⑥ 可知在这 30 个月中，该二厂平均每月收课金 2.37 两。由于尚未发现此后该二厂课金资料，我们以此为基础推算其在道光三十年的课金：道

①　《清高宗实录》卷 1253，乾隆五十一年四月戊戌。

②　《清高宗实录》卷 1253，乾隆五十一年四月戊戌。

③　台湾"中央研究院"历史语言研究所明清档案工作室藏：道光十五年二月移会稽察房户部议覆应如陕甘总督所奏在甘肃敦煌县沙州金厂原设额夫一千名内裁减五百名移至安西州属马莲井地方新厂试采，编号：127436，http://catalog. digitalarchives. tw/item/00/28/3f/6b. html。

④　中国第一历史档案馆藏奏折，咸丰五年三月十二日总管内务府（广储司）奏为陕甘总督解交课金事。

⑤　光绪《钦定大清会典事例》卷 243《户部 92·杂赋 2》。

⑥　中国第一历史档案馆藏奏折，道光二十九年二月初四日总管内务府（广储司）奏为乌鲁木齐解交课金事。

光三十年不含闰为 12 个月，则该二厂当年课金为 28.44 两。达尔达木图厂为嘉庆十九年将军松筠奏准开办，课金年终送往镇迪道库，最后解交内务府。① 据塔尔巴哈台参赞大臣成凯奏报，该厂于道光二十八年有 245 名"刨夫"，征收课金 88.2 两。② 所以，估计道光三十年新疆 3 处官厂课金为 116.64 两。按光绪《钦定大清会典事例》，乌鲁木齐各金厂抽课方式也是"每夫每月交课金三分"③。我们也只能继续参照云南麻康厂标准计算，以 116.64 两课金与 20% 比例，推算 3 处官厂产量约为 583 两。

黄金还是新疆赋税的一种。按《钦定大清会典事例》，喀什噶尔、叶尔羌、和阗等地的"贡黄金"定额共 157.7 两，先后在乾隆五十七年、嘉庆四年改为折收布匹。④《新疆图志》称，"新疆金矿最著者莫若于阗"⑤。据同治《钦定户部则例》记载，"和阗开采金砂六处，每年交课金二百两。续获产金之噶尔等六处，每年交课金三百两。二共收课金五百两"，与他处不同，这些课金留在当地"抵作和阗经费银四千两"⑥。相关文献没有给出和阗 6 处旧金场的起始年代。根据咸丰八年和阗办事大臣培成奏报，这6 处旧场是前任大臣麟翔派 500 户回民开采的，⑦ 而麟翔在咸丰三年至五年担任这一职务，所以这些金场应该都是在咸丰初年开始开采。

《新疆图志》又称，和阗之后，"其次为塔城喀图山金矿，承平之时列厂千区，矿丁数万，嘉道年间内地之商民聚此挖金者几数万人，立有旧厂十区"，直到同治朝塔城回民起义，"矿夫四散"⑧。所谓"列厂千区"似显过多，而即便是"矿丁数万""旧厂十区"，也远超过前述各官厂与回民金场规模。我们尚未能从档案中寻获对喀图山金矿征课记载，但按常理，官府不可能放弃如此可观的收入，更何况是在急需广开财源的 19 世纪中

---

① 军机处录副奏折：嘉庆十九年七月二十四日松筠，转引自《清代的矿业》，第 534 页。
② 中国第一历史档案馆藏奏折，咸丰五年三月十二日总管内务府（广储司）奏为陕甘总督解交课金事。
③ 光绪《钦定大清会典事例》卷 243《户部 92·杂赋 2》。
④ 光绪《钦定大清会典事例》卷 163《户部 12·新疆赋税》。
⑤ 光绪《新疆图志》卷 29《实业 2》。
⑥ 同治《钦定户部则例》卷 42《关税 5·金厂征课》。
⑦ 中国第一历史档案馆藏：朱批奏折，咸丰八年正月二十七日和阗办事大臣培成奏为遵照部议查明皮噶尔等金厂课金变价各情形事。
⑧ 光绪《新疆图志》卷 29《实业 2》。

期。由于新疆课金按"刨夫"人数征收，我们从前述达尔达木图厂 245 名"刨夫"、征收课金 88.2 两和估计道光三十年 3 处官厂课金 116.64 两，可以推知道光三十年达尔达木图等 3 处官厂矿工人数为 324 人。《新疆图志》所言"矿丁数万"，即使按最低 20000 人估计，那么按比例推算，对喀图山金矿每年征收的课金也应有 7200 两的水平。照云南麻康厂 20% 的课金标准计算，则其年产量可达 36000 两。喀图山被《新疆图志》称为"其次"，那么作为"新疆金矿最著"的和阗产量按理不应低于喀图山，但则例所载的和阗 500 两课金与我们对喀图山的推算相差甚多。《新疆图志》所载光绪十三年时，"统计于阗每年采获之金砂不下五六千两"[1]，这与喀图山还是相差较大。由于缺乏更多资料，只能假定和阗黄金产量至少与喀图山相当，合计新疆官厂产量 583 两、喀图山与和阗两处金矿产量 72000两，共 72583 两。

此外，西藏由于特殊环境，所产黄金主要供应地方宗教领袖和处理相关事务的花费。例如，康熙朝时建成的五世达赖灵塔所用包裹金皮耗费黄金多达 11.9 万两。据任新建研究，扎什伦布寺在其所管地区每年收税金100 两，黄金年产量大约为 1000 两。[2] 以上云南、甘肃、新疆、西藏黄金产量合计为 74，519 两，作为 1850 年全国黄金总产量的估计。

五　银的总产量

对于 19 世纪中期中国的白银，魏源在道光二十六年《圣武记》中这样判断，"今则…银之出于开采者十之三四，而来自番舶者十之六七"[3]。根据我们考察，这一时期见于官方记载的白银生产，分布在广东、广西、贵州、四川和云南。

广东银厂，按同治《钦定户部则例》所载，除"广州等处银矿"外，"香山县桑枝林、大湾、二湾，镇平县新山岰，丰顺县李树湾、东角边，大埔县大青村、打禾坪"为"铅矿内银屑"，抽税标准为每两银抽正课0.45 两、公费 0.1 两。[4] 此外，光绪《钦定大清会典事例》还记有永安县

---

① 光绪《新疆图志》卷 29《实业 2》。
② 任新建：《雪域黄金：西藏黄金的历史与地理》，巴蜀书社，2003，第 91 页。
③ 魏源：《圣武记》卷 14《军储篇 1》，中华书局，1984 年影印本，第 555 页。
④ 同治《钦定户部则例》卷 42《关税 5·银矿征课》。

粗石坑、丰顺县双山崍、嘉应县大禾坪等矿。① 按照这两部典籍的体例，载列这些矿厂并不一定等于编修时这些矿厂仍在产，例如粗石坑厂早在乾隆二十四年即已封闭。② 关于 19 世纪中期广东银矿，我们目前所见材料，时间上最贴近、内容最具体的是两份题本档案，分别为广东巡抚叶名琛奏报道光二十八年桑枝林等处银铅各厂煎出银 105.68 两、③ 广东巡抚柏贵奏报咸丰元年桑枝林等处银铅各厂煎出银 114.82 两。④ 这两份档案都只记"桑枝林等处"各厂，没有开列更多厂名。由于欠缺更多资料，我们只能认为此处"各厂"就是当时广东所有银矿厂，将道光二十八年、咸丰元年平均数 110 两，估计为道光三十年广东白银的产量。

广西，道光二十四年巡抚周之琦奏称："银厂现在仅存三处，每年共抽正课银四五百两不等，为数寥寥。"⑤ 这三处银厂的名称见于道光帝的上谕，"现存蕉木、南丹、挂红三厂，抽课无多"⑥。蕉木厂即贺县蕉木山厂，由"铅炼银"⑦，道光二十四年至二十五年间因"开采年久，峒老山空，砂绝水淹"，经反复实地勘察，"屋宇、炉座均已坍塌无存"，确实"不能采办"，题请封闭。⑧ 虽然我们尚未找到该厂正式封闭的确切年代，但显然该厂已无生产能力。道光三十年时的广西白银产量尚未发现有直接记载，须通过抽收比例推算。在大学士管理户部事务祁寯藻察核广西银厂道光三十年抽收撒散银两情况的题本中可以看到，南丹、挂红二厂该年分别抽收撒散银 58.506 两、38.604 两，"户部按册核算数目相符"⑨。按同治《钦定户部则例》，南丹厂每银 1 两抽正课 0.15 两、撒散 0.03 两，挂红厂每两抽

① 光绪《钦定大清会典事例》卷 243《户部 92·杂赋 2》。
② 光绪《钦定大清会典事例》卷 243《户部 92·杂赋 2》。
③ 中国第一历史档案馆藏题本，道光三十年八月十五日大学士管理户部事务卓秉恬题为遵察广东省题销桑枝林等厂抽收课铅银两数目事。
④ 中国第一历史档案馆藏题本，咸丰五年十月初四日广东巡抚柏贵题报香山县各铅厂咸丰二年份抽收课费铅银支销数目事。
⑤ 《清宣宗实录》卷 406，道光二十四年六月戊午。
⑥ 《清宣宗实录》卷 406，道光二十四年六月戊午。
⑦ 同治《钦定户部则例》卷 42《关税 5·银矿征课》。
⑧ 中国第一历史档案馆藏题本，道光二十五年六月二十九日广西巡抚周之琦题报道光二十四年份广西省各矿厂抽收税课银两数目事。
⑨ 中国第一历史档案馆藏题本，咸丰二年十月初四日大学士管理户部事务祁寯藻题为遵旨察核广西省银锡厂道光三十年份抽收撒散银两锡斤及锡斤变价银两事。

正课 0.2 两、撒散 0.04 两①，而大学士管理户部事务潘世恩在察核道光二十六年广西矿厂抽收课税的题本中却援引了这样的标准，"查广西各厂每银一两抽课银二钱、撒散四分"②，没有厂与厂的差异。两相比较，后者时间上更为贴近，又为实际运作所采用，所以我们选择按每两银抽正课 0.2 两、撒散 0.04 两计算，可得道光三十年南丹厂正课银 292.53 两、产银 1462.65 两，挂红厂正课银 193.02 两、产银 965.1 两，合计正课银 485.55 两（与前述道光二十四年周之琦的奏报相当），则当年广西白银产量约为 2428 两。

贵州这时并无专门银厂，所产白银为黑铅厂副产品。如巡抚贺长龄在道光二十四年奏称，"黔省……向不产银，非滇旧有银矿者可比……现在贵西道每年解部银课系威宁等属柞子、硃硴磉、猓布戛三处铅厂煎炼黑铅中之零碎铅砂"，这些白银"向按四成抽课，并无定额"，产量随铅产量变化而变化，"砂旺之时解课千有余两"，但是"近来硐老山空，铅斤短绌"，所以"解课减五百数十两"③。此后的情形，据巡抚乔用迁道光三十年题报，从道光二十九年四月至三十年三月，连闰 13 个月，柞子、硃硴磉、猓布戛 3 厂，"各炉户共煎出银" 1058.4 两④。此为道光三十年贵州白银的产量。

四川白银产炼则由铜厂和铅厂承担。按同治《钦定户部则例》，该省甲子夸、豹子沟、沙沟、紫古咧"铜矿内银砂每银一两抽正课银" 0.2 两、耗银 0.045 两。⑤ 其中，沙沟和紫古咧早已于乾隆四十九年封闭。⑥ 甲子夸、豹子沟二厂，据总督裕瑞题报，道光二十九年连闰 13 个月，"共煎获银" 654.2 两。⑦ 沙鸡铅厂，遵循"每出银一两抽课银二钱，另收耗银四

---

① 同治《钦定户部则例》卷 42《关税 5·银矿征课》。
② 中国第一历史档案馆藏题本，道光二十八年四月十九日大学士管理户部事务潘世恩题为遵查广西省报销道光二十六年份银铅锡铁矿厂抽收课税银两事。
③ 中国第一历史档案馆藏：录副奏折，道光二十四年八月二十五日贵州巡抚贺长龄奏为查无银矿事。
④ 中国第一历史档案馆藏题本，道光三十年十一月十二日贵州巡抚乔用迁题报道光二十九年四月至三十年三月柞子等厂抽收课铅管收除在各数事。
⑤ 同治《钦定户部则例》卷 42《关税 5·银矿征课》。
⑥ 光绪《钦定大清会典事例》卷 243《户部 92·杂赋 2》。
⑦ 中国第一历史档案馆藏题本，咸丰五年二月初四日大学士管理户部事务贾桢题为遵察四川省题报道光二十九年份甲子夸豹子沟二厂抽收课耗铜斤银两数目事。

分五厘"定例，① 即课耗银比例为 24.5%。据大学士管理户部事务潘世恩所题，该厂于道光二十七年抽收课耗银 62.666 两。② 由此可得沙鸡铅厂该年白银产量约为 255.78 两。狮子山铅厂，据裕瑞题报，咸丰元年连闰，该厂"煎获银"368.88 两。③ 除此我们尚未看到有这一时期其他铜铅厂的产银记载，所以，我们将以上四厂的产量之和 1279 两估为道光三十年四川的白银产量。

云南被普遍认为是清代白银重要的产地，"在中国各地的银矿生产中……长期占有特别重要的地位"④。据吴其浚介绍，当时云南银厂可分为 4 类：首先是安南等 15 厂，于嘉庆十六年设定，有年额课银 24114.3 两；其次是白羊、太和、角麟 3 厂，不设定额；然后是悉宜厂，由土司管理，每年额课银 800 两，闰年加 66 两；最后是东升等 7 处子厂，"尽收尽解，抵补各厂缺额"⑤。咸丰元年，巡抚张亮基在题请核销云南各厂抽收课银情况的题本中给我们留下了上述各银厂道光三十年的具体抽课数字。⑥ 在此，我们用张亮基留下的各厂抽课数量，分别除以吴其浚《滇南矿厂图略》中记载的各厂抽课比例，得到道光三十年云南的白银产量，见表 1。

表 1　1850 年云南各银厂产量估算（单位：银两）

厂名	抽课银 比例	收撒散 比例	报收课银	占课银 总比	产量推算
安南	15%	3%	2,522.24	9.69%	16,814.95
马龙	22%		516.13	1.98%	2,346.06
土革喇	18%		20.46	0.08%	113.68

① 中国第一历史档案馆藏题本，道光二十四年十二月十二日大学士管理户部事务潘世恩题为遵察川省沙鸡厂道光二十二年份抽收课耗银铅各数事。
② 中国第一历史档案馆藏题本，道光二十九年十月二十二日大学士管理户部事务潘世恩题为遵查四川省沙鸡厂道光二十七年份收买余铅运省局铅等项用过价脚等项银两数目事。
③ 中国第一历史档案馆藏题本，咸丰三年十二月初十日大学士管理户部事务祁寯藻题为遵察四川省狮子山咸丰元年份连闰抽收课耗银铅报销事。
④ 全汉升：《明清时代云南的银课与银产额》，《中国经济史研究》第 2 册，稻乡出版社，1991，第 626 页。
⑤ 吴其浚：《滇南矿厂图略》卷 2，第 181~183 页。
⑥ 中国第一历史档案馆藏题本，咸丰元年十二月初四日云南巡抚张亮基题请核销滇省道光三十年份各金厂抽收厂课等银事。

续表

厂名	抽课银 比例	收撒散 比例	报收课银	占课银 总比	产量推算
金沙江	15%	3%	1,199.63	4.61%	7,997.55
摸黑	15%	3%	51.11	0.20%	340.75
三道沟	10%		4.88	0.02%	48.79
石羊	20%	10%	5.55	0.02%	27.73
个旧	15%	3%	2,306.14	8.86%	15,374.28
乐马	15%	3%	6,353.52	24.42%	42,356.83
永盛	33%		217.33	0.84%	658.58
金牛	15%	3%	289.81	1.11%	1,932.09
湧金	15%	3%	506.86	1.95%	3,379.09
棉华地	15%	3%	5,106.36	19.63%	34,042.39
铜厂坡	15%	3%	1,119.40	4.30%	7,462.65
迴龙	15%	3%	3,894.86	14.97%	25,965.73
各子厂	15%	3%	1,306.79	5.02%	8,711.95
白羊	15%	3%	411.39	1.58%	2,742.62
太和	15%	3%	18.47	0.07%	123.11
角麟	15%	3%	167.89	0.65%	1,119.27
合计			26,018.84	100.00%	171,558.11

资料来源：中国第一历史档案馆藏题本，咸丰元年十二月初四日云南巡抚张亮基题请核销滇省道光三十年份各金厂抽收厂课等银事；吴其浚：《滇南矿厂图略》卷 2《银厂第二》，《续修四库全书·史部·政书类》，上海古籍出版社，1996，第 181~183 页。

　　需要指出的是，马龙厂按矿石每 1 石抽课 2 斗 2 升、矿土每 10 箕抽课 2 箕 2 合征收，这里将其转化为 22%；永盛厂按每 3 桶矿抽课 1 桶征收，这里将其转化为 33%；三道沟厂按每 100 斤朱砂抽课 10 斤征收，这里将其转化为 10%；石羊厂除每两银抽正课 2 钱外，矿渣煎炼每两银抽课 1 钱，我们将其归入撒散比例计算；各子厂的抽课标准互相略有不同，如东升厂为 13.5%，矿山厂按每 1000 文钱抽课 180 文合 18%，白达母厂抽课银 15%、撒散 3%，这里将其统一估计为课银 15%、撒散 3% 计算。至于悉宜厂，据张亮基所题，该厂年额课银因故已经减半为 400 两，但当年的课银仍未解交，也没有汇总入各厂报解课银总数，[1] 所以我们暂且不计入表1。如表1所示，我们推算道光三十年云南银厂产量约为171558两。

合计以上各省，估计道光三十年全国白银总产量约176,433两。

六 铜的总产量

根据我们掌握的材料，19世纪中期中国铜矿开发主要分布在湖南、四川、云南、贵州以及新疆。清中前期，湖南铜矿多在郴州和桂阳，嘉庆初年已"硐空砂竭"，"递年短少"[2]。而至道光朝后期，我们目前所知的官方生产报告仅限于桂阳所属铜厂。在中国第一历史档案馆所藏题本档案中，我们可以看到时任湖南巡抚赵炳言题报的桂阳州铜厂，道光二十、二十一、二十二、二十三年的抽收课税情况：道光二十年，桂阳州绿紫坳、石壁下铜厂共计炼铜24135.25斤；[3] 道光二十一年，绿紫坳厂炼净铜12360斤，石壁下厂及其子厂风垅炼净铜7465斤，此外"铅渣内挤炼渣铜"3405斤，合计炼铜23230斤[4]；道光二十二年，绿紫坳厂炼净铜8547.6875斤，石壁下及其子厂炼净铜8850斤，铅渣炼铜3310斤，合计20707.6875斤。[5] 道光二十三年，绿紫坳厂炼净铜6248斤，石壁下及其子厂炼净铜6636斤，铅渣炼铜2793斤，合计15677斤。[6] 以上4年，绿紫坳等厂共计炼铜83749.9375斤，平均每年产铜约20938斤。由于尚未发现时间上更为贴近的材料，我们以上述平均年产量作为对湖南1850年铜矿产业的估计。

四川铜矿除兼有银课的盐源县甲子夸、豹子沟厂外，光绪《钦定大清

---

① 中国第一历史档案馆藏题本，咸丰元年十二月初四日云南巡抚张亮基题请核销滇省道光三十年份各金厂抽收厂课等银事。

② 朱批奏折：嘉庆八年二月十八日湖南巡抚高杞奏，转引自《清代的矿业》，第247页

③ 中国第一历史档案馆藏题本，道光三十年三月二十八日大学士管理户部事务潘世恩题为遵察湖南省题销桂阳州铜厂道光二十年份抽收课税银两事。

④ 中国第一历史档案馆藏题本，道光二十九年九月十七日湖南巡抚赵炳言题为奏销桂阳州属绿紫坳等铜厂道光二十一年份炼获铜斤抽收课铜事。

⑤ 中国第一历史档案馆藏题本，道光二十九年九月十七日湖南巡抚赵炳言题为奏销桂阳州属绿紫坳等铜厂道光二十二年份炼获铜斤抽收课铜事。

⑥ 中国第一历史档案馆藏题本，道光二十九年九月十七日湖南巡抚赵炳言为据布政使万贡珍详据桂阳州将管理铜厂道光二十三年绿紫坳等处铜矿炼获抽税铜斤造具册结题销案事。

会典事例》还列有乐山县老洞沟、梅子凹铜矿，建昌兴隆厂，宁番紫古咧厂，荣经县吕家沟厂，屏山县龙门溪，细沙溪厂，西昌县金马厂，会理州金狮厂，冕宁县金牛厂，马边厅铜大厂以及黎溪白铜厂，至光绪年间"多封闭"①。其中，梅子凹早在乾隆十六年即已封闭，② 紫古咧厂也已于乾隆四十九年封闭。③ 迤北、乌坡两处铜厂则为光绪《钦定大清会典事例》所忽略，记载于同治《钦定户部则例》。④ 除已确知封闭年代的梅子凹、紫古咧外，以上共 14 处厂矿。在中国第一历史档案馆所藏题本中，我们发现了道光中后期甲子夸等 12 厂由四川总督题报、户部核销的课税档案，并从中选取贴近 1850 年的年份。

按大学士管理户部事务赛尚阿查核金马厂道光二十九年抽课情况时，援引"定例四川各厂每出铜百斤，抽课二十斤、耗铜四斤八两"⑤，可知耗铜数量相当于产量的 4.5%；龙门溪、细沙溪二厂，原文中直接给出的是"收课耗余铜一千九百四十二斤三两二钱"，这并不等于实际产量，我们选取"采买耗铜一百四十斤六两四钱"⑥，除以 4.5% 的比例，得到产量为3120 斤；同样，档案也只给出了吕家沟厂当年的"收课耗余铜"数⑦，我们以所载耗铜数 1655.55 斤除以 4.5%，得产量 36790 斤；乌坡厂更特殊，原文直接记载的既不是产量，也不是耗余铜数，只有"抽收课耗铜三千四十九斤十二两八钱"，而据总督徐泽醇介绍，该厂"煎获红铜每百斤抽课十斤，收耗三斤"⑧，所以由课耗铜数按 13% 的比例推求产量；黎溪厂是白铜厂，"煎炼白铜应需青矿搭配，另有商人采买"⑨，冶金史专家认为"青

---

① 光绪《钦定大清会典事例》卷 244《户部 93 · 杂赋 3》。

② 《清高宗实录》卷 383，乾隆十六年二月乙西。

③ 光绪《钦定大清会典事例》卷 243《户部 92 · 杂赋 2》。

④ 同治《钦定户部则例》卷 35，《钱法 2》。

⑤ 中国第一历史档案馆藏题本，咸丰元年十月二十二日大学士管理户部事务赛尚阿题为遵旨察核川省题销金马厂道光二十九年份抽收课耗铜斤用过价脚等项银两事。

⑥ 中国第一历史档案馆藏题本，咸丰六年八月初三日四川总督黄宗汉题为报销龙门溪细沙溪二厂道光三十年份抽收课耗铜斤等项银两事。

⑦ 中国第一历史档案馆藏题本，咸丰三年五月二十五日署理四川总督裕瑞题为请销吕家沟厂道光二十七年煎铜抽课收买余铜用过价脚并支销厂费各数目事。

⑧ 中国第一历史档案馆藏题本，咸丰元年六月初四日四川总督徐泽醇题请核销川省建昌道属乌坡厂道光二十九年份收管铜斤及抽课等数目。

⑨ 中国第一历史档案馆藏题本，咸丰六年二月十九日大学士管理户部事务文庆题为遵旨察核四川总督题销黎溪白铜厂道光三十年抽收课铜银两事。

矿即镍矿"①，则其用量显然不应计入铜厂总产量。至于老洞沟厂，其开采始于乾隆十年②，虽然停止年代我们尚不确知，但至道光朝后期已有百年左右，而我们目前所知其最后的抽课情况是在嘉庆七年，距离我们的讨论也有近半个世纪，所以这里不计算该厂。兴隆厂的开采更是早在雍正八年，③ 虽然封停时间也未见记载，但年代太远，我们也不计算。其他诸如分水岭④、甲子夸、豹子沟⑤、金牛⑥、金狮⑦、迤北⑧等银厂有直接的产量记载。以道光三十年或以相近年份数据计，推算1850年四川铜产量约为176828斤。

云南铜矿资源非常丰富。吴其濬在研究《云南通志》和《铜政全书》后总结，"二十一府厅州地方，无不出过铜厂"⑨。有研究认为，清代云南铜在鼎盛时约占全国铜产量的95%以上，"是清代全国铸钱业的原料基地"⑩，产自云南的铜料有力地支持了京局、本省和众多外省钱局运转，被专称为"滇铜"，其地位和作用之重要不言而喻。但也正因为这种长期的大量开采，使云南铜矿逐渐遭遇许多在当时的技术条件下难以克服的困难，而这些困难往往又会相互形成恶性循环。这还仅是"物"的问题，铜务、铜政中存在的"人"的问题也制约了铜矿业的发展。一般认为，滇铜在乾隆朝达到巅峰，嘉庆朝已经衰落，道光朝陷入低谷，至咸丰初年回民起义时彻底停顿。

---

① 梅建军、柯俊：《中国古代镍白铜冶炼技术的研究》，《自然科学史研究》1989年第1期。

② 《清高宗实录》卷244，乾隆十年七月庚辰。

③ 光绪《钦定大清会典事例》卷244《户部93·杂赋3》。

④ 中国第一历史档案馆藏本，道光十五年三月十四日，管理户部事务文孚、四川总督鄂山题分水岭厂抽收课耗铜斤造册报销部议查核旧管新收数目相符应毋庸议开除各项与应支数目相符应准开销运铜脚价造入鼓铸奏销报核题请一案。

⑤ 中国第一历史档案馆藏题本，咸丰五年二月初四日，大学士管理户部事务贾桢题为遵察四川省题报道光二十九年份甲子夸豹子沟二厂抽收课耗铜斤银两数目事。

⑥ 中国第一历史档案馆藏题本，咸丰元年十月初六日，大学士管理户部事务赛尚阿题为遵旨察核川省题销金牛厂道光二十九年份抽收课耗铜斤事。

⑦ 中国第一历史档案馆藏题本，咸丰元年十二月初二日，大学士管理户部事务赛尚阿题为遵旨察核川省金狮厂道光二十九年份抽收课耗铜斤并收买余铜用存价脚等项银数事。

⑧ 中国第一历史档案馆藏题本，道光二十七年十二月初三日，大学士管理户部事务潘世恩题为遵察川省迤北厂道光二十五年份抽收课耗铜斤收买余铜支用价脚等项银两事。

⑨ 吴其濬：《滇南矿厂图略》卷2，第180页。

⑩ 中国大百科全书总编辑委员会：《中国大百科全书·中国历史》，中国大百科全书出版社，1992，第1470页。

据吴其浚介绍，当时云南铜厂遵行的定例是"各厂每办铜百斤，抽课十斤，公廉捐耗四斤二两，一成通商铜十斤，余铜七十五斤十四两给价收买，或免抽课铜，或免抽公廉捐耗铜，或通商二成，额外多办并准加为三成"①。其中所谓"给价收买"是指政府定价收购，"通商铜"指留给厂商自行处理、按市场价销售部分。一般政府定价远低于市场价。照此定例，政府会获得铜厂产量的90%，但某些时候会通过减免税费、扩大通商铜比例等方式提高厂商积极性。按云南巡抚张亮基在题报滇省道光三十年份各铜厂办获铜斤管收除在数目事②一折中所述，当年云南各厂"旧管存铜"12647741 斤 13 两，"管收共铜"20277252 斤零 3 两。那么，道光三十年云南各铜厂新收铜应为 7629510.375 斤。这是政府获得的部分，结合上述90%的比例，可得 8477234 斤，我们将此数作为 1850 年云南铜厂的总产量。

贵州铜矿远不如其铅矿。乾隆四十一年，巡抚裴宗锡奏称，该省"向来铅为最，铜次之。近年铜厂止存陈家沟一处"③。我们目前见到该厂最接近于 19 世纪中期的记载是在道光二十一年。巡抚蒋霨远在关于该厂抽课报销的题本中称，"陈家沟厂道光二十年份八月起至二十一年七月底止，连闰计 13 个月，共烧出铜 20000 斤"④。我们尚未找到陈家沟厂的封闭年代，不过有资料称，该厂在光绪年间依然有矿课。⑤ 所以，我们认为该厂在道光三十年时应该仍在生产，估计产量为 20000 斤。

新疆铜矿供当地钱局鼓铸，来源分民间缴充赋税和官方矿厂两种。前者按光绪《钦定大清会典事例》，乌什、阿克苏等 8 地额共交铜 8364.4375 斤。⑥ 道光九年，阿克苏办事大臣长清奏准，"自道光十年为始，所有赛哩

---

① 吴其浚：《滇南矿厂图略》卷 2，第 174 页。
② 中国第一历史档案馆藏题本，咸丰元年十二月初四日云南巡抚张亮基题报滇省道光三十年份各铜厂办获铜斤管收除在数目事。
③ 朱批奏折：乾隆四十一年八月十二日贵州巡抚裴宗锡奏，转引自《清代的矿业》，第 336 页。
④ 中国第一历史档案馆藏题本，咸丰五年十二月初八日大学士管理户部事务贾桢题为遵察贵州省报销陈家沟铜厂道光二十年八月至二十一年七月抽课事。
⑤ 贵州省毕节地区地方志编纂委员会编《毕节地区志·财政志》，贵州人民出版社，1998，第 106 页。
⑥ 光绪《钦定大清会典事例》卷 163，《户部 12·新疆赋税》。

木、拜城回户，准免征粮二千六百八十九石零。折交铜一万六千二百斤"①。以上合计约为 24564 斤。官厂方面，新疆与内地颇不同，使用劳力为当地驻军或发配罪犯。道光元年，将军松筠献上《新疆识略》，获皇帝钦定。据该书介绍，哈什铜厂在乾隆五十七年时，每年已能收获 7000 余斤铜，该厂于嘉庆六年迁至巴彦岱呼巴海开采。② 由于缺乏更多资料，我们只能认为 19 世纪中期的情形与上述情况相当，以上新疆地区产铜共 31564 斤。合计上述各省，我们估计 1850 年全国铜的总产量约为 8,726,564 斤。

七 铅、锌的总产量

据《滇南矿厂图略》记载，当时云南"凡铅厂四，有白铅俗称'倭铅'……有黑铅俗称'底母'"。所谓的"铅厂四"是罗平卑浙厂、平彝块泽厂、会泽者海厂和阿那多厂以及寻甸妥妥厂。③ 吴其浚开列 5 处厂名，却称之为"四"，这是因为其中的卑浙、块泽二厂均由平彝知县管理，某些档案中相关官员也称之为"卑块厂"。按大学士管理户部事务赛尚阿在察核卑浙、块泽二厂道光三十年抽课的题本档案所述，该二厂当年"共办获毛白铅"约 294369.125 斤。另据云南巡抚舒兴阿所题，者海厂于道光三十年"共办运过省城局白铅"约 219769.125 斤。④ 按《滇南矿厂图略》记载，阿那多厂每年须提供黑铅 11933.9375 斤，遇闰年再相应增加。⑤ 据云南巡抚张日晸疏称，道光二十八年该厂"办供东川钱局十炉鼓铸应需正课充公黑铅" 11933.9375 斤。⑥ 道光三十年并非闰年，我们暂以这一产量作为对其道光三十年的估计。最后是妥妥厂。《滇南矿厂图略》称："今实办供省局黑铅三万三千四百十五斤零，每百斤价脚银二两一钱，遇闰加增，

---

① 《清宣宗实录》卷 156，道光九年五月丁巳。
② 松筠：《钦定新疆识略》卷 9《财赋 3》。
③ 吴其浚：《滇南矿厂图略》卷 2，第 184～185 页。
④ 台湾"中央研究院"历史语言研究所藏题本，咸丰五年五月十日云南巡抚舒兴阿题请核销者海厂道光三十年办获铅斤领过工本银，《明清档案》A366－035，http://catalog. digitalarchives. tw/item/00/27/31/b3. html。
⑤ 吴其浚：《滇南矿厂图略》卷 2，第 184 页。
⑥ 中国第一历史档案馆藏题本，道光三十年八月初八日大学士管理户部事务卓秉恬题为遵察滇省题销阿那多铅厂道光二十八年抽收课铅变价银数事。

额办省操铅二万斤。"① 那么，妥妥厂每年需要供应鼓铸、军用黑铅共53415 斤。以上云南 5 厂道光三十年约产黑铅 65349 斤、白铅 514139 斤，共计 579488 斤。

贵州铅锌矿储量并不多。据贵州省国土资源厅统计，2005 年其保有量仅占全国的 0.97%，居全国第 20 位，但在清代贵州却是中国铅锌矿最重要的产地，"产量一度居全国之冠，赫章曾是全国产锌量最多的县"②。贵州所产黑白铅被称为"黔铅"，堪与"滇铜"齐名，而铅厂也是清代贵州矿业最重要的构成。不过嘉道时黔铅已经显露颓势。道光八年，巡抚嵩溥奏称"妈姑、福集等铅厂开采年久，峒老山空"，获准"所有该厂等应抽二成课铅……暂减一成，以纾厂力，俟铅矿丰旺，仍照二成抽课，用归旧制"③，即抽课比例从 20% 下调至 10%。

水城福集白铅厂开采始于乾隆十一年，④ 至道光朝后期已近百年。嘉庆十九年，巡抚庆保奏称，该厂"额办铅斤近年支绌日甚，缘该处产铅不旺"⑤。据布政使吴式芬奏报，福集厂从道光二十九年四月起至三十年三月连闰 13 个月，"共抽获课铅"212206.75 斤。⑥ 按 10% 抽课比例计算，其产量达 2122067.5 斤。威宁即赫章，其莲花、妈姑二厂出产白铅。按巡抚蒋霨远所题，该二厂从道光三十年六月至咸丰元年五月共 12 个月，"抽获课铅"262500 斤。⑦ 按 10% 抽课比例计，可知其产量达262.5 万斤。大定府水洞帕、兴发二厂所产也是白铅。按蒋霨远所题，该二厂从道光三十年五月至咸丰元年四月，"各炉户共烧出铅"80003 斤又 4.477 两。⑧ 出产黑铅的有威宁柞子、砵碘礚、猓布戛 3 厂和清平县永

---

① 吴其濬：《滇南矿厂图略》卷 2，185 页。

② 贵州省国土资源厅规划处：《贵州省铅锌矿资源勘查与开发规划（2007～2015）》，http://www.gzgtzy.gov.cn/Html/2008/08/05/20080805_567250_7352.html。

③ 《清宣宗实录》卷 148，道光八年十二月戊子。

④ 光绪《钦定大清会典事例》卷 244《户部 93·杂赋 3》。

⑤ 《清仁宗实录》卷 294，嘉庆十九年八月壬戌。

⑥ 中国第一历史档案馆藏题本，咸丰元年六月初七日大学士管理户部事务赛尚阿题为遵旨察核黔省题销福集白铅厂抽收课铅及开销人役工食银两。

⑦ 中国第一历史档案馆藏题本，咸丰五年二月二十二日贵州巡抚蒋霨远题请核销威宁州属莲花妈姑白铅厂道光三十年六月至咸丰三年五月抽收课铅支销厂费数目事。

⑧ 中国第一历史档案馆藏题本，咸丰二年四月二十六日贵州巡抚蒋霨远题为黔省水洞帕兴发白铅厂道光三十年五月至上年四月课铅变价支给工食等项银两请销事。

兴寨厂。据巡抚乔用迁题报，柞子等 3 厂从道光二十九年四月至三十年三月连闰 13 个月，"共烧出铅"117600 斤，永兴寨厂于道光二十九年"各铺商共收买铅"56350 斤。① 以上 5 处白铅厂共产 4827070.5 斤，4 处黑铅厂共产 173950 斤，9 处铅厂合计产黑白铅约 5001021 斤，我们以此作为对贵州道光三十年铅锌产量的估计。

四川铅锌矿藏颇丰。我们在档案中寻获到了 5 处 19 世纪中期尚在生产的铅厂，分别为龙头山、盘陇山、沙鸡、白沙岭和狮子山。按大学士管理户部事务贾桢察核龙头山厂道光二十八年抽课情况时，援引"定例四川各厂每出铅百斤，抽课 20 斤、耗铅 4 斤 8 两"② 估算，当时四川铅厂所抽课耗铅比例相当于产量的 24.5%。龙头山厂，据总督黄宗汉题报，道光三十年"共抽收课耗余铅"521.78 斤，其中采买余铅 316.345 斤。③ 可知该厂当年课耗铅数量为 205.435 斤，产量约 839 斤。盘陇山厂，据总督徐泽醇所题，道光二十六年"共抽课耗余铅"17311.725 斤，其中采买余铅 10498.275 斤，④ 则其课耗铅数量为 6813.45 斤，产量为 27810 斤。建昌道沙鸡厂产黑铅，据徐泽醇题报，该厂道光二十八年"抽收课耗余铅"8702.55 斤，其中 5277.45 斤为收买余铅。⑤ 可知该厂课耗铅为 3425.1 斤，照定例可得产量为 13980 斤。至于白沙岭与狮子山两厂，总督王庆云与大学士管理户部事务祁寯藻在两份题本中分别奏报：道光二十九年白沙岭厂"煎获白铅"4321 斤；⑥ 狮子山厂于咸丰元年"煎获黑铅"17670 斤。⑦ 受资料所限，盘陇山、沙鸡、白沙岭、狮子山 4 厂我们分别以其道光二十六年、道光二十八年、道光二

---

① 中国第一历史档案馆藏题本，道光三十年十一月十二日贵州巡抚乔用迁题报道光二十九年四月至三十年三月柞子等厂抽收课铅管收除在各数。

② 中国第一历史档案馆藏题本，咸丰五年二月二十四日大学士管理户部事务贾桢题为遵察四川省报销龙头山黑铅厂道光二十八年份出产铅斤抽收课耗数目事。

③ 中国第一历史档案馆藏题本，咸丰六年八月初三日四川总督黄宗汉题为报销龙头山厂道光三十年份抽收课耗铅斤银两事。

④ 中国第一历史档案馆藏题本，咸丰元年十二月十二日四川总督徐泽醇题请察核荣经县属盘陇山黑铅厂道光二十六年份抽收课耗并收买余铅各数目事。

⑤ 中国第一历史档案馆藏题本，道光三十年六月十八日四川总督徐泽醇为四川省建昌道属沙鸡厂道光二十八年份煎获铅斤银星抽收课耗收买余铅价脚支销厂费存册两造册题销一案事。

⑥ 中国第一历史档案馆藏题本，咸丰九年九月初九日大学士管理户部事务瑞麟题为遵察四川省白沙岭铅厂道光二十九年份抽收课耗铅斤厂管收除在数目事。

⑦ 中国第一历史档案馆藏题本，咸丰三年十二月初十日大学士管理户部事务祁寯藻题为遵察四川省狮子山厂咸丰元年份连闰抽收课耗银铅报销事。

十九年、咸丰元年的数值作为对其道光三十年情形的估计。以上四川5厂产黑铅60299斤、白铅4321斤，共64620斤。

湖南铅矿清代中前期多分布于郴州和桂阳，嘉庆初年已"硐空砂竭"，"递年短少"①。道光朝后期，该省铅厂可考者为郴州三元冲、上坪，桂阳马家岭等厂。三元冲、上坪二厂为总督嵩孚于道光九年奏准开采。②据巡抚骆秉章所题，该二厂道光二十七年"炼获黑铅"14682.625斤，"炼获白铅"520斤。③马家岭厂及其子厂长富坪早在雍正八年即已开采，④至道光末期已近120年。据巡抚冯德馨题报，马家岭等厂道光二十六年"炼获黑铅"54705斤，"炼获白铅"27065.5斤。⑤以上湖南铅厂共产黑铅约69388斤、白铅27586斤，共计约96974斤。我们以此数估计湖南道光三十年的铅产量。

广西铅厂至道光朝末期尚在采者，我们只发现罗城冷峒白铅厂一处。巡抚郑祖琛题报广西矿厂道光二十六年抽课时称，冷峒厂当年"共抽正课铅八千零七十八斤"⑥。大学士管理户部事务潘世恩察核这一情况时，援引"定例广西各厂每出铅百斤，抽课二十斤，另收撒散三斤"⑦，据此可知，广西铅厂抽课占产量比例为20%，则冷峒厂道光二十六年白铅产量应为40390斤。我们将此数值估计为道光三十年的情形。

广东铅锌资源丰厚，但19世纪中期产出却不多。据我们考察，这一时期广东铅厂为香山县桑枝林、大湾、二湾等厂。据巡抚叶名琛题报，"桑枝林等处银铅各厂"道光二十八年"共煎出铅"2967.5斤⑧。而据后任巡

---

① 朱批奏折，嘉庆八年二月十八日湖南巡抚高杞奏，转引自《清代的矿业》，第247页。
② 《清宣宗实录》卷163，道光九年十二月己卯。
③ 中国第一历史档案馆藏题本，咸丰元年十二月十四日大学士管理户部事务赛尚阿题为遵旨察核湖南省题销郴州三元冲上坪铅厂道光二十七年份炼获铅斤抽收税课等银各款数目事。
④ 光绪《钦定大清会典事例》卷244《户部93·杂赋3》。
⑤ 中国第一历史档案馆藏题本，道光二十九年十二月十二日湖南巡抚冯德馨题销桂阳州厂道光二十六年份采办铅斤炼获铅斤抽收课银两各数目事。
⑥ 中国第一历史档案馆藏题本，道光二十八年四月十九日大学士管理户部事务潘世恩题为遵查广西省报销道光二十六年份银铅锡矿厂抽收课税银两事。
⑦ 中国第一历史档案馆藏题本，道光二十八年四月十九日大学士管理户部事务潘世恩题为遵查广西省报销道光二十六年份银铅锡铁矿厂抽收课税银两事。
⑧ 中国第一历史档案馆藏题本，道光三十年八月十五日大学士管理户部事务卓秉恬题为遵察广东省题销桑枝林等厂抽收课铅银两数目事。

抚柏贵题报，"桑枝林等处银铅各厂"咸丰元年"共煎出铅"2997.875斤。① 道光二十八年、咸丰元年产量之和平均约2983斤，我们以此估计广东黑铅道光三十年的产量。

新疆19世纪中期铅矿开采缺乏详细资料。《新疆图志》记载多处"铅山"名称，如"雅玛图、沙拉博霍齐之铅山"，以及"哈藏奇沟……俱有铅矿，道咸间有人开采，嗣以地属蒙部，恐滋纷扰"② 而封闭。类似记载缺乏具体年代与数量，我们无法采用。确切数值来自光绪《钦定大清会典事例》，阿克苏于乾隆二十四年、五十一年，嘉庆四年先后定交和以粮改征的铅共632斤又13.6两，③ 即632.85斤。我们以此作为道光三十年新疆黑铅的产量。合计以上省份，估计1850年黑铅即铅产量372,602斤，白铅即锌产量5,413,507，两项共5,786,108斤。

八 锡的总产量

根据我们掌握的材料，道光朝后期锡矿采炼分布于广西、湖南和云南，以云南为最。广西锡厂在道光三十年见于官方报告者仅一处，即河池南丹厂。在这份由广西送交户部关于当年该省银、锡厂抽收撒散银两情况的题本档案中④，并没有提及其他锡厂的名称，只载有南丹厂在这一年抽收撒散锡332斤、变价银33.2两。由于没有直接产量，我们还需要知道撒散锡与产量的比例关系。光绪《钦定大清会典事例》称，雍正九年"议准广西省南丹厂……每炼出锡百斤，抽课二十斤，撒散四斤"⑤，同治《钦定户部则例》的记载则是"南丹厂锡每百斤抽课二十斤，另收撒散三斤"⑥，而大学士管理户部事务潘世恩在道光二十八年四月十九日关于察核广西矿厂抽课报销案的题本⑦中称，南丹厂道光二十六年抽税锡1760斤，抽撒散

---

① 中国第一历史档案馆藏题本，咸丰五年十月初四日广东巡抚柏贵题报香山县各铅厂咸丰二年份抽收课费铅银支销数目事。
② 光绪《新疆图志》卷29《实业2》。
③ 光绪《钦定大清会典事例》卷163《户部12·新疆赋税》。
④ 中国第一历史档案馆藏题本，咸丰二年十月初四日大学士管理户部事务祁寯藻题为遵旨察核广西省银锡厂道光三十年份抽收撒散银两锡斤及锡斤变价银两事。
⑤ 光绪《钦定大清会典事例》卷243《户部92·杂赋2》。
⑥ 同治《钦定户部则例》卷35《钱法2》。
⑦ 中国第一历史档案馆藏题本，道光二十八年四月十九日大学士管理户部事务潘世恩题为遵查广西省报销道光二十六年份银铅锡铁矿厂抽收课税银两事。

锡 352 斤，与"每出锡百斤抽课二十斤、撒散四斤"的定例"按册核算数目相符"。因此，我们认为同治《钦定户部则例》的上述说法起码与道光二十六年的实际情况不符，应取每百斤抽课 20 斤、撒散 4 斤的比例。由此可得南丹厂道光三十年抽课 1660 斤，锡产量 8300 斤，亦即广西该年的锡产量。

湖南锡矿产品分上、中、下锡三种，品质不同，仅上锡可用于配铸钱币。[1] 郴州东冲等 4 处锡厂由州判管理。[2] 我们选择题本档案中记载的道光二十四、二十五、二十六年 3 个年份的数据，取其均值估计道光三十年的情形。该 4 厂道光二十四年"共炼出上中下锡"326.45 斤；[3] 道光二十五年"共炼出上中下锡"312.78 斤；[4] 道光二十六年"共炼出上中下锡"239.02 斤；[5] 平均每年产上中下锡 292.75 斤。光绪《湖南通志》对该省锡厂的记叙除以上 4 厂外，还记有桂阳万景窝及其子厂右眼里，郴州葛藤坪，宜章县旱窝岭、猫儿坑、羊牯泡及其子厂岭脚坪。[6] 其中，葛藤坪记载最后见于乾隆年间；万景窝乾隆三十九年已"久被水淹，无人承办"[7]；羊牯泡已于乾隆五十六年封闭。宜章属郴州，其旱窝岭、猫儿坑二厂时间上最贴近我们讨论的记载，出现在道光二十年。据巡抚陆费瑔上报，该二厂当年产出上锡 318 斤、中锡 642 斤、下锡 713.13 斤，由于"开采年久"，已"峒老山空，砂苗衰竭"[8]，合计产出上中下锡 1673.13 斤。由于我们尚未发现时间更近的材料，而其封闭年代无论是《清实录》、同治《钦定户部则例》、光绪《钦定大清会典事例》、光绪《湖南通志》都未明确，所以估计该二厂道光三十年时仍在生产，产量仍为 1673.13 斤。由此估计湖南

---

① 同治《钦定户部则例》卷 35《钱法 2》。
② 光绪《湖南通志》卷 58《食货 4·矿厂》。
③ 中国第一历史档案馆藏题本，道光二十九年十月二十三日大学士管理户部事务潘世恩题为遵销湖南省报销东冲柿竹园等处锡厂道光二十四年份抽收课税锡斤事。
④ 中国第一历史档案馆藏题本，道光二十九年十月二十二日大学士管理户部事务潘世恩题为遵查湖南省奏销东冲柿竹园等处锡厂道光二十五年份抽收课税锡斤事。
⑤ 中国第一历史档案馆藏题本，咸丰元年闰八月二十日湖南巡抚骆秉章题请核销郴州柿竹园中兴野鸡窝等处道光二十六年份开采锡矿折抽正税各数事。
⑥ 光绪《湖南通志》卷 58《食货 4·矿厂》。
⑦ 光绪《钦定大清会典事例》卷 244《户部 93·杂赋 3》。
⑧ 中国第一历史档案馆藏题本，道光二十八年正月二十二日湖南巡抚陆费瑔题销彬州属宜章县旱窝岭等处锡矿道光二十年份炼获锡斤抽收课税锡银两各数目事。

上述 6 厂该年锡产量约 1966 斤。

云南锡矿集中于"锡都"个旧。按《钦定户部则例》，个旧厂每百斤锡抽课 10 斤，"年额课银四千两"①。据巡抚张亮基上报，道光三十年个旧厂抽收锡价银 5293.661 两，② 但没有说明单位价格。大学士管理户部事务赛尚阿在察核个旧厂道光二十九年报销案的题本中告诉我们，该年个旧厂抽收课锡，每百斤变价银 4.0361 两。③ 所以，我们以该厂道光二十九年锡价与道光三十年课银数，推算道光三十年个旧厂抽收课锡 131157.8256 斤。再结合 10% 的抽课比例，可知产量约为 1311579 斤。至于其他省份这时的锡矿生产，我们尚未发现相关材料，因此估计以上三省可以代表全国生产情况，合计 1850 年全国锡产量约 1，321，845 斤。

九　水银的总产量

根据我们掌握的材料，道光时期水银采炼见于记载者仅限于四川和贵州。至道光三十年仍在生产的水银矿厂，我们可以确知其中四川为西流山 1 厂，贵州为回龙湾、红岩、白岩、羊伍、加河 5 厂，共 6 处，均由政府派员管理。西流山厂位于西昌县。按同治《钦定户部则例》，其产量每年定额 8000 斤，遇闰年再增；官方按 30% 比例抽课。④ 据四川布政使吴振棫上报，道光三十年该厂生产水银 8000 斤。⑤ 又贵州巡抚乔用迁上报，回龙湾、红岩、白岩 3 厂在道光三十年产出水银 9160.83 斤，抽课 2748.25 斤（折价银 1651.007 两）。⑥ 至于羊伍、加河 2 厂，我们尚未得见其在道光三十年当年的报告，但却可以从题本档案中获得其在道光二十八年⑦、二十

---

① 同治《钦定户部则例》卷 35《钱法 2》。
② 中国第一历史档案馆藏题本，咸丰元年十二月初四日云南巡抚张亮基题请核销滇省道光三十年份各金厂抽收厂课等银事。
③ 中国第一历史档案馆藏题本，咸丰元年十一月初二日大学士管理户部事务赛尚阿题为察核滇省题销个旧等厂道光二十九年份抽收课锡变价银两事。
④ 同治《钦定户部则例》卷 42《关税 5·水银抽税》。
⑤ 中国第一历史档案馆藏题本，咸丰元年十一月初八日大学士管理户部事务赛尚阿题为遵旨察核题销川省题销西流山水银厂道光三十年份抽收课水银变价银两事。
⑥ 中国第一历史档案馆藏题本，咸丰元年十一月十六日大学士管理户部事务赛尚阿题为遵旨察核黔省题销回龙湾红白二岩厂道光三十年份抽收水银折价银两事。
⑦ 中国第一历史档案馆藏题本，道光二十九年八月二十六日贵州巡抚乔用迁题为奏销八寨厅属羊伍加河水银厂道光二十八年份抽收课税折解及支销饭食等项银两事。

九年①和咸丰元年②、二年③的产量，4 年合计 4190 斤，平均年产 1047.5斤。我们取这一平均数为其道光三十年产量，由此可知贵州 5 厂共计产量10208.33 斤。

据彭泽益统计，1848～1853 年全国共有 8 处水银厂，④ 比我们的统计多出 2 处。受资料匮乏所限，我们保守估计多出来的这 2 个厂至少与上述6 厂中规模最小的羊伍、加河 2 厂相当，产量 1047.5 斤。由此可知 1850年时全国水银产量约 19,256 斤。

十　朱砂、雄黄的总产量

就我们掌握的档案文献而言，仅在贵州兴义府见到道光时期朱砂、雄黄矿厂记载，即坡坳厂和板阶厂。这两处矿厂早在乾隆八年就已开采，按光绪《钦定大清会典事例》，该二厂产品均以 20% 比例抽课，"照时价变卖充公，余听厂民自售"⑤。从题本档案⑥中提取道光三十年坡坳厂和板阶厂的相关数值如下：坡坳厂生产豆砂 1525 斤、米砂 1754.78125 斤；板阶厂生产腰磺 10239.6875 斤、豆磺 21177.4375 斤。由此可知，该年坡坳厂朱砂产量 3279.78125 斤；板阶厂雄黄产量 31417.125 斤。由于尚未发现这一时期其他雄黄出产记录，所以我们认为板阶厂数值即为全国雄黄此时的产量。

朱砂因最早发现于湖南辰州而被称为辰砂。据光绪《湖南通志》，辰州沅陵等 4 县每年额解朱砂共 7.2125 斤，沅州芷江等 3 县每年额解共约12.3 斤，晃州厅每年额解约 1.43 斤⑦。7 县 1 厅合计约 21 斤，与贵州矿厂

---

① 台湾"中央研究院"历史语言研究所藏题本，道光三十年九月十五日贵州巡抚乔用迁题报黔省八寨厅属羊伍加河水银厂道光二十九年抽收折解及支销饭食等项银两，登录号：128413，http://catalog.digitalarchives.tw/item/00/28/43/3c.html。

② 中国第一历史档案馆藏题本，咸丰二年十二月初八日大学士管理户部事务祁寯藻题为遵旨察核黔省八寨厅属羊伍加河二厂咸丰元年抽收水银折价银两事。

③ 中国第一历史档案馆藏题本，咸丰五年二月二十二日贵州巡抚蒋霨远题请核销黔省羊伍加河水银厂咸丰二年抽收水银折解支销实存银两各数事。

④ 彭泽益：《中国近代手工业史资料》第 1 卷，第 613～617 页。

⑤ 光绪《钦定大清会典事例》卷 244《户部 93·杂赋 3》。

⑥ 中国第一历史档案馆藏题本，咸丰三年十一月初五日大学士管理户部事务祁寯藻题为遵察贵州省坡坳板阶二厂抽课砂磺变价银两及养廉工食等项银两报销事。

⑦ 光绪《湖南通志》卷 61《物产 2》。

相距甚远。二省合计出产约 3301 斤，也是 1850 年全国朱砂总产量。

十一 硫磺、硝的总产量

清代，硫磺和硝最主要的用途是配制火药。清代火药的原料配比在各朝颇有不同。按光绪《钦定大清会典事例》所载道光二十年奏准的加工火药程序为，"每日每臼造药十斤"，每臼用牙硝 8 斤、磺粉 1 斤 2 两、炭粉 1 斤 6 两。[①] 所以道光朝后期，制造 10 斤火药需要 10.5 斤原料，其中 76.19% 为硝，10.71% 为硫磺，13.1% 为木炭。由于事关军火，其采炼受严格管制，一般是各省根据用量和存量，提前预算未来几年用度，奏准生产地点、数量和期限，限内完成任务即将矿厂封闭，直至下一周期重新开启。因此，硫、硝生产与其他矿种不同，在时间轴上必然断裂，而不是连续的，而且各省生产也多不会发生在同一年。此外，并非所有省份都生产硫磺和硝。一般是在某时期内，少数省份生产，供应本省使用及他省采购。所以，我们只能选取道光三十年及其相邻年份部分可考省份的数据，认为其总值即为 19 世纪中期全国总体水平。

道光朝后期，按两广总督徐广缙所题，广东硫磺，定于"英德县黄山煎解……以资军火"[②]。据《钦定大清会典事例》所载，道光二十四年广东"省局存磺无几"，限一年六个月开采 90 万斤，至二十五年时英德县猫耳峡等处开采硫磺足额，"照例封闭"[③]。而据布政使李璋煜称，道光二十七年英德县"属内猫耳峡各处黄山会营缉密稽查，并无私挖偷开情事"，当年"新收无项"[④]。可知道光二十七年广东仍在消化硫磺库存，没有新产出。所以，这一时期广东硫磺产量为 90 万斤。广东硝矿生产道光末期只限南海、顺德两县，封闭其他州县旧厂。据徐广缙题报，广东道光三十年"收过南、顺二县硝二十四万五千斤"[⑤]，管厂官员和厂商均具结保证产品

---

① 光绪《钦定大清会典事例》卷 896《工部 35·军火 3·火药 3》。
② 中国第一历史档案馆藏题本，道光二十九年十月二十九日两广总督徐广缙题为奏销广东省道光二十八年份支卖硫磺收回价银事。
③ 光绪《钦定大清会典事例》卷 896《工部 35·军火 3·火药 3》。
④ 中国第一历史档案馆藏题本，道光二十九年十月二十九日两广总督徐广缙题为奏销广东省道光二十八年份支卖硫磺收回价银事。
⑤ 中国第一历史档案馆藏题本，咸丰元年十一月二十八日两广总督徐广缙题请核销广东南顺二县道光三十年份收支硝斤给过工本及收回价银各数目事。

全部上交，没有偷漏，增城、高要两县也具结保证境内旧厂"久经封闭，并无私煎偷漏"①。所以我们认为道光三十年广东硝产量即为 24.5 万斤。

广西这一时期"各标镇协营配造火药"所需硫磺照例"赴湖南采买"②。而湖南硫磺生产多在湘乡。按《钦定大清会典事例》，"湖南省局存磺无多"，道光十七年"请在湘乡县开采"，至十八年已获磺 104886.5 斤。③据光绪《湖南通志》，道光二十六年在桂阳峰洞坳等 4 处开采硫磺，"自本年八月起至二十八年二月止共得净磺" 406300 斤。④道光二十六年八月至二十八年二月共 19 个月，平均每月产量约 21384 斤，由于道光三十年不含闰，所以我们按 12 个月计算年产量约 256611 斤，这是对湖南硫磺的估计。湖南硝出产很广。《钦定大清会典事例》称，道光十一年奏准"循旧派令龙山、长沙等 44 州县，每年共采十万四千斤"⑤。据光绪《湖南通志》，湖南硝的用途一为"各营造火药，每年需硝六万余斤"，二为"各州县倾泻饷银，每年约需硝三四万斤不等"⑥。我们估计道光三十年湖南产硝 104000 斤。

山西"产磺之地方虽多"，但据巡抚石麟奏报，最晚在雍正朝"平日准其开烧采买者"就已"惟阳曲、阳城二县"⑦。道光朝时情况依旧，据巡抚杨国桢奏称，"太原府属之阳曲县、泽州府属之阳城县向产硫磺……供本省各营及铺户，并浙江、江苏、安徽、陕西、山东等省采买"，道光二十年借出库银预办硫磺，太原府"按例价每斤三分，预办磺六万六千六百六十斤"，泽州府"预办磺三万三千三百三十斤"⑧。可见此时山西所产硫磺需要供应六省使用，道光二十年一年须产出硫磺 99990 斤。

直隶，据总督讷尔经额称，道光三十年"奉部行取硝斤"，"各属办解

① 中国第一历史档案馆藏题本，咸丰元年十一月二十八日两广总督徐广缙题请核销广东南顺二县道光三十年份收支硝斤给过工本及收回价银各数目事。
② 中国第一历史档案馆藏题本，道光二十五年三月初一日大学士管理工部事务穆彰阿题为遵旨察核广西省委员赴湖南省采买硫磺用过价脚等项银两事。
③ 光绪《钦定大清会典事例》卷 896《工部 35·军火 3·火药 3》。
④ 光绪《湖南通志》卷 58《食货 4·矿厂》。
⑤ 光绪《钦定大清会典事例》卷 896《工部 35·军火 3·火药 3》。
⑥ 光绪《湖南通志》卷 58《食货 4·矿厂》。
⑦ 户科史书，雍正十年八月初三日山西巡抚石麟题，转引自《清代的矿业》，第 636 页。
⑧ 中国第一历史档案馆：录副奏折，道光二十年九月十七日山西巡抚杨国桢奏请借库存银两接剂阳曲磺户预办硫磺事。

马牙净硝 14 万斤"①，解送进京，这是该省硝产量。相似记载出现在河南。据巡抚鄂顺安题报，道光二十三年该省"奉部采办马牙净硝十四万斤"②。这里的"部"是指兵部，所办净硝解交京师。河南硝还售往外省。按闽浙总督邓廷桢所题，浙江绿营道光十九年"照例应配净硝"31915 斤 12 两，"前赴河南省采买"，各营配制火药所需硫磺则"系于晋省办回"③。而据光绪《钦定大清会典事例》，道光二十五年杭州旗营一年共计额造火药 10290 斤。④ 按前述加工火药程序，制造 10290 斤火药需要 7839.951 斤硝。那么，浙江绿营、旗营共计需要从河南采购约 39756 斤硝。又据光绪《钦定大清会典事例》，"江西每年营硝，向系赴豫采买"，道光二十一年受黄河决口影响，预计河南"产硝难旺"，江西"除头批八万斤仍赴豫采买外，其二批八万斤请改赴湖南，暂为通融购办"⑤。那么，江西一般每年须从河南购硝 16 万斤。所以河南的硝当时起码要供应兵部 14 万斤、浙江 39756 斤、江西 16 万斤，共 339756 斤。

甘肃，道光朝时所用硫磺来自玉门牛尾山，该厂始于乾隆二十八年。⑥按光绪《钦定大清会典事例》，道光二十六年牛尾山厂除"开采硫磺正额五十万斤之外，尚余三十三万八千斤"⑦。所以，甘肃当年硫磺产量应为83.8 万斤。

据《盛京通鉴》记载，从乾隆朝至嘉庆朝，盛京所用硫磺先后开采于凤凰城套岫峪、锦州瓢岔子沟，"委员监视磺商煎烧硫磺"，道光二十三年起在凤凰城四棵杨树煎烧，每年"共碾造火药"41618 斤又 9.11 两，"应用荒硝"约 55791 斤、荒磺约 6282 斤。⑧ 又据光绪《钦定大清会典事例》，

---

① 中国第一历史档案馆藏题本，咸丰二年五月十五日直隶总督讷尔经额题报直属道光三十年份奉部行取硝斤所需脚价等项银两循例请销事。
② 中国第一历史档案馆藏题本，道光二十五年九月初九日河南巡抚鄂顺安题为查明豫省道光二十三年采办部硝用过价脚银两数目请销事。
③ 中国第一历史档案馆藏题本，道光二十年五月初一日闽浙总督邓廷桢为道光十九年份浙江省绿营操演枪炮需用火药办硝价脚等银题销事。
④ 光绪《钦定大清会典事例》卷 896《工部 35·军火 3·火药 3》。
⑤ 光绪《钦定大清会典事例》卷 896《工部 35·军火 3·火药 3》。
⑥ 《清高宗实录》卷 684，乾隆二十八年四月己丑。
⑦ 光绪《钦定大清会典事例》卷 896《工部 35·军火 3·火药 3》，第 357 页。
⑧ 咸丰《盛京通鉴》卷 3，第 89 页。

道光三十年"凤凰城四棵杨树等处磺矿"于三月开采，八月封闭。[1] 所以，我们估计道光三十年盛京产硫磺约 6282 斤，产硝约 55791 斤。

四川，据总督吴振棫所奏，于咸丰元年、二年造办火药 17.5 万斤调拨广东等省[2]。按前述奏准火药制造配比，两年造 17.5 万斤火药需 14 万斤硝、19688 斤硫磺，平均每年需 7 万斤硝、9844 斤硫磺。所以，我们估计道光三十年四川产硝 7 万斤，产硫磺 9844 斤。

福建，按道光二十年御史张灏所奏，"台湾府及上杭县境内素产硫磺，上杭地方所产足敷全省军营之用，台郡磺山自可封禁"[3]，可知道光时期福建虽有台湾、上杭可产硫磺，但实际准采的只有上杭。据光绪《钦定大清会典事例》，福建每年需硫磺 1.6 万斤，上杭县大岩背山每年产硫磺约 5 万斤，"计采二年，可备六年之用"，乾隆五十二年至五十四年共"收获十万斤"[4]，道光十二年又奏准"援案在福建省上杭县大岩背山采磺十万斤，采足即将磺矿封禁"[5]。可见，乾隆后期至道光朝，福建硫磺产量遵循成案，即 2 年产 10 万斤，所以我们估计道光三十年福建产硫磺 5 万斤。

贵州，驻军用硝"三年在各属采办一次"[6]。据光绪《钦定大清会典事例》，道光二十年贵州"营用硝斤"应办 272024 斤，"采足即行封禁"[7]。此数应为道光三十年贵州产硝总数。新疆与内地不同，部分地区需要缴纳硫磺充抵赋税。据光绪《钦定大清会典事例》，阿克苏征收硫磺约 5538 斤[8]，此数视为新疆硫磺的总产量。

按道光二十年奏准程序，每造火药 10 斤应用硝 8 斤、磺 1.125 斤，而我们以上讨论结果合计硫磺产量约 2,166,265 斤，硝产量约 1,226,571 斤，可知我们对硝的估计数偏少。所以，我们以硫磺产量为基础，结合火药应用硝磺比例，推算硝用量约为 15,404,551 斤。另据《中国近代对外贸易史

---

[1] 光绪《钦定大清会典事例》卷 896《工部 35·军火 3·火药 3》。

[2] 中国第一历史档案馆藏朱批奏折，咸丰七年三月初三日四川总督吴振棫奏为遵查川省造办火药硝磺价值实需增添银数事。

[3] 《清宣宗实录》卷 339，道光二十年九月乙巳。

[4] 光绪《钦定大清会典事例》卷 895《工部 34·军火 2·火药 2》。

[5] 光绪《钦定大清会典事例》卷 896《工部 35·军火 3·火药 3》。

[6] 光绪《钦定大清会典事例》卷 895《工部 34·军火 2·火药 2》。

[7] 光绪《钦定大清会典事例》卷 896《工部 35·军火 3·火药 3》。

[8] 光绪《钦定大清会典事例》卷 163《户部 12·田赋 5·新疆赋税》。

资料记载》，鸦片战争前中国平均每年进口洋硝 1 万担。[①] 按 1 担 100 斤计，这部分洋硝合 100 万斤。从硝用量中减除洋硝，修正硝产量约为 14,404,551 斤。综上，估计 19 世纪中期中国硫磺产量约 2,166,265 斤，硝产量约 14,404,551 斤。

十二　结论

最后将各种矿的产量会列成表 2，这就是我们对 19 世纪中叶，即 1850 年中国矿业产能的较全面估值。

表 2　1850 年中国主要矿种产能估值

矿种	总产量	单位
煤	1,739,142	吨
铁矿石	451,548	吨
生铁	198,759	吨
钢	2,028	吨
黄金	74,519	两
白银	176,433	两
铜	8,726,564	斤
铅	372,602	斤
锌	5,413,507	斤
锡	1,321,845	斤
水银	19,256	斤
雄黄	31,417	斤
朱砂	3,301	斤
硫磺	2,166,265	斤
硝	14,404,551	斤

（作者单位：广西师范大学）

---

① 姚贤镐编《中国近代对外贸易史资料（1840～1895）》第 1 册，中华书局，1962，第 259 页。

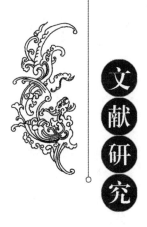

文献研究

董含《三冈识略》的成书、肇祸及其改编

白亚仁

摘　要：本文对康熙中期刊刻的笔记小说集《三冈识略》的成书背景进行考察，并对此书后来所经历的周折做了详细介绍。《三冈识略》的作者董含是晚明高官董羽宸的长孙，他于1678年为《三冈识略》撰写序文，经过多年的扩大补充后，此书于1697年终于写完。《三冈识略》的第一次刻本之所以流传不广，是因为它的一位读者（很可能是松江举人金维宁）给《三冈识略》扣上了"谤讪朝廷"的罪名。这位读者的举报信声称，书内记录年代时仅写甲子而无顺治、康熙年号，是不正统的，同时指责董含对清政权有抵触情绪。本文对《三冈识略》与《莼乡赘笔》的关系也进行探讨，认为《莼乡赘笔》是清代后期的一名编辑或书商在《三冈识略》的基础上擅自编出来的。

关键词：董含　《三冈识略》　《莼乡赘笔》　金维宁　文字狱

　　对研究明清文学和历史的学人来说，董含和《三冈识略》都不是陌生的名字。《三冈识略》以董含在松江的家东边的紫冈、沙冈、竹冈三冈起名，董含在这里生活了多年①。《三冈识略》是一本有特色的编年体

---

① 为本篇论文做的学术研究，很大一部分是笔者在作为"台湾奖助金"访问学人期间进行的，在此向台北汉学研究中心提供的协助表示诚挚的感谢。在《三冈识略》中，董含不止一次提到了三冈这地方。卷3《紫冈著述》记述董含的前辈董宜阳的事迹。卷9《祖宗灵应》云："吾家遗安公墓，在沙、竹两冈间，垂三百年。"本文引用《三冈识略》的文字，都依据台湾图书馆所藏旧抄本。

笔记小说集。据董含称："自少迄老，取耳目所及者，续书于后，凡五年为一卷，以月系岁，以日系月，天道将周，积成十卷，名《三冈识略》。"①《三冈识略》收集了1644年至1693年记录的内容，《三冈续识略》还补充了1694年至1697年的几条记载，《中国古代小说总目提要》称其"全书内容广博，文笔流畅"②。《三冈识略》具有一定的史料价值。谢国桢先生（1901～1982）曾把它说成是"研究明末清初社会风俗的重要书籍"③，并举例说明，《三冈识略》"琐记明末清初时事，如记江南奏销案，方于宣伪撰国史，假弘光，地龙散，松郡大狱，启祯诗选，皆他书所不详。又如所记清康熙三年朱光辅起事案，与《明清史料》丁编所载相同，则其所记各事，必有所据"④。《三冈识略》生动地记录了在清朝逐步建立、巩固政权的50多年中江南地区（尤其是松江）发生的事件和变化，是一部很独特的著作。

我们虽然对《三冈识略》这个书名比较熟悉，但如果想更深入去考察，很快就能发现与此书相关的一些令人疑惑的问题。这些问题主要围绕着以下三个方面：

第一，关于董含生平和家庭的一些基本情况，学术界还没有达成共识。譬如，就董含的生卒年和辈分，一直有一些不同的说法。石昌渝主编《中国古代小说总目》之《文言卷》把他的生年指明为1624年⑤。陈雪军在《董含和他的〈三冈识略〉》一文中，把他的生年定为1625年⑥。而另外几本参考书，如朱一玄、宁稼雨、陈桂生编著的《中国古代小说总目提要》，将他的生年定为1626年⑦。那么，董含的生年究竟是哪一年？

另外，董含、董俞兄弟，究竟谁是兄？谁是弟？《四库全书总目提要》

① 《三冈识略·自序》。
② 朱一玄、宁稼雨、陈桂生编著《中国古代小说总目提要》，人民文学出版社，2005，第359页。
③ 谢国桢：《明清笔记谈丛》，上海古籍出版社，1981，第59页。
④ 谢国桢：《增订晚明史籍考》，上海古籍出版社，1981，第978页。
⑤ 石昌渝主编《中国古代小说总目·文言卷》，山西教育出版社，2004，第363～364页。
⑥ 陈文载《明清小说研究》2000年第2期；相同说法见于萧相恺主编《中国文言小说家评传》，中州古籍出版社，2004，第603页。
⑦ 朱一玄、宁稼雨、陈桂生编《中国古代小说总目提要》，第359页。

将董含的《闲居草》收入别集类存目卷九，并介绍说："国朝董含撰。含字榕庵，华亭人，董俞弟也。诗名不及其兄，而诗格高雅过其兄。"① 嘉庆十四年（1809）刊刻的《国朝松江诗钞》将董俞诗编入卷三，将董含诗编入卷四，这样前后排列似乎也暗示董俞是董含的长兄，李灵年、杨忠主编《清人别集总目》采纳了这个说法②。而另外一些文献反而把董俞说成是董含的弟弟。情况到底如何？

第二，关于《三冈识略》的第一次刻本的刊刻背景与传播情况，也需要进一步研究。董含在其晚年写的《莼乡赘客自述》中提到自己的著作时，曾经说明："已刻者有《古乐府》二卷，《闵离草》四卷，《闲居稿》三卷，《北渚草》二卷，《林史》一卷，《山游草》二卷，《三冈识略》十卷。"③ 据此，我们知道《三冈识略》在康熙年间已刊刻。然而，此刻本后来很少流通，中国社会科学院历史研究所图书馆收藏的康熙刻本（残存首四卷）是全世界唯一幸存的本子。正像新排印本《三冈识略》的《本书说明》所指出："自康熙后期以至清季，其书主要以抄本流传。"④ 一种这样的旧抄本已被收入《四库未收书辑刊》第 4 辑第 29 册，成为现在最易见的全本。但这里显然有一个令人费解的情况：既然《三冈识略》在康熙年间已经刻刊，为什么后来传播那么少，又没有重印，而从康熙后期到同治年间以抄本的形式流传，到 19 世纪末才被收入《申报馆丛书》而终于重新出版？

第三，《三冈识略》与《莼乡赘笔》的关系也需要澄清。这两本书都是董含署名的笔记小说集，前者约收笔记小说 740 篇，后者约收 440 篇。宁稼雨在《中国文言小说总目提要》所载《三冈识略》条云："本书系据《莼乡赘笔》增饰而成。"同书《莼乡赘笔》条云："今有康熙十七年（1678）光复堂刊本为三卷，题《莼乡赘笔》。可知本书在前，《三冈识略》必在本书之

---

① 《四库全书总目提要》第 4 册，河北人民出版社，第 4948 页。

② 李灵年、杨忠主编《清人别集总目》第 3 册，安徽教育出版社，2000，第 2169 页。

③ 《莼乡赘客自述》附在《三冈识略》后。莼菜是华亭有名的特产，从宋代的《云间志》开始就有记载，因此莼乡代表松江，松江文人喜欢以莼乡取号，如清初高不骞别号"莼乡钓师"。

④ 见 2000 年由辽宁教育出版社出版、致之校点的排印本《三冈识略》，可惜它依靠的抄本并不反映《三冈识略》的原貌，其使用价值非常有限。

后。"① 相同说法出现于《中国古代小说总目·文言卷》《中国古代小说总目提要》等工具书。② 而来新夏的看法截然不同。他认为"《莼乡赘笔》应该看作是《三冈识略》的节本或别本",认为《莼乡赘笔》成于董含的晚年,是他"有意删削《识略》而别成一书的"③。陈雪军则是另一种立场。他虽然怀疑宁稼雨的说法不准确,但也没有彻底反驳,而试图寻找一个折中的解释:"笔者以为两书在董含心目中实是一本书,或者说,开始叫《莼乡赘笔》,后来叫《三冈识略》。"④ 我们应该如何对待这些不同的说法?下面就对上述问题进行详细讨论。

一 董含的家庭与生平事迹

董氏是明代松江的世家望族。孙承恩(1481～1561)于明嘉靖庚申(1560)曾写道:"董氏其先汴人,从宋南渡徙松,家于黄浦北,沙、竹两冈之间,凡若干世。"⑤ 从天顺八年(1464)到万历四十七年(1619),董氏子弟先后考取了 14 名举人,8 名进士。在晚明时期,董传策(1530～1579),董其昌(1555～1636)、董羽宸(1572～1648)、董象恒(1595～1664)都先后有很高的声望,董含为其家族的显赫而感到很自豪。⑥ 董含的祖父董羽宸,字遷初,万历癸丑(1613)进士,崇祯年间任左副都御史、吏部左侍郎。然而,鼎革以后,董氏"门第渐衰"⑦,董含的父亲董卜申(1601～1656)只不过是一名廪生、恩贡,无法在官场上发展。而对董氏的财产和地位造成更大损害的是董家的几名秀才在清朝初年惹了祸。顺治二年(1645)秋,董庭"先往南都制发,图立功以进身,潜归松城,欲为内应,事觉,搜而戮之"⑧;董刚因为顺治四年(1647)谢尧文通海案受牵连而死。董羽宸侄子董佑申、董巽申同样被通海案牵连,董羽宸之弟董

---

① 见齐鲁书社 1996 年版,第 375 页。
② 石昌渝主编《中国古代小说总目·文言卷》,第 45、364 页;《中国古代小说总目提要》,第 359 页。
③ 来新夏:《清人笔记随录》,中华书局,2005,第 48 页。
④ 陈雪军:《董含和他的〈三冈识略〉》,第 208 页。
⑤ 《遗安堂记》,载上海图书馆藏《董氏族谱》(清刻本)卷 10。
⑥ 可参《三冈识略》卷 8《科名不绝》条。
⑦ 叶梦珠:《阅世编》,上海古籍出版社,1981,第 117 页。
⑧ 曹家驹:《说梦》(《说库》本)卷 2《董思白贻谋不善》。

羽翔（字葵初）因此破产①。董俞曾把这段悲惨经历写进他的诗，有"未几值世变，祸患常惴惴；践更毁家业，外侮亦麇至"之句②。

关于董卜申诸子的辈分，在《董氏族谱》中我们可以看到非常清楚的第一手资料。在《先考仲隆府君暨先妣殷孺人行状》中，董含云："子五。长即不孝含，次俞，俱先妣出。"③

董含之弟董俞的生年也是最清楚不过的，在其《五十生日》诗原注中，董俞说："余于丁卯二月廿三清明日生。"④ 天启丁卯，即 1627 年⑤。康熙年间，董俞召试博学鸿词，未中。如果考虑到卢元昌《思美庐删存诗》所收戊辰（1688）《挽董征君》诗，董俞的生卒年当为 1627～1688。⑥

确定董含的生年也不算很难。据董含《莼乡赘客自述》，他"十五补博士弟子员……。二十六始赴棘闱……二十九重踏省门，受知于溧阳尹江右丘公……三十一，丁先府君艰……三十六，复偕弟俞同过昭王之台，为泽州太宰陈公说岩所赏拔……殿对进呈……置二甲第二……四十一，慈亲见背"。据这份材料，可以推断董含出生于天启六年（1626），比董俞大一岁。董含中顺治十一年（1654）举人，刚好符合他当时 29 虚岁的说法；父亲死于顺治丙申（1656），他此年 31 岁；董含中顺治十八年（1661）进士，刚好 36 岁；母亲死于康熙丙午（1666），董含当时 41 岁。根据《续略》序，他于 1693 年写完前十卷时，已经 68 岁，这也和他生年为 1626 年符合。另外，《三冈续识略》收集了甲戌（1694）至丁丑（1697）共 12 个篇章，其中《生孙》条排在写于乙亥（1695）七月以后的《产芝》后面，排在写于丙子（1696）六月以后的《海溢》前面，它应该是乙亥的作品。《生孙》开头说："十月二十九日，第一孙生，时余年七衮矣。"如果董含

---

① 曹家驹：《说梦》卷 2《董葵初先荣后枯》。亦可参看《董氏族谱》；杨海英：《洪承畴与明清易代研究》，商务印书馆，2006，第 198～208 页；《夏完淳集笺校》，上海古籍出版社，1991，第 617～642 页。姜兆翀编《国朝松江诗钞》（嘉庆十四年刻本）卷 6 收王沄纪念董巽申的诗作。

② 《五十生日，榕荪家兄颁赐大篇，斐亹殷恳，敬述五百字奉酬》，载上海图书馆藏董俞《南村渔舍诗草》（康熙刻本）。

③ 《董氏族谱》第五册。

④ 见《南村渔舍诗草》。

⑤ 江庆柏编著《清代人物生卒年表》（人民文学出版社，2005）根据《明清江苏文人年表》将董俞的生年说成是 1631 年，误。

⑥ 见南京图书馆所收卢元昌《思美庐删存诗》清刻本。

于 1695 年刚好 70 高龄，这就同样说明他出生于 1626 年。王原（1646 ~ 1729）写于康熙二十年（1681）的《东皋尚齿会记》有"董进士含，五十六岁"之句，和这些材料是一致的。①

董含的生年虽然这样确定了，但他的卒年仍然难以考订，《三冈识略》的刊刻日期离他的逝世究竟有多远，还是一个谜。之所以是这样，估计是因为死后纪念董含的文字（如行略、墓志铭之类）早已不流传。在《董氏族谱》中我们见不到董含的传记资料；嘉庆《松江诗钞》《松江府志》两书的编者虽然都很用心记述松江诗人的生平事迹，却也都没能够给读者提供有关董含卒年的信息。松江这么发达的地区没有人写董含的传记（或者如果写了，其文字后来没有传播）是令人惊讶的。

二 《三冈识略》的第一次刻本及《识略》刊刻后遭受的攻击

清初文言小说集从作者开始写作到书的刊刻日期，中间往往是一个漫长的过程。蒲松龄在康熙十八年（1679）写了他的《聊斋志异》，但此后并没有放弃写新的篇章，他的小说写作生涯起码持续到康熙四十六年（1707），而《聊斋志异》直到乾隆中期才得以刊刻。钮琇（1640 ~ 1704）是在他的晚年才完成了《觚剩》，康熙三十九年（1700）将它刊刻了，这时作者已到了 60 岁高龄。他们为什么没能够早一点写完他们的书，早一点公诸于世呢？大约有以下三个因素起了作用：一是只要作者还有兴趣和精力来写，一部笔记小说集总是可以不断地补充、扩大，这种书具有很大的随意性，而缺乏固定的结尾。二是刊刻需要相当可观的经费，如果经费不足的话，书只能以抄本的形式流传。三是刊刻牵涉到需要删除敏感内容的问题，而作者可能不愿意对其多年积累的写作成果进行删节。只要书是稿本或抄本，仅仅提供给朋友阅读，阅读范围极其有限，作者就不太需要考虑这种事，而一旦要刊刻，书中有没有犯忌的内容就立刻成为一个棘手的问题。《三冈识略》可能由于上述这些原因，而迟迟没有完成，迟迟没有刊刻，直到作者 70 多岁的高龄才终于刻印。

《三冈识略》有两篇序文，都是康熙十七年所写。当时，《三冈识略》前七卷似乎刚刚完成，书已经有相当的规模了，董含可能认为写作已经告

---

① 《西亭文钞》卷 8，光绪十七年刻本。

了一段落，是写序文的良机。第一篇序文为董含的好友卢元昌所写。关于卢元昌，《松江府志》有如下小传："卢元昌，字文子，华亭人，居东郊，明诸生。初，在社中与王广心、顾大申齐名，操选政，风行远近。入国朝，坐逋赋，削籍，以著述老于乡。"董含于《三冈识略》卷八《四诔》中云："吾友卢文子（元昌），性高雅，不喜与俗人交。少年操衡文之柄，名噪海内，四方尺素，邮寄不绝。久次诸生，不乐，遂弃去，杜门著述。"卢元昌的《杜诗阐》有康熙二十五年（1686）刊本，卢元昌自序云："今日之得授梓也，亦曰吾生之忧患多矣，借是以忘其所苦而得其所乐焉云尔。"其《左传分国纂略》有康熙二十八年（1688）序刊本。在《三冈识略》中，董含好几次提到了卢元昌，如卷七《梅菊夏开》、卷八《四诔》《纸皂行》两条、卷十《松郡大荒》《卢先生》两条，可见他们很亲近。董含曾为卢元昌的《半林诗稿》写过跋，中云："予未弱冠，即与文子兄游。其为人廉静寡欲，不骛声势。与人交，重然诺，古道照人。"①

卢元昌序写于戊午（1678）阳月，即十月。他对《三冈识略》评价甚高，强调了《三冈识略》的史料价值，认为可以与宋朝岳珂的《桯史》、元朝陶宗仪的《辍耕录》并称，另外还和宋朝释文莹的《湘山野录》、明万历年间钱希言的《狯园》作了一番比较：

> 昔者相台岳珂作《桯史》以补宋史之不及，南村陶九成作《辍耕录》以缀元史之缺遗，二书叙事斐然，章法古雅，文采瑰丽可观。今《识略》简而核，详而赡，典而有则，不诡不滥，大旨善善长，恶恶短，间有刺讥，义归劝惩，庶几《小雅·巷伯》之义。孔子曰："多闻缺疑"，"多见而识"。又曰："谁毁谁誉"，此物此志也与！位置当在相台、南村间。《湘山》、《狯园》，抑末矣。

宋朝的《湘山野录》、明万历年间撰写的《狯园》两书，没有很深刻的创作意图，清初读者对这种书评价不高，徐釚（1623～1712）在其《〈说铃〉序》中甚至将《湘山野录》列为"万万不可作"的坏小说之

---

① 见南京图书馆所藏卢元昌《半林诗稿》抄本。

一①。而岳珂的《桯史》和陶宗仪的《辍耕录》就不一样了。关于《桯史》的作者，明人潘旦云："亦斋，武穆孙也，悲愤吁天间，著《桯史》以见志。公是公非，昭人文，予忠节，诛乱贼，明尊主攘夷之义。凡图谶、神怪、诙谐类，漫书之，若有深意寓焉，岂亦不得其平而鸣与？"②《三冈识略》具有类似愤世嫉俗的特点，这可能是卢元昌提到《桯史》的一个因素。他说岳珂"作《桯史》以补宋史之不及"，代表了明清文人对《桯史》的解读方式，明成化年间的江浙、天启年间的陈懿典都如此描述了《桯史》的特征。③

《辍耕录》同样是一部严肃的作品，在明末清初也同样是文人爱读的笔记小说集，有万历甲辰云间王氏玉兰草堂、明末虞山毛氏汲古堂等刊本行于世，徐𤲞曾将《辍耕录》与《桯史》一起列为"可以作"的书，因为都具有"广见闻、纪风土、补史乘、资谭助"的优点。据陶宗仪的好友孙作的序文，《辍耕录》"议论抑扬，有伤今慨古之思；铺张盛美，为忠臣孝子之劝……盖唐宋以来，专门史学之所未让"。《三冈识略》与《辍耕录》有明显的相似之处，两书都是从一个旁观者的角度去记述在异族统治下的江南社会生活。《辍耕录》的作者陶宗仪在元朝后期曾定居松江④，他在《辍耕录》中经常谈到松江的事，《辍耕录》某些篇目（如《江南谣》《星如月》《谣言》《松江之变》《事物异名》等）在《三冈识略》中获得某种程度上的回音。《辍耕录》部分篇章还附上"南村野史"的评论，而在《三冈识略》中董含同样以"野史氏"的身份对某些篇章的内容发出议论。卢元昌认为，《三冈识略》在某些方面继承了《辍耕录》所代表的叙事传统，这是颇有见地的。

董含自序写于同年毕辜月，即十一月。他表示，他怀着一个很认真的态度撰写了这本书，但并没有刻意炫耀它的史学价值，而着重提出《三冈识略》体现了中国的志怪精神："即事属细微，语无诠次，要皆确有根据，抑亦稗家者之流也。夫《搜神》、《洞冥》，其旨近诡；《杜阳》、《述异》，

① 《〈说铃〉序》见《修吉堂文稿》（康熙刻本）卷一。
② 参见岳珂《桯史》，中华书局，1981，第183页。
③ 陈懿典：《长水岳氏重刊邺侯遗书叙》，见明天启二年长水岳氏刻本；江浙题词见于《桯史》中华本，第181～182页。
④ 陶宗仪的生平事迹被收入《松江府志》（嘉庆二十三年刻本）卷62《寓贤传》。

其说或诬。取两者而折衷之，岂敢曰鼓吹前哲耶？聊以资覆瓿者之一助云尔。"谢国桢先生曾经注意到《三冈识略》既有史料性质又有记奇谈怪事的特征，并敏锐地对其两面性加以解读："至其记《三吴风俗》，当时景物纤细毕陈，时寓兴亡之感，然间杂灾异不经之谈，岂目击时变，故自乱其语耶？"① 换而言之，通过《三冈识略》所记述的大量怪异内容，董含有可能是想制造烟幕，缓解这本书反映社会现状的内容所能引起的争议。

序文已写好，董含在康熙十七年可能已经产生了刊刻《三冈识略》的计划，但当时并没有实现。此后十几年中，他仍旧继续收集故事，写了最后三卷，然后还加了《三冈续识略》的内容。这样，康熙三十六年（1697），《识略》才达到最后的规模。这时候，松江才士沈白读到了，他于此年仲夏写了题词。沈白与卢元昌一样，是董含的好朋友，康熙丙午（1666）董含的母亲逝世后，他曾写《吉祥善逝颂》一文来纪念她。② 有人以为沈白是翰林院侍读学士沈荃（1624～1684）之弟③，这是错误的。他们虽同属于一个家族，但并不是兄弟④。沈白，字涛思，号贾园，别号天庸，是松江青浦县的才子，但与董含、卢元昌一样生不逢时。沈白之父沈求是明遗民，与王光承（1606～1677）齐名。鼎革后，沈求曾抗拒剃发令，因此差点丧命⑤。沈白在其父亲的影响下，终身不应举，做了一辈子的布衣，"既不习举子业，遂专意于诗与古文辞，而尤工书法，以是名于时"⑥。但沈白不是彻底的隐士，与他有过交往的张云章（1648～1726）曾回忆说：

> 君之心实未尝一日忘天下也……往往论列当世事……其言利弊得失，某事宜兴，某事宜革，凿凿乎入菽粟之可以疗饥、布帛之可以御寒……君尝游于四方，遇所知则发之，有不合则反覆辩论，必伸其说

---

① 谢国桢：《增订晚明史籍考》，第978页。
② 见《董氏族谱》第六册。
③ 朱铸禹：《中国历代画家人名词典》，人民美术出版社，2003，第454页。
④ 沈荃之父叫沈绍曾，见邵长蘅《代清故通奉大夫詹事府事兼翰林院侍读学士加礼部侍郎沈道碑》，载《青门旅稿》（《清代诗文集汇编》影印康熙刻本）卷6。
⑤ 朱溶：《忠义录》，载《明清遗书五种》，北京图书馆出版社，2006，第797页。
⑥ 《梅华源沈隐君墓志铭》，载张云章：《朴村文集》（《清代诗文集汇编》影印康熙刻本）卷16。

而后已。至或笑以为迂，或目以为狂，君曰："吾非狂也，非迂也，患不通古今而熟察，当世之务耳。"①

康熙十五年（1676）后，沈白曾去北京看望沈荃，但当时居高位的沈荃很快就发现这位另类族兄虽然很有主见，但与时代格格不入："曾一往京师。其家华亭文恪公，时官詹事，欲论荐之。见其遇事抗言，无所讳忌，时方习为软熟以媚悦人，文恪公惧其抵触。又遇达官贵人，不肯屈意，恐见斥于时，遂止。隐君时年六十余矣，归而息影梅华源者。又十余年，年七十有八而卒。"② 看来，沈白为《三冈识路》写了题词之后，没多久就谢世了。

沈白读《三冈识略》卷十《修史》时，注意到董含如下一句话："今修《明史》，已二十余年矣，未知何时告竣也。"作为明遗民，沈白不禁发出感叹："未终卷而击节久之，因叹史馆中二十年来，不知撰述若何，头白有期，汗青无日，安得大手笔为之裁定，垂千秋信史耶？草野遗民，拭目俟之矣。"在正史迟迟没写好的情况下，沈白认为《三冈识略》这样的野史就更加难能可贵了，因此就为它写了绝句两首：

> 《辍耕录》自南村叟，《桯史》传于岳仙翁。
> 身阅沧桑文献在，《三冈识略》并称雄。
>
> 从他纪事饶银管，自有藏书俪玉杯。
> 谁识江都真史笔，漫夸梁苑有邹枚。

董含终于要刊刻《三冈识略》，因此写了《凡例》。《凡例》共有十条，其中五条用"不敢"这样的字眼，说明董含认为有必要面对读者可能关注的一些问题，如第二条："事具国史者，不敢载"；第三条："事涉忌讳者，不敢载"；第五条："偶有褒贬，俱出至公，不敢任私意为去取"；第八条："事虽细微，各有依据，不敢妄为传述"。《凡例》第一条云：

---

① 张云章：《梅华源沈隐君墓志铭》。
② 张云章：《梅华源沈隐君墓志铭》。

"是书始于甲申,终于丁丑,共五十四年,皆本朝事",这需要我们做点说明。用编年的原则撰写的书籍,基本上有两种:编年诗之类的著作,是根据作品的写作时间进行排列的,写作日期早,就排在前面,写作日期晚,就排在后面,这是第一种。另外有编年史之类的著作,最关键的是历史事件的先后,作者什么时候撰写了有关某一个事件的内容,并不重要,这是第二种。在《三冈识略》中,董含没有严格使用第一个或者第二个编写原则,而是把它们混合了。这可以用具体的例子来说明。卷一的时间范围是甲申至戊子,即1644年至1648年。卷一第一条《星变》云:"甲申正月朔,大风,霾。癸丑夜,星入月中。"这看来很像记日记似的即时记录,所叙述的时间发生在甲申年,写作时间也应该是同一年。而卷一《兽知忠义》条开头云:"南都既覆,隆武称号闽中。福州破,桂藩子永明王复拥立于肇庆,改号永历,后遁入缅甸,为平西王吴三桂檄取遇害。"永历帝被吴三桂杀,是康熙元年(1662)的事,所以《兽知忠义》不可能是1644年至1648年之间的作品,它之所以被放在这一卷里是因为它涉及"永历称帝后,流离西粤,受制于孙可望"的内容(即1646年或1647年的事),而这个故事是若干年以后董含回顾过去时追述的。所以,《三冈识略》的编书过程恐怕是比较复杂的:一部分篇章似乎及时地记述了某些刚刚发生的事,而另一部分篇章可能是作者随着时间的推移,靠着回忆或者新来的信息插进去的。

现在能见到的《三冈识略》康熙刻本是孤本,封面题光复堂刻,它原由谢国桢先生收藏,后来归中国社会科学院历史研究所图书馆藏。光复堂建于崇祯癸未(1643),清初华亭诗人高不骞《董进士含光复堂话旧》诗有如下注释:"在城北门内,为吏部侍郎羽宸所筑。造时鼎革,犹有故居,吾郡之仅事也。"[①] 作为董含住处的有历史意义的建筑,光复堂是董含经常招待好友的地点,有周茂源《董阆石邀楚、越、顾、邵诸君及同里数子集光复堂,予赴梁太保之招,不至。沈雪峰以诗见询,因步其韵》诗为证。[②]

如果要充分了解为什么流传到现在的康熙刻本只有孤本,而且后来此

---

① 高不骞:《商榷集》(《清代诗文集汇编》影印康熙刻本)卷2。亦可参看董羽宸《光复楼记》,载《董氏族谱》卷十。

② 见《清代诗文集汇编》所收《鹤静堂集》康熙刻本卷10。

刊本为什么没有重印，我们最好参考台湾图书馆所藏《三冈识略》旧抄本。此抄本与《四库未收书辑刊》所影印的旧抄本，内容基本相同，但又有重要的差别，即在《三冈续识略》后它还附上了一封揭发信，此信将《三冈识略》称为"妖书"，揭告它犯了"谤讪朝廷""刺讥宰执"等罪，并对其部分内容进行了详细的批判。由于此抄本流传时间长，已经残缺不全，举报信最后几页早已流失。好在开头是基本完整的，现将其内容抄录如下：

> 指摘《三冈识略》讪谤乖谬各条，开后恭呈宪览。在籍犯臣董含，中本朝辛丑科进士，虽以抗粮黜革，而一息尚存；践土食毛，皆邀君赐。何乃衷怀怨望，刊刻妖书？语涉谤讪朝廷，字多刺讥宰执；尚有捕风捉影、毁誉任情□□，逞其狂悖、惑乱视听之处，不胜指摘。仅先就其怨谤显然、乖谬特甚者，指驳于后。含虽喙长三尺，亦难以置辩矣。
>
> 一、含著《三冈识略》以五年为一卷，首卷起自甲申，即我世祖章皇帝龙飞之元年也。乃自首卷至十卷，俱但有甲子而无顺治、康熙年号，是无正统矣。含之罪，此其一。
>
> 二、含十卷之内有言及本朝、朝廷、国家等字样，俱不抬头，是不知尊朝廷也。含之罪，又其一。

现存《三冈识略》康熙刻本上，有人写过朱批，这位读者亦曾关注董含记载年份的习惯。他说："书甲子而不书朝代，五柳先生之意也"，对董含言外之意表示了清楚的认识。现代中国学者也同样注意到《三冈识略》不写清年号的特点。谢国桢的解释和检举信的作者基本上一致。谢国桢在《增订晚明史籍考》中说："不用清代年号，而用干支记年，盖眷怀故国，别具微尚者。"[①] 在《明清笔记谈丛》中，谢国桢写得更加明确："著者的功名既为清廷所斥革，所以不满意于清朝。于是这部书编次的年月仍称甲子不肯写清朝的年号，尚有明朝遗老的气息，清初原刻本流传不广的原

---

① 谢国桢：《增订晚明史籍考》，第 978 页。

因，也就在此。"① 来新夏的结论与谢国桢一致："我看撰者的不以清历编年有可能因奏销案被斥，抑郁难申而致不满。"②

不书写清代皇帝的年号，是康熙二年庄廷鑨《明史》罪证之一。据范韩（1634～1705之后）的回忆录，庄氏《明史》有八个方面得罪了清廷，其中有"赞扬故明，毁谤本朝"的倾向③，而清初吴江士人陈寅清说"不书清年号是取祸之端"④。康熙七年（1668），山东诗人黄培因为曾刊刻《含章馆诗集》，以刻造"逆书"的罪名被翰林院检讨姜元衡告发，佐证之一也与清年号有关，审官曾针对黄培为其母亲写的墓志铭盘问他，"墓志内，甲申之上因何不书顺治年号？"⑤ 既然不写清年号过去曾经被当作叛逆的表现，董含为什么居然犯了同样的错误呢？一方面，因为董含曾强调《三冈识略》是小说而不是正式的史书，《三冈识略》很多内容和政治环境没有太大关系，所以他可能认为没有必要写清年号；另一方面，黄培被判处死刑后，30 年已经过去了，而没有再发生类似的文字狱，康熙中期文化气氛比较开放宽容，不缺乏敏感内容的《顾亭林别集》在 1694～1695 年间刚刚顺利刊刻，董含可能就因此对《三冈识略》所带来的潜在危险有点掉以轻心。

揭发信的作者还另外先后对《三冈识略》所收 22 个篇章进行了批判。⑥ 这些批评意见，我们大致可以归纳为四种不同的类型：

（1）《三冈识略》怀念明朝。

董含不是明遗民，但在明代统治下中了秀才，对明朝自然有感情。卷一《宸翰》条写到崇祯帝亲自为董羽宸写了字，也反映了这一点。下面是检举信对此条的评论：

---

① 谢国桢：《明清笔记谈丛》，第 60 页。

② 来新夏：《清人笔记随录》，第 45 页。

③ 《范氏记私史事》，见周延年辑《南林丛刊次集》民国二十八年南林周氏铅印本。

④ 见陈寅清《榴龛随笔》（《痛史》本）。

⑤ 见《山东文献集成》第二辑所收《黄培文字狱案》。关于黄培案，亦可参考周至元《清初即墨黄培文字狱资料》，载《山东省志资料》1962 年第 2 期；卢兴基《康熙手抄本〈含章馆诗集〉的发现与"黄培诗案"》，《中华文史论丛》第 33 辑（1984 年第 2 辑），第 233～242 页。

⑥ 其中，对卷 9《武昌兵变》的批评意见是残略的，因此我们无法充分了解举报者认为此篇的要害在哪里。批评意见只有这样的开头 20 多字："武昌裁兵，猖獗激于新抚，而藐尔游魂，自膏白刃，但恨略稽。"后缺。

> 卷之一《宸翰》条：含著《三冈识略》，其凡例明载"是书共五十四年，皆本朝事"字样，此条系故明所赐，何为混载？含仅知铺张祖烈，眷恋先朝，不自知其自相矛盾矣。且思陵之称，乃福王时所尊，本朝史馆但称庄烈帝耳。乃含不称庄烈而称思陵，目无昭代，罪不胜诛矣。其云"笔势飞舞，每一展阅，奎光烂然"，又云"予摹四字，颜之书斋，以便朝夕瞻仰"，其思明之念，显然矣。身为本朝进士，当如是耶？

在这里，无名氏故意往坏处想，抓住"思陵"这个不合时宜的尊称大做文章。值得注意的是，如果《宸翰》条写于甲申夏（其在卷一的位置似乎显示出这一点，排在《宸翰》后面的是《福王淫昏》条），那么，当时董含还生活在南明统治下，在这种情况下董含怀念崇祯帝应该是情有可原的，他当时还不是清朝顺民，更不是清朝进士。

（2）《三冈识略》诽薄清朝。

这方面的批判最多。首先是董含对清朝征收钱粮政策的记述引起了告发者的不满。顺治末年的奏销案对不少松江士人的进取心造成了严重的破坏，据《松江诗钞》并不全面的介绍，松江起码有七名进士由于奏销案被斥革或降级。① 董含在顺治十八年（1661）中了二甲第二名进士，但奏销案立刻断送了他的前程，其弟董俞的举人同时被斥革。董俞在其诗作中曾生动描述了此戏剧性的转变对他们的打击：

> 兄也克继武，拾芥取高第。弟亦忝贤书，青云可接翅。
> 幸不辱庭训，上慰两亲意。何期门祚衰，无辜遭摈弃。
> 禄养竟无时，椿萱遽见背。呜呼终天恨，相顾但陨涕。
> 曩者客长安，出入必并辔。伥鬼忽攫人，戮力在原际。
> 归来伏岩穴，不屑慕荣势。兄得著书乐，键户覃奇思。
> 我为汗漫游，饥驱路迢递。敝庐城北隅，乱后更涂塈②。

---

① 他们是董含、沈珂、宋庆远、王又洴、叶映榴、赵子瞻及叶嗣郢。
② 《五十生日，榕荪家兄颁赐大篇，斐亹殷恳，敬述五百字奉酬》，载《南村渔舍诗草》。

吴伟业（1609～1671）年轻时曾认识董羽宸，康熙初期又和董含、董俞兄弟有交往，对他们奏销案后的处境深表同情，发出了如下的感叹："顾沦落如故，几与岩居穴处者同，其穷困则亦已矣；甚至乡里小儿，胥徒伍伯，直乘气以排之。嗟乎！余游于董氏祖孙间，俯仰三十载，其世事迁变、人材用舍之故，可胜道哉！"①

由于董氏兄弟的悲惨遭遇，董含自然对清朝的税收政策很有意见，这些抱怨在《三冈识略》中经常有反映，因而引起了检举信作者的注意。下面是第一个例子：

> 卷之四《江南奏销之祸》条、《地龙散》条：世祖章皇帝时，江南绅衿，户条银类多拖欠，因于顺治十七年，巡抚朱公有造册奏销之举。区别处分，出自睿裁，何以言祸也？含名在黜革之内，乃有"轩冕与杂犯同科，千金与一毫等罪；仕籍学校，为之一空"等语，怨谤显然矣。至《地龙散》即赘于后，尤为狂悖。含著是书，于《凡例》一页，明冠以"是书始于甲申，终于丁丑，共五十四年，皆本朝事"字样，则非系本朝之事，不应在编纪之内矣。何杂引金、元衰败之政，附此《地龙散》一条，而总结之，曰："今安得有高公其人？"含慨世无高公，则举朝满、汉大僚，均在诟詈之内矣。含之丧心病狂，一至此哉！

按：董含在《江南奏销之祸》中所表现的对清廷政策的敌对态度，早已引起了学术界的关注，而放在此篇后的《地龙散》反而很少有人提及。其实，正像无名氏所指出的，《地龙散》也是将矛头指向当时的清政权。它的全文如下：

> 金贞祐中，术虎高琪当国，士大夫每遭鞭扑，医家以酒下地龙散，投以蜡丸服之，此方大行。范极之中有诗云："嚼蜡谁知味最长，一杯卯酒地龙香。年来纸价长安贵，不重新诗重药方。"《辍耕录》载，元初轻儒，与齐民等，翰林高公智耀上书力争，始免徭役，崇学

---

① 《董苍水诗序》，载《吴梅村全集》，上海古籍出版社，1990，第697页。

校，正户籍。呜呼，今安得高公其人者哉？

《地龙散》将清朝与名誉不佳的金朝相提并论，给检举信的作者提供了现成的批判对象。

在告发者的眼里，《私增田额》同样具有诽谤清朝的嫌疑：

> 卷之八《私增田额》条：从来田亩，一有坍涨，版籍遂致混淆，势非履亩丈量，无凭核实。刘令清长之举，亦由督、抚具题，奉有谕旨而行。尔时，涨者报升，坍者报减，时属便民之意。即其中或有一二不均之处，亦县胥鄙蠹之舞弊，非刘令奉行之无力也。含乃云"贻地方无穷之害"，并引王艮条陈□□"万一民心动摇，患生不测，非培养根本"等语，而结之曰："今安得有止善其人，为民请命？"讪谤朝、绅之罪，可胜诛哉？

按：《三冈识略》卷八《私增田额》正文如下：

> 从来田亩有一定之额，时巡抚某，忽创为丈量之说，檄废令刘从谏，先丈青浦县。刘与鄙蠹共为奸利，田之增减，视贿之重轻，计起科田一万三千余亩，百姓哗然不平。此项初无补与朝廷，徒饱贪吏奸民之腹，贻地方无穷之害，良可叹也。尝忆元时，有奸人诣中书，诉讼松富民包隐田亩，为粮一百七十余万石，沙荡为钞五百余万缗，宜立官纠察追收。中书移文验视，时王艮为江浙行省检校官，条陈曲折，言其不过耸朝廷之听而报宿怨，且冀创立衙门，为徼名爵计耳。万一民心动摇，患生不测，非培养根本之策。事遂寝。艮字止善，绍兴人。今安得有止善其人，为民请命哉？

"刘从谏"，应作刘廷谏；因"廷""從"两字字型相似而被混淆。刘廷谏，正黄旗人，康熙十五年（1676）任青浦县令。《松江府志》对刘廷谏的官绩有好评。[①] 而在《私增田额》中，董含又把清朝政策与元朝的暴政

---

① 《松江府志》卷43。

等同起来了，难怪无名氏看得很不顺眼。

《由帖》也同样遭到他详细的反驳：

> 卷之八《由帖》条：国家买卖税契，自有额征定数。造册奏销，听部拨解，原非私征，亦不关由帖之给与否也。含乃谓"县令欲济其私，忽造由帖之说。倘复按差，当不至此"。无论按差奉旨永停，即当设立巡方之时，要亦奉天子之命以驭吏，而钱粮关系国课，州县有考成之责，何尝禁其征收乎？□知钱粮有正有杂，金花滴珠，农桑富□正也。伢税、契税、牛税等杂也，虽分正杂□，属国帑。有司或奉行不善，弊固有之，若因弊废其项款，何异因噎而废食乎？揣含□□以为按差当复，按差复，则司李必复。司李复，则彼应选之司李，亦与有荣施矣。矮子观场，痴人说梦，何以异是？

按：据《董氏族谱》的记载，董含举进士后，曾授推官，但由于奏销案没能够赴任。无名氏所讲之"彼应选之司李"，当指此。告发者显然对董含的生平事迹了若指掌。

董含对清朝捐纳政策的记述也引起了检举信作者的强烈不满。康熙十三年（1674），"三藩之乱"爆发后，清廷为了弥补军饷不足，实行了军需捐，到康熙二十年（1681）才停捐。这个政策很快就有人反对，如康熙十七年御史陆葇有《停止捐纳知县疏》一文[1]，而董含的反对态度尤其明显。在卷十《三吴风俗》一文中，董含发牢骚说："近开捐纳之例，于是纨绔之子，村市之夫，辇赀而往，归家以缙绅自命，张盖乘舆，仆从如云，持大字刺，充斥衢巷，扬扬自得。此又人心之漓者愈漓，而世道之下者更下也。"在写于己未（1679）至癸亥（1683）之间的卷八中，董含对捐纳政策的一些副作用也经常表示反感，因而又引起了无名氏的批评：

> 卷之八《贵贱有定分》条：国家之开事例也，或因措饷，或因备边，或因赈饥，或因兴大公大役，与其摊派于田亩，犹恐挽运之不前，何如鼓舞以功名，不虑输将之或后。况奇才异能，原不尽由于科

---

① 许大龄：《清代捐纳制度》，载《明清史论集》，北京大学出版社，2000，第140页。

目。科目未立之先，未尝无良臣贤佐，此正权宜佐国、用人无方之意也。含乃引《抱朴子》，极口讪笑，则是事例之开，朝廷设以荣之，而含欲辱之。为臣子者，当如是乎？

卷之八《赀郎古今不同》条：果如含说谓"一登仕版，便可取偿十倍"，岂今之赀郎登仕者，尽赃私狼藉，无一□□自好者乎？且云"古赀郎多识几字"，岂今之赀郎，皆一字不识者乎？幸也，含中一进士也，然会榜开时，每科仍有百数十人类，多谦以自牧。如含之夜郎自大，万一身登鼎甲，其重科目而笑赀郎之处，更当何如？小器易盈，一至于此。

卷之八《削平诸逆》条：含……复言"军兴未几，言利之臣纷纷而进，西园车满，燕市肩摩，朱紫及于舆儓，衿佩遍于伶隶，史册以来所希见也"等语，岂非讪谤朝政？而何伏念国家，以各饷孔亟，乃开事例，鼓舞捐输？然刑丧过犯者不准，曾充衙役者不准，即八旗人员有应离任者，虽在现任，立押归旗。是宏开仕路之中，仍寓澄清仕路之法。含乃谓"朱紫衿佩，遍及舆儓、伶隶也"，不亦异乎？

另外，董含对明清之变的某些侧面的反应也遭到了批评：

卷之一《筑城预兆》条：夫欲显兴朝、开国、纪元之征，而乃杂引闯贼伪号于前，殊失尊崇之体。含之罪，又其一。

按：《筑城预兆》全文如下："崇祯初年，于芦沟桥建一城，镌四字于扉，右曰'永昌'，左曰'顺治'。不数年，闯贼伪号永昌，而我朝廷长驱破贼，改元顺治。此城若预为之兆云。"这个故事收入卷一，它可能间接反映了一个事实，就是在中国南方还没有被清军占领时，在南方人的眼里，"闯贼"和"满清"都同样可怕，无论是永昌还是顺治，都是同样不合理的政权。虽然董含用了"我朝廷"的字样，这个传说所具有的怀明性质，还是保留下来了，因而被敏感的无名氏感觉到了。

在《旧臣姓名录》中，他也闻到了不对的味道：

卷之一《旧臣姓名录》条：我世祖章皇帝，龙飞定鼎，天命之所归，人心之所集也。况于明季贤才，搜罗并用，此尤圣主开诚布公、推心置腹之德意也。乃含著此《旧臣姓名录》一条，虽托之于东海逸民所撰，而摘有"巽权待变，河清难俟"等语，述所不当述，已属可异。至于"癸未诸公，或初登仕版，或未沾一命，遭逢鼎革，君子有恕词"之语，此则含之自出己意，抑扬其词矣。含之狂悖，可胜言哉？

按：像很多在明代政权下长大的人一般，董含钦佩明末清初那些忠义的烈士，在卷一《不义妇》《乔将军》等篇章反映了对不忠于贞操的人表示轻蔑。检举信咬定《旧臣姓名录》是董含自己的作品，不知道有什么根据，可能是他故意在董含的脸上抹黑。他读了《削平诸逆》条，也感到不以为然：

卷之八《削平诸逆》条：含畜诸逆之反叛也，曰"群聚蜂起，望风归附"。夫归附者，弃暗投明，转祸为福之谓也。今以逆助逆，是蠢动也，是乌合也，是釜鱼穴蚁旦夕苟延而不知诛戮之即及也。含云"归附"，无乃不达于理乎？

按：在这里，无名氏似乎是小题大做，董含不见得对吴三桂和"三藩之乱"有任何同情心，他用"归附"这个词恐怕没有无名氏想象的那种深重意义。

最后，董含在其他方面对清廷直接或间接的批评被无名氏看成诽薄清廷的表现。下面三条，检举信的作者都认为太离谱，在他的眼里它们对清朝形成露骨的攻击。

卷之二《议裁提督》条。国家设官分职，俱属因时制宜。提督一官，统全省绿旗兵马，最为紧要。驻箚之所下，由九卿会议上，出圣主睿裁。含身非言官，何得妄行置喙？且言"衔尊势重，坐享荣华，縻兵耗饷，有害无益"。夫国家太平，兵可百年不用，而操演训练，领自提臣，未尝一日或懈。乃云"坐享荣华，縻兵耗饷"，含将何所指乎？至云"何时得复旧制，使郡中士庶，复得升平之象"，则是以兵民帖服、升平有象之松城，而指为未能升平，乃欲思复明制，移撤提臣，谤毁朝政，何说之辞？

卷之六《先圣遗像》条：皇上重道崇儒，古今罕匹，含乃云"世方贱儒、尊屠沽，夫子出，欲何为乎？"含罪，不容于死矣。

卷之七《天鸣》条：夫尧汤水旱，圣朝不免，而今所谓"戊午八月初八日，东南天有声如沸汤"之事，托之于"或云"，则其事之诞谩而不足信也，明矣。又云："天鸣有声，百姓劳形"之语，而继之以"晋、陈、隋，俱有此异"。按：晋元帝太兴二年，陈宣帝太建十三年，隋开皇二十年，皆非盛隆之时也。妄言惑众，含罪可胜诛哉？

（3）《三冈识略》对清朝官员不公正的评论。

在《分县》《谣谶》两条中，董含先后对松江知府李正华、刘洪宗以及明代张姓知府三名地方官进行评论，对李正华的批评尤其激烈。无名氏对此作了如下评论：

卷之二《分县》条、卷之三《谣谶》条。李公之守松也，冰心铁面，童叟皆知。顺治八、九年间，国家文网尚宽，崔浦啸聚，蒋庄镇左右竟成贼窟，李公刻期擒捕；审实之后，毙之杖下，松民获有宁宇。厥后，漏网钱魁，乘江上之变，又复啸聚，白昼焚掠，蔓延浙界，直至江浙两抚汇疏入告，两省会剿，始得就擒。使前此无李公，松民不得安枕矣。乃含挟持私怨，诬以矫廉饰诈，异矣。且李公后以逋赋去任，松民感德不忘，酿金造舟，装入米豆布匹，不言姓氏，连船送至家府，垂泪哭别。此皆出于至情，父老尚有亲见者。何诬之以"及其归也，方舟不能载"乎？

至于分县一事，以因华亭赋烦民悍，役重事繁，一官不能独理，请于上台，获邀题允。即今岁、科两试，文武入泮，增额六七十名，使寒畯进取之途少宽，未始不由分县。乃云"正华恃臆妄行，而上官误信"。又云"正华之罪，可胜擢发"。是岂公平之论哉？贤太守如李公，尚甘心丑诋，其所记刘公、张公之事，又无论矣。

按：李正华，直隶河间府献县人，自顺治十年（1653）至十三年（1656）

任松江知府，嘉庆《松江府志》对他有很多正面的记述，其小传最后说："去之日，儿童妇女竞以束蔬尺布投，其舟几满。"① 清初松江士人叶梦珠对李正华评价甚高，与无名氏一致，将他列入《阅世编》卷四"宦绩"部分，云："公之造福于民非细矣，……自古长吏去官饯送之盛，未有如公者。"② 看来，无名氏控告董含"挟持私怨，诬以矫廉饰诈"的说法还是比较合理的。我们不知道李正华如何得罪了董含，但董含对他的愤恨似乎跟他个人经历有紧密的关系。

（4）《三冈识略》内容不健康，低级淫秽。

康熙二十六年（1687），刑科给事中刘楷曾写奏疏，请禁止淫词小说，康熙帝表示了赞同，认为这种书"能败坏风俗，蛊惑人心"，因而"宜严行禁止"③。既然有这样的禁令，董含将具有淫秽内容的篇章收入《三冈识略》，这给无名氏提供了现成的把柄。下面我们转录他这方面的批评意见。

> 卷之二《犬奸》条：妇人性即淫荡，未有与畜类通奸者。即果有此妖异，何关与惩劝，而大书于册耶？且关东远隔数千里，而言关东一妇；含不生于关东，何由知此异事？拔舌地狱，含将入矣。
>
> 卷之三《败笔头》条、卷之四《淫像》条、卷之九《太极丸》条：含欲著书立说，应以嘉言懿行笔之于书，感发人之善心，惩创人之逸志，方于立言之旨不谬。今所载《败笔头》、《太极丸》二条，已极淫亵，至《淫像》条内云"公佛、母佛"之说，指为在辽阳城中，又托之于范生游其地，若以为有人目见。而含非但得之风闻者，其口诞亦已甚矣。

按：《败笔头》《太极丸》两条与春药、性玩具有关，而《淫像》写到辽阳城中一古刹，范生"见内塑巨人二，长各数丈，一男子向北立，一女南面抱其颈，赤体交接，极备淫亵状。土人呼为公佛、母佛，崇奉甚谨"。然后董含引用田艺蘅《留青日札》、郑所南《心史》等材料来考订这种

---

① 《松江府志》卷43。
② 《阅世编》，第93页。
③ 王晓传：《元明清三代禁毁小说戏曲史料》，作家出版社，1958，第22页。

"极其淫秽"的铸像，"乃元之遗制"。

> 卷之五《叶贡生冤报记》条：从来著书之体不一，要皆劝人为善，未有劝人为恶者。今谓冤鬼宜多不宜少，少则势不两立，多则反可幸免。此虽谐谑之词，不几劝人作孽乎？

按：颇有讽刺意味的是，在《三冈识略》中董含曾攻击李渔，在卷四《李笠翁》条，说李渔"喜作词曲及小说，备极淫亵……今观《笠翁一家言》，大约皆坏人伦、伤风化之语，当堕拔舌地狱无疑也"。在卷九《才子书》中，董含又对金圣叹表示反感，说金圣叹"终以笔舌贾祸也，宜哉"。在检举信中，董含恰好遭到了十分相似的攻击。

这封揭发信是由谁写的？看来，他当是生活在康熙年间的松江文人，他对其家乡的历史及董含本人的背景都很了解。他这样仇视董含，欲置之死地而后快，是不足为奇的，因为董含在《莼乡赘客自述》一文中，承认自己和外界的关系是相当紧张的，说自己"性本孤介，不喜治生，尤不喜见俗人，杜门者十日常九八……见人作富贵态，背辄浟浟然汗下。坐此迂僻，为俗所弃，亦因是颇获闲旷"。又云："平生不与人为仇，而人往往嫉余，曲加诋諆，终不与较。乃其人辄自毙，每怃然者久之。"

《三冈识略》有相当一部分内容，容易得罪人。在某种程度上，这是笔记小说的通病，正像同时代的山东文人张贞（1637～1712）所云："从来说部之书，多幸灾乐祸，以讦人隐私、扬人中蔀为能事。良由一念，刻薄随尔，形诸楮墨。此等存心，尚可问哉？"[①] 而《三冈识略》中偏激的议论相当多，如果确实有人经常对董含"曲加诋諆"，《三冈识略》确实给他们提供了不少燃料。这点可以从中国社会科学院历史研究所收藏的康熙刊本的眉批看到。譬如，卷二《贪横之报》中论及"缙绅之裔，流为奴隶"的现象时，举例提到华亭聂某，曾鬻身于朱会元锦。有一天，聂妻陆氏为朱夫人服务时，突然感到很难受，解释说："氏父与翁，俱叨甲榜，曾祖亦会元，以此伤心，不觉泪下耳。"朱夫人打听她的家庭背景，"始知为陆文定公之孙、进士庆衍女，而聂吏部慎行之媳也"。董含不但毫无忌讳地

---

① 《读渔洋先生〈池北偶谈〉》，载《娱老集》（《清代诗文汇编》影印康熙刻本）。

点出聂妻与陆树声（1509～1605）、陆庆衍（崇祯十六年进士）及聂慎行（天启二年进士）的关系，还评论说，"吏部贪狠，为害乡里，以恶疾死，未二十年，诸子非死亡则沦落不偶，天之报施，益信不爽"。而康熙本批点者将上述的具体人名都一笔勾销了，并批评说："应为贤者讳。《识略》中如此类甚多。此书，烧之可也。"又，卷一《旧臣姓名录》的最后一句是"倘以为予一人之私，则我岂敢"，而批点者不买董含的账，反驳写道："非私而何？"他显然对董含的说法有保留意见。

我们虽然不能确知对《三冈识略》的揭发引发了什么样的后果，但我们可以猜测，官方的反响对董含恐怕非常不利。董含的最后命运，我们目前不得而知，而至于《三冈识略》刻本本身，既然它很快在市场中、社会中消失了，我们有理由怀疑它当时被销毁。乾隆后期编纂《四库全书》时，各省官员收集犯了忌讳的书，如钮琇的《觚剩》曾获得批评，以"内多讳悖"的罪名被列为禁销书①。《三冈识略》的问题不比《觚剩》少，但它当时反而没有引起关注，似乎说明《三冈识略》到这个时候已不流传了。难怪《国朝松江诗钞》《松江府志》等嘉庆年间刊刻的书籍对《三冈识略》都只字未提。

如果《三冈识略》的确惹了祸，引发了文字狱，为什么只有旁证，而没有铁证？这确实有点令人疑惑。但一方面，"妖书""逆书"这种非常敏感的话题本来让生活在清朝政权下的文人心有余悸，而另一方面，有关的记录可能本来是有的，但后来遗失。《四库全书总目提要》对金维宁《秋谷杂编》一书的介绍，给我们提供了这样的线索。金维宁，字德藩，一字淇瞻，娄县人，上海籍，当比董含岁数小，中了康熙丙午（1666）举人，曾任寿州教谕，"以与营兵争学宫地罢归"，在家乡著书。他的《垂世芳型》行世，作者的《凡例说》写于康熙五十三年（1714）。《秋谷杂编》是金维宁的一部笔记小说集，现在遗失，但18世纪末，这本书被《四库全书》的编者翻阅，他们将它列入《四库全书总目提要》的《小说家类存目》卷一，并评论说："维宁居乡，颇忤于同里，居官又颇忤于同官，以浮躁罢归。故词旨愤激，多伤忠厚，其记董含鬶婢及作《三冈识略》诸条，恐未必如是之甚也。"虽然我们现在无法知道金维宁在"记董含鬶婢

---

① 雷梦辰：《清代各省禁书汇考》，书目文献出版社，1989，第95页；亦可参考施廷镛《清代禁毁书目题注外一种》，北京图书馆出版社，2004，第167页。

及作《三冈识略》"诸条中究竟说了一些什么，但看来他对董含和《三冈识略》发表了严厉的批评，否则纪昀他们不会说"恐未必如是之甚也"。我们甚至有理由猜测，金维宁可能是揭发信的作者，因为《松江诗钞》对金维宁作了如下评论："《秋谷集》中有松郡掌故，可资采撷，惟极訾董阆石《三冈识略》，并摘其十二条，以为谬误。要亦互有得失。"① 这从另一个侧面说明《三冈识略》刊刻后成为攻击对象，金维宁"摘其十二条，以为谬误"与无名氏所做的，极其相似。

三 《莼乡赘笔》在清代后期的出现

从前关注《莼乡赘笔》一书的学者，如宁稼雨、来新夏、陈雪军等同仁，都把它当作董含亲自编写的书，他们之间所存在的分歧，仅仅围绕着《莼乡赘笔》是董含写作生涯哪一个阶段的产物。诚然，《莼乡赘笔》有一篇署名董含撰写的序文，这表面上看来似乎说明这本书是董含的著作之一。但我们有充分的理由认为《莼乡赘笔》是清代后期的文人或书商新包装的产物，它并不反映董含本人的著书意图。

《莼乡赘笔》与《三冈识略》有两个很大的不同，需要我们正视：第一，除了《莼乡赘笔》的序文以外，董含的其他著作都没有提到《莼乡赘笔》。而据我所知，清初其他文人也同样没有提到《莼乡赘笔》。第二，我们不仅看不到《莼乡赘笔》在清代前期以单行本的形式流传的痕迹，而且也看不到《莼乡赘笔》以任何的形式在清代前期流传的痕迹。读者可能会对刚才最后一句话感到惊讶：《莼乡赘笔》不是被收入了清代丛书《说铃》吗？而《说铃》不是在康熙后期刊刻了吗？没错，《莼乡赘笔》确实被收入《说铃》，而《说铃》确实有康熙刻本，但这并不说明《莼乡赘笔》在康熙年间已经开始流传了，因为《说铃》有好几种版本，而《莼乡赘笔》没有被收入《说铃》康熙刻本。

若要了解一个丛书的情况，我们经常要查阅《中国丛书综录》，很多人对《说铃》的基本印象恐怕是从《中国丛书综录》有关记录来的。《中国丛书综录》介绍《说铃》时，仅仅提到"清康熙四十一年（1702）续

---

① 《松江诗钞》卷14。

集五十一年（1712）序刊本，清道光五年（1825）聚秀堂刊本"两种①。然后，《中国丛书综录》将《说铃》前集、后集、续集所收书籍排列出来了，指明《莼乡赘笔》三卷为《说铃（后集）》所收。这很容易给人一个印象，就是从康熙年间起，就有《莼乡赘笔》一书。但这是错误的。

《中国丛书综录》虽然是一套学术价值很高、学术研究必不可少的工具书，但不是十全十美的。《中国丛书综录》初印于1959年，由中华书局出版，上海图书馆为1982年《中国丛书综录》上海古籍出版社新第1版写的《前言》中，提出原版在编纂过程中发生了疏漏，并表示本来应该即加增订，但"因事迁延，不克进行"，结果，新第1版还是以原纸型重印。《中国丛书综录》记录《说铃》时，确实发生了遗憾的疏漏，有关《说铃》的介绍不够详细准确。一方面，《中国丛书综录》仅仅记录了《说铃》部分版本；另一方面，它没有很清楚地分辨出康熙刻《说铃》的内容和道光刻《说铃》的内容。如果再查阅出版于1984年的《中国丛书综录补正》和出版于1999年的《中国丛书广录》两书，我们可以发现，除了《中国丛书综录》所收录的康熙学古堂刻本和道光聚秀堂刻本以外，《说铃》另外还有嘉庆五年（1800）明新堂刻本，以及从康熙刻本中择取若干汇编而成的《说铃抄》乾隆十八年（1753）保元堂刻本。②

更加值得注意的是，《中国丛书综录补正》对嘉庆五年明新堂刻本的介绍和出版于2003年的《中国丛书综录续编》对清代前期《说铃》另外两个版本的介绍。《中国丛书综录补正》指出，武汉师范学院图书馆收藏的《说铃》并没有《莼乡赘笔》一书。《中国丛书综录续编》收录了《说铃》两种版本，第一种为初印本，第二种为乾隆或乾隆以后的版本（它把王士禛的名字改为士禎），这两种版本也都没有《莼乡赘笔》③。我在纽约哥伦比亚大学图书馆、台北"中央研究院"傅斯年图书馆等图书馆翻阅过嘉庆刻《说铃》版本，它们也都没有《莼乡赘笔》，只有道光年间出版的

---

① 《中国丛书综录》，中华书局，1962，第79页。
② 关于《说铃抄》，可参看《中国丛书广录》，湖北人民出版社，1999，第165～166页。关于《说铃》嘉庆五年明新堂重刊本没有《莼乡赘笔》一事，可参看阳海清《中国丛书综录补正》，江苏广陵古籍刻印社，1984，第26页。
③ 见施廷镛《中国丛书综录续编》，北京图书馆出版社，2003，第59～61页。亦可参看施廷镛《中国丛书题识》，北京图书馆出版社，2003，第190～191页。

《说铃》才有（此本被收入《丛书集成续编》子部第九十六册）。据我所知，最早提到《莼乡赘笔》之类的书名，见于嘉庆二十三年（1818）版《松江府志》卷七十二《艺文志》："董含《莼香赘笔》八卷。"（这里的"香"当是"乡"之误）《松江府志》卷八十三《拾遗志》还转录了《莼乡赘笔》十余条。

看来，到了19世纪初，《三冈识略》这个名字由于在康熙年间引起的麻烦，已经成为忌讳，而被《莼乡赘笔》这个没有历史包袱的名字取代了，经过改头换面的变动后，一个《三冈识略》的节本就这样问世。来新夏有一句话，是这样说的："据粗略校核结果推断：《赘笔》一书有可能是撰者为免触时忌，怵于文字贾祸，有意删削《识略》而别成一书的。"① 如果我们把来先生所说的"撰者"两字改成"有人"，这可能刚好掌握了《莼乡赘笔》成书的现实。

然而，读者可能会提出质疑：《中国文言小说总目提要》等工具书不是说过，《莼乡赘笔》有康熙十七年（1678）光复堂刊本吗？《莼乡赘笔》有康熙十七年光复堂刊本之说，似乎最早见于袁行霈、侯忠义《中国文言小说书目》②，而我没有看到任何人对此刊本作过具体介绍，我们只能怀疑这个刊本不仅现在不存在，而且根本没有存在过。按照袁行霈、侯忠义的说法，"此书（指《莼乡赘笔》）又名《三冈识略》"，可能是因为他们知道《三冈识略》有光复堂刊本，而《三冈识略》及《莼乡赘笔》的序文都写于康熙十七年，所以就得出了《莼乡赘笔》有康熙十七年光复堂刊本的武断结论。

表面上，既然《莼乡赘笔》有董含执笔的序文，这应该说明《莼乡赘笔》确实是董含修的书。然而，事实并非如此。如果我们仔细阅读《莼乡赘笔》的序文，并与《三冈识略》的自序对照，就很容易发现《莼乡赘笔》的序文只不过是一个劣质的赝品。《〈莼乡赘笔〉自序》内容与《〈三冈识略〉自序》大同小异，而所指明的写作日期是相同的，这本身就非常可疑。《〈莼乡赘笔〉自序》仅仅将原来的"卜居三冈之东"改成"卜居三泖之东"，将很确切的"续书于后，凡五年为一卷"改成了语言不通的

---

① 来新夏：《清人笔记随录》，第48页。
② 见袁行霈、侯忠义编《中国文言小说书目》，北京大学出版社，1981，第354页。

"续书于卷"，将"积成十卷，名《三冈识略》"改成"积成三卷，名《莼乡赘笔》"，将"莼乡赘客董含题于东冈之艺葵草堂"改成"华亭董含题于莼乡之艺葵草堂"。《莼乡赘笔》的编者似乎想避开"三冈"这样的字眼，因而把原来很确切的"三冈之东"改成"三泖之东"。如果董含有可能在同一天为《三冈识略》与《莼乡赘笔》写序文，很难想象他会这样处理。因此，与其说董含是《莼乡赘笔》的编者和《〈莼乡赘笔〉自序》的作者，不如说《莼乡赘笔》是清代后期的编辑或书商整理出来的，《〈莼乡赘笔〉自序》是某个无名编辑或书商编造出来的。

从《莼乡赘笔》所收条目来看，康熙年间的举报者所谴责的那些内容，在清朝后期已经不再算是有问题了：如《筑城预兆》《议裁提督》《犬奸》《谣谶》《江南奏销之祸》等条被收入卷上，《淫像》被收入卷中，《天鸣》《贵贱有定分》《私增田额》《削平诸逆》《赀郎古今不同》《由帖》《武昌兵变》被收入卷下。没有被收入《莼乡赘笔》的，只有《宸翰》《旧臣姓名录》《地龙散》《败笔头》《叶贡生冤报记》五条。而到了光绪年间，出版业已经没有太多忌讳了，在这种情况下，《三冈识略》十卷本才能被申报馆重印，而且没有经过太多实质性的删节或其他改动，董含的原著基本上以本来面貌的形式重新出现在清代读者面前。

（作者单位：美国波摩纳学院）

研究清代土司地区司法制度的重要档案

——内阁刑科题本土债贪禁类档案评述

方悦萌

摘　要：学术界以往对清代土司地区司法问题的研究甚少，既是由于该问题涉及法学方面的知识，更重要的是因相关文献资料缺失。在中国第一历史档案馆所藏清代档案中，最近发现一些司法方面的资料，主要是土司地区的刑事案件档案及各级官府的审理记录，这对研究雍正朝改土归流后的司法处置有重要意义。本文介绍这批档案的大致情形，并阐述其学术价值。

关键词：清朝　土司地区　司法档案

在土司制度的研究中，土司地区的司法问题一直是研究的薄弱环节。以往只有少数论著提及土司地区的习惯法，而对清代，特别是雍正朝改土归流之后土司地区推行的司法制度却鲜有研究，几乎是一片空白。这主要缘于文献资料的缺失。

笔者有幸参加了国家社科基金 2012 年度重大招标项目"中国土司制度史料编纂整理与研究"这一课题的资料整理工作。在接触中国第一历史档案馆所藏清代档案中，发现了许多珍贵的史料，记载了土司地区发生的一系列刑事案件，以及地方政府逐级审理的情况。这在朱批奏折、军机处录副奏折中多有反映，而在内阁刑科题本土债贪禁类中，我们发现有 129 件档案，是专门记载土司地区刑事案件的，而且大多是经刑部等衙门会审之后最终处理的档案。这批档案始于乾隆元年（1736），止于光绪十七年（1891）。应该说，这是一批十分珍贵的档案，它为我们提供了雍正朝大规模改土归流之后土司地区诸多的司法案例，与改土归流之前的状况可以形成鲜明的对照。

本文试就这批档案的基本情况做一初步分析，日后将进一步作深入的研究。

一 129 件档案的基本情况

在内阁刑科题本土债贪禁类中发现的 129 件档案，涉及乾隆、嘉庆、道光、咸丰、同治、光绪六朝。最早的一份是乾隆元年十二月十四日，大学士兼管刑部尚书事务徐本关于"会审广西忻城土县堡兵莫胜堂因催纳钱粮不得相争伤毙莫明道案"之题本，① 最晚的一份是光绪十七年五月二十九日，四川总督刘秉璋关于"审得打箭炉厅土民吴秀山因索欠未得误轰刘应栋身死一案"之题本。② 其中以乾隆朝最多，共有 76 件，嘉庆朝有 17 件，道光朝有 26 件，咸丰朝有 3 件，同治朝有 4 件，光绪朝有 3 件。在这批档案中，有的是两份档案或者三份档案共述一个案件不同的审理过程，因此，这 129 件档案实际涉及的刑事案件为 110 件。

这批档案共涉及广西、四川、甘肃、云南、贵州五省。其中，涉及广西的最多，有 95 件档案，涉及 79 案；四川有 6 件，涉及 6 案；甘肃有 11 件，涉及 9 案；云南有 4 件，涉及 4 案；贵州有 10 件，涉及 9 案。另有 3 件档案，是讲地方官克扣土司及不法土司安插之事。

110 个案件中所涉及的土司地区，以土府州县及长官司计，共计 54 地。其中，广西 79 案，涉及 35 土府州县及长官司，如忻城土县、土忠州、太平土州、安定长官司、土江州、土田州、上龙土司、龙英土州、东兰土州、茗盈土州、阳万土州、向武土州、南丹土州、凤山土州等。四川 6 案，涉及喇滚副长官司、清溪县、打箭炉厅、秀山县 4 地。甘肃 9 案，涉及大通卫、碾伯县、平番县 3 地。云南 4 案，涉及建水县、顺宁府、文山县等 4 地。贵州 9 案，涉及清江厅、亮寨长官司、定番土司、偏桥长官司、独山州等 9 地。以上各地区，涉案最多的是广西土田州，有 13 案；其次是广

---

① 本文为国家社科基金 2012 年度重大招标项目"中国土司制度史料编纂整理与研究"（12&ZD135）的阶段性成果。中国第一历史档案馆藏档案，内阁刑科题本，土债贪禁类，档号：02－01－07－04307－008。
② 中国第一历史档案馆藏档案，内阁刑科题本土债贪禁类，档号：02－01－07－13335－033。

西南丹土州，7 案；广西宁明州，5 案；广西安定长官司、甘肃碾伯县、平番县，各 4 案；广西忻城土县、养利州、太平土州、东兰土州、四川打箭炉厅，各 3 案；其余各地或有 2 案，或仅 1 案。

110 个案件中涉案的人员，即犯罪受到刑罚者，包括以下 5 类：各级别土司及其族人；一般民人；官员；士兵、差役；革职生员。土司之中，包括有土知州、长官司长官、长官司副长官、土千总、土巡检、土目、土弁、土县丞等，共涉及 18 案。一般民人，档案中多称"土民""土人""客民"，他们涉案最多，共计 84 案。官员，主要指曾在土司地区任职的地方长官，涉及 2 案。士兵、差役，档案中或称"堡兵"或称"土差""土役"等，共计 4 案。革职生员涉及 2 案。

在上述 110 个案件中，有 101 个案件是命案，占整个案件的 91%。正因为是命案，而罪犯多被处以死刑，故各地督抚须按规定上报朝廷，最终等待皇帝的批示。造成命案的情况各不相同，可谓五花八门。如：有因口角相殴致死者，① 有误伤致死者，② 有诈赃致死者，③ 有因纠纷伤毙者，④ 更有图财害命者，⑤ 买凶杀人者⑥ 及谋杀者。⑦ 通过考察分析，我们可以看

---

① 中国第一历史档案馆藏档案，内阁刑科题本土债贪禁类（以下均同），嘉庆十三年闰五月二十日，陕甘总督长龄"题为会审甘肃碾伯县土民辛旦旦等因折取树枝口角共殴吴英昌身死案依律拟绞监候请旨事"，档号：02-01-07-09279-015。

② 乾隆十三年十一月十六日，署理刑部尚书阿克敦"题为会审广西安定司土民韦特郎因田亩争闹致伤谭朝响身死等情一案应令确审妥拟再议事"，档号：02-01-07-04917-004；嘉庆十一年七月初二日，大学士管理刑部事务董诰"题为会审广西南丹土州民覃老四因山场纷争误伤覃简池身死一案依律拟绞监候请旨事"，档号：02-01-07-09184-016。

③ 道光七年十二月十九日，广西巡抚苏成额"题为审明土田州土目黄有伦起意诈赃致韦降自缢一案依律拟绞监候请旨事"，档号：02-01-07-10674-023。

④ 乾隆十一年，甘肃巡抚黄廷桂"题为审理大通卫土民旦近且令因纳粮纷争伤毙加桑且令一案依律拟绞监候请旨事"，档号：02-01-07-04790-017；乾隆十二年九月二十四日，署广西巡抚鄂昌"题为审理凌云县土民卢亚合因阻砍竹子纠纷伤毙卢亚礼一案依律拟绞监候请旨事"，档号：02-01-07-04828-011。

⑤ 乾隆三十四年二月二十七日，大学士管理刑部事务刘统勋"题为会审广西茗盈土州民零良图财杀死赵旺埋尸匿报案依例拟斩立决请旨事"，档号：02-01-07-06461-003。

⑥ 乾隆十年三月二十九日，署理广西巡抚讬庸"题为审理养利州土民赵世球因己田被卖起衅贿使赵振成杀死大功兄赵世韬案拟斩立决等事"，档号：02-01-07-04696-001。

⑦ 乾隆四年四月初九日，刑部尚书尹继善"题为会审四川喇滚副土司革松结等因争地不睦谋死正土司丹正邦一案依律拟绞监候请旨事"，档号：02-01-07-04412-002；乾隆十七年十一月十八日，署刑部尚书阿克敦"题为会审广西凌云县土民龙幼等因分产纠纷谋死龙罗一案依律分别定拟请旨事"，档号：02-01-07-05147-005。

到，无论是何种情况造成的命案，其起因绝大多数是由于债务纠纷，以及争夺田水、财产等，也就是说由于经济利益造成的命案，成为这批档案的主要内容。下面罗列的土田州的 13 件案例，可以明显地看到这一特点。13 案的大致情况如下：

（1）乾隆二十一年，民人海亚咬因被索欠纠纷伤毙郭亚寄案。①

（2）乾隆二十一年，民人罗三因争业抢割纠纷伤毙黄江案。②

（3）乾隆二十四年，土民黄卜冻等图财谋杀莫绍满等四命，焚尸弃骨案。③

（4）乾隆三十七年，客民谢纲礼因索欠未得殴毙林根山案。④

（5）乾隆三十七年，州民班三因被索欠争闹戳伤何机身死案。⑤

（6）乾隆四十二年，土民麻亚许因索欠未得伤毙黄环案。⑥

（7）乾隆五十七年，土民黄布荣因索欠保借谷石争闹伤毙何布明案。⑦

（8）乾隆六十年，土民李彩因索罐起衅致伤刘雄身死案。⑧

（9）嘉庆四年，民人莫武受因索欠戳伤玉墀品身死案。⑨

（10）嘉庆二十一年，州民陆卜金因索欠起衅殴死张兴时，故杀朱会忠一家二命案。⑩

（11）嘉庆二十五年，州民岑宜橦因索欠纠纷踢死桃苏氏案。⑪

---

① 乾隆二十一年四月二十九日，署理广西巡抚鄂宝之题本，档号：02 - 01 - 07 - 05438 - 001；乾隆二十一年七月十三日，刑部尚书鄂弥达之题本，档号：02 - 01 - 07 - 05439 - 007。

② 乾隆二十一年四月十二日，署理广西巡抚鄂宝之题本，档号：02 - 01 - 07 - 05441 - 005。

③ 乾隆二十四年八月二十二日，广西巡抚鄂宝之题本，档号：02 - 01 - 07 - 05665 - 014。

④ 乾隆三十七年七月二十二日，广西巡抚永德之题本，档号：02 - 01 - 07 - 06707 - 002。

⑤ 乾隆三十七年五月十四日，广西巡抚永德之题本，档号：02 - 01 - 07 - 06758 - 008。

⑥ 乾隆四十二年八月初五日，广西巡抚吴虎炳之题本，档号：02 - 01 - 07 - 07295 - 009；乾隆四十二年十二月初十日，户部尚书兼管刑部事务英廉之题本，档号：02 - 01 - 07 - 07266 - 009。

⑦ 乾隆五十七年八月初六日，大学士管理刑部事务阿桂之题本，档号：02 - 01 - 07 - 08140 - 016。

⑧ 乾隆六十年五月二十七日，广西巡抚成林之题本，档号：02 - 01 - 07 - 08401 - 006。

⑨ 嘉庆四年五月初七日，大学士总理刑部事务庆桂之题本，档号：02 - 01 - 07 - 08686 - 026。

⑩ 嘉庆二十一年十一月二十八日，刑部尚书崇禄之题本，档号：02 - 01 - 07 - 09965 - 017。

⑪ 嘉庆二十五年十月十一日，大学士管理刑部事务戴均元之题本，档号：02 - 01 - 07 - 10175 - 006。

（12）道光七年，土目黄有伦起意诈赃致韦降自缢案。①

（13）道光十六年，客民冯亚淙因索欠纠纷伤毙郑亚太案。②

土田州的 13 个案例是有一定代表性的。在这 13 个命案中，因债务纠纷（所谓"索欠""争业"）酿成的命案有 11 起，占了命案的 85%，只有两件是图财害命、诈赃致死。

二 这批档案的学术价值

内阁刑科题本土债贪禁类的这 129 份档案，以及前述朱批奏折、军机处录副奏折中关于土司地区司法活动的档案，为我们研究清代，特别是雍正朝改土归流以后土司地区的司法制度提供了大量、详细的第一手资料。其数量之多，涉及面之广（仅 129 件档案即涉及 5 省 54 地），持续时间之久（从乾隆朝到光绪朝），都是其他任何史料无法取代的。没有这些具体的、活生生的案例，是很难说清楚土司地区司法制度执行情况的，也很难得出中肯的结论。同时，这批档案都有对案件细节的描述，对司法审理程序的详细介绍，这是在档案之外的史料中难以发现的。因此，这批档案是研究清代土司地区司法制度执行情况必不可少的重要史料。如果不利用这批档案，或是对此视而不见，那么对清代土司地区司法制度的研究，就会存在史料来源的先天不足。

由于这批档案的史料价值很高，因此，充分利用这批档案，会对土司制度的研究有所突破，特别是对改土归流以后土司制度的研究有着重要作用。雍正朝的改土归流是"土司制度发生根本性变化的重要转折点"③。对这样一个观点，以往的研究似乎并未重视，而通过对这批档案的研究，应该可以证明这一论点。

雍正朝的改土归流对土司制度带来了极大的冲击，表现在土司及其控制的地区发生了重大变化，土司势力膨胀的趋势已从根本上得到控制，保留下来的土司，其政治特权、经济特权、司法特权都被大大地削弱了。而

---

① 道光七年十二月十九日，广西巡抚苏成额之题本，档号：02 - 01 - 07 - 10674 - 023。

② 道光十六年十月二十日，广西巡抚梁章钜之题本，档号：02 - 01 - 07 - 11231 - 012；道光十七年五月二十二日，户部尚书管理刑部事务王鼎之题本，档号：02 - 01 - 07 - 11255 - 018。

③ 李世愉：《清代土司制度论考》，中国社会科学出版社，1998，第 103 页。

清政府则在这一过程中加强了对土司地区的直接统治。从这批档案中，我们可以清楚地看到，改土归流以后土司地区的这一重大变化。下面仅就档案中反映的内容做一简述。

一是土司地区的司法制度已由原来的习惯法向成文法过渡。这也是土司司法特权受到极大削弱的必然结果。改土归流以前，土司地区都是由土司听讼，处理各类案件，流官不得过问，土司掌握了生杀大权，如湖广永顺宣慰司，下辖三土州、六长官司，"土人有罪，小则土知州、长官等治之，大则土司自治"①。而且土司办案，经常是任意轻重，土民敢怒不敢言。"土民一人犯罪，土司缚而杀之，其被杀者之族，尚当敛银以奉土司，六十两、四十两不等，最下亦二十两，名曰玷刀银。种种腐削，无可告诉"②，以致"土人知有土官而不知有国法久矣"③。雍正朝大规模改土归流以后，这种现象不复存在。由于改流之后，所有土司均由地方官管束，故土司统治区内的诉讼案件土司也不得随意处理，小案或自理，大案则必须报流官。广西在这方面的变化最为突出。刘锡蕃的《岭表纪蛮》称，鄂尔泰改流时，"奏请流官承审，以监督土官，而分其权力，西南政治，为之一变，蛮人悦服，称为'汉堂'"。从此，"土官公署，门可罗雀，人皆知有'汉堂'矣"。由于流官听讼，致使"土司无上之司法权，顿时缩小"④。这显然与改流之前"土人知有土官而不知有国法"，形成了鲜明的对照。在129份档案中有95份涉及广西，这也从一个侧面反映了广西在改土归流以后的变化最为突出。另外，从这批档案中可以看出，土司地区的司法案件也同内地一样，经县（包括散厅、属州）、府（包括直隶厅、州）、司（按察司）、院（督抚）四审级，督抚对死刑案件复审后要向皇帝具题，最终由皇帝定夺。关于地方审级的审转关系，《大清会典》记载："府属之厅、州、县，由府审转；顺府四路厅属之州县，由该厅审转；直隶厅、直隶州属县，由该厅、州审转；直隶厅、直隶州本管者，由道审转；惟湖南乾州、凤凰、永绥三厅命盗案，移解辰州府审转；知府有亲辖地方者，其本管亦由道审转；惟贵州都匀、镇远、思南、思州、铜仁、安

① 乾隆《永顺府志》卷12《杂记》。
② 蓝鼎元：《鹿洲全集》，《鹿洲初集》卷1《论边省苗蛮事宜书》。
③ 乾隆《云南通志》卷29《艺文》，蔡毓荣：《筹滇第二疏》。
④ 刘锡蕃：《岭表纪蛮》第12章第5节《土司听讼》。

顺、兴义、大定八府、普安一厅，及直隶承德府，俱径解臬司审转。"① 从这批档案中可以清楚地看到，土司地区重大刑事案件的审理，完全依照这一程序进行，而各级地方长官（流官）完全成为司法的主体。

二是土司地区的社会经济获得广阔发展的空间。由于改土归流以后土司的经济特权受到限制和削弱，这就使土司地区的人身依附关系有所变化，相当一批受土司奴役的人，成为有一定人身自由的个体农民，尽管他们在某种程度上还要受到土司的盘剥，但以往那种"主仆之分，百世不移"② 的状况已大有改观。在档案中可以看到，土民作为自耕农经营自己的土地、山林，已成为普遍现象。同时，土地占有关系也得到了调整，以往土司将土地、山川视为自家财产的情况发生了变化，土司除占有一部分"公田"，招土民耕种外，更多的土地为"私田"，由土民耕种。在 129 件档案中，反映最多的就是土民与土民之间，或者是客民与土民之间，在争田、争地、争水源，一切为了生计，情况就像发生在内地，而大多与土司无关。正是在这种情况下，土司地区新开垦的土地逐年增多，这些都为土司地区社会经济的发展创造了条件。

三是保持土司地区的社会稳定，一直是清王朝的工作重心。确保地方安定，一直是清王朝所追求的。在雍正朝大规模改土归流期间，为了实现边疆地区的长治久安，主持改流的鄂尔泰于雍正四年（1726）建议制定"分别流土考成"法："盗由苗寨，专责土司；盗起内地，责在文官；盗自外来，责在武职"。并称："以此三者分别议罪，土司无辞，流官亦服。"③ 同时，清政府推行的土司奖惩制度，革除土司安插制度，以及禁止土司典卖官田的做法，都是要维持地方的稳定。改流以后的相当一段时间，清王朝着力打击土司地区的所谓"汉奸"④，即进入土司地区的"不法"汉人，禁止他们私自开垦土地、采矿、伐木，以及挑唆土人"犯罪"，其目的还是为了地方的稳定。在这 129 份档案中，即有一些属于在土司地区犯罪的外来人，他们有的是地方官（流官），有的是外来之客民。如：乾隆十五

---

① 光绪《大清会典》卷 54《刑部》。
② 乾隆《普安州志》卷 14，引雍正五年上谕。
③ 《朱批谕旨》第 25 册，雍正四年八月初六日鄂尔泰奏。
④ 有关清代文献中的"汉奸"问题，可参见吴密《清代官书档案所见汉奸一词指称及其变化》，《历史档案》2010 年第 1 期。

年，原广西归顺州知州陆声闻交结土官重利放债案；① 乾隆十六年，原广西泗城府知府王熉纵容幕友王世泽重利放债盘削土司案；② 乾隆三十七年，土田州客民谢纲礼因索欠未得殴毙林根山案；③ 道光二十一年，宁明州下石土州客民俞有方因拦阻索欠争闹致死何殴平案；④ 等等。这些案件的出现及处理，是清王朝一直强调土司地区社会秩序稳定的突出表现。

　　总之，通过这批档案所透露的信息，我们可以清楚地看到，土司地区在改土归流以后所发生的一系列变化。当然。对这批档案的利用还需要进行认真的考证、鉴别。只要我们能够以科学、严谨的态度去面对它，这批档案的史料价值就会充分体现出来，这也正是笔者下一步需要做的工作。

（作者单位：云南民族大学）

---

① 乾隆十五年六月初十日，署理刑部尚书阿克敦之题本，档号：02 - 01 - 07 - 04970 - 003。
② 乾隆十六年四月二十八日，署理刑部尚书阿克敦之题本，档号：02 - 01 - 07 - 05045 - 004。
③ 乾隆三十七年七月二十二日，广西巡抚永德之题本，档号：02 - 01 - 07 - 06707 - 002。
④ 道光二十一年十一月初九日，广西巡抚周之琦之题本，档号：02 - 01 - 07 - 09969 - 018。

《李安德日记》节译之二

李安德著　李华川译

摘　要：李安德在这一部分拉丁文日记中，记录了1748年1月1日至3月3日他在成都的日常生活和见闻。这一时期，由于1747年教案的余波未平，四川教民还处于恐惧的情绪之中，不过，有些教民家中还是放弃了传统的祖先神主，代之以"天地人物真主神""无始无终自有之主神"的牌位。这部分日记还含有数条有关大金川之役的史料，记载清军在前线的失利、成都市区的恐慌及关于乾隆帝的谣言，是相当难得的文献。此外，有关官府追查白莲教徒及朱弘生下落的材料，亦值得重视。

关键词：李安德　祖先牌位　金川之役　白莲教

译者按：近年来，笔者在进行有关清中期本土传教士李安德研究的同时，着手翻译了李安德拉丁文日记的部分内容，这项工作耗人心力，而又进展缓慢，笔者自知其难，唯有勉力为之。《清史论丛》2013年号曾刊载《〈李安德日记〉节译》一文，记述李安德1746～1747年在四川的传教活动，本文赓续前译，记录的是1748年的事情。一年来，由于冗务缠身、精力有限，笔者此次只能译出两个月的内容，心中颇感歉意。不过，这些内容还是颇为丰富，比如有关大金川之役的史料、清廷追查白莲教及朱弘生下落的记录以及中国人翻译的拉丁诗等。另外，据我所知，法国里昂一位精通拉丁文的学者已将《李安德日记》全文译成法文，其成果不久就会问世，到那时，也许笔者就可以从这项"恼人"而又充满遗憾的译事中抽身了。

1748 年

1 月 1 日（十二月初一）

我从古楼街家中回到位于方正街的家中，收拾了我的物品，又去了鹧子坝，我是要看望住在那里的教民。同一天，我打发周若瑟把我的信给安岳、贺州、重庆、江津、长寿和涪州的教民送去，我规劝这些教民，如果他们仍在家中保留迷信牌位，那就越早毁掉越好，不要引来天主的愤怒；其他一些信件是普通规劝的内容，写于 1746 年，寄给住在本省的我们教区的教民。

1 月 2 日（十二月初二）

离开成都府，去位于成都以东七十里的华阳县罗家铺。当天到达此地，看望了当地教民。

1 月 4 日（十二月初四）

我得知黄家长子的寡妻玛德琳和她的儿子们，由于受了很多责难和侮辱，不得不在家中保留迷信牌位，因为他们信奉基督教，又被异教徒排挤，离开了已耕种多年的土地。我还知道 1746 年 12 月末，同一黄家三儿子的寡妇安娜，与她的一个取了教名的女儿，被赶走了。此后，我主保佑，因为在这一年，威胁上面提到的两个寡妇的三个异教徒都死了，寡妇安娜被赶走后，地主收回了房子，仅过了两个月，那所房子就失火了。此外，去年陈家沟某家的两个人阴谋寻找机会起诉全体教民，同一年，他们又打算告发他们已故教民兄弟的寡妇，他们两人的眼睛都受伤失明了。

我在这个村子待了十天，为两个孩子施洗，听了二十二人的告解，为十四人授了圣体，让四个教民家庭丢弃迷信牌位，代之以"天地人物真主神"牌位，意为：天、地、人、物、真实的神；当然，我还看到其他更好的写法，即"无始无终自有之主神"，意为：神无始无终，却自行存在。[1]

也是在这里，老病的郑西满在接受了临终赦免和领了圣体之后，我为他行了终傅礼。

1 月 11 日（十二月十一）

我离开上面的村庄，来到李家沟；我在慕道者夏大卫家的客房中住了

---

[1] 有关牌位内容，《日记》手稿此处有李安德中文标注——译者。

四天，为两个孩子施洗，听了七人的告解，为五人授了圣体。

1月15日（十二月十五）

从上面说过的地方离开后，很快我又来到陈家沟，住在高道明家中，为一个婴儿施洗，听了三十二人的告解，其中十人领了圣体；我夸奖了项巴纳的妻子。

1月19日（十二月十九）

高亚奇、李斯德、古欧思、杨马修从牢中出来，他们因背教而被革除教门，去年他们在华阳和简州衙门写了甘结，被迫声明今后不再做天主徒，在异教乡邻的逼迫下，尽管精神上抵制这么做，他们还是参加了一些迷信典礼。出于对背叛的恐惧，他们至今还拒绝在家中树立迷信牌位，那是乡约的命令，以防这些背教者重新入教，因为他们可能对天主教还是怀有好感的。

农户古欧思与某一个非教民住在一起，在农历新年到来之前，他得向先占土地的地主支付地租，他不能马上离开，不敢损毁迷信牌位，以免激怒上面说的那个地主，那人会将他赶走。他屈服于自身的软弱，我同意他做补赎圣事，条件是，他一旦得到时机，就要抛弃此牌位。我建议他以基督徒允许的牌位，或者尊崇之人的画像，替代原来的牌位；此后，他几乎全是按照我的规劝做的。

我在这个村里知道文焕将下四乡教堂的树木卖了，有的是用来造山墙的柏树，有的是橡树，他卖了十多两银子。

这里的基督教被巨大的恐惧所动摇，全体教民中较好的那一部分也放松了应做的功课，如果不是慈悲的主派我来到他们中间，他们就会在自己的灵魂中，投入了永罚；因此，很小部分没有动摇的人才被允许领圣体。此后，所有人都来找我，在庄重的时间和地点，为使灵魂免于堕落，被我鼓励坚持信仰。

1月25日（十二月二十五）

离开陈家沟，又来到骆家坡，是要为生病的骆路德主持圣事。在那里，我听了两人的告解，又为他们授了圣体。

2月2日（乾隆十三年一月初四）

离开上面说过的地方之后，我回到了成都。在这里，我看到1月20日刚从广东逃来的王雅各,[1] 我得知八名白莲教匪大概在 1 月底被处以极刑,其中一个被凌迟,一个被绞死,其他人被斩首;有一人已死,且已入棺,官长命令打开棺材,将其尸身贴上所犯罪行的标记,加以斩首。此后不久,本省巡抚[2]发布新的告示,四处张贴,命令抓捕所有邪教信徒和吃斋信徒。

我听说后来在中国军队对蛮子的战争中,时常发生屠杀,有时候许多军官和士兵被蛮子杀死;但战争还在持续,中国军队有些或被杀,或因冻饿而死,有些仍在坚持,有些最终不能忍受敌人的进攻,摔下悬崖峭壁,许多失败的军官上吊自杀;多省的军队被调来,为了填补死者留下的空缺,日复一日地征召新兵;中国百姓哀叹加重的赋税;类似的叛乱四处都在发生;几个月来,蛮子部族从村庄到乡镇,到处公开传播着流言,说乾隆皇帝将会驾崩。除了上述事情之外,与以往的习惯不同,新年这一天,这个都市的店铺和客栈就开始营业了。这些都说明国家状况糟糕,愿仁慈的主让情况好起来。

2 月 5 日(一月初七)

胡德望给了我三两银子和九十六文钱,以及一份文契。他说出售百集街的储藏室是个错误,承诺在十年之内,所有属于穆天尺主教的物品都会归还意大利传教团的长上,这份文契有两份;我承认提交给我的这一建议,说明下面要提到的家庭很贫穷;但我没做任何保证,也没看到关于已故穆天尺主教的春和场田地的内容。

同一天,王雅各交给我一顶价值七分的毡帽,还有八丈长的菠萝麻,是苏宏孝神父替文焕送的;按照一丈麻值三钱七分算,共计三两,大概可以抵债,这笔债文焕欠我两年了,一直没还。对此,我认为苏神父当然是知道的,他不会觉得自己给我这些东西是搞错了。王雅各走后,我知道苏神父以前讲过要去漳州。

此时,由于经常担心发生最糟糕的战事,本城的许多房子在出售,可我们两个传教团的房子不能卖出,我们也不能出租或抵押房产,我们觉得:如果李德望又被强征入伍,我不知道鼓楼街的房子是否可以委托给他

---

① 原名王尚忠。
② 时为满人纪山。

人；此外，李德望的姐姐安娜在叶多默死后六个月，又一次结婚了，此前，她已三次缔结基督教婚姻：第四次，她又与某个离下四乡不远的非教民结了婚，此人是叶的一个粗鲁的同族兄弟，勉强算是个亲戚。李德望自己想让她做其他人的老婆，但是一直找不到适合的教徒。

2 月 10 日（一月十二）

王雅各获得我的协助，被最荣耀而可敬的主教大人从澳门送回来了，按照他自己的意愿被遣散。我对他说，无论他想去哪儿，想干什么，为了传播使命，我都受命提供必要的帮助。同一天，李保禄从重庆来此，我得知 1 月初重庆的一部分被大火烧毁，谷耀文神父还没有回他自己的传道区。

2 月 11 日（一月十三）

丑剧师傅万安多是已故万安德的四弟，他未经我同意，就和六个戏子一起闯入我们的庭院，万家也无人反对；这真让人难以忍受，他的意图就是侵占这所房子，就像他已故的哥哥经常做的一样，他从不为其无耻行为感到羞愧。

此日，胡家年老的玛丽来找我赦罪，我强迫她改过，她偷偷卖掉了本来属于穆天尺主教的物品，她以良心发誓要尽可能归还，如果不能脱罪，她的全家都要永久毁灭；我坚持无论她活多久，每年都要为此忏悔，直到她归还所有债务。

也是此日，孙家的三儿子从新繁县来请我去做圣事，他 80 岁的祖母病危了；可是，这些天军队要去打仗，马和骡子都被征调到城门去了，这个年轻人走不了；此外，四门都有增派的卫兵盘查市民，就像 1746 年邪教白莲教被屠杀时一样，禁止张灯和宴饮。

2 月 12 日（一月十四）

我去邻居家拜访，听说三队中国士兵，每一队一百人，1 月 24 日被假装投降的蛮子屠杀了，包括他们的军官也被杀了；长官命令将僧侣的土地分给平民，并强迫年轻僧侣还俗。

2 月 16 日（一月十八）

我们邻居高姓士兵的兄弟们要举行葬礼，他的尸体已经开始发臭了，为了表示邻里之间的情义，我们给了一钱银子，郑本笃被请去吃午饭，万家也出了钱，可是伊纳爵没去，尽管他也被请了，年初时他没去邻居家拜年，被人耻笑不懂礼貌。今天，五百士兵和军官被命前赴战场。

2 月 18 日（一月二十）

我在鼓楼街家中举行了两天弥撒。这几天，我们的新居各处又重新修了一遍，其中房顶的瓦片有的损坏，有的移位了。今天，我知道洛瀼沟的教民被成都和华阳的县令抓到这里来，他们不信教的乡邻也被带来一起审问，关于名叫朱弘生的反叛者，官员们想知道他到底去了哪里，藏在什么地方，也就是说这个人到现在还在被地方官特别追查。去年 1 月初，官府命令在彭山县抓捕邪教徒，这些人被带到本市，关进牢房，这是彭山教民看到的，我去年已经写了，现在他们没有新消息给我。

2 月 23 日（一月二十五）

早晨 6 点，我按照惯例做第一次弥撒赞美诗期间，整个城市发生了地震，从南到北，又从北向南，我们的房子，甚至全城的房子，都在晃动。最终，天主保佑，我们没有任何损失。地震之后，我做了祈求和平的弥撒，不只是为了消除民众的不幸，也是为了传道不再那么艰难。晚上 6 点，又发生了一次地震，但没有上午的严重。

当日大约正午时分，安德来了，他是张孝宁的三子，他领回了父亲和洛瀼沟的其他教民，这些人已经在这个城市被关了七个月，成都知府宣布他们是无辜的，作为清白的标志，为首的人被允许走了，在几天内，其他人也被打发回家。按照他们的请求，昨天我们举行了弥撒和祈祷活动。伤了士兵手指的王大升，被判流刑；至于愚蠢的秦之平，这个肇祸之人，至今还被关在牢里小心看管，知府也关押了他的一个兄弟，是不被允许回家的。

其实教民们早就说，他们为从去年 8 月到现在所受的不幸和痛苦，花了不少钱，有时是为了他们自己，有时是为了他们的同伴，这些人一直照顾他们的生活，现在他们自由了，可是没有能力离去，除非他们解决了吃饭的问题，就像一位诗人说的：

> 这一桌的主人，虽已酒足饭饱。
> 但在算账之前，不能抬腿便跑。

没有能力自己出来的，尤其是刘玛窦、吴玛窦、马路加，既然不能借到钱，因此就更强烈地要求借钱；为了赎出他们，我借给这些悲惨的人十两银子，这是出于他们紧迫的需要，对他们的帮助，一旦有可能，他们就要还给我。我注意到，以前这么做是违反传教规定的，规定禁止神父借钱给基督徒，但在紧急情况下，这么做并不违法。此外，依照1747年5月25日我们可敬的马青山主教大人从澳门写给我的一封信中的观点，无论是出于现实的，还是信仰的需要，都要竭尽全力扶持和帮助那些基督的贫苦羔羊。帮助这些穷苦的基督徒回到自己的家中，不是比让他们忍受牢房的苦难和被掌嘴的屈辱、失去应有的生活、被拘押在这个城市里更好吗？基督徒的良心和同情心驱使我这么做：我的这种想法是否审慎，请仁慈的读者加以评判。

2月25日（一月二十七）

张孝宁和吴玛窦早上来做弥撒，他们给我一份两天前在成都知府处所作的甘结。此外，在宜宾钱知县的逼迫下，他们四个人声称是从张孝宁那里学的基督教，而张自己又说承袭自信教的父母；这样协议后，知县也就从追查和抓捕基督教首领的沉重负担中解脱出来。在被按察使审问关于家中所藏的画像和书籍时，他们说书已交给把总王强了，并没有什么画像，只有用红纸写的牌子；他们每七天斋戒两次，禁食鱼和蛋，是为了祈求整个家族的平安。于是，按察使说："这不能叫斋，这叫戒。"在张孝宁说话的时候，这位官员对于崇拜唯一真实的天主，两次点头赞许。

今天是去年死于疯病的杨玛尔谷的祭日，杨安波的亲戚到他家来会合，他的四儿子害怕迫害，没有来。地方衙役的文书上要他放弃信仰，他此时还处于背教状态，去年他把异教的老婆带入教中，杨玛尔谷死后，杨安波的三儿子摒弃一切牌位，无论是不是迷信的，据说在家中对窗开始行神操，之后，我鼓励他坚持，今天他又开始练了，他想要彻底放下神主。我说的这个杨姓教民家的人很少有人来，但在杨安波非常胆小的母亲安娜故世之后，不顾天主的反对，各种祖先牌位又在他家立了起来。尽管现在许多教民陷入可悲而可怜的软弱之中，我并不觉得他们会跟不信教的朋友和乡邻打官司。我听说在迫害风波肆虐之时，一些铜梁的教民以和尚和其他迷信的衣物掩盖死者。在如今最为恶劣的环境下，祷告和其他基督教仪式都变得十分困难了，比如在万安德、叶多默、杨玛尔谷、张伯多禄的葬礼上。不仅如此，还有更糟的，众多教民被带到不同地区的长官面前。去年，我们位于凤凰山的墓地，一向是公开的，那里埋葬着逝者的遗体，以备悼念，据我所知这里也被问到了，他们问谁是这块墓地的主人，此人住在哪里，去了什么地方。好像成都和华阳的官员也追问到我，他们的回答是，这块地的两个买主是张凤和党怀仁，二人的姓氏都刻在古老的墓碑上了，他们死后就埋在那里。对于我，官员们问了三次，他们都沉默不语。虽然做了这些，但在穆天尺主教、安迪我神父、党怀仁神父、张凤辅祭的墓碑上，我们还没有墓志，因为缺乏金钱和没有合适的时机。

此外，赵若瑟的二儿子德望，像他的另两个儿子本笃和坤图一样，至今还处于背教状态，没有表现出改邪归正和忏悔的意思，他们烧掉了我放在他家里的祭服，这位若瑟很脆弱，即使冒犯和违抗了我，他还是请求将来能埋在我们的墓地里。他在活着的时候被逐出了教会的大门，死后也无法进入教会的墓地。

2 月 28 日（二月初一）

秦梯途两天前从汉州来找我，要我去访问他们村子的教民。过了圣灰仪式和弥撒之后，他才回去（因为战争需要，现在马匹都被军官征走了）。我不能跟他一起走，因为十天前，孙保禄从新繁县来求我，由于要准备账目，我还没有同意他的要求。

今天正午时分，张孝宁、马路加、吴本笃来向我告别，他们很快要离开这座城市回家了，与他们一起走的士兵来自叙府，是被召来做守卫的，我不允许他们参加圣事或赎罪。

2 月 29 日（二月初二）

万伊纳爵来向我致谢，因为在我一再鼓励之后，他终于放下心中对朱加禄的仇恨，二人之间又恢复了和谐：但愿他们重新获得天主的恩典，他们中的一个害怕受刑，被迫写了官府的背教甘结，他很少想到被宽恕的问题；另外一个去年生病，遭受痛苦，接受圣事之后好转起来，现在就不再参加圣事了。与此同时，万伊纳爵和他的二弟若瑟放弃了所有生意，沉溺于喝酒赌博，他们的母亲、妻子和妹妹显然都为他们痛苦，她们都找我来诉苦，考虑到他们的身体和精神都将要被摧毁，为了不使基督徒的名声受损，只要我在，我就让他们在家里每天都不间断做功课。

此外，在我们正在进行的房子维修中，那些免费居住的住户没有给予一点儿帮助，无论是出力还是出钱，住在我们鼓楼街房子里的胡家也是一样。去年我回来之前，已经是晚上八九点钟了，有一二人才醉醺醺地回来。他们的妻子、妹妹和母亲无法忍受屈辱和恶语，有时候也要与他们争吵打架。我回来之后，因为或许要过城市生活，我得考虑与他们维持关系。不久之后，我就要回乡下，自由地访问乡村教民，那里没有母亲和妹妹吵架，没有郑本笃的疯病，没有异教邻人大耍酒疯，也没有两兄弟借着酒劲、声嘶力竭地不停嚎叫。

事实上，如果万姓和胡姓的家长在世的话，我们还是可以和平相处的，但他们对儿子太过溺爱，从没有着手消除他们堕落孩子的毛病，而且在之后的日子里，家长还让这些毛病加重了。父亲死后，就没人能管教他们了，于是他们就放任自己，我并没有说他们家的女主人愿意他们像脱缰的马和骡子一样行事。我走访问胡家沉默的主妇，我们可敬的马青山主教也很了解，我给他派去了一位信使，我很肯定地说：无疑，万家守寡的女主人不敢面对面地责备她自己的儿子。当然，如果他儿子的疯病和犟劲没发作的时候是可以的，因为他不知道父亲已死。我曾经跟主教大人保证，到目前为止，他们还不知道我和别人的住处，在魔鬼的引诱下，有时候她的儿子们能干出最坏的事情。这位万氏寡妇几次当着我的面说要退教。到现在我都尽量宽容了，仁慈的主自有安排。读者诸君将来也会做出正确判断的。

3 月 2 日（二月初四）

我们新房子四周的围墙被炉渣压倒了，我们除了郑本笃、王雅各、白伯多禄之外，没叫其他工匠。鼓楼街的房子还在被李雅各修缮，目前他还没被送往战场，但是作为带领五十名士兵的军官，他被迫待在这个城市里，随时准备在需要之时前去参战。

3 月 3 日（二月初五）

1746 年，朱加禄和他的同伴一起在华阳县写了背教甘结，他带头犯了罪，现在他流着眼泪谦卑地求我免除对他的绝罚；我赦免了他的罪，因为最近我们可敬的主教大人已经发布了适当而有效的宽容令，而且，他的情况也符合权威的罗马礼仪所允许宽恕的标准。如果所有人在被迫害时都背了教，感谢主恩，他们越早回来越好，他们知道圣母的仁慈在召唤他们，于是天主的愤怒最终得以平息。

（作者单位：中国社会科学院）

史家与史评

深刻性蕴含的启迪

——何龄修先生八十寿辰座谈会发言稿

姚念慈

摘　要：本文粗略概括了何龄修先生的史学修养、治学特点。何先生将明清之际的复明运动研究推进至空前的高度和深度，许多复杂隐晦的历史公案因此而大明。何先生对于清初满洲贵族统治政权的本质和特征有深切的认识，故其个案研究中蕴含着丰富而深刻的历史内涵和启示意义。何先生以明清嬗代这一历史巨变为基点，追往思来，对中国多民族统一国家形成和发展的理论探索，价值尤为宝贵。

关键词：何龄修　史学修养　治学特点　理论贡献

一

研究历史的人，领域、兴趣各异，难有统一的标准，做出统一的评价。一般而言，眼界是否开阔，认识是否深入，这两条可以说是最基本的尺度，而后者更为重要。所谓开阔，不是就历史表面现象作泛泛描述，而是指发掘其基本关系所产生的内在动力所体现的统一运动。没有这样的眼光，研究不可能真正深入。在这个意义上说，深刻已经包含着开阔。没有深入的具体研究作基础，不是从基本的史实分析上进行逐层提升，所谓开阔只是海阔天空地漫游，不会提供新的认识，也不可能对历史演进的宏观理解有所推进。关于这一点，何先生已有许多论述，值得我们细细品味和发掘。

何先生对明清之际的历史有非常精深的研究，这是人所公认的。深刻性，正是何先生的历史研究最突出的特点。我没有相应的学力来评价何先生的成就，作为后学，只想提出我最感兴趣的问题：究竟要具备什么样的素质，才能成为何先生这样的史学家呢？换言之，他研究历史的深刻性是如何形成的？

何先生才气大，兴趣广。他曾对我说，他的学术兴趣有三个方面：（1）明清之际的事件和人物；（2）清史学的发展；（3）明清戏曲史。

他对清史学科发展的关注，既是为了总结前人的研究，对清史有一个鸟瞰式的了解，也是为了找到适合他研究个性的领域，找到值得继续深入的有价值的课题，为自己的研究服务。现在大家都承认，何先生的研究很能展现他的突出个性。而之所以如此，是否与他在总结史学前辈的成果和时代趋向时，能够持有独立的审视标准并对自己个性有足够了解有关，是一个饶有趣味的问题，也可以给后学许多借鉴，这恐怕只有何先生本人和其入室弟子海英兄才能作出满意的解答。

明清之际的人物与事件，主要体现在复明运动的个案研究中，是何先生用力最多最深的地方，是他的绝学，也是何先生之所以为何先生的根本原因。借用白寿彝先生说过的一句话：要想在史学上能够自立，得有"绝活"。

何先生研究起步之际，正值 20 世纪 50 年代以来中国史学的"五朵金花"盛开，农民战争即其一，明末农民战争以其规模和成就以及独特的命运，又格外为人所钟爱。何先生自然受其影响，他的一些发表了的论文以及尚在腹中的思考，都反映了那个时代的痕迹。而至 20 世纪 80 年代之后，何先生逐渐游离出农民战争研究"主流"，转而承接老一辈学者如柳诒徵、陈寅恪、谢国桢等开辟的复明运动的余绪。由农民运动转向士大夫阶层，对于新中国建立之后成长，又非出身诗书世家的史学工作者来说，研究上无疑会面临许多困难，何先生作出这个大胆的抉择，需要极大的勇气和信念。

明末农民战争的研究成果体现在顾诚先生和袁良义先生的两部几乎同名的专著上，之后虽不敢说是断港绝潢，然云其"竭而无余华"，则近乎实情。何先生并没有撰写成第三部明末农民战争史，这或许是一个遗憾，但他写出了一系列复明运动的文章，也许又是明清史研究领域的幸运。依照国内史学界的共识，清初抗击满洲统治集团的斗争之所以能坚持多年，掀起一个接一个高潮，是由于农民战争的领袖人物与南明王朝、士大夫领导的复明运动达成了某种程度上的联合，适应了当时形势的要求，才能发展成波澜壮阔的局面，并予后来的历史以巨大而深刻的影响。是以，缺少了复明运动这一环，明清之际的历史就不完整，其中迸发出来的历史精神就会有所缺失。何先生对复明运动的研究，无论就其规模和材料而言，还是就其深度和观念、方法而言，都超过了他的先行者，在南明史研究中居于绝对领先地位。他的工作显然不只是继往，而且具有开来的意义。

研究成果的价值，当然不应由篇幅数量多少定高下，亦不会以是否迎合时好或者外人的味口为转移，对此，何先生的后继者，假若有后继者的话，亦当有足够的自信。但毋庸讳言，我国现代史学发展存在一个明显的缺陷，即缺少恒定的梯队，没能形成一些体现中国特征的坚实而稳固的学派。这不仅对于人才的培养是一个损失，而且对于建立我们自己的史学价值观和评估系统更是难以估量的损失。中国史学研究之所以不能形成一个优良传统，对自己的研究方式和成果缺少足够的自信，反而唯外人马首是瞻之风愈演愈烈，即与此有关。要想改变这种局面，殆天数，非人力。而其补救之方，也就只能是高度尊重老一辈学者的研究，认真研习他们遗留下来的成果，充分吸收其营养，同时发现其不足，作为后来者研究的基点。在这方面，何先生为我们树立了榜样。

在史学研究中要想开来，首先要善于继往。稍加寻觅即可发现，任何一项开创性的研究都不可能是全新的和绝对的，其实又无不同时是在继承。即或如写出"宗教三书"和《柳如是别传》的史学二陈亦如此。虽然令人振聋发聩，耳目一新，然亦不可说这些著作的内容、手段皆是自出机杼，尤其是作者的涵养和思维，必是熔铸了前人的遗产，唯结合时代要求，或运用新观念，或发掘出新史料，于旧题目中灌注新思想、新内容，故而为新。可见创新绝非仅凭奇思妙想可至，继承和学习前人有多么重要。

何先生的清史学研究即含有上述意思。他学习前人，绝不是无所不学，而是结合自己的特点、自己的研究来学，他懂得非如此即无从领会其中的法门，这是何先生的聪明之处，也是他的智慧所在。须知任何一个以实证研究为基础的学科或领域，每个研究者真正有发言权的地方，其实是很有限的。也只有在自己的研究领域，才有可能真正把握前人的得失，以实现站在前人肩膀之上。在我所见的许多关于史学发展评价的文章中，作者大都泛泛而论，有些甚至是误导。但何先生不是这样。正是因为他有自己独到的领域，独到的研究，才有可能对前人的研究进行准确的评判。他在总结孟森、郑天挺、谢国桢等人的研究时，对各人的优劣、成就和不足，都有自己的见解。他对陈垣《明季滇黔佛教考》、陈寅恪《柳如是别传》，既能充分肯定其取得的成就，对于其失误的批评也深中肯綮。

何先生对戏曲，包括曲艺的研究，虽有个人兴趣的驱使，但主要还是为历史研究服务的。研究的对象许多属于出自社会基层的小人物，然而这些人社会联系广，与方方面面都有交道，有的活动能量大，甚至可以运动上层掌权人物。了解戏曲、曲艺中所反映的基本情节和主角的个性，并确定其发生和活动的具体历史年代，无疑有助于认识当时的社会风气和人的情感，进而有助于对当时社会关系和性质认识的深入。正因知人而论事，又知世而论人，他才能对明清之际的人物理解和把握得那么入情合理、细致入微，把人物刻画得栩栩如生。

一个史学家的涵养和功力是长期积累和多方浸润的结果，刻意模仿、现买现卖是不成事的。总之，何先生的学术兴趣虽然分为三枝，却彼此通融，相得益彰。以今天的话说，就是知识结构的合理，形成一个有机的整体。

还有一点值得注意，即何先生非常善于分析前辈史学工作者的研究方法和起家路径，他是有意地进行这项工作，目的还是为找到适合自己的门路，形成自己的风格。他总结说，研究清史大致有三条途径：（1）根据官书，主要是细读《实录》，进行认真的比勘，从中发现问题，他以孟森先生为代表；（2）根据私家记录，主要是文集、笔记以及小说、野史，有利于了解被官方记载掩没的历史真相，他认为谢国桢先生是其中的代表；（3）根据原始档案资料进行研究，这方面好像没有列举代表人物。

我觉得何先生本人的研究，同时继承了孟森和谢国桢先生的传统，当然也兼及档案资料。在我看来，与何先生同辈的学者中，没有一位对清初满族统治集团理解的深刻超过了他。这显然是受到孟森的影响。同时，对于明清之际文集、笔记、稗官野史、方志，何先生的掌握也达到惊人的程度，所以他才能在复明运动中有那么多的发明。这无疑是继承了谢国桢的路数。何先生的研究基本方法，甚至领域，开始应该是沿着谢国桢来的，而他最佩服的则是孟森，认为真正具有眼光，能开辟清史研究新领域的大学者，应该是孟森。能够承传某一位大家的衣钵已难能可贵，而何先生兼具两位路数截然不同的大家法门，无怪乎他能有那么高的建树，能在继承中有开创，也就很自然了。复明运动在前辈学者那里，还只是一副模糊的概述，即如陈寅恪的《柳如是别传》，也只是就其中的某些侧面做了较为深入的研究。而到了何先生手里，就呈现出一幅卷面广阔、蔚为壮观的图景。他不仅绣出了许多精美的"鸳鸯"，也练就了锐利而精巧的"金针"。诚然，何先生还没有来得及构建起一座宏伟的大厦，但他无疑已为这座大厦奠定了坚实的基础。

二

何先生总结自己的研究说："常常使用小考证的方法辨析史料、史实"，以达到"对史实有较新较深的挖掘"。这句话充分体现出何先生的治学特点。高度重视史实，在他看来，弄清历史真相既是史学研究最基本的工作，也是一切理论概括赖以立足的基点。对他来说，考证是手段，只有通过细致而周密的考证，才能获得对史实较为准确的认识。他服膺陈垣的名言："考证为史学方法之一，欲实事求是，非考证不可。彼毕生从事考证，以为尽史学之能事者固非，薄视考证以为不足道者，亦未必是也。"何先生以他自己的体会说：在考证史实上，必须慎之又慎，否则即一着不慎，满盘皆输。考证绝不是如一些新手想象得那么简单，随意找出两三条相关联的史料，即名之曰考证。在他手中，考证首先是尽其可能地竭泽而渔，遗漏任何史料都有可能将研究者的思路引向歧途。所以，他常说史学研究是世上最难做的工作之一。

研究明清之际的学者，很容易倾向于清修官书，轻视南明方面的私家野史；或者相反，一味信奉野史，而将清官书视为作伪，这亦是一种偏憎偏好。两者之弊，皆源于只重视符合自己观点的史料，而忽视不利于自己结论的记载。先生则兼收并蓄，对明清双方的记录都能从客观的态度予以审察、吸收。所谓客观的态度，即以弄清历史真相为准则，不存先入之见，不作主观袒护。

鉴定史料的真伪，这是研究者功力如何的反映，也是专业学者与山寨学者的本质区别，不是轻而易举的事情。尤其是明清之际，许多重大事件上众说纷呈，互相抵牾，或是由于原作者轻率，更有故意作伪，不但清朝官书如此，南明方面的史料亦如此，从中欲求得接近真实可信的史实，需要极大的工夫。不仅如此，要想准确理解史料的作者传达的意思，还必须能领会出当时的语境，而这又要求对作者有一种同情，对所处之具体环境以及与他人之关系有深刻的理解，更需要有深厚的文史修养。换言之，准确把握一条史料需要对相关史实有深入的理解，实际上是一个反复循环的思维过程。何先生指出过前辈大家在考证上的失误，也曾以自己的疏忽而后悔。但他撰成的文章确实鲜有失误，毕竟是考证的老手。

"对史实较深较新的挖掘"，集中反映何先生的个性。正因他关心的是"深"和"新"，所以他的研究成果主要体现在论文上，而不以形成专著，刻意成为某一领域之集大成的权威为目标。众所周知，史学研究的推进，最初总是以论文的形式出现的，而论文也是研究取得突破最合适的形式。因为论文可以充分展示研究的史料来源，可以尽量辨析以显示作者的思路，为时人的诘驳辩难提供依据，为后继者提供进一步思考的线索。而综合性的专著则以主线鲜明、详略得体、不多旁出为佳。如今有些作者似乎反其道而行之，论文写得松散粗略，而专著则以篇幅分量求胜，甚至在一些简单的一看即明的问题上也不惜列举大量史料，连篇累牍，叫人不胜其烦，难以卒读，恰反映出作者不知剪裁，不明体例。在此并非扬此抑彼，我只是想说，对于何先生而言，专著形式不符合他的个性，亦不是他的追求。至于何先生的综合能力，大家只要读读《中国通史》第七册中他所撰写的章节以及他的大文《清初争夺全国统治权的斗争和清廷获胜的原因》，即可明了其高屋建瓴的眼光和把握全局的能力。

何先生不是为考证而考证。考证的目的在于发掘为人所忽视的人物和事件，以达到对历史的深刻理解。即使所谓"新内容"，也只是载体，而"总结和揭发事物发展的规律性"才是真正的目的。他的论文之所以精彩，一个很重要的原因是他在集中于具体问题做深入研究的同时，能顾及许多与主题相关的问题。何先生的研究从个案思考起始，到最后以论文定型，思维是逐步展开的。也就是说，他从某一点上开始，逐层向外扩展，人物和事件之间的联系不断丰富，而最终定谳，则尽显主干，枝叶刊落。一句话，呈现的问题愈是集中，其思路便愈加广阔，而其意义则愈益突出。这或许就是他的文章家法，是值得我们好好学习的。

三

我自知肤浅，坦白地讲，我不熟悉何先生的治学路数，不能理解他的学问的精髓。但他对明清之际的研究的深刻性，极大地深化了我们对那段历史的认识，而且极富启发性，这是读过他的文章的人都不能否认的。否认这一点，就是饮水而不思源。下面我仅以三个例子，来谈谈何先生研究中体现的深刻性对我的启发。

例一，关于清廷杀害明太子的研究——加深了对于清政权本质的认识。

清廷杀害明太子案是清初历史上的大事件，今人多所忽视，实则影响至巨。孟森最早系统研究了这一问题。何先生多次说过，《明烈皇殉国后纪》是孟森最重要的论文之一。对于孟森揭明被多尔衮拉出来在此案中作伪证的崇祯"袁妃"，其实是一个冒牌货，何先生说："读到这一细小情节时，深深地惊诧于作者为历史画廊着色竟然细微至此！历史画廊的人物和情节不能不完全活跃起来。"孟文有着"文惊风雨、笔动鬼神的感染力"。这既是何先生的体会，实则也是他的自我期许。但何先生并没有因为拜服而失去自我判断，显然，他发觉到孟森的研究尚有提升的空间，所以用了很大气力来补充和完善孟森的研究，写出了《太子慈烺和北南两太子案》《再谈明清之际北南两太子案》两篇极具功力的文章。我认为，清廷以假太子的名义杀害真太子这一疑案，是在何先生手中彻底解决的。而且，何先生还将清廷残杀明太子扩展到明皇室和宗室。

这个问题为什么重要，何先生何以如此推崇孟森的那篇文字，而且不惜下那么大的工夫来进行补正？孟森认为，清初统治者将明朝真太子故作假太子加以杀害，以及康熙年间杀害毫无威胁的明崇祯之子朱慈焕，其"机心刻深长久，为振古所未有"，但接着又说："论其何以致此，倘可以种族之隔阂，不自信其得比于夏造殷因，于正而不谲之中，有可以自处之道在乎？"这句话说得很迂拗，我猜他的本意是想说，有清代明是属于蛮夷猾夏，不同于中原正统王朝之嬗替，因此而缺乏自信，所以不得不用此残忍的手段。但他的表述则变成了不能以此来解释清统治者的用心之深。或许孟森想阐发更深刻的意义，但究竟如何解释，最终也没有交待。联系到何先生在其他地方的论述，可以概括为：弄清这段历史真相，揭露清初满洲贵族的残忍行径意在断绝明朝残余势力反抗的旗帜和号召；清廷为巩固其政权施行了一系列的措施，而根绝明代皇室和宗室就是其中最重要的，也是非常有效的一招。

我觉得此案的意义不止于此，还可以启发我们认识满洲统治者的本质。清军进入北京，没有像李自成入京时那样提出"存杞存宋"，对明皇室实行相对宽容的政策，而是必须根绝明宗室后裔，这毫无疑问是满洲贵族缺乏自信的表现。不但多尔衮缺乏自信，就连玄烨也同样缺乏自信，否则，玄烨就不会违背自己在明太祖陵前三跪九叩发下的誓言，杀害崇祯亲子。这种不自信，不仅决定了一个政权对于反抗势力所能忍受的底线，而且在很大程度上决定了其统治的形式和特征。清廷定鼎北京并建立全国统治，必须依靠汉族地主阶级的帮助，也需要承认汉族官僚的地位，这是策略的需要，也是形势的需要。但其前提是，汉人必须承认满洲统治的合法性。对于从根本上威胁满洲贵族统治的危险，清廷绝不容忍，而且不惜背信弃义，无所不用其极。一方面，这对于忠实和怀念明朝的那些汉族士大夫而言，则造成了一种难以愈合的心理伤害，必然会使他们对于清廷统治的残忍刻骨铭心，加深与清廷的对立心理。由是我们得以理解，清初的明遗民何以会顽强地坚持自己的信念。而另一方面，为了弥补这种阴暗面，满洲贵族就必须在表面上标榜统治的宽松，把自己打扮成明朝的继承者，甚至来营造"盛世"。这是清朝统治的高明之处，也是其不得已之举。我们只有认识到清政权的残忍和狭隘本质，才能理解它外表柔和与宽仁的内在含义。我认为，这就是发掘明太子和明宗室结局的意义所在。

例二，清廷巩固政权的策略——对待复明人士的处理方式。

《李长祥的复明活动》一文的副标题是"附论清初关于赦除前罪的政策"。这个问题非常重要，据我所知，之前还没有人提出来认真地探讨。何先生的结论为：清廷和满族贵族无疑是高度重视稳定和巩固新夺得的政权的。问题是，面对全国性的公开的和地下的反抗，怎么削弱和消除反对势力。清廷实行了一系列聪明的政策，表现出成熟的策略思想。严格分清主次，镇压与宽大结合，分化瓦解。先生阐述镇压与宽大相结合的两个层次：（1）对于有实力、有影响力的人物"净绝根株，决不轻饶。消除其迅速集结旧部掀起反清斗争的可能"。（2）镇压现行，不算老账。"这就给一些人留了出路，有利于把他们从对抗转为平和，从政治领域转向文化领域"。对于第二点，先生更有进一步的论述：

> 满族贵族对于对手实行不算老账的政策，是对自己的统治抱有坚强信心的表现。统治全国的需要，决定他们采取满汉地主阶级联合专政的战略，尽量吸收汉族地主阶级中有才干的分子进入统治者行列。因此，他们不能总是把弦绷得紧紧的，得适应当时的政治实际，适应汉族地主阶级的传统观念，给他们网开一面，允许他们在政治上转弯子，允许他们保持遗民式的气节而不过分打扰他们。这样做也能更好地稳定已公开降清的那一部分人。许多降清的文臣武将脚踏两只船，南明无孔不入的频繁的策反和渗透，说明这样做有很大的必要性。而严厉镇压首脑人物和现行活动，又保证了这种网开一面的政治环境对清朝统治权的安全。这是很周密的高明的统治术。入关时满族贵族已有很高的政治智慧，他们的成功不是偶然侥幸。

这段论述既深刻又精彩，绝不是凭空撰构和想象得出来的，而是对大量的史实进行挖掘和分析的结果，体现了何先生史学的洞察力和学术智慧。这类的观察和结论显然将统治政策推进到了更为具体而深入的层面，展示了清明之际特有的丰富多彩的历史画面，因此对后人的研究具有很大的启示。

比如说，满洲贵族所显示的"统治信心"从何而来？是出于对客观形势的准确判断，还是主观上积极吸纳汉族官员的建议？在此基础上，我们还可以进而追问：清廷的统治特点，除了严厉镇压和不清算旧账的宽松之外，是否还有内紧外松的一面？也就是说，统治者实际上并非真如所表现的那样有信心。但有一点可以肯定，一个政权在严峻的对抗中，能够意识到什么是最大的危险，什么是可以化解和缓和的威胁，这确实需要很高的政治智慧。清初统治者将如何巩固其全国统治提到了空前高度，在严厉镇压的同时，又在最大限度地控制汉族士大夫并最大限度地争取他们的合作。历史上能够在实施中做到这两个"最大限度"的，只有清朝。这是清朝超越以前的少数民族政权的关键，也为我们判断清王朝的政治特征、清朝社会矛盾的转化及其阶段性提供了历史依据。我在探索康熙遗诏时，以为玄烨提出的"自古得天下之正莫如我朝"，即最大限度地争取满洲统治的正统性和合法性，实际上是自觉将此作为其核心任务，而不是仅仅以保护满洲贵族的特权为限。这个看法是否成立有待检验，但我能作这样的尝试，无疑是受何先生研究的影响。

例三，清初满汉民族斗争和互相渗透——超越种族界限的潜在动向。

复明健将吴祖锡一生行踪飘忽，扑朔迷离。前辈学者中博学如邓之诚先生，亦只能勾勒一条非常粗略的线索（见《清诗纪事初编》徐枋小传）。何先生《吴祖锡的复明活动》一文用了极大的工夫，钩沉发覆，终于将吴祖锡的主要活动呈现出来。文中揭示，吴祖锡于顺治末年和康熙初年，曾两度托庇于满洲权贵麻勒吉而化险为夷。对此一奇异现象，先生认为这不仅说明了吴祖锡的胆略，也反映清初官场千丝万缕的联系。这种"民族矛盾双方既斗争又渗透的有趣现象"，同样出现在当时的许多人身上，例如钱谦益。先生在《〈柳如是别传〉读后》一文中，认为钱谦益之所以能从黄毓祺案中脱身，主要是通过收买马国柱等三个关键人物，凿凿有据，入情合理，使疑案得以破解。文章不同意陈寅恪发掘的那几条线索，这体现了何先生的严谨，也是继承孟森"证无有即事无有"的态度。然而，佟卜年、国器父子两代与钱氏的关系确实非同一般，完全不是出于利益交换，而且国器清初又历任东南方面大员，钱氏要脱离牢狱之灾，首先考虑的就该是佟氏。我想，若将来能发现新线索，证明佟氏也曾为钱氏出过力，那我们就可以与麻勒吉庇护吴祖锡的情况归于一类。不论如何，清初满洲统治集团中确有一些人对于汉人士大夫的抗清活动予以庇护，表现出了一种同情和认同，这无疑已超越狭隘的民族观念，同时也说明满族统治集团内部并非铁板一块，而是存在着不同的政治态度和倾向。历史事实不是像我们所理解的那样绝对化和简单化。

从总体看，当时满汉两个民族处在征服与反征服斗争的腥风血雨之中，但在现实进程中，不仅有被统治民族对统治民族的承认和接受，而且征服民族中的某些成员对于被征服民族的抵抗也有着某种理解、宽容和同情。察觉明清对抗双方的动向，尤其是复明运动的对立面满洲统治集团中人物的感情倾向，是何先生复明运动之所以深刻的标志之一，在表彰明遗民的同时，更反映出满汉两个民族相互渗透的深化。

入关前，清太宗皇太极对俘虏张铨坚持民族气节的敬佩，也表现为两个民族之间存在着一种共识，即承认所有族群都具有的人类一般道德伦理。这种敬佩并不以要求对方放弃自己的信仰为前提，即不妨碍双方都坚信自己一方是正义的。而且，皇太极还有争取张铨为我所用的实际考虑。这些因素，在麻勒吉包庇吴祖锡的案情中也都存在。但二者背景和性质的差异也是明显的。皇太极在世时，满族仅占有关外一隅，明清双方各有自己的空间和阵营。皇太极对张铨的认同，在某种程度上是对明王朝和汉民族的客观并存的认同。吴祖锡则是在满族已经取得国家政权的情况下，从事推翻清朝，冀图恢复明朝，这与麻勒吉的基本立场当然不能吻合。而且，吴祖锡的行为也显然表明其不会为清廷所用。张铨最终不屈，英勇就义，而吴祖锡却活了下来。麻勒吉作为满族统治集团中的一员，为何要违背本族最高统治者的意志，保护一个毫无政治价值的敌对分子？其含义就更值得注意。先生说："麻勒吉为顺治九年满洲榜状元。这些人已摆脱入关初还存在的八旗贵介凌轹汉人文士的传统，逐渐懂得汉族传统文化的优点和用处，亲近文士。"佩服之余，又觉得有点意犹未尽。我们是否还可以作进一步推测：作为征服民族中的一员，麻勒吉在某种程度上意识到本民族在征服过程中的非正义性，对本民族的残暴屠杀行为有着某种反省，并对由此激起的汉民族的反抗人士予以同情。否则，我们就难以解释麻勒吉的行为。这个方面在我们以往的研究中是被忽视的。

若是这个推测可以成立的话，我们就可以说，入关前后满族统治集团对汉族的认识和认同有了一个质的飞跃，从而也使满族本身的认同层面超越了种族界限，即从基本的人类族群一般共识，发展到具体的对被征服民族的信仰、价值观以及反抗中的正义性的认同，这是征服民族与被征服民族相互共存乃至融合的前提。这显然不能简单地用承认汉民族的文化系统来解释。忽视了这一点，我们对于清初的许多现象便无法理解，对满汉民族数百年的交往，尤其是民族精英的交融，在理解中便会产生一种阻隔和窒碍。可否这样说，何先生在竭力发挥表彰汉族志士的民族气节和民族精神的同时，对于满族贵族建立的清王朝也有着深刻的理解和某种认同，表现出历史学家应有的宽广襟怀。

四

何先生的一些思想，在我脑子里也似乎浮现过，但从一般人的印象模糊的常识，到可以用客观事实来验证的严谨的历史学家的结论，中间的距离是十万八千里。我越读先生的文章，就越是觉得自己的外行和业余。清史研究不同于前代历史研究，其中一个很重要的原因即史料的繁多。我曾说过，研究清史的学者在很大程度上兼有清厘和发掘新史料的任务。这或许会妨碍每一位研究者的思辨概括和理论总结，但史料的繁多也给了研究者广阔而深入地理解一个历史时期以更多的机会，从长远上说，理论前景也更值得期待。何先生与许多杰出学者的研究告诉我们，没有任何一个朝代可以如同清朝那样被研究得如此细致，获得如此深刻的结论，这是清史研究者的幸运，也是足以引为自豪的责任。

我对何先生的理解，或者说我从先生文章中所得到的启发，很可能有偏差，不一定符合先生的本意。但是，作品的意义高于作者的思想，乃是具有普遍意义的通则。后学站在时代的观念上来总结前辈学者的研究，尤其是那些深刻并具有启示性的研究，就不仅仅是出于一种尊重和责任，而且对于我们自己找到一块坚实的基石得以立足，尤其是面临海外学术种种新理念新方法的挑战，都是至关重要的。

最后我想说的一点，就是何先生的研究为什么会具有极大的启示性。这当然是因为他的研究的深刻性。不具备深刻性的研究不可能具有启示性。但我说的深刻性，不仅仅指具体事件和人物研究的细致和严谨，而是指何先生的许多个案研究始终服从于一个巨大的前提，一个宏观性的思想架构，即如何理解明清嬗代的性质及其历史定位，或者说如何看待取代明朝的清王朝的历史地位和作用。这是贯穿何先生的具体研究中的思想主题。

何先生多次强调，对于一个历史过程的理解，必须遵循两个原则：第一，把它置于具体的历史阶段之内，这是历史唯物主义的绝对要求；第二，他又从自己的研究中思考如何对中国历史进程的特点进行理解，提出必须联系到后来的历史结局，才能对此前的某段历史过程的意义有真正的认识。后一点对于理解一个非民族国家，而是以汉族为基干的多民族共同体的中国历史尤其具有意义。他说："清初国内民族斗争的恩怨，经历了三百多年，在历史洪流的冲刷下淡薄了，泯灭了。中华民族的团结，随着种种历史事态的发展、变化，逐渐占据了国内民族关系的主要位置。但是，历史问题是不会消失的。"又说："在分析清兵入关和夺取全国统治权的战争时，不能不结合清朝统治的后果加以适当的考虑。"（见《关于抗清复明斗争和郑成功研究问题的几点看法》及杨海英《〈洪承畴与明清易代研究〉序》）这些话体现出何先生深邃的眼光和高度辨证的思想，很值得我们学习和思考。

在何先生看来，明清交替时期尖锐的民族矛盾，满族在夺取全国统治权的过程中对汉族实行过残酷的镇压，这是毋庸讳言的，何先生的文章对此进行了充分的揭露。但满族的前身又是明朝治下的一个边疆少数族，因此满汉之间的斗争是属一个国家内部的矛盾。既不是外来势力的征服，也不是克服分裂的统一战争。何先生对清朝建立全国统治的历史的这一概括，与此前流行的少数族入主中原的"轮流坐庄"说，以及现在依然余烬未冷的外来异族入侵的"征服王朝"说，做出了严格的区分。这个结论既不像某些盛行一时的"统一说"那样将清政权的建立拔得那么高，也不同于当前海外"新清史"那样完全无视清朝三百年对于中华民族形成所起的历史作用。当然，先生在一些具体的表述中还有可以斟酌的地方，但这个概括的总趋势，以我个人体会，仍是目前所得出的最深刻也是最为合理的结论。

为什么这样说呢？世界各个地区的族群分布和构成具有不同的特点，因此在进入近代国家统一体的历史进程中必然会形成不同的道路，欧洲与美洲不同，欧美与亚洲也不同。在以西方新观念来构建中国历史时，必须考虑到这样一个基本事实：长期以来，汉族这样一个历史久远、文化传统深厚并且相对稳定的人类共同体，蕴含着巨大的辐射力和凝聚力；而周边各族群中，一些大的族群，比如北方的蒙古族，或西南的藏族，虽然都有自己的一套文化系统，但其能量、包容性和影响力，相较于汉族仍显得薄弱；至于人数更少，文化传统更为薄弱的民族，包括满族，就更难与汉族抗衡。这些较为弱小而落后的民族在与汉族的交往中，即使相互间发生冲突，甚至是战争，都不能阻扰这一趋势，即双方的联系越是紧密，就越是受到汉民族文化系统的吸引，乃至被汉化，当然同时也丰富了汉文化。有鉴于此，我们就很难设想，满族立国时即形成一个独立的近代民族国家，并以这种姿态与另一个汉族为主体的近代民族国家相对立，相抗衡。在这个意义上，何先生说明清之际的斗争不是国家与国家之间的斗争，更不是外来民族的征服战争，是完全正确的。尽管满族在开始脱离明朝时，甚至在统治中国之后，都强调其种族意识，但那是另一问题，而且满族最终也融入了中华民族这个更大的共同体。

必须考虑到中华民族共同体的形成是一个长期的历史过程。西方学者和日本学者中有人坚持以宋元明清作为一个整体过程，来处理中国前近代或近世几百年的历史。而满族的前身又长期是属于这个形成中的共同体中的一员。所以，何先生坚持反对一度甚为流行的说法，即将满族夺取全国统治权的斗争看成是一场统一战争。何先生说，统一以分裂为前提，明清之际，形成中的多民族共同体各个成员中尽管发生矛盾，包括严重的民族斗争，但国家并没有分裂。如果承认清朝夺取统治权是一场统一战争，无异是说明末中国已经分裂，这显然是不符合事实的。何先生认为，如果硬是要说分裂，那就只能是说满族先分裂出去，然后再来进行一场统一战争，这是一种滑稽可笑的弯弯绕的说法。

由于何先生同时强调上述两个原则，所以，他的意见既深刻地反映出明清之际的历史现实，又从长远的观点看出了历史的本质趋势。这就是何先生通过对明清之际进行深入而周密的研究之后得出的理论总结，是他在具体考证之外的另一项重大贡献，是一份值得珍视的财富。虽然其中还有可以再推敲，进一步完善的地方，但这不会影响到它的价值。它使我们在面对国际上的各种新学说、新思维时能有一个稳定的基石，不至于摇摆不定乃至失坠。

正因为何先生思想上始终存在这样一个宏观的主题，所以，当我们回过头去细读他的具体研究时，就可以体会到，为了得出这样一个高度概括的理论性结论，何先生不仅运用了大量的"砖石瓦泥"，而且在如何选定"支柱"和"椽梁"来搭建中国历史这个"大厦"的结构时，一定付出了巨大的思考。为此，我们都应该感谢何先生。

2013 年 10 月 28 日

（作者单位：中央民族大学）

钱穆先生与清代学术史研究

林存阳　王　豪

摘　要：本文通过详细梳理钱穆先生有关清代学术的论著，既对其一生孜孜于清代学术的探究历程分为四期做了展现，又重点探讨了他对清代学术史中一些重要问题（如清代学术与宋明学术的关系、清代学术的分期及其评价等）的认识与变化，并进而揭示了其之所以倾心于清代学术的中心取向与基调。我们认为，钱穆先生对清代学术的关注既一以贯之，又视野宏阔；他的诸多认识与论断，不惟有力地推进了清代学术史的研究，而且为学界提供了一种解读范型。

关键词：钱穆　每转益进　清代学术史　汉宋学　经世致用

引论

20 世纪初，清代学术逐渐步入总结阶段，这一学术历程，滥觞于章太炎先生在 1904 年出版的《訄书》重订本之第 12 篇《清儒》①。在该文中，章先生以地域为基础对清代学术进行了分派，总结了清代学人在十三经注疏方面取得的成绩，就清代学术的特点、得失等重要问题提出了独到的观点，对后来研究清代学术史者的治学方法与研究思路产生了深远的影响。就此而论，清代学术史研究领域的开辟之功，非章太炎先生莫属。

在《訄书》重订本出版的同一年，梁启超先生于《新民丛报》上刊发了《近世之学术》一文。该文提要钩玄，对明末以来学术的发展大势，也

---

① 朱维铮先生在《〈訄书〉〈检论〉三种结集过程考实》（《复旦学报》（社会科学版）1983 年第 1 期）一文中考证指出，《訄书》重订本在 1903 年春天即已脱稿。

做了清晰的梳理。20 世纪 20 年代，梁先生又先后结撰成《清代学术概论》《中国近三百年学术史》，突破传统学术史以人物为中心的体例，将清代学术视为宋明学术的反动，以学术思潮的变化为研究主线，系统梳理了清代学者的学术成绩。此一视角和方法的转换，扩展和深化了清代学术史的研究，同样为后来学者提供了一种研究范式。

章太炎、梁启超两位大师之后，在清代学术史研究领域贡献卓著者，钱穆先生可谓独树一帜。钱先生在继承章、梁两位先生研究成果的基础上，以自己深厚的学养和独特的观察视角，重新审视了清代学术的诸多重要议题，重估了清代学术各个时期学术思想的价值。他强调中国传统学术宗旨的一贯性，把清代学术看作中国传统学术不可分割的一部分，提出了诸多创新性的认识与论断。与章、梁二先生不同，钱先生另辟蹊径，对学术发展的内在逻辑，做了深入而系统的探寻，开辟出一条崭新的研究路径，从而将清代学术史研究推向了一个新的高度。

从学术演进的历程来看，清代学术无疑具有承上启下的重要意义。它既是传统学术的集大成者，又是近代学术兴起的基础。因此，对于清代学术史的研究，在当今依然有它的意义与价值，而总结并发扬前人之成就，尤其是章太炎、梁启超、刘师培、罗振玉、钱穆等前贤关于清代学术的研究成果，也是一件十分必要的工作。目前，学界关于钱穆先生之于清代学术史研究的贡献，已有不少著论，但我们认为，以下几个问题仍有进一步发掘和探讨的必要。

首先，钱穆先生关于清代学术的著论十分丰富。除大家熟知的《中国近三百年学术史》《中国学术思想史论丛》（卷八）之外，还散见于《国学概论》《学籥》《国史大纲》《中国思想史》《中国史学名著》《中国历史精神》《讲堂遗录》等。近来九州出版社新校本《中国学术思想史论丛》（八）中又增收了一些文章。此外，韩复智先生编著的《钱穆先生学术年谱》也对探究相关问题提供了许多珍贵的资料。钱穆先生关于清代学术史的著论，或阐述清代学者的治学方法，或揭示清代学者的治学宗旨；或高瞻远瞩，从中国两千年学术文化变迁大势来谈清代学术得失，或体察入微，就某一阶段或某位学人来窥探清代学术精神，皆值得关注。然而，许多学者多把注意力集中在《中国近三百年学术史》和《中国学术思想史论丛》（卷八）两书上，而对钱先生有关清代学术的其他著论关注不够。因此，要想深入体认钱穆先生之于清代学术史研究的贡献，有必要在前人研究的基础上，对钱先生在清代学术方面的研究成果做系统的爬梳和观照。

其次，钱先生的清代学术史研究是一个层层递进的过程。从 1923 年发表《王船山学说》一文，到 1979 年《中国学术思想史论丛》（卷八）整理成集，钱先生对清代学术史的关注持续了半个多世纪，他对清代学术的认识并非一蹴而就，而是随着时代变迁，不断加以完善，层层递进。在这半个多世纪中，中国社会发生了天翻地覆的变化，作为一位关心国家、以学术兴亡为己任、致力于延续并发扬中国文化的学者，钱先生的学术思想不可避免地受到当时社会环境的影响，其对清代学术的认识也并非一成不变。因而，钱先生对于清代学术史认识的演进，不仅值得关注，而且需要予以动态地把握。

最后，欲探究钱穆先生之与清代学术史研究，理清其在清代学术史研究上"一以贯之"的中心与基调，不啻为一大关键。因为只有把握住这一面向，才能更好地理解钱先生在清代学术史研究上得出的认识与论断。为此，就需要在对钱先生的有关研究成果做一系统的梳理、深入发掘其关于清代学术的认识及变化的基础上，紧密联系其所生活时代的社会环境与学术思潮，并将他的清代学术研究与其对通史、文化学的研究结合起来，从而展开新的思考，以深入钱先生的精神世界。

有鉴于此，本文拟从钱穆先生研治清代学术的历程、对清代学术中几个重要问题的认识与变化、探究清代学术的中心与基调三个方面，略陈鄙见。不当或疏漏之处，敬请大雅示正。

一　研治清代学术的历程

钱穆先生出生于 1895 年，这一年，《马关条约》签订，康有为、梁启超等"公车上书"要求变法。在钱先生的幼年和青年时期，维新派、革命派相继登上历史舞台，当此时局激烈动荡、各种学术思潮此起彼伏之时，中国的未来到底何去何从、东西文化究竟孰优孰劣等问题，深深地困扰着每一个中国人。钱先生曾自述道："中西文化孰得孰失，孰优孰劣，此一问题围困住近一百年来之全中国人，余之一生亦被困在此一问题内。"① 怀

---

① 钱穆：《八十忆双亲·师友杂忆》，九州出版社，2012，第 35 页。

揣着困惑，钱穆先生走上了自己的治学之路。他自述为学次第曰："先读唐宋八家。韩、柳方毕，继及欧、王。读《临川集》论议诸卷，大好之，而凡余所喜，姚、曾选录皆弗及。遂悟姚、曾古文义法，并非学术止境。韩文公所谓'因文见道'者，其道别有在。于是转治晦翁、阳明。因其文，渐入其说，遂看《传习录》、《近思录》及黄、全两《学案》。又因是上溯，治《五经》，治先秦诸子，遂又下逮清儒之考订训诂。宋明之语录，清代之考据，为姚、曾古文者率加鄙薄；余初亦鄙薄之，久乃深好之。所读书益多，遂知治史学。顾余自念，数十年孤陋穷饿，于古今学术略有所窥，其得力最深者莫如宋明儒。"① 从韩愈古文入手，转入宋明理学并以之为中心，上溯两汉经学、先秦诸子学，下逮清代学术，以汉宋学术之致用精神及清儒考据功夫治史，这不仅是钱先生一生治学路径的展现，也是对钱先生清代学术研究历程的追根溯源。

学术史研究是钱穆先生一生学术研究的重点，他在清代学术方面的研究与在诸子学、文化学、理学、通史等方面的研究也是相互影响、相互促进的。在钱先生的学术生涯中，其对清代学术的关注从未中断。如果结合时代背景对钱先生的清代学术研究历程作一梳理和勾勒，或更能有裨于全面理解其研究清代学术的进路和甘苦。以下，略分为四个时期，加以探析。

（一）厚积薄发：对清代学术的初步探索与思路的展开

钱穆先生对清代学术的探索在其青年时期就已展开，早在1912年执教无锡秦家水渠三兼小学期间②，因偶得清代学者毛奇龄的《四书改错》，"自后知读清代乾嘉诸儒始此"③。长时间的摸索和积累之后，钱先生在1923年2月9日、10日的上海《时事新报》副刊《学灯》上发表了《王船山学说》一文，这是目前可考的钱先生最早论述清代学术的文章。文中钱先生多次引用西方学者的学说来解释王夫之的思想，将王夫之的学术思想归结为工具主义、人本主义等，并以性、情、才、欲及动、静为中心对

---

① 钱穆：《宋明理学概述·序》，九州出版社，2010，第1~2页。
② 在此之前，钱穆先生对晚清学术已多有接触，他曾在《师友杂忆》一书中提及早年读谭嗣同《仁学》印象深刻，喜读曾国藩《曾文正公家训》诸事（《八十忆双亲·师友杂忆》，第58、63~64页）。
③ 钱穆：《八十忆双亲·师友杂忆》，第66页。

其思想进行了较为全面的阐述。然无论是本文对王夫之学术思想的论述本身，还是文中采用的中西类比的论述方法，其实都体现出当时的清代学术史研究范式，尤其是梁启超先生的研究范式，对钱先生此时的研究方法与思路的影响。当然，钱先生在本文中也并非完全因循前人思路，比如他揭示的王夫之和戴震思想的共通性，就是章、梁二先生所没有留意到的。

《王船山学说》一文后，钱穆先生将论述范围扩大，于 1928 年 3 月在《苏中校刊》第 2 期上发表了《述清初诸儒之学》[①] 一文。钱先生于文中彰显了清初诸儒之为人、为学。他认为，清初学术"上承宋明理学之绪，下启乾嘉朴学之端"，且清初学术既有继承，又有变化，故而能精进，"有理学家之躬行实践，而无其空疏；有朴学家之博闻广览，而无其琐碎"[②]。正因为清初诸儒皆"至诚恻怛、忠孝节义之人"[③]，所以钱先生盛赞清初学术承上启下的重要作用及清初诸儒的气节与精神。

1928 年，钱先生还完成了其《国学概论》中的《清代考证学》部分，将研究范围再次扩大，系统梳理了整个清代学术。他强调："有清一代学术，则顾氏'经学即理学'一语，不可不谓为其主要之标的。彼辈欲于穷经考古之中，发明一切义理，其愚而无成，可弗待言。然乾嘉诸儒以下，其治学方法之精密，则实有足多者。"[④] 虽然钱先生在本章中大量引用章、梁二先生的观点，重点关注的清代学人也与他们相似，但他对清代学术已经展开了自己的一些思考[⑤]。此外，钱先生认为清初诸位大儒对清代学术发展都有重要贡献，不赞同把清代学术开山之功归于顾炎武一人[⑥]；注重浙东学术对清代学术思想的积极推动作用；不认为经学考据是研究清代学

---

① 按：钱穆先生此文，《苏中校刊》目录题为《述清初诸儒之学》，但正文标题则为《述清初诸儒之学风》。

② 钱穆：《述清初诸儒之学》，《中国学术思想史论丛》（八），九州出版社，2011，第 1 页。

③ 钱穆：《述清初诸儒之学》，《中国学术思想史论丛》（八），第 2 页。

④ 钱穆：《国学概论》，商务印书馆，1931，第 321 页。

⑤ 钱先生在《国学概论》中曾多次表达了与梁启超等人在清代学术具体问题上的不同看法，如其认为戴震学说受浙东学派的影响更多，"梁胡言戴学渊源，专注颜李着想，恐未得当时情实"（《国学概论》，第 288 页）。

⑥ 柳诒徵先生在《顾氏学述》（《学衡》1922 年第 5 期）一文中曾强调："顾氏之学，非后世之理学家，非后世之经学家，非后世之文学家。其生平之宗旨，惟在实行孔孟之言，以学问文章经纬斯世，拨乱反正。仅以某一家当之，陋矣……不幸后世以经学家目之，以考证家目之，且谓顾氏为有清一代开派宗师，而顾氏之学几绝。"

术史的唯一线索；留意各个时期学术的相互联系与治学精神的异同。钱先生后来关于清代学术的一些重要认识和论断，也可从本章中的观点里看出一些端倪①。

从 1912 年开始关注乾嘉学术到 1931 年《国学概论》一书正式出版，可以看作钱穆先生研治清代学术的第一个时期。这一时期是钱先生对清代学术的初步探索阶段。虽然此时的认识还未摆脱章、梁二先生的影响，但他对清代学术史的探索已经从一个人到一个时期再到整个清代不断扩展开来，且将清代学术与当时的学术风气密切联系起来，对一些具体问题有了自己独到的思考和认识。钱先生在这一时期的学术积累与初步探索，为之后其在学术界大放异彩，成为清代学术史研究领域独树一帜的大家埋下了伏笔。

（二）独树一帜：对清代学术的深入思考与新路径的开辟

1929 年，钱穆先生得晤顾颉刚先生于苏州，因其所撰《先秦诸子系年》稿获顾先生推荐，遂于 1930 年进入燕京大学任教，继于 1931 年执教北京大学历史系。在进入大学任教之前，钱先生已对当时兴起的各种学术思潮的价值有了自己的初步判断。他在《师友杂忆》中曾回忆说："时余已逐月看《新青年》杂志，新思想新潮流坌至涌来。而余已决心重温旧书，乃不为时代潮流挟卷而去。及今思之，亦余当年一大幸运也。"② 而进入北平后，随着学术交往圈的扩大和学术研究的深入，钱先生的学术研究取向也更加明确③，这不可避免地影响了其对清代学术发展脉络的把握和诸多具体问题的看法。他开始逐渐探索出一条与章、梁二先生不同的研究路径，以一种全新的思路审视清代学术史。因"与任公意见相异"而于

---

① 钱先生在《国学概论》中谈及咸同之际今文经学兴起的原因时，认为"训诂考证之业，固已路穷必变，而其推转之机，亦时会之有以促成之也"（《国学概论》，第 320 页），与之后在《清儒学案·序目》中提出的"抑学术之事，每转而益进，途穷而必变"，实有相似之处（《中国学术思想史论丛》八，第 545 页）。

② 钱穆：《八十忆双亲·师友杂忆》，第 81 页。

③ 在北平任教期间，钱穆先生与汤用彤、熊十力、蒙文通、梁漱溟、林宰平、张荫麟、贺麟、吴宓、张东荪等学者来往颇多，他后来回忆道："民国二十年，余亦得进入北京大学史学任教。但余之大体意见，则与学衡派较近。"又自述："特于赴北平后，得读梁任公《欧游心影录》之类，始知西方文化未能尽如人意，亦多可议处。"（《八十忆双亲·师友杂忆》，第 156~160、349、351 页）

1931 年在北京大学开"中国近三百年学术史"一课，正可反映出钱先生此时对清代学术认识的变化。

从进入北京大学任教到 1937 年《中国近三百学术史》一书出版前后，钱穆先生先后发表了多篇论述清代学术的文章①。这些文章或多或少都能反映出钱先生在此时期对清代学术的密切关注以及他在清代学术研究方面思路的变化，其中尤以《汉学与宋学》《近百年来诸儒论读书》《崔东壁遗书序》三文最值得关注。

《汉学与宋学》一文是 1934 年钱先生在北平辅仁大学作演讲时的讲稿，后刊于辅仁大学《磐石杂志》上。钱先生在本文中探究了汉、宋学术的异同，认为汉学与宋学之争只是不同时期学者在儒家经典解释上的争论，但是，"倘汉儒讲学问并不仅在书本，宋儒讲学亦不仅在书本，那么汉、宋诸儒的解释书本同否，就不成为问题了"②。基于此一认识，钱先生不是从历史上学者的治经方法，而是从学者的治学宗旨的异同，来探寻汉、宋学术精神的异同。他强调，汉儒与宋儒学术都是"以政治社会，即整个人生为对象之学问，并非专为'解释书本'之学"③。因此，乾嘉时期清儒提倡的经学考据并非汉儒学术最高精神之所在，其以经学考据为宗抨击宋学义理，以汉学为宋学反动的做法，自然也是没有意义的。而由于清廷的高压政策，清儒遂在"淫威之下，毫无自由发挥之余地，不得已只有从考据训诂上做无聊之研究，遂成此病态之发展"④。在钱先生看来，汉学之精神在"通经致用"，宋学之精神在"明体达用"，两者精神一脉相承，均以"致用"为目的。以"用"为中心，钱先生不仅将清代学术与宋明理学联系起来，而且将整个中国传统学术联系和贯穿起来。

---

① 钱先生在这一时期发表的与清代学术有关的文章主要有：《汉学与宋学》（1934）、《四库提要与汉宋门户》（1935）、《崔东壁遗书序》（1935）、《近百年来诸儒论读书》（1935）、《跋康熙丙午刊本方舆纪要》（1935）、《跋车双亭刊吕子评语》（1936）、《跋黄汝成日知录集释》（1936）、《读郑献甫补学轩散文集》（1936）、《略记清代研究竹书纪年诸家》（1936）、《记抄本章氏遗书》（1936）、《记姚立方礼记通论》（1937）、《记吕晚村诗集中涉及黄梨洲语》（1937）、《余杭章氏学别记》（1937）等。除《近百年来诸儒论读书》一文收于《学龠》一书外，其余均收录在《中国学术思想史论丛》（八）中。

② 钱穆：《汉学与宋学》，《中国学术思想史论丛》（八），第 526 页。

③ 钱穆：《汉学与宋学》，《中国学术思想史论丛》（八），第 531 页。

④ 钱穆：《汉学与宋学》，《中国学术思想史论丛》（八），第 532 页。

《近百年来诸儒论读书》成文于 1935 年，该文刊载于天津《益世报·读书周刊》中。文中钱先生主要介绍了陈澧、曾国藩、张之洞、康有为、梁启超五人的读书方法。然而，本文的意义并不止于仅仅论述这五人的读书方法，钱先生还强调："每一时代的学者，必有许多对后学指示读书门径和指导读书方法的话。循此推寻，不仅使我们可以知道许多学术上的门径和方法，而且各时代学术的精神、路向和风气之不同，亦可藉此窥见。"① 在他看来，晚清诸儒提倡的读书运动之所以失败，既因外界政治、社会环境不稳定，又因西学东渐，传统学术与文化受到前所未有的冲击，也因晚清学者心态的浮躁，但更重要的还是由于晚清诸儒受乾嘉考据学风影响太深，所持门户之见太深。即此可见，本文虽以近百年来五位学者的读书方法立论，实则是总结晚清学术的经验与教训，而对所处时代学术界的混乱状况加以反思。

《崔东壁遗书序》亦成文于 1935 年。是年，顾颉刚先生整理崔述遗书，请钱穆先生作序，钱先生欣然接受。此时，日本正在策动华北自治，北平局势紧张，故而钱先生希望当时学者不要一味疑古与否定，而要在民族危亡关头，倡导传统学术，树立民族自信。探究古史固然有助于研讨中华民族价值所在，然而古史是我国家、民族文化渊源之所在，过分怀疑与自我否定实不可取。文中钱先生详细论述了崔述疑古的得失，对胡适、钱玄同、顾颉刚等学者提倡的疑古、考史明褒实贬。在他看来，儒家之所传，六经之所载，虽不能尽信，但绝不能不信；直言"崔氏之病在于所信之过狭，其蔽遂陷于所疑之过多"②，顾先生等人怀疑、辨伪、考信，却不本诸六经，并不可取。鉴于此时的考古、疑古之风已经脱离了"探讨中华民族价值所在"的本意，而是学者在西方文明强盛的背景下丧失自信、迷失自我的表现，故而钱先生表达出与疑古派迥然不同的治学旨趣。他承认中国传统文化经历了漫长的发展之后，确实有许多问题，不过这些问题也是不可避免的。因为"一民族之文化，有其长不能无其短，有其利亦不能无其病；故一民族之历史，有其盛即不能无

---

① 钱穆：《近百年来诸儒论读书》，《学龠》，九州出版社，2010，第 85 页。
② 钱穆：《崔东壁遗书序》，《中国学术思想史论丛》（八），第 404 页。

其衰，有其涨即不能无其落"，但学者绝不可因其民族文化陷入衰落之期而抛弃其传统与历史，"苟此民族而尽丧其固有之文化，即尽忘其已往之历史，而民族精神亦日枯萎以尽，而前途之生命亦竭"①。在钱先生看来，国家与民族的复兴有赖于以对儒家为中心的传统文化与民族精神的阐发，尤以宋明学术所提倡的义理为基础。而这也正是于国家民族面临危亡之际，钱先生在《中国近三百年学术史》一书中着力强调清代学术与宋明学术密切关联的重要原因。

《中国近三百年学术史》完成于 1937 年，乃钱先生论述清代学术最系统、最具体的大著。本书分十四章，首章略述两宋及晚明东林学术，之后的十三章详细阐释了清代 51 位学人的学术思想，并在书尾附有一表，扼要介绍了 1573 年至 1911 年重要学者的学行。总观而言，钱先生是书，一方面体现了其在民族危亡关头，对中华民族、中国文化前途的忧虑，希望借古鉴今，唤起学术界对传统学术的重视，同时也是在章、梁等学者研究成果的基础上，推进清代学术史研究，另辟蹊径、独树一帜的标志；但另一方面，我们也要看到，本书并不仅是一部针对时事而发、刻意将学术与时事联系起来的感时之作②。而须指出的是，本书中的一些观点，并不代表钱先生关于清代学术诸多问题的最终认识③。

在《中国近三百年学术史》一书中，钱先生并没有只就清代学术而论清代学术，他深入思考清代学术与宋明学术的联系，把清代学术的发展看作整个传统学术发展中的一个必要环节，在宏观把握学术发展脉络的基础上，对学者学术思想的异同及相互影响、不同时代学术思想流变的内在原因、学术与政治的相互作用等具体问题，进行了大量分析与考证；在对学

---

① 钱穆：《崔东壁遗书序》，《中国学术思想史论丛》（八），第 408 页。

② 钱先生的《中国近三百年学术史》一书，不仅是其在北京大学五年任教此课程的积累，更可以追溯到其在中学任教的时期，早在那时他就积累了一些有关清代学术的资料和札记。比如，钱先生回忆说，在厦门集美中学任教期间读《船山遗书》，"遇惬意处，加以笔录"，"后在北京大学写《近三百年学术史》一书，船山一章所用资料即本此"（《八十忆双亲·师友杂忆》，第 111 页）。

③ 关于《中国近三百年学术史》一书能否代表钱先生关于清代学术的最终定论，可以通过该书与之后其论清代学术的著论比较而有所发现。而据钱先生《师友杂忆》中所述，其于 1937 年南下时，在衡山再读顾炎武《日知录》一书，"忽觉有新悟，追寻所撰《近三百年学术史·顾亭林》一章实未有如此清楚之见解"（《八十忆双亲·师友杂忆》，第 186 页）。

者思想、学行等进行探究的同时，彰显了学术发展的趋势，提出了"不识宋学即无以识近代""清代考证学发端于明中叶""乾嘉诸儒吴皖非分帜"等很具睿识和影响的观点①。凡此，皆使我们既可以更加清晰地看到有清一代学术发展的走势、清代学术与宋明理学的紧密联系，又可以进一步认识清代学术发展所处的特殊环境，以及清代学者在此特殊环境下孕育出特殊学术风气的必然性，从而展现出清代学术独有的诸多特点。全书虽以人物为中心，但实则有一条时间线贯穿其中。如果我们把钱穆先生以清代51位学人为中心论清代学术的这十三章贯通起来，不难发现其对有清一代学术变迁之大势的认识。

明末诸遗老之学直承东林学术精神而来，也是对整个宋明学术的修正与继承。在钱先生看来，黄宗羲师从刘宗周，直属阳明一派，其所论"心无本体，工夫所至，即其本体"，实乃陆王心学的进一步阐发与修正。王夫之以孟子、张载为宗，以自然进化之理阐性善，也未脱宋明遗风。顾炎武虽不喜谈心性，但其"经学即理学"之论，钱谦益已先言之；其破除理学藩篱，直穷经籍之志，归有光也早已心向往之，故而其论学也并未远离宋明途辙。颜元固然高举反宋大旗，但所推崇的学者如孙奇逢仍是理学学者，其所论"恭习"之事，实与程朱所主"敬"论相似，其反对读书的意见，又与陆王相似，故而其学术实在未脱宋明学术窠臼。总之，清学开创之初，并未另立门户，明末诸遗老承接宋明遗绪，治学轨迹也依循了宋明途辙，这是清初学术与宋明学术的直接联系。

博学务实、关心政治是明末诸遗老学术共同的特点，而这也恰恰反映了清初学术与宋明学术的内在联系。他们以书院讲学的方式，矫王学末流之弊病，兼采朱、王，去短集长；抨弹政治现状，清议政事。如黄宗羲所论"读书不多，无以证斯理之变化。多而不求于心，则为俗学"；顾炎武所论"博学于文，行己有耻"；王夫之所主张的人性日生日成；颜元所提倡的反对读书与静坐，实则都是在学术上对晚明学术的矫正与改进。因此，钱穆先生认为："虽其对理学传统上向背之见解，各有不同，而其务

---

① 关于钱先生在《中国近三百年学术史》中所提出的这三个论断的重要意义，详见陈祖武先生《清儒学术拾零》之《钱宾四先生对清代学术史研究的贡献》，故宫出版社，2012，第333～347页。

博尚实之风，则靡不同。"① 而在政治问题上，尽管清初诸儒也各有侧重，但对政治现状的关注与抨击，实则是"明末遗老一种共有之态度"②。而清初诸儒在论学、论政上的异处，实乃他们在解决晚明社会诸多现实问题上提出的不同看法与见解，而他们论学、论政、治学旨趣的同处，实乃他们对宋明学术中一贯的"明体达用"精神的贯彻。

康雍时期是清代学术由清初"博学务实"走向"专门考据"的重要过渡。清代学术最终折入考据一途，走上钱穆先生眼中的一条"歧路"是由于政治、社会环境的变化。钱先生指出，康雍之际，清廷统治日趋稳固，政治高压政策日趋严峻。此时，清廷又奉朱子为正学，对陆王心学大加批判，而其所倡之理学，更多地体现为虚伪之风气、麻痹之人心，招致许多不满。清代学术在内外交困中产生了很大分歧，并愈演愈烈。而知识界的各种门户之争，其实都是学术在一条内外交困的"穷途歧路上"不断挣扎的表现。"以为读书识字者不可背朱子"的阎若璩及"承明代文士摹古之习而排宋"的毛奇龄，两人学术看似如晚明诸遗老一样承宋明学术而来，但他们已经没有了晚明诸遗老的那种高尚志节，其治学更多地是为了以此自彰自显，而非要"明体"而"达用"。由他们来领导学术，清代学术自然无法走上一条"正途"。但抛开当时陆陇其、李光地等所谓官方学者，以及阎若璩、毛奇龄等学人的意见来看，他如提倡陆王学术的李绂、全祖望与提倡程朱学术的王懋竑、朱泽沄等，不仅在学术意见上没有太大分歧，反而还有许多相似之处。这也正是钱穆先生不赞同把清代学术视为宋学反动、强调不能忽略清代学术与宋明学术联系的一个重要原因。正如钱先生所认为的，"后人批评点之转移，只足以见其时学风之倾向，不必尽当于昔人之真际也"③。

及至乾嘉，吴、皖学派相继兴起，此时清代学风倾向又为一转。钱穆先生指出，"清初诸老，尚途辙各殊，不数十年，至苏州惠氏出，而怀疑之精神变为笃信，辨伪之功夫转向求真，其还归汉儒者，乃自蔑弃唐、宋而然"④。汉学考据之风最先由惠栋为首的吴派发起，由江永、戴震为首的

① 钱穆：《中国近三百年学术史》，九州出版社，2011，第30页。
② 钱穆：《中国近三百年学术史》，第35页。
③ 钱穆：《中国近三百年学术史》，第323页。
④ 钱穆：《中国近三百年学术史》，第346页。

皖派继承、发扬。尽管钱先生也看到了吴、皖学术各自的特点①，但他更加强调吴、皖学术的统一性，以及作为乾嘉学术主体的吴、皖学术与清初、晚清乃至宋明学术的关联性。皖派学术起初与吴派不同，江永治学以朱子为宗，而戴震也认为"汉儒得其制数，宋儒得其义理"，然而在乾隆二十二年（1757）戴震于扬州结识惠栋，论学宗旨则为之一变，不再像其早年论学时那样认为汉、宋学术各有所得，而是一反前论，激烈反对宋学，试图将"义理统于故训典制"②，于是才有了其著名的"训诂明而后义理可明"的论学主张。但在钱穆先生看来，戴震、阮元以及主张"以礼代理"的凌廷堪、焦循等人的学术主张，本质上都是试图对宋学所提倡的义理有所突破，而非简单的对宋学的排斥。而无论是主张"六经皆史"的章学诚，还是讥讽汉学"反之身己心行，推之民人家国，了无益处"的方东树，抑或袁枚、汪中等人，固然都对乾嘉汉学提出了激烈批评，但他们和吴、皖学者在深层次上都有一个相同的学术宗旨，那就是求道。但问题是，清代学术并未能做到明道，故钱先生不无感慨地说："苟明于道之大原，则学业、事功、文章、性命皆足以救世，皆可以相通，而无所事乎门户之主奴。不明于道之大原，则考订、义理、文辞三者，乃始各立门户以争短长，而失事功、性命之真。"③

时至晚清，清代学术又为一变。晚清学术最主要的精神，在于微言大义与会通汉宋。其发源于常州，常州之学倡导微言大义，始于庄存与，经刘逢禄、宋翔凤发扬，再至魏源、龚自珍，臻于大成。钱穆先生认为常州学派直接渊源于惠栋，乃乾嘉经学的延续。但晚清诸儒的学术主张，自一开始就注定了其失败的命运。如龚自珍治学，"其先主治史通今，其卒不免于治经媚古；其治经也，其先主大义通治道，其卒又不免耗于琐而抱其小焉"④。道光以后，经过两次鸦片战争、太平天国运动，政治、社会日趋混乱，学者痛定思痛，开始再次审视学术发展的前途何在，以曾国藩、陈

---

① 钱先生在本书中指出："吴学实为急进，为驱新，走先一步，带有革命之气度；而徽学以地僻风淳，大体仍袭东林遗绪，初志尚在阐宋，尚在述朱，并不如吴学高瞻远瞩，划分汉、宋。"（《中国近三百年学术史》，第 347 页）
② 钱穆：《中国近三百年学术史》，第 349 页。
③ 钱穆：《中国近三百年学术史》，第 439 页。
④ 钱穆：《中国近三百年学术史》，第 605～606 页。

澧为代表的学者遂提出会通汉宋的主张。但其论学的根本出发点，不过是要补救时弊，眼界的局限决定了他们的学术主张无法具有很强的生命力与延续性。晚清学术界不仅没有解决清代学术一直延续下来的诸多争论，反而更加没有了方向。在曾国藩、陈澧之后，康有为继起，他主张变法、托古改制，其学术思想对晚清及民国学术都产生了重要影响。尽管康氏一贯尊孔，但其对于儒家思想，对于中国传统文化是非常不自信的，这与钱穆先生以传统文化为宗主的学术主张截然相反。在钱先生看来，康有为论学主张前后矛盾，他的学术主张先后走向了两个极端，清代学术最终在激进中徘徊迷失，走向衰亡。

在 20 世纪 30 年代中期民族危机加深的背景下，钱穆先生对当时依然盛行的疑古、考史学风颇有微词。为找到当时学术界问题的根源所在，他把关注的目光投向清代学术与宋明学术及民国学术的相互联系上。在《汉学与宋学》一文中，钱先生着重探讨了汉宋学术精神的一致性，认为汉宋学术的精神都在于"致用"；而在《近百年来诸儒论读书》中，他又总结晚清学术失败的原因，认为晚清学术之所以成就不大，是由于不能摆脱乾嘉经学考据的影响。晚清学术的教训，以及对时局的担忧，促使钱先生在清代学术研究思路上发生变化。在 20 世纪 20 年代及 30 年代初，钱先生以诸子学研究闻名，而在他眼中晚清诸子学正是清代学术的延续①。尽管他不喜清代学术，但其学术生涯的早期可以说是以清学为宗主，无论成名作《刘向歆父子年谱》，还是早年代表作《先秦诸子系年》，都是立足于考据的学术著作。然而，在北平任教之后，钱先生开始将学术研究的重心转移到对中国传统学术以及中国历史、文化精神的阐述上，在这段时期，完成了从以"清学为宗"到以"宋学为宗"的重要转变，而《汉学与宋学》《近百年来诸儒论读书》《崔东壁遗书序》《中国近三百年学术史》的发表出版，正是这一转变的标志。因此，自 1931 年在北大开设"中国近三百年学术史"一课到 1937 年《中国近三百年学术史》一书出版，为钱穆先生研治清代学术的第二个时期，即其对清代学术深入思考并开辟新研究路径的阶段。

---

① 钱穆先生在《国学概论》一书中指出："诸子学之发明，龟甲文之考释，与古史之怀疑。三者，盖皆承清儒穷经考古之遗。"（第 329 页）

（三）自成一宗：理论体系的成熟与对清代学术的总结

1937 年"卢沟桥事变"后，抗战全面爆发，钱穆先生于双十节后南下。翌年，西南联合大学文学院在云南蒙自开课，钱先生接受同事陈梦家先生的建议，"为时代急迫需要计"，开始撰写《国史大纲》，第二年完稿，并将序言部分发表；1940 年出版，在学术界引起了很大反响。在本书第四十四章《狭义的部族政权下之士气》中，钱先生关注了明末到乾嘉的学术变迁，因为他认为此时代历史的重点在学术思想的变化上。通过分析当时的政治、社会与学术的相互联系，探索了清代学术的发展与转变的内在理路。然钱先生虽强调政治与学术的互动，但与罗振玉先生在《本朝学术源流概略》里强调的清代政治导向对学术产生了许多积极作用是不同的；其所持的"反动论"，也非梁启超先生所认为的清代学术是宋明理学的反动，而是主张清代学术是对清代统治政策的反动[①]。在钱先生看来，学术对政治的排斥最终导致清代学术和政治的脱节，"江、浙考证汉学，其先虽源于爱好民族文化，厌恶异族统治，带有反抗现实之活气；其后则变为纯学术之探讨，钻入故纸堆中，与现实绝不相干"[②]。政治之外，钱先生还分析了社会经济环境对清代学术发展的影响，认为明末遗民的生活状况决定了清初学风不可能完全被后学继承，乾嘉走入经学考据一途是必然的。

结合政治制度与社会经济，钱穆先生认为乾嘉时期考据学风形成的原因有四："一因顺、康、雍、乾历朝文字狱之惨酷，使学者间绝口不谈朝政时事。二因清代书院全成官办性质，以廪饩收买士气。一时名儒硕望，主书院掌教务者，既不愿以八股训后进，唯有趋于笃古博雅一途。三则江、浙一代经济状况，继续发荣滋长，社会上足可培植一辈超脱实务的纯粹学术风气。四则自印刷术发明，书籍流通方便之后，博雅之风，自宋迄

---

① 钱先生在文中指出"清人入关，遭遇到明代士大夫激昂的反抗，尤其是在江南一带"，又指出乾嘉时期的士人"以鄙视满清政权之故，而无形中影响到鄙视科举。又因鄙视科举之故，而无形中影响到鄙视朝廷科举所指定的古经籍之训释与义训。因此宋、元、明三代沿袭下来对于古经籍的义训，一致为江、浙新学风所排斥。因有所谓'汉学'与'宋学'之目"（《国史大纲》，商务印书馆，2012，第 848、857 页）。

② 钱穆：《国史大纲》，第 860 页。

明，本已每展愈盛。"① 同时，也明确指出清代学术对清代政治、经济的反作用：在清初，"屈膝清廷的中国士人，因遗民榜样摆在一旁，亦足使他们良心时时发露，吏治渐上轨道"②；在乾嘉，"学者精神，遂完全与现实脱离。应科举觅仕宦的，全只为的是做官，更没有丝毫以天下为己任的观念存在胸中。清代中叶以后学术虽日盛，而吏治却日衰"③。

《国史大纲》一书，可谓钱穆先生治史方法与治史宗旨的集中体现。他将中国历史析为政治制度、学术思想、社会经济三个相互联系、相互影响的部分，试图通过对不同时代政治制度、学术思想、社会经济变化的探究，以寻求中国历史的精神，"于客观中求实证，通览全史而觅取其动态"④。基于此一认识，钱先生遂视中国历史与传统文化为生命，强调对传统的继承与延续，希望从传统文化中寻找到中华民族的前途与生机，并通过对中国历史的重述，希冀重新唤起国人对本民族历史与文化的认同。以此为宗旨，他于 1943 年又撰成《晚明诸儒之学术及其精神》一文，高度赞扬了晚明诸儒艰苦奋斗的精神，并希望在抗战相持阶段的中国军民及学者也能继承和发扬此一精神。⑤ 而值得指出的是，《国史大纲》一书所展现的治史宗旨与治史方法，不仅影响了钱先生对清代学术关注的重心及对诸多问题的认识，而且对他在清代学术史方面研究范式的构建与学术理论的成熟也产生了重要影响。《清儒学案序目》就是此一影响的直接体现。

1941 年，国民政府遵蒋介石指示，命国立编译馆主编宋元明清四朝《学案》之简编，其中编撰《清儒学案》的重任就落在了钱穆先生肩上。此前，虽有唐鉴《国朝学案小识》、徐世昌《清儒学案》两书，但钱先生认为"唐书陋狭，缺于闳通；徐书泛滥，短于裁别"⑥，故而另辟蹊径，重

---

① 钱穆：《国史大纲》，第 857 ~ 859 页。

② 钱穆：《国史大纲》，第 853 页。

③ 钱穆：《国史大纲》，第 862 页。

④ 钱穆：《国史大纲·引论》，第 11 ~ 12 页。

⑤ 钱先生在文中指出："任何一时代的学术，大体都赖外力扶护而在良好环境下产生，独晚明诸老所处时代特为不同。他们的学术乃在外力极端摧残压迫下成长。他们的精神，纯为一种对时代反抗、对环境奋斗的精神，可说是一种最艰苦最强毅的革命精神。"（《中国历史精神》，九州出版社，2014，第 187 页）

⑥ 钱穆：《清儒学案序目》，《中国学术思想史论丛》（八），第 547 页。

加编撰。接下来，他便日夜尽力于此，认真"读诸家集。读一集，始撰一稿，绝不随便抄摘。即前撰《近三百年学术史》凡所述及，如亭林、梨洲诸人，亦必重阅其集，另加编撰，以求全书体裁之一致"①。全书共约四五十万字，皆为钱先生手抄。但万分可惜的是，抗战胜利后《清儒学案》尚未付排，书稿由江轮运往南京途中，竟沉没江中，致使世人无缘再睹是书全貌。所幸钱先生所撰《序目》，先于1942年刊载在《四川省立图书馆图书集刊》第3期上②，学人才得以窥其大体。此序文提纲挈领，以小见大，彰显出全书之主旨。

在《清儒学案序目》中，钱先生继承了其在《中国近三百年学术史》中的观点，认为清代学术是宋明理学的延续，但延续并非完全因袭。他指出，清代学术相较宋明理学也有许多变化。他认为，"清代经学，亦依然沿续宋元以来，而不过切磋琢磨之益精益纯而已。理学本包孕经学为再生，则清代乾嘉经学考据之盛，亦理学进展中应有之一节目"③，故而不应该把清代标为理学衰落的时代，尽管清代理学本身具有"无主峰可指"的特点。所以，钱先生依然坚持以理学为主线来梳理清代学术。

钱先生把清代学术划分为晚明诸遗老、顺康雍、乾嘉、道咸同光四个时期，分64个学案来论述清代学术之演进，并对各时期学术的价值做出了明确的判断。他认为，明末诸遗老与乾嘉时期学术各有所得，"明遗之所得在时势之激荡，乾嘉之所得在经籍之沉浸。斯二者皆足以上补宋明之未逮，弥缝其缺失而增益其光耀者也"④。也就是说，晚明遗老之学与乾嘉学术之所以能够有所得，乃在于其所研究的问题是对前代学术的补充与益进。而对于顺康雍以及道咸同光时期的学术，钱先生则颇多批评，认为顺康雍时学术只是被统治者利用的工具，没有太多建树，"充其极，尚不足追步许衡、吴澄"⑤；道咸同光学术则肤浅凌乱，只是"稍稍愈乎顺康雍之惨沮郁纡则已耳"⑥。

---

① 钱穆：《八十忆双亲·师友杂忆》，第220页。
② 《清儒学案》一书还有柳诒徵先生摘抄之一部分存留，见于《中国学术思想史论丛》（八）。
③ 钱穆：《清儒学案序目》，《中国学术思想史论丛》（八），第544页。
④ 钱穆：《清儒学案序目》，《中国学术思想史论丛》（八），第545页。
⑤ 钱穆：《清儒学案序目》，《中国学术思想史论丛》（八），第544页。
⑥ 钱穆：《清儒学案序目》，《中国学术思想史论丛》（八），第545页。

在这篇序文中，钱穆先生还提出了一个关于清代学术的重要命题，即："抑学术之事，每转而益进，途穷而必变。"① 在很多学者看来，此一认识最能代表钱先生对清代学术认识的理论高度。但我们认为，"每转益进"说是钱先生对其在《中国近三百年学术史》中提出的"不识宋学即无以识近代"观点的进一步阐发。它一方面强调了学术发展到一定阶段，由于过于细密、流于空疏等原因，遭遇瓶颈，在外界政治、社会环境等诸多因素的刺激下必然会发生变化，此即所谓的"必变"；但从另一方面来看，学术发展中的这种必然变化，并非凭空产生，而是经过长时间的积累，不断从旧有的学术中萃取理论精华，又不断吸收新环境下产生的新理论、新方法、新观点，重新组合，才脱胎而出的，也就是所谓的"益进"。

尤须注意的是，按照钱穆先生的观点，只有能从旧有学术中萃取精华，又有新的学术思想为之注入活力，方可让学问之事"每转益进"。在他看来，"明遗之所以胜乾嘉，正为晚明诸遗老能推衍宋明而尽其变，乾嘉则意在蔑弃宋明而反之古。故乾嘉之所得，转不过为宋明拾遗补阙"②。在"益进"论中，钱先生尤其强调对前代学术的包孕，如果不能包孕前代学术，则只能在穷途中不断变化，无法找到正确的方向。因此，正确理解"每转益进"的内涵，有助于清晰地认识"每转益进"说和钱先生在《中国近三百年学术史》中提出的"不识宋学即无以识近代"观点的内在联系。在钱先生看来，明末清初学术之所以必变，既有王学末流流于空疏、繁复的原因，又有满州贵族入主、朝代更迭的原因，而晚明诸遗老的学术之所以能散发璀璨的光芒而有所"益进"，正因为继承和吸收了传统学术中固有的以"经世明道"为治学最高宗旨的传统；但乾嘉以后的学术则过于强调汉宋门户，抛弃了宋明理学讲"义理"的传统，埋首考据，所以才会"愚而无成"。可以说，"每转益进"说的提出，并不是一蹴而就的，而是有很深的渊源，并"一以贯之"的。

钱穆先生曾强调："中国之史学精神，在能经世明道。"③ 而"经世明道"正是宋明学术所提倡的最高义理。在民生凋敝、学术找不到发展正途

---

① 钱穆：《清儒学案序目》，《中国学术思想史论丛》（八），第545页。
② 钱穆：《清儒学案序目》，《中国学术思想史论丛》（八），第546页。
③ 钱穆：《中国史学之精神》，《中国史学发微》，九州出版社，2012，第33页。

的民国时期，宋明理学所提倡的义理正是钱先生所认为的学术转向的必然方向。在乾嘉时期，学者标榜汉宋门户，治学只识小处，不识大体，"所弃愈多，斯所复愈狭"①。这是完全不足以应变而迎新的，不能包孕，自然无法"益进"，甚至无法让学术发展走上正途。钱先生归宗于传统学术，在"每转益进"说中强调传统学术中"致用"精神在"益进"中发挥的主导作用，而又不否定清代学术在新的历史环境下产生的变化、自身的特殊性以及所取得的成就，这其实是对其"不识宋学即无以识近代"的进一步阐发。在《清儒学案序目》中，钱先生明确自己对学者择别、取舍的评价标准，以理学为主线对清代学术进行明确分期和提出"每转益进"说，可以说是其关于清代学术的理论体系走向成熟、完善的重要标志。

在 1947 年的南京《中央周刊》第 9 卷第 3 期上，钱穆先生发表了一篇论述清代学术的重要文章——《论清儒》，后该文于 1962 年重载于《新天地》第 1 卷第 1 期，改名为《前期清儒思想之新天地》，1992 年整理钱先生遗稿时发现该文的改文，作为最后定稿，并改名为《略说乾嘉清儒思想》。该文重载、改稿均在钱先生晚年，而在他晚年的另几篇文章中，也表达了和本文相似的观点，因此本文中钱先生对清代学术许多问题的看法或许可以反映其对清代学术的最终意见。

在这篇文章中，钱先生仍承继前说，认为清代学术是宋明理学的延续。他开篇即强调："清儒学术，就晚明诸遗老言，直承晚明而来，但未依晚明的路向发展。"② 但晚明时，学术上空疏渺茫，又逢异族入主，学问与身世上的穷途决定了学术必然会发生变化，晚明诸遗老的学术未能顺利发展。从明末到清初，社会迅速安定，清廷刻意牢笼、威怵利诱，学术气氛逐渐沉闷，学者心情变了，学术自然要变。然而，"乾嘉时代的清儒，亦没有大气魄人来领导此学术之变，而且他们内心深处并不是要变，只是外面环境逼得你走委曲路"。由此可见，钱先生明确把清代学术转变的原因归结于外因的作用，尤其是受清廷高压政策的影响，认为从清初到乾嘉学术宗旨转变更多地是由于"外面诱导摆布，并非内部激发推动"③。

① 钱穆：《清儒学案序目》，《中国学术思想史论丛》（八），第 546 页。
② 钱穆：《略说乾嘉清儒思想》，《中国学术思想史论丛》（八），第 5 页。
③ 钱穆：《略说乾嘉清儒思想》，《中国学术思想史论丛》（八），第 6 页。

钱先生还指出，"清代学风，即乾嘉时代的学风，总之是逃避人生"①，而其逃避人生的具体表现就是穷研古经籍。然而穷研古经籍并非清儒内心本来的愿望，他们也会忍耐不住想要谈论人生，钱大昕与戴震就是其中的代表。正因为"乾嘉清儒此种对于传统权威之反抗精神，其实还似有一些痕迹可见其为沿袭晚明诸遗老而来"②，因此不能说乾嘉学术是宋明理学的反动。而乾嘉学术的精神所在，在于求平恕，求解放。他们之所以反对宋学，一方面因为他们确实在考据训诂方面超过了宋儒，另一方面则因为宋明理学传统已为统治阶级利用。然而，他们内心深处，其实还是继承了宋明学术那种对人生、对社会关注的传统。因此，钱先生说"经学不是清儒自己要走的路"③。

道咸以降，由于清廷日渐衰落，清儒对待人生与社会的态度也发生了改变，"学者开始从逃避人事转回到预闻人事"。当时经学考据影响还在，"因此道咸时代的清儒，遂不免仍要借助于经学权威用来指导当前之人事"。这与乾嘉时期截然不同，因为"乾嘉只求解放，现在则求树立"④。在钱先生看来，晚清学术所走的这条路是"一条夹缝中之死路，既非乾嘉学派所理想，亦非浙东史学派之意见。考据、义理，两俱无当。心性、身世，内外落空。既不能说是'实事求是'，亦不能说是'经世致用'。清儒到道咸以下，学术走入歧途，早无前程"⑤。此后又经太平天国运动，西学东渐，内部空虚加上外部冲荡，清代学术既乏继承，又无包孕，故而钱先生断言："清儒学术，曲折纡回，始终未获一条正当的直路。"⑥

从 1937 年抗战全面爆发到 1949 年钱先生旅居香港，可以看作其研究清代学术的第三个时期。在这段时间内，钱先生在清代学术史研究方面构建了以"每转益进"说为中心的学术理论体系，总结了整个清代学术，提出清代学术思想变化的动因是由"外面诱导摆布，并非内部激发推动"的观点。而"清儒学术，曲折纡回，始终未获一条正当的直路"，似乎也可

---

① 钱穆：《略说乾嘉清儒思想》，《中国学术思想史论丛》（八），第 7 页。
② 钱穆：《略说乾嘉清儒思想》，《中国学术思想史论丛》（八），第 11 页。
③ 钱穆：《略说乾嘉清儒思想》，《中国学术思想史论丛》（八），第 7 页。
④ 钱穆：《略说乾嘉清儒思想》，《中国学术思想史论丛》（八），第 14 页。
⑤ 钱穆：《略说乾嘉清儒思想》，《中国学术思想史论丛》（八），第 15 页。
⑥ 钱穆：《略说乾嘉清儒思想》，《中国学术思想史论丛》（八），第 14 页。

看作钱先生对清代学术做出的最简单、明了的总结①。此一时期,不仅是钱先生在清代学术史研究方面理论与思路走向成熟的时期,也是其作为一代史家与国学大师的整个学术思想与理论走向成熟的时期;而在其旅居香港之后,尽管在清代学术史研究方面又取得了诸多成果,但显然已把更多精力放到文化学的研究上。②

(四) 拾遗补阙:对清代学术具体问题的重新思考与再认识

1949 年以后,可以看作钱先生研究清代学术的第四个时期。在这一时期内,钱先生对清代学术的探究,主要体现在对具体学人、具体著作与具体问题的进一步思考与补充,这些著述除被收入《中国学术思想史论丛》(八) 外,还见于《中国思想史》、《中国史学名著》及《讲堂遗录》中。凡此成果,可以视为钱先生在清代学术史研究方面的拾遗补阙,因为在多篇文章中他都提到这些文章是要与《中国近三百年学术史》"互为发明"。不仅如此,钱先生在此一时期又关注了一些新的学者,如朱之瑜、钱大昕、段玉裁等,并对清代学者尤其是乾嘉时期汉学家的学术思想又有了新的阐述。而钱先生亦着重强调了学术不可立门户,但必须以传统学术为宗主的重要性。这些都可以说是他研治清代学术史的新创见。

《中国思想史》成书于 1952 年,实际完成于 1951 年,书中论及王夫之、颜元、戴震、章学诚四人的思想。尽管钱先生依然一如既往地强调清代学术与宋明学术的联系,但这并不是本书该章节的重点,其重点乃在于阐述中国思想的内容与价值。如果说此前《中国近三百年学术史》等著论是为唤醒国人尤其是当时学者的民族意识而"达用"的话,那么本书则侧

---

① 关于这一总结,钱穆先生在其之后论清代学术的著作中也曾多次提到,如在《讲堂遗录》一书中,他就指出清代学术在"清廷高压政策下,只有作一逃避现实之畸形发展,遂成为后日乾、嘉考据之学"(九州出版社,2010,第 186 页)。

② 在《师友杂忆》中,钱先生自述:"我国家民族四五千年之历史传统文化精义,乃绝不见有独立自主之望。此后治学,似当先于国家民族文化大体有所认识,有所把捉,始能由源寻委,由本达末,于各项学问有入门,有出路。余之一知半解,乃始有转向于文化学之研究。在成都开始有《中国文化史导论》一书之试探,及一九五零年来台北,乃有《文化学大义》一演讲,是为余晚年学问蕲求转向一因缘。"又说:"余此三十年来,有历次讲演,及抒写有关历史方面之文字,则一皆以'文化'为中心。"(《八十忆双亲·师友杂忆》,第 325 ~ 326 页)

重于明确中国思想之价值以"明体"①。所以，钱先生在本书中论述清代学术思想时，便把重点放在了阐述清代思想自身的特殊性上。他强调："清代思想是一种历史的反省，是一种综合的批评。他们对已往思想界，指摘疵病，动中窾要。但他们为时代所限，都是异军突起。除掉古经籍之考证训诂一途外，绝少能递有继承，蔚成风气的。"②而在 1971 年完成、1973 年出版的《中国史学名著》一书中，钱先生则从文献学的角度，关注了由清代浙东学派学者完成的三部重要著作：《明儒学案》《宋元学案》及《文史通义》。在这一部分中，钱先生考订了学案体的来源，探讨了学案体的特点和《明儒学案》、《宋元学案》两书的成书过程，以及章学诚《文史通义》所提出的"六经皆史"的重要价值，赞扬了清代学者对学术史发展所做的贡献，强调了学术史研究是历史研究不可分割的一部分。他认为，学术是文化的灵魂，复兴文化要从复兴学术开始；并希望当代学人能够博学多识，关注社会现实，在传统中创新，辨章学术，考镜源流，担负起复兴中国文化的重任。

《讲堂遗录》中收录了钱穆先生于 1959 年在香港大学所讲"明清学术思想"的讲稿，于明清学术思想的不同做了分疏③。他认为，晚明学风"是从'讲学'转到'著述'之时代"④。并总结了宋、明、清三朝的学术特点："宋人讲心性之学，晚明讲治平之学，清人讲训诂、考据之学。"⑤但与此同时，钱先生并未改变其坚持的中国学术一脉相承、清代学术渊源于宋学的观点。他不仅把明清学术放在一起讲，而且在文中指出，"宋、明理学固与先秦儒有不同，然就大传统论，不能不说是一脉相承"⑥，而清

---

① 在自序中，钱先生表露心迹道："我们该从中国思想之本身立场来求认识中国思想之内容，来求中国思想本身所自有之条理组织系统，进展变化，与其派别之分歧。此始成为中国的思想史。我们不能说西方思想已获得了宇宙人生真理之大全，同样不能说中国思想对此宇宙人生之真理则全无所获；亦不能说中国思想对宇宙人生真理之所获，已全部包括在西方思想之所获之中。如是始可确定中国思想史在世界人类思想史中之地位与价值。"（《中国思想史·自序》，九州出版社，2012，第 8 页）

② 钱穆：《中国思想史》，第 240 页。

③ 在《讲堂遗录》中，钱先生指出："若讲思想史，则明、清是两个时期。"（第 157 页）

④ 钱穆：《讲堂遗录》，第 170 页。

⑤ 钱穆：《讲堂遗录》，第 188 页。

⑥ 钱穆：《讲堂遗录》，第 184 页。

代"汉学实不过为朱子治学之一支流耳"①。

《中国学术思想史论丛》(八)于1981年初版,收录了钱先生从20世纪20年代到80年代论述清代学术的大量文章②。而成文于1949年以后的诸篇文章具有以下三个特点,体现出钱先生这一时期在清代学术史研究方面思路的变化。

第一,钱先生又关注了一些新的学者,来补充、论证其之前对于清代学术发展大势的认识。如在成文于1980年的《读朱舜水集》一文中,他将研究范围扩大到海外,关注了当时流亡海外的朱之瑜的学术思想。该文赓续了《中国近三百年学术史》中的研究方法,对朱之瑜与清初学者如顾炎武、陆世仪的学术思想、主张进行了精细辨析,于文末指出:"亭林、桴亭、舜水,较更著眼孔、孟儒学之传统,故此三人,乃同尊程、朱;而三人之为学,亦各自不同,然此乃流派之不同,非是门户之各别也。"③也就是说,身处异国他乡的朱之瑜在为学路径上虽与清初学者有所不同,但他们重视实功实用的学术思想,重视礼制,对政治、社会的关注,却是一致的,可见这些学术主张与思想实乃当时学者的共同诉求。而在成文于1972年的《余君英时方以智晚节考序》中,钱先生也表达了相似的观点,认为"密之入清以来,即披薙为僧。不如夏峰、青主辈,虽曰高尚其事,遁匿终身,要是在士林冠带之

---

① 钱穆:《讲堂遗录》,第188页。
② 《中国学术思想史论丛》(八)中收录的文章,大致可分为四类:第一类为论述类,共4篇,《述清初诸儒之学》(1928)、《汉学与宋学》(1934)、《四库提要与汉宋门户》(1935)、《略说乾嘉清儒思想》(初名《论清儒》,发表于1947年);第二类为序跋类,共7篇,《崔东壁遗书序》(1935)、《清儒学案序目》(1942)、《余君英时方以智晚节考序》(1972)、《跋康熙丙午刊本方舆纪要》(1935)、《跋车双亭刊吕子评语》(1936)、《跋黄汝成日知录集释》(1936)、《跋嘉庆乙丑刻九卷本读史方舆纪要》(1942);第三类为札记类,共14篇,《读郑献甫补学轩散文集》(1936)、《略记清代研究竹书纪年诸家》(1936)、《记抄本章氏遗书》(1936)、《记姚立方礼记通论》(1937)、《记吕晚村诗集中涉及黄梨洲语》(1937)、《记抄本戴东原孟子私淑录》(1942)、《读康南海欧洲十一国游记》(1944)、《王船山孟子性善义阐释》(1961)、《读姜白严尊行日记》(1969)、《读段懋堂经韵楼集》(1976)、《读张穆著阎潜邱年谱再论尚书古文疏证》(1976)、《读古微堂集》(1976~1977)、《续记姚立方诗经通论》(1977)、《读朱舜水集》(1980);第四类为学述类,共12篇,《王船山学说》(1923)、《余杭章氏学别记》(1937)、《陆桴亭学述》(1970)、《钱竹汀学述》(1971)、《陆稼书学述》(1972)、《顾亭林学述》(1973)、《吕晚村学述》(1973)、《王白田学述》(1973)、《罗罗山学述》(1976~1977)、《朱九江学述》(1976~1977)、《朱鼎甫学述》(1976~1977)、《太炎论学述》(1978)。
③ 钱穆:《读朱舜水集》,《中国学术思想史论丛》(八),第25页。

列；其为学亦不出性理、经、史，虽亦蹊径各别，而承先启后，固同在学术大传统之下。密之则藏身方外，学思言行，不能无殊。轨途既隔，传述遂寡。志犹合而道则乖，所以有显晦之相歧也"①。

第二，钱先生对清代学者尤其是乾嘉时期"汉学考据"学者关于"宋儒义理"的认识与态度，又有了新的思考。这不唯是钱先生对自己"不识宋学即无以识近代"观点的进一步论证，且与这一时期他着力研究朱熹的学术思想有关②。在1971年成文的《钱竹汀学述》中，他关注了在清代学术中占有重要地位的钱大昕，而钱大昕是钱先生在之前论述清代学术时有所忽略的一位学人。在本文中，钱先生不仅详细论述了钱大昕的学术思想，而且留意到了其学术生涯中思想的变化，认为钱大昕论学与顾炎武有颇多相似之处，尽管他们都对宋、元以来的学术弊端颇多批评，但他们并没有否定其所取得的成就。在钱大昕所处的时代，以经学考据为门户抨击宋学义理已成为当时知识界的一种风气，但也有一些学人没有这种门户之见。钱先生强调："今若谓清儒治汉学，皆是故纸堆中学问，则竹汀固不尔。平心论之，当时所奉汉学魁杰，其实亦不尽尔。"③但同时也指出，在戴震去世之后，钱大昕继承了其"训诂明而后义理可明"的学术主张，在其晚年论学的著述中提出了"治经必通训诂"的观点。这在钱先生看来，此时的钱大昕"学问只在故纸堆中，而所见之已小"④。虽然这个转变是个十分值得探究的问题，遗憾的是，钱先生在文中并未就钱大昕为什么在晚年学术主张会为之一变做进一步探讨。

第三，在重新审视清代学术、拾遗补阙的诸篇文章中，钱先生一再强调为学应"不立门户"的重要性。这可能与钱先生有感于进入当代以来的学术界过于拘于门户之见有关。其实，在乾嘉时期，一些学人对汉学与宋学是没有门户之见的，也没有因为自己精于考据、训诂而对宋学义理妄加

① 钱穆：《余君英时方以智晚节考序》，《中国学术思想史论丛》（八），第73页。
② 钱先生在《中国史学名著》中提道："最近我在写《研朱余沈》，又在清代写了陆桴亭、陆稼书、钱竹汀三人。此三人，在我以前所写《近三百年学术史》里，只偶尔提到，未有详写。而且我此所写，又与写《三百年学术史》作意不同，因此写法也不同。此三篇，主要是在写朱子学在清代之展演与传述，而《三百年学术史》则主要在写清代一代学术前后转变与递承。两书宗旨不同，则运用材料自将不同。"（九州出版社，2012，第344页）
③ 钱穆：《钱竹汀学述》，《中国学术思想史论丛》（八），第372页。
④ 钱穆：《钱竹汀学述》，《中国学术思想史论丛》（八），第375页。

菲薄。外界环境的变化，促使钱先生不再站在"经世致用"的角度批评乾嘉学术"愚而无成"，转而强调在学术研究中兼容并蓄、不立门户的重要性，并以此作为评价学者学术水平高低的重要标准。

由《中国学术思想史论丛》（八）中 20 世纪七八十年代的诸篇文章可见，钱先生不仅对清代学术中一些具体问题有了新的认识和阐述，而且补充和完善了自己关于清代学术的一些看法，体现了其实事求是的治学精神。而通过本书，钱先生也为自己在清代学术史方面的研究画上了一个圆满的句号。

二　对清代学术中几个重要问题的认识与变化

钱穆先生之于清代学术史的研究，不唯是一个层层递进的过程，而且也随着时间的推移，在认识上不断加以深化并独树一帜。那么，钱先生对清代学术有哪些重要的认识与论断？他对清代学术的认识又是怎样发展、变化、完善的呢？通过以下几个方面，我们或可略窥端绪。

第一，关于清代学术与宋明学术的关系。此一问题，钱先生在其早年就有了独到的看法，意识到两者并非毫不相关。在《述清初诸儒之学》中，他认为清初学术"上承宋明理学之绪，下启乾嘉朴学之端"①。在《国学概论》中，他也有相似的观点，认为"清初诸儒，正值宋明理学烂败之余，而苗其新生"②。而在《中国近三百年学术史》中，他则更进一步指出，清代汉学渊源于宋学，并提出了"不识宋学即无以识近代"的著名论断③，即："治

---

① 钱穆：《述清初诸儒之学》，《中国学术思想史论丛》（八），第 1 页。
② 钱穆：《国学概论》，第 266 页。
③ 钱穆先生并不是第一个关注汉学与宋学联系的学者，早在 1898 年，皮锡瑞在其刊载于《湘报》的《皮鹿门学长南学会第七次讲义》里，就提出了清代汉学渊源于宋明学术的观点。皮锡瑞认为："予谓汉学出自汉儒，人皆知之；汉学出自宋儒，人多不知。国朝治汉学者，考据一家，校刊一家，目录一家，金石一家，辑搜古书一家，皆由宋儒启之。"（《皮锡瑞集》，岳麓书社，2012，第 374 页）但钱先生并没有因循前人的观点。虽然同样强调清代汉学与宋代学术的联系，皮、钱二人的立足点实际上旨趣有异：皮锡瑞强调宋儒也讲"考据"，乃立足于清代汉学考据来论证汉宋学术之间的联系；而钱穆先生则强调清儒也讲"义理"，乃立足于宋学义理来论证汉宋学术之间的联系。此外，叶德辉在《与戴宣翘校官书》中亦指出："元明以后，宋学之盛，已数百年。国初巨儒，如顾亭林、阎百诗诸先生，其初皆出于宋学，而兼与训诂考订之事，遂与汉学之胚胎。汉学之名，古无有也，倡之者三惠，成之者江慎修、戴东原。然此数君者，皆未化宋学之迹者也。迨乎王钱孙段之伦，二王三孔之族，精研文字，穿贯两京，汉学之帜，由是纵横上下，通于百年。"（叶德辉：《叶德辉集》，印晓峰点校，华东师范大学出版社，2010，第 236 页）

近代学术者当何自始？曰：必始于宋。何以当始于宋？曰：近世揭橥汉学之名以与宋学敌，不知宋学，则无以平汉宋之是非。且言汉学渊源者，必溯诸晚明诸遗老。然其时如夏峰、梨洲、二曲、船山、桴亭、亭林、蒿庵、习斋，一世魁儒耆硕，靡不寝馈于宋学。继此而降，如恕谷、望溪、穆堂、谢山乃至慎修诸人，皆于宋学有甚深契诣。而于时已及乾隆。汉学之名，始稍稍起。而汉学诸家之高下浅深，亦往往视其所得于宋学之高下浅深以为判。道咸以下，则汉宋兼采之说渐盛，抑且多尊宋贬汉，对乾嘉为平反者。故不识宋学，即无以识近代也。"① 其后，在《清儒学案序目》中，钱先生续加阐发，提出了"每转益进"说。

第二，关于清代学术与两汉经学之区别。尽管钱穆先生在其文章中也时常把清代学术称为"清代汉学"，但值得注意的是，在他眼中，清代学术是不能等同于两汉经学的。他认为，汉儒经学是"以政治社会，即整个人生为对象之学问"②，而"清代人讲经学却都是讲错了路，避去现实政治不讲，专在考据古经典上作工夫，与自己身世渺不相涉；那岂得谓是经学"③。在钱先生看来，中国传统学术分为两大纲：一是心性之学即心学，一是治平之学即史学④。由此分判，他眼中的两汉经学实则是心学与史学的结合，而清代学术则是"变了相的史学"，所以两者不能等同。而在《两汉经学今古文平议》一书的序言中，他更是明确表示："清儒晚出于两千载之后，其所处时代，已与汉大异，清儒虽自号其学为汉学，此亦一门户之号召而已，其于汉学精神，实少发现。"⑤ 明乎此，欲了解钱先生对清代学术的诸多论述，此一评判应予以充分关注。

第三，关于清代学术的分期。在清代学术的时期划分问题上，钱先生是有过变化的。《国学概论》《中国近三百年学术史》二书中，虽未明确对清代学术进行分期，但细加体味，实则前者以三期来论清代学术⑥，后者则偏向

---

① 钱穆：《中国近三百年学术史》，第 1 页。
② 钱穆：《汉学与宋学》，《中国学术思想史论丛》（八），第 529 页。
③ 钱穆：《中国史学名著》，第 352 页。
④ 钱穆：《中国历史研究法》，九州出版社，2012，第 76 页。
⑤ 钱穆：《两汉经学今古文平议·自序》，东大图书有限公司，1983，第 2 页。
⑥ 钱先生在书中言及清代学术变迁大势时说："清初诸儒，博综经世多方之学，一转而为乾嘉之穷经考礼者，盖非无故而然也。"又言："盖清自咸同之际，洪杨倡乱……而乾嘉朴学亦自此绝矣。"（《国学概论》，第 276、320 页）似有清初、乾嘉、道咸以降三分清代学术之意。

于将"近三百年"学术分为四期①。而在《清儒学案序目》中，钱先生以理学的演进为主线，明确将清代学术分为四期。但在《前期清儒思想之新天地》一文中，则把清代学术分为两期，然而此后钱先生对《前期清儒思想之新天地》一文进行修订，改名为《略说乾嘉清儒思想》，则删去了前者开头的一段话。但正是在这一段话里，他把清代学术分为顺治到乾嘉时代、道咸至清室覆亡前后两期。因此在我们看来，以四期划分清代学术更能代表钱先生的观点，因为在钱先生唯一一部明确划分清代学术时期的著作中是以四期来勾勒清代学术的进程，而且四期说本来就适合钱先生以理学为主线探究清代学术的思路。

第四，关于对清代学术各时期的评价。通过对钱先生有关清代学术论述的相互观照，不难看出，他对晚明清初学术是最为推崇的，认为晚明清初学术承上启下，广博务实，最能体现中国传统学术中一贯的"致用"精神，所以他对晚明清初学术及学人也是关注最多的。如在《中国近三百年学术史》《国学概论》中的《清代考证学》及《讲堂遗录》中的《明清学术思想》等总论清代学术的著述，对晚明清初诸儒之学的论述不仅篇幅大，而且论述也最为精到、中肯。在《述清初诸儒之学》《晚明诸儒之学术及其精神》《略说乾嘉清儒思想》等文中，他不仅重点关注清初学术，而且对清初学术倍加推崇。而在《清儒学案序目》中，更是直接对清代四期学术之高下优劣给出了明确的剖判，认为"明遗之所以胜乾嘉，正为晚明诸遗老能推衍宋明而尽其变，乾嘉则意在蔑弃宋明而反之古。故乾嘉之所得，转不过为宋明拾遗补阙"②，而道咸同光之学只是"稍稍愈乎顺康雍之惨沮郁纡则已耳"③。

第五，关于清代学人的一些学术主张。钱穆先生对清代学人的思想与学术思想的认识是不断变化的，在不同时期对顾炎武、王夫之、章学诚、戴震等人的学术思想与主张都进行过多次论述。而在这些论述中，钱先生的观点并非一成不变。

---

① 钱先生在序言中谈及清代学术与宋明理学关系时，曾用了"溯诸晚明诸遗老""继此以降""于时已及乾隆""道咸以降"四个明显带有时间概念的词汇；而细读此书，钱先生也确实是以四段论的方式来论清代学术，详见《中国近三百年学术史》，第1页。
② 钱穆：《清儒学案序目》，《中国学术思想史论丛》（八），第546页。
③ 钱穆：《清儒学案序目》，《中国学术思想史论丛》（八），第545页。

如在《国学概论》中，钱先生对顾炎武的关注主要集中在他的两个学术主张"博学于文，行己有耻"和"经学即理学"上。他认为"博学于文，行己有耻"一句并非凭空而来，"盖亭林主知耻同于二曲，主博文同于梨洲，而绝不谈心性，则于当时为独异，然其后乃成乾嘉学风"①。对"经学即理学"一句的来历，钱先生并未深考，却十分不赞同顾炎武的这个学术主张，认为仅知博学，而不知明体达用，非学术正途，所以他说："亭林不喜言心性，遂为此语。不知宋明理学，自有立场，不待经学。经乃古代官书，亦惟训诂名物考礼考史而止，经学中又何来有理学者？亭林此言，实为两无所据，远不如浙东'言性命者必究于史'一语之精卓矣。"②不仅如此，他也不同意章学诚"顾氏宗朱"的说法，认为顾炎武"只以知耻立行，而别标博学于文，将学行分两橛说，博学遂与心性不涉，自与朱子分途"③，与宋末学者王应麟等相似，并未继承朱熹学术的精髓。

在《中国近三百年学术史》中，钱先生依然以"博学于文，行己有耻""经学即理学"为中心来论顾炎武的学术思想。不同的是，此时明显更重于论述"行己有耻"的重要性。不仅如此，在《国学概论》中，他论及顾炎武的学术主张时，仅注意到清初诸家学术的异同与联系，认为"由虚转实"是清初诸家的一个共同趋向，而对这个趋向产生的原因并未细究。但在《中国近三百年学术史》中，他则对清代学术与宋明学术的联系进行了深入挖掘，不仅提出了清代学术始于宋明学术的观点，而且在文中进行了大量的分析、论证。如在论顾炎武的学术思想时，认为顾炎武复兴古代经学学术主张的提出，可以追溯到明代归有光；治古音也是"承明陈第季立之遗绪"④。此时，尽管他仍然认为顾炎武的学术主张有可待商榷之处，所谓"议论意见未必尽是，或不免于甚误，要其意气魄力，自足以领袖一代之风尚矣"⑤，但我们也可以很清楚地从这句评价中看出他立足于能否"经世明道"的判断标准，其对顾炎武的学术思想还是以肯定为主。

在《顾亭林学述》一文中，钱先生则认为，"亭林论学，则时若有反

---

① 钱穆：《国学概论》，第 261 页。
② 钱穆：《国学概论》，第 276 页。
③ 钱穆：《国学概论》，第 266～267 页。
④ 钱穆：《中国近三百年学术史》，第 148 页。
⑤ 钱穆：《中国近三百年学术史》，第 159 页。

理学之嫌，至少若与理学面目不同。然其确尊朱子，则断无可疑"①。这一方面，固然是由于钱先生在晚年十分推重朱熹，所以对顾炎武与朱熹的联系多加留意；但另一方面，讨论顾炎武对朱熹和宋代理学的态度也是对"不识宋学即无以识近代"的又一个有力论证。而对于"古之所谓理学，经学也"一句，钱先生的理解明显与《国学概论》中不同。在《国学概论》中，他认为"古之所谓理学"是指两汉学术；但在《顾亭林学述》中，则认为"'古之所谓理学'，指宋。以其合于经，同于经，故曰即经学"②。他又评顾炎武学术，"端承朱子而来。而尽扫虚玄，一归平实，存理学之精神，而脱去理学之面貌，于学术思想之转变上，尤有关系"③。又论清初学术与宋代理学异同："亭林之于《大学》八条目，可谓尤重'修齐治平'之后四项，与宋代理学尤重'格致诚正'前四项者稍不同；然其精神命脉，固是一贯相承，却与此下乾嘉考证学大异其趣，此层不可不辨。"④又辨清初、乾嘉学术高下说："徒治训诂无当经学。乾嘉诸儒与亭林之区别即在是。一通宋儒义理，一则门户自闭，于理学全不关心，高下得失由之而判。"⑤细节上虽有出入，大体仍承前论。

三　探究清代学术的中心与基调

纵观钱穆先生的清代学术史研究历程，透过时代变迁的波澜，通过对钱先生清代学术史研究成果的总结与梳理，结合钱先生对清代学术的认识与变化，我们在惊叹一代大师在研治清代学术上取得丰硕成果之余，可以从中找到一些共性与联系，寻出一个脉络。这也就是钱先生探究清代学术的中心与基调体现在哪些方面。

其一，钱先生把对清代学术的梳理、总结看作学人的责任，这是他之所以持续关注清代学术半个多世纪，并在清代学术史研究领域取得诸多成果的根本原因。钱先生认为，"在一个时代，必须有了一本本的小历史，

---

① 钱穆：《顾亭林学述》，《中国学术思想史论丛》（八），第77页。
② 钱穆：《顾亭林学述》，《中国学术思想史论丛》（八），第79页。
③ 钱穆：《顾亭林学述》，《中国学术思想史论丛》（八），第89页。
④ 钱穆：《顾亭林学述》，《中国学术思想史论丛》（八），第90页。
⑤ 钱穆：《顾亭林学述》，《中国学术思想史论丛》（八），第95页。

才可由后人来汇集成一部大历史"①。研究历史，最大的责任在于"增写新史"，而撰写新史，最重要的任务在于"能于国家民族之内部自身，求得其独特精神之所在"②。学术史之所以成为钱先生治史的重心所在，正因为中华民族的精神更多地体现在以儒家思想为核心的传统学术上。正如其在《清儒学案序目》中所说："国于天地，必有与立。吾国家民族文化绵历，迄五千年不弊，厥有一中心力量焉为之潜持而默运者，则儒家思想是也。"③ 他认为，"学术明而后文化明，学术复兴而后文化可复兴"④。正是基于此一认识和淑世情怀，辨章学术、考镜源流遂成为钱先生毕生的追求；而与近代联系最为紧密的清代学术，更成为钱先生关注的重中之重。

其二，钱先生认为历史研究要能从大处着眼、从宏观把握，而学术史研究则要把握住学术发展的一贯趋势。这一重视对学术流变考察的取向，深深地影响了钱先生对清代学术发展脉络的把握。他强调，需要"从历史进程时期之变动中，来寻求历史之大趋势和大动向。固然在历史进程中，也不断有顿挫与曲折，甚至于逆转与倒退；但此等大多由外部原因迫成，在此种顿挫、曲折、逆转与倒退之中，依然仍有其大趋势与大动向可见"⑤。在钱先生看来，中国学术的大趋势便是对儒学致用精神的继承与延续，清代学术走上考据一途，正是由"外面诱导摆布，并非内部激发推动"⑥。尽管清代学术看似远离了传统学术中那种一贯的致用精神，"曲折纡回，始终未获一条正当的直路"⑦，但钱先生坚信在这种所谓的"逆转、倒退"之中仍然有其大趋势和大动向。为寻此大趋势、大动向，他深入审视了清代学术，从整体上予以把握，考察了清代学术与宋明学术的联系，提出了"不识宋学即无以识近代"的著名论断，又注意到清代学术对民国学术产生的深远影响，反思了清代学术的深刻教训，从而揭示了这样一种体悟：学术的发展必须在继承传统的基础上有所创新，方能"每转益进"。

---

① 钱穆：《中国历史研究法》，第13页。
② 钱穆：《国史大纲·引论》，第11页。
③ 钱穆：《清儒学案序目》，《中国学术思想史论丛》（八），第543页。
④ 钱穆：《中国学术通义·序》，九州出版社，2011，第6页。
⑤ 钱穆：《中国历史研究法》，第5～6页。
⑥ 钱穆：《略说乾嘉清儒思想》，《中国学术思想史论丛》（八），第6页。
⑦ 钱穆：《略说乾嘉清儒思想》，《中国学术思想史论丛》（八），第14页。

如此，钱先生遂以宏大的眼光、精细的考证，将有清一代学术的流变与中国整个传统学术的大趋势贯穿起来。

其三，钱先生以能否"致用"与"贯通"作为评价学术的最高标准，而这一标准决定了他对整个清代学术及各个时期学术价值优劣的判断。在早年所著《国学概论》中，钱先生即认为清代学术"愚而无成，可弗待言"。在《中国近三百年学术史》中，他也站在"致用"的角度多次批评专事考据的学人。如被梁启超先生推崇的阎若璩就遭到了钱先生的激烈批评，认为其与毛奇龄意见虽异，本质相似，"均之非躬行实践，从自身自心打熬透悟，与同时黄、顾诸君子异矣。两无足取，可勿斤斤为之置辩也"①。在《汉学与宋学》一文中，钱先生更是直言："清儒门户家法之见极深，初分汉、宋，继分今、古文。无论其为汉、宋或今、古文，要皆为考据训诂上之工作，而儒术乃走入绝路，成无用之学矣。"② 总览钱先生论清代学术的著论不难发现，他对清代学术，尤其是清初以后的学术，评价是不高的，对乾嘉时期的许多重要汉学家更是几近于不屑着墨，这无疑与他所持的评判标准有关。

其四，联系现实、以史为鉴、针砭时弊，将对清代学术的解读与社会现实紧密结合起来，是钱穆先生研究清代学术的重要特点。钱先生在其第一本系统论述学术史的著作《国学概论》中，谈到写作本书的缘由时说："其用意在使学者得识二千年来本国学术思想界流转变迁之大势，以培养其适应启新的机运之能力。"③ 希望能借此书为民国初年身处各种思潮激荡下的学者，提供适应新时代的指导与帮助。在《近百年来诸儒论读书》一文中，他更希望通过对晚清学术失败教训的总结，来改变当时的学术风气。等到《中国近三百年学术史》出版时，已是日本帝国主义全面侵华的前夕，钱先生则期望以对传统学术进行总结、梳理的方式唤醒国人的文化认同和民族意识。他在书中这样说："斯编初讲，正值'九一八事变'骤起。五载以来，身处古都，不啻边塞，大难目击，别有会心。司马氏表六国事，曰，'近己则俗变相类'，是书所论，可谓近己矣。岂敢进退前人，

---

① 钱穆：《中国近三百年学术史》，第 258 页。
② 钱穆：《汉学与宋学》，《中国学术思想史论丛》（八），第 532 页。
③ 钱穆：《国学概论·弁言》，第 1 页。

自适己意？亦将以明天人之际，通古今之变，求以合之当世，备一家之言。虽不能至，心向往之。"① 在稍晚的《清儒学案》中，他也阐述了相似的观点："吾国家民族独擅五千年文化优秀传统，回念诸圣先哲，光明灿烂，岂得不憬然动，惕然励，而知所自负荷也乎？"②

其五，以人物思想为中心，辅以大致的时间脉络，贯穿统摄，是钱先生建构、论述清代学术的主要方式。研读钱先生关于清代学术的著论，不难发现，他更喜欢以人物为中心来展开研究与论述③。在钱先生看来，研究学术如果只重视一部一部的书，只从书中找材料，那么"整个学问只剩有一部部的书与一堆堆的材料，而没有了一个个的人。但果真在学术界没有了人，书与材料也会没有。学术到此也就无可再讲了"④。而在《中国历史研究法》中的《如何研究学术史》一章，钱先生更直言：研究中国学术史"须从学者本身之实际人生来了解其学术。若漫失了学者其人，即无法深入了悟到其人之学"⑤。有学者认为，钱先生以人物为中心的论述结构胜在论述精深，却不能道出清代学术的来龙去脉。但平情而论，无论是《国学概论》《中国近三百年学术史》，还是《清儒学案》《中国学术思想史论丛》（八）等，钱穆先生对所论学人皆进行了精细的择选，在很大程度上具有典型性和代表性；并对其学术思想的异同做了深入的辨析，于其"同处"探究清代学术的精神与特点，于其"异处"探究清代学术发展变化的大势。可以说，通过对清代各个时期具有代表性学人学术思想与治学旨趣异同所做的精细辨析，钱先生在他的著论中已将有清一代学术流变大势较清晰地展现出来。柳诒徵先生曾强调："凡论一家之学术，莫难于其人未尝自襮其宗旨，非就其生平种种著述比较而归纳之，不易得其要领也。若

① 钱穆：《中国近三百年学术史·自序》，第 3～4 页。
② 钱穆：《清儒学案序目》，《中国学术思想史论丛》（八），第 546～547 页。
③ 在《国学概论》中，钱先生以清初的黄宗羲、顾炎武、孙奇逢等八人，乾嘉时期的惠栋、江永、戴震、章学诚等，道咸以降的康有为、黄以周等人为中心论清代学术；《近百年来诸儒论读书》一文，则以陈澧、曾国藩、张之洞、康有为、梁启超五人为中心；《中国思想史》的清代部分，以王夫之、颜元、戴震、章学诚四人的思想为中心；《中国学术思想史论丛》（八），则有成于 20 世纪 70 年代的 9 篇以学人为中心的学述。而《中国近三百年学术史》与《清儒学案》，更是因人设章，分别探讨了 51、64 位学人的学术思想。
④ 钱穆：《中国史学名著》，第 341 页。
⑤ 钱穆：《中国历史研究法》，第 77 页。

其人生平已历述其宗旨，则后之学者第须就其宗旨演绎而导扬之，不必更下己意。盖学问之事，甘苦自知，他人之议论断不如自身之举示之确也。"① 对于钱穆先生之于清代学术史研究，我们亦应作如是观。当然，学术的发展是无止境的，每位学者的研究很难做到尽善尽美，因此有一定的学术个性甚或局限与不足，也就在情理之中了。只要我们抱持"温情与敬意"的心态，就会发现他者的优长之处，从而获得启益。基于此，在前人研究的基础上，学术研究才能站得更高、走得更远、健实推进。

结　语

钱穆先生把他的一生都献给了延续中国传统学术与儒家文化的事业，而对清代学术的研究，更成为其学术生涯中举足轻重的有机组成部分。从《王船山学说》开始，到《中国学术思想史论丛》（八）的结集，他为后学留下了丰硕的研究清代学术的成果，也为研治清代学术提供了许多值得借鉴的独特视角与方法。其润泽学界之功，至可铭感。

不唯如此，钱穆先生对清代学术经验与教训的总结，发人深思。"明体达用""经世致用"的儒家思想，到底对清代学术、中国文化、中华民族的发展起到了多大作用，钱先生在其论述清代学术的著作中都给出了他的答案。而且，在其著作中，他曾多次提到清儒章学诚所主张的"学者不可无宗主，而必不可有门户"。在钱先生看来，作为一名中国人，作为一名学者，为学一定要以传统文化、儒家思想作为自己学术的宗主，担负起延续中华民族文化与历史精神的责任。但钱先生并非一个顽固守旧的人，他十分推崇清初诸位大家学术的博大精深，对学术界存在的门户之见一直深恶痛绝，因此他从不排斥使用西方的理论，主张为学兼容并包，方能"每转而益进"。

尽管钱先生在清代学术史研究方面的观点和论断学界可以继续探讨，但这并不能掩盖其所取得的成就、贡献和影响。而钱穆先生立足于民族文化与民族精神、以学术兴亡为己任的治学精神和追求，是值得世人好好体味的。

（作者单位：中国社会科学院）

---

① 柳诒徵：《顾氏学述》，《学衡》1922 年第 5 期。

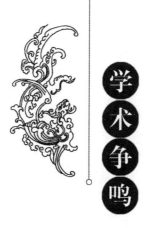

学术争鸣

关于吴三桂的几个问题

林奎成

摘　要： 本文对吴三桂在甲申之变中的表现作了较为详尽的考察，认为：一是吴三桂没有"降闯"的经历；二是吴三桂与陈圆圆在甲申国变之前并不相识，因此吴三桂为了陈圆圆而先降闯、再降清的说法不是历史事实；三是"借清兵剿贼"的决策人不是吴三桂，而是当时的蓟辽总督王永吉，因此吴三桂不应该对清兵入关造成的后果负责。

关键词： 甲申之变　吴三桂　陈圆圆　王永吉　威远台盟约　永平和议

吴三桂是个声名狼藉的人物，1644 年春崇祯帝殉国之后，他始而投降李自成，为了陈圆圆，又冲冠一怒，转而降清，以借兵剿贼为名，开关延敌，引狼入室，终于断送了大明江山，等等，这些事实早已为史学界所认定。① 然而，笔者认真爬梳史料，认为这些认定都不能成立，因此，我们今天对这些问题有重新研究和认识的必要。

一　吴三桂降闯的问题

要解决吴三桂是否曾经降闯的问题，首先应该弄清楚明朝灭亡之际吴三桂的行事日程，他于什么时间、在什么地方、干了些什么？

1. 吴三桂入关日程考

崇祯十七年（1644）三月十九日，大顺军攻破皇城，李自成进入北京，这一天，吴三桂在什么地方呢？对此，史料记载得颇为歧异。我们且列出三

---

① 由于当今史学界对这些问题的认定具有共识性，故本文对前人的相关研究成果或观点不作专文罗列，特此说明。

个不同的说法来作辨析。

（1）钱𫗧《甲申传信录》："三月，庭议撤宁远镇，并调吴三桂剿秦寇，封三桂西平伯，上手敕谕之。三桂方奉召，未及行，而闯已陷都城矣。"① 按照这个说法，三月十九日那天，吴三桂尚在宁远。

（2）计六奇《明季北略》："三月，封三桂平南伯，征兵入援。三桂不即行，及三月初旬始出关，徙宁远五十万众，日行数十里。十六日入关，二十日抵丰润，京师陷矣。"② 这个说法对后世影响最大，当代的绝大多数学者都对此说深信不疑，③ 成了当今史学界的通行说法。按照这个说法，吴三桂从宁远到达山海关的时间是三月十六日，之后又向西行，三月二十日到了丰润县。据此推算，三月十九日吴三桂应该是在从山海关到丰润县之间的某一个地方。

（3）管葛山人《平寇志》④："三桂拥二十万众入关，及关而都城陷。"⑤ 按照这个说法，三月十九日吴三桂恰好从宁远到达山海关。

以上三说，哪个可信呢？我认为第三个即《平寇志》的说法最为可信。我们可用其他史料来勘定。

（1）《明史·流贼传》："三桂奉诏入援，至山海关，京师陷。"⑥ 所记与《平寇志》措辞稍异而意思完全相同。

（2）康熙《永平府志》："十七年春正月，贼首李自成犯京师，封吴三

---

① 钱𫗧：《甲申传信录》卷 8《桑郭余铃》之《借兵复仇》，上海书店，1982，第 143 页。后文凡引该书《桑郭余铃》之《借兵复仇》均出此，版本不另注。

② 计六奇：《明季北略》卷 20《吴三桂请兵始末》，中华书局，1984，第 492 页。后文凡引该书《吴三桂请兵始末》均出此，版本不另注。

③ 当今持此说者甚众，兹举三例：樊树志：《崇祯皇帝传》，又见论文《崇祯之死》，载《文史知识》2004 年 8 期；李治亭：《吴三桂大传》，又见论文《历史的回答》，载《北方论丛》1998 年 1 期；王兴亚：《甲申之变》。

④ 《平寇志》署名管葛山人，内容与彭孙贻《流寇志》基本相同，因此新中国成立后出版该书时一般署名为彭孙贻辑。有人以为二者同书异名。孟森先生不以为然，谓《平寇志》取材于《流寇志》，作者不是同一人。近人则提出该书是由清朝史馆删改《流寇志》而成。究竟如何，尚待深入研究，本文暂从原书署名。斟酌前人意见，则该书之成，不当早于彭孙贻之卒的康熙十二年（1673），而康熙十二年为"三藩之乱"的爆发之年。我的看法，该书晚于《流寇志》是肯定的，基本同意清代晚期成书说。

⑤ 管葛山人：《平寇志》卷 10，上海古籍出版社，1984，第 235 页。按：该书印刷署名"彭孙贻辑"，后文所引《平寇志》文字均出此，版本与署名不另注。

⑥ 《明史》卷 309，《流贼传》，中华书局，1974，第 7967 页。后文《明史》皆出此，不另注。

桂为平西伯，诏入援……三月丁巳京师陷。壬戌平西伯兵至永平。"① 按："京师陷"于三月十九日，而"丁巳"是三月二十九日，则此处"丁巳"必为"丁未"之误，丁未才是十九日；又崇祯十七年三月己丑朔，无"壬戌"，壬戌显系"壬子"之误，壬子则是三月二十四日。——以此与《平寇志》和《明史·流贼传》互参，即可进一步获知，吴三桂三月十九日到达山海关后，又曾继续向北京方向行进，于三月二十四日到达了永平，永平就是现在的河北省秦皇岛市卢龙县。

以上论证，证据似乎并不充分，但下面的讨论，却可以将这个结论彻底坐实。

《明季北略》："始弃宁远，征吴三桂、王永吉率兵入卫。"② 是知同时受诏者不仅吴三桂一人而已，还有一个吴三桂的上司、时任蓟辽总督的王永吉。

《清史列传·逆臣传·吴三桂》："令蓟辽总督王永吉徙宁远兵五十万入卫，三桂留精锐殿后。"③《清史稿·吴三桂传》："封三桂平西伯……征三桂入卫。宁远兵号五十万，三桂检阅步骑遣入关，而留精锐自将为殿。"④

以上二史，所记同辞，可知宁远军是分为两路而先后入关的，因此，王永吉的行程与吴三桂不同，而"三桂留精锐殿后"，"三桂……留精锐自将为殿"，都在说明是王永吉率部先行，吴三桂率精锐为殿后之师。

又：《平寇志》崇祯十七年三月，"蓟督王永吉以三月初旬出关，徙宁远五十万众，日行数十里。十六日入关，二十日抵丰润，京师已陷"⑤。此明言"十六日入关，二十日抵丰润"的不是吴三桂，而是王永吉。

这是私人著作的说法，再看正史。《明史·吴麟征传》："蓟辽总督王永吉请撤宁远吴三桂兵守关门……旨下永吉，永吉驰出关，徙宁远五十万

---

① 董耀会主编"秦皇岛历代志书校注"之清康熙五十年《永平府志》卷1《世纪》，中国审计出版社，2001，后文引《永平府志》亦出此，不另注。
② 《明季北略》卷20"初六日甲午"条，第438页。
③ 《清史列传》卷80《逆臣传·吴三桂》，中华书局，1987。
④ 《清史稿》卷474，中华书局，1977，第12835页。
⑤ 《平寇志》卷10，第236页。按：同样的记载又见于邹漪《明季遗闻》卷1，由于文字完全相同，疑为二记同出一源，故不引录。

众，日行数十里，十六日入关，二十日抵丰润，而京师已陷矣。"①

私乘官纂，所记相同，则可进一步证明，"十六日入关，二十日抵丰润"的，确实是王永吉而不是吴三桂。

问题很明显，既然王、吴兵分两路而先后入关，而上举证据又都可证明是王永吉先行，吴三桂殿后，则王永吉十六日入关，吴三桂十九日入关，这样的日程恰与这段史实相符。于此可知，《明季北略》的记载是错误的，由此连带，长期以来史学界源于《明季北略》吴三桂"十六日入关，二十日抵丰润"的通行说法自然也是错误的。②

吴三桂三月二十四日到达永平之后，还有继续西行的记录。光绪《临榆县志》卷九《纪事》附载佘一元《述旧事诗》，其中提到吴三桂的行程有云："进抵无终地，故主已升遐。顿兵不轻进，旋师渝水涯。"按："无终地"即今天的河北省唐山市玉田县。由"故主已升遐"可知，吴三桂在玉田得到了崇祯帝已经殉国的消息。光绪《临榆县志》另载程儒珍《关门举义诸公记》："崇祯甲申四月，吴三桂奉诏入援，兵五万人，号称十五万。进至玉田，闻京师已陷，旋兵山海关。"③ 这里也说吴三桂西行至玉田。然则吴三桂到达玉田是在何时？前文已知，吴三桂二十四日到了永平，而永平距玉田200里，是两天半的行程，则吴三桂到达玉田的时间即可准确断定是在二十七日。

勤王西行，至玉田而止，此后吴三桂又返兵东向，回到了山海关，此不唯有上引程儒珍的文字可资证明，而且佘一元"进抵无终地，故主已升遐"之后，紧接着便是"顿兵不轻进，旋师渝水涯"，"渝水涯"即指山海关。

光绪《临榆县志》载："甲申之役，流寇陷京师，平西伯中途闻变，旋师山海。"④ 这里没有说日期，再看康熙《永平府志》卷一："四月，平西伯还师山海。"

---

① 《明史》卷266，第6859页。
② 吴三桂何时入关，除了以上三说，还有张缙彦《依水园文集》的"三月十五日说"，经笔者考辨，此说系张缙彦自造的谎言，详见林奎成《吴三桂与甲申之变》，知识产权出版社，2013。
③ 光绪四年本《临榆县志》卷21。
④ 光绪《临榆县志》卷20载佘一元《哭李赤仙二律》自序。

结合上述论证，参看这两条方志记载，可知吴三桂在玉田闻变后，于四月回到了山海关。四月的哪一天呢？对此，史载不一，但差别不大：《国榷》记为"四月四日"，《明史·流贼传》、《怀陵流寇始终录》和《流寇志》均作"四月五日"。我以为两个说法并不矛盾，问题是要把"还师山海"着眼到"宁远军"这个范围来看。"还师"之"师"是指部队，而不是吴三桂本人。按：宁远军有四万兵马，玉田距山海关350里，非战情况下是四天多的行程。4万人马的大行动，要用四天多时间走完这段路程，则先头四月四日到达，后续四月五日到达，都在合理范围之内。由此可以较为精确地推算出一个时间段和两个时间点。一个时间段是，三月二十七日吴三桂到达玉田后并未立即返回，而是"顿兵不轻进"，在此停留两天，具体为三月的二十八日和二十九日（按：甲申三月小尽，共二十九天，没有三十日）。两个时间点则为"旋师渝水涯"的日期：四月一日吴三桂离开玉田；四月五日回到山海关。

回关之后的行事日程如何呢？《清世祖实录》："壬申，摄政和硕睿亲王师次翁后。明平西伯吴三桂遣副将杨坤、游击郭云龙自山海关来致书。"[①] 按："副将杨坤"，蒋良骐《东华录》作"副将杨坤"，与其他资料互勘，知以《东华录》为是。清朝的"顺治元年"即明朝的崇祯十七年；四月"壬申"为四月十五日。此时距吴三桂从玉田回关正好十天。所"致"之"书"，是吴三桂第一次向清朝借兵求助的书信。由此可知，向清朝借兵的计划必完成于此十日之内。具体是哪一天呢？《沈馆录》记甲申四月事："十五日卯时，行军五里许，九王驻兵不进，未知其由。俄闻有俘获汉人之说，世子使译官徐尚贤微探于阵中，则范文程密言曰：'山海关总兵吴三桂遣副总一人、游击一人来。'"[②] 参以上引《清世祖实录》，则杨坤在四月十五日卯时与清军相遇于翁后。"翁后"在今辽宁省阜新市境内，距山海关约500里，兼程飞驰，为三天的路程。"卯时"则为早晨五点至七点。由"卯时"可知，杨坤此行是日夜兼程。但日夜兼程，一天两天犹可，连续三天，就不可能没有休息，否则体力不支，难以为继，因

---

① 《清世祖实录》卷4，顺治元年四月壬申。
② 《沈馆录》卷7，《西行日记》。《丛书集成续编》第280册，新文丰出版公司，1989，第251页。

此又要算上一个白天或者一个夜间的休息时间，则杨坤从山海关至翁后共费去了三天半的时间。据此而计，即可推出，杨坤出发于四月十一日。而吴三桂的借兵之议萌始于从玉田返回山海关的四月五日，酝酿五天，于四月十日终成定议。

从玉田回到关上，吴三桂所做的不仅仅是定计借兵这一件事。佘一元《述旧事诗》："一朝忽下令，南郊大阅兵。飞骑唤吾侪，偕来予参评……相见申大义，誓与仇雠争。目前缺犒赏，烦为一赞成。"此言吴三桂以阅兵的名义而筹措军饷。从文字表面看是"目前缺犒赏"，其实是所谓"曲笔"。此次勤王，宁远50万军民倾城迁徙，一应钱财资产，悉数裹挟入关，则宁远军自没有不带足军饷的道理。然而军饷自足，为何还要大事张扬地勒索地方呢？个中缘故，只要参详十一日派杨坤北上借兵的举动就不难索解。历来借兵平乱，没有让客军饿着肚子替自己打仗的道理，首先必须考虑为客军提供足够的粮秣，是故此次筹饷，是为迎接清兵预作准备，因有"一朝忽下令，南郊大阅兵"的举动。——弄清此事，即可准确得知，这次南郊大阅兵发生在十一日杨坤被派出借兵之后，具体应在十二日至十八日之间，因为没有借兵之议，吴三桂不须另措军饷，而借兵之议既定，为清军预备粮草就成了当务之急。

紧接着《清世祖实录》："丁丑。摄政和硕睿亲王军次连山。吴三桂复遣郭云龙、孙文焕来致书。"[1] 四月的"丁丑"是二十日。所"致"之"书"，为吴三桂的第二次借兵书信。"连山"即今辽宁省锦西市，位于宁远之北30里，距山海关250里，快马兼程，一日夜可达，则郭云龙和孙文焕必于四月十九日清晨从山海关出发。

之后的行程，不必考证，有当事人记下的可靠文字。请看光绪《临榆县志》所载佘一元《山海关志》记吴三桂甲申四月事："十九日，传令聚讲武堂，合关、辽两镇诸将并绅衿誓师拒寇。二十日，祭旗，斩细作一人，与诸将绅衿歃血同盟，戮力共事。二十一日，李自成至关，两镇官兵布阵于石河西，大战自辰至午。二十二日，大清兵至欢喜岭，主帅同绅衿吕学章等五人，出见摄政王于威远台。"文中的"主帅"即吴三桂。十九日一早遣郭云龙和孙文焕二次北上，则清兵之来，已成定局，山海关这边

---

① 《清世祖实录》卷4，顺治元年四月丁丑。

就没有了任何余地，于是召集将士，誓师拒寇，祭旗、盟誓等即成必然之事。连续四天，吴三桂的行事清清楚楚，而四月二十二日即为旋乾转坤的山海关大战之日，本文考察吴三桂行事日程暂至此日而止。

2. 关外降闯说

吴三桂降闯说的史料多不胜举，按照决定降闯的地点，又可将其归纳为"关外降闯说""关上降闯说""中途降闯说"三大类。其中"关外降闯说"不值一驳，但史料凿凿，颇能迷惑人们的视听。这里不妨顺手拈取两例，以验其伪。

（1）《甲申传信录》："闯旋以银四万两犒三桂军，三桂大喜，忻然受命，入山海关而纳款矣。"[①]"纳款"即输诚投降之意。此言吴三桂入山海关是为投降，则决定投降自然是在关外。

（2）文秉《烈皇小识》："三桂闻京师失守，先帝殉难，统众入关投降。"[②] 这里说吴三桂在"统众入关"之前即已听说"京师失守，先帝殉难"，而"统众入关"是为了"投降"，则决定投降自然也是在关外。

前文已知，吴三桂三月十九日入关，则其在关外是十八日前之事。其时李自成尚未攻陷北京，崇祯帝也未自裁殉国，寇氛尚遐，明祚未改，试问此时吴三桂何由而投降？再问此时吴三桂向谁去投降？

所谓"关外"，具体而言就是吴三桂所驻守的宁远，即今辽宁省葫芦岛市兴城县，距山海关220里，差不多是古代正常行军三天的路程，如果把这三天也算进去，便意味着吴三桂在三月十五日就决定了向李自成投降，而三月十五日大顺军主力刚刚到达居庸关，北京尚在明朝的控制之下，这样的时候吴三桂就要向贼寇去投降，岂不是齐东野语？——无须多费口舌，仅此时间上的凿枘抵牾，即可看出关外降闯说的荒诞不经！

3. 关上降闯说

"关上降闯说"最有代表性且所记具体而微的，莫过于彭孙贻的《流寇志》和佚名的《吴三桂纪略》。对这两篇文献，当今的史学界不做辨析，滥加引用，将其奉为信史。现在我们就来做个具体的考察。先看《流寇

---

① 《甲申传信录》卷8《桑郭余铃》之《吴三桂入关之由》，第143页。

② 文秉：《烈皇小识》，北京古籍出版社，2002，第264页。后文凡引《烈皇小识》文字均出此，版本不另注。

志》："贻游江右，德安马大令告贻曰：有客平西幕者云，世传吴襄作书招平西，平西告绝于父，起兵勤王，非也。都城既陷，三桂屯山海，自成遣使招三桂，三桂秘之，大集将士，告之曰：都城失守，先帝宾天，三桂受国恩，宜以死报国。然非藉将士力，不能以破敌。今将若之何？将士皆默然，三问不敢应。三桂曰：闯王势大，唐通、姜瓖皆降。我孤军不能自立。今闯王使至，其斩之乎？抑迎之乎？诸将同声应曰：今日死生，唯将军命。三桂乃报使于自成，卷甲入朝。"① 这段描述，煞有介事，令人不能不信。何况彭孙贻专门强调，此事是德安县一个姓马的知县亲口告诉他的，而这个马知县又是从吴三桂幕僚那里听来的，都是有身份的人，非市井愚氓可比，则其可信程度，自然不容置疑。

比《流寇志》稍晚，另有人对吴三桂降闯的过程做了完全不同的描述，但同样绘声绘色。请看佚名《吴三桂纪略》："予宰江川，本县学谕金大印字斗如隶平西旗下，自辽东贡生选授，熟谙明季辽沈事，予乐与谈。"② 与《流寇志》的手法一样，未讲故事，先谈出处，这位金大印既然曾经是吴三桂的属下，则其所讲故事的真实性亦就难以怀疑。有了这层铺垫，《吴三桂纪略》开始侃侃而谈了："未几，关上探知京城已破，驾崩于煤山，李贼僭位。王进退无措，以清兵仇杀多次，不欲返颜，乃修表谋归李贼。贼亦以关外各镇吴兵最强，辇金珠彩币，声言招降犒赏。途遇逃兵，抢杀无遗。其得逃者归诉贼云：吴三桂令兵抢杀，不肯降。李贼怒，杀王父吴襄，尸于城垣。老家人奔告。王曰：吾与北兵结仇深，势难归北。李害父陷于不知，不必仇。更决意归李。于是从关上至永平，大张告示：本镇率所部朝见新主，所过秋毫无犯，尔民不必惊恐等语（原注：江川前知县李某，永平人，言亲见告示云）。"

<hr>

① 彭孙贻：《流寇志》卷11，浙江人民出版社，1983，第177页。
② 《吴三桂纪略》载于《辛巳丛编》，作者佚名。民国学者王大隆据书中文字，疑为清康熙五年至八年间曾任云南江川知县的宋凝秀所撰，并据此而断，该书成于三藩之乱以前；傅以礼则进一步考证，金大印实有其人，因而认为吴三桂降闯"确有其事"云云。按："实有其人"亦不能据以认定"确有其事"，这一点，李格先生辨析甚详，见李格《山海关之战前夕吴三桂与农民军的关系》，载于《清史论丛》第七辑，第140页注①。又按：李格先生此文考证吴三桂降闯与否，视角独特，可惜并未引起史学界的关注。本文深受启发，也采纳了该文的某些研究成果，特此声明，并致谢意！遗憾的是，该文用正确的方法，却得出了与本文不同的结论，该文认为吴三桂曾经降闯。

杀父之仇，亦在所不计，看来吴三桂降闯之心，坚不可摧。更妙的是单单请出一个金大印还嫌不够，文中原注"江川前知县李某，永平人，言亲见告示云"。这样一来既有亲历者语，又有目击者言，谁还敢去怀疑它的真实性？

上引二文都强调李自成遣使招降和吴三桂决定投降的地点，是在吴三桂从宁远刚刚到达而尚未离开时的山海关。

为证明吴三桂曾向李自成投降，这两段文字被当今的众多学者广为援引，影响之大，不容低估。然而细加考察，这两条都是典型的伪史料。细节的讹误，姑置不论，而同是吴三桂的幕僚或属下，都是亲历其事之人，叙述的又是同一时间、同一地点所发生之事，而内容情节却格格不入，没有丝毫共同之处，这些也都不去管它，我们仅从事件发生的时间这一角度去考量，便可将其彻底否定。

考诸史实，李自成确曾派人去招降过吴三桂。据《清史稿》《明季北略》《鹿樵纪闻》《四王合传》《平寇志》《小腆纪年》等大量资料记载，李自成所派的人是甲申三月十五日大顺军到达居庸关时主动献关迎降的原明朝蓟镇总兵唐通。

据《明季北略》："（三月）二十九日，自成使唐通与文武二人犒师，赍吴襄手书招三桂。"[1] 文中"使"是"命令""指使"之意，由"使"可知，二十九日是李自成向唐通发布命令之日，而不是唐通招降吴三桂之日。换句话说，唐通奉命去招降吴三桂，最快的出发时间不能早于三月二十九日。这条史料是我考订吴三桂"关上降闯说"为子虚乌有的铁证。[2]

前已考明：吴三桂三月十九日到达山海关，二十四日在永平，二十七日在玉田，而唐通却在二十九日才从北京出发，二人行程，时空交错，如何能在吴三桂从宁远刚刚到达的山海关上见面？

北京距山海关700里，按照古代步、骑混行的速度，最快也要五天时间才能到达。关上降闯说若要成立，从时间上看，唐通必须在三月十四日以前从北京出发才有可能。《明季北略》记甲申三月十五日，"贼自柳沟抵

---

[1] 《明季北略》卷20《吴三桂请兵始末》，第493页。

[2] 笔者对这条史料的可靠性已做过详细验证，见林奎成《吴三桂与甲申之变》，第30页。为省篇幅，此从略。

居庸关……总兵唐通、太监杜之秩等迎降"①。又《崇祯长编》:"(甲申三月)癸卯,李自成犯居庸,总兵唐通、太监杜之秩迎降。"②按:甲申三月的"癸卯"就是十五日。

据以上两条证据,则三月十四日以前,唐通还以明朝方镇总兵的身份驻守在居庸关,尚未归降大顺军,焉能在十五日替李自成去招降吴三桂?

况且,既然是"赍吴襄手书招吴三桂",则吴襄是三月十九日以后才为李自成所控制,此前哪有可能写什么劝吴三桂投降的"手书"?

以上事实,都可证明,所谓吴三桂关上降闯说,尽管被描述的惟妙惟肖,尽管被渲染为是由当事人提供的真实情况等,但事发的时间既已舛误抵牾,事发的空间亦复两不相值,则这一切都只能是无中生有的胡编乱造。

由此我们又可断定,上引彭孙贻《流寇志》和佚名《吴三桂纪略》的文字,均为不可凭信的伪史料!

4. 中途降闯说

本文将"中途降闯说"定义为:吴三桂入关后,接受了李自成的招抚,但在进京受降的途中,听说爱姬陈沅为大顺军所执,幡然变计,降而复叛。陈沅就是家喻户晓的陈圆圆。"中途降闯"是当今学者普遍认定的说法,亦即当前史学界的通行说法。

清顺治八年(1651),吴伟业作长篇歌行《圆圆曲》③,诗中"恸哭六军俱缟素,冲冠一怒为红颜",本为讥刺吴三桂降清的名句,《圆圆曲》全诗无一处涉及吴三桂降闯。两年后的顺治十年,《甲申传信录》首见吴三桂降闯说,但语义模糊,似是而非(见下文)。迨于康熙十二年(1673)"三藩之乱"爆发以后,大量的私人著作陆续将吴伟业诗意移花接木地用到了吴三桂降闯头上,终致私乘窜入官史,而为《明史》《逆臣传》《清史稿》所采信。现在我们就从源头开始,看看事实究竟如何?

甲申五月四日,多尔衮向时在沈阳的顺治帝奏报山海关大战详情,见于《清世祖实录》:"臣统大军前进,明总兵吴三桂遣使来言,贼首李自成

---

① 《明季北略》卷20,"十五日居庸关陷"条,第449页。
② 佚名《崇祯长编》,北京古籍出版社,2002,第112页。
③ 据陈寅恪先生考证。见陈寅恪《柳如是别传》第4章,三联书店,2001,第497页。

已陷燕京，崇祯帝、后俱自经。自成于三月二十二日僭称帝，遣人招降吴三桂，三桂不从，遂自永平返据山海关。"① 这条史料是目前所能见到的李自成攻克北京之后，吴三桂降闯与否的最早记载，而且出于当事者多尔衮所言。多尔衮的奏报明确说的是李自成"遣人招降吴三桂，三桂不从"。

另有一份出于五月末的文件，见于赵士锦《甲申纪事》附录，是"据辽东海州卫生员张世珩报称"的《塘报》。相关文字如下："闯贼于三月□□□□□（原文如此，"□"为残损，下同）三桂差人进北京打探老总兵、圣上消息。有闯贼在北京捉拿勋戚文武大臣拷打要银。将吴总兵父吴骧□打要银。止凑银五千两，已交入。吴骧打发旗鼓傅海山，将京中一应大事一一诉禀，吴老总兵已受闯贼刑法将死。吴总兵闻之，不胜发竖，言君父之仇，必以死报。"② 此为上引多尔衮奏疏之外，最早记载吴三桂动态的文件之一。文中明确说的是，吴襄与勋戚文武大臣同被闯贼"拷打要银"（按：此即所谓"系襄"，与后文有关，姑立存照）；吴三桂听说其父"已受闯贼刑法将死"，"不胜发竖，言君父之仇，必以死报"。

甲申之变身在北京的杨士聪著《甲申核真略》载："（吴襄）在京为都督，被获将夹，复宥而宴之。吴知终不免，阴遣人贻书于子。"③ 同书又记："吴襄书达三桂，并不言被夹，而赍书人误传已夹，三桂大痛愤，以道里日期计，襄死必矣。适闻外报至，三桂权两敌之间，不如东合，遂往迎降，遇于宁锦道中。"④

钱邦芑也是甲申之变的亲历人，他在《甲申纪变录》中这样记载："宁远总兵定西伯吴三桂拥兵不至，贼挟其父手书招之。三桂得书不发，八拜谢父，咬断中指、扯裂家书，随约王永吉借清兵十万以图恢复。"⑤ 这里说李自成招降，但结果却是吴三桂"得书不发"，坚决拒降。

还有一个署名"草莽东海臣"的，著《国难睹记》，自署的写作时间是"岁在甲申仲夏之月"，仲夏之月即五月，可见此书之作，距国变事件

① 《清世祖实录》卷4，顺治元年五月辛巳。
② 赵士锦：《甲申纪事》，中华书局，1959，第27页。
③ 杨士聪：《甲申核真略》浙江古籍出版社，1985，第29页。后文凡引《甲申核真略》文字均出此，版本不另注。
④ 《甲申核真略》，第34页。
⑤ 陈湖逸士辑《荆驼逸史》所载钱邦芑《甲申纪变录》，清末上海锦章图书局4册石印本。

仅仅一个月；是目前所知最早的甲申之变纪实之作。此书于甲申四月十二日之前只字不涉吴三桂，待到记至四月十二日则云："至（四月）十二日，忽报西平伯吴三桂大兵临城。闯贼见报，即发精兵三千出敌。"①

再一个就是徐应芬的《遇变纪略》。徐应芬号"聋道人"，自署《遇变纪略》著于"甲申秋朔"，比草莽东海臣的《国难睹记》仅晚两个月。此书在记三月二十九日之前事时也是对吴三桂只字不提。至二十九日，相关文字如下："（三月）二十九，贼闻平西伯吴三桂请大兵十万入关复仇，因令吴三桂父襄作书招降，不从，遂禁襄及其家口于狱。"②

以上共引了六条史料，前两个为当事者，后四个为亲历人，六人所说，互有异同，但涉及吴三桂则众口一词：吴三桂并未降闯！而六条史料，不为孤证，且均出于当事人或当时人的亲历亲闻，其价值远高于后人的搜集逸闻轶事，用现代法律词汇表述，是见证人的亲口证词，理应采信。

与此同时，国变之际身陷京师的陈济生著《再生纪略》、刘尚友著《定思小记》、吴邦策著《国变录》，以及刚提到的赵士锦著《甲申纪事》，这四本著作，都是当事人写当时事，且写作时间都在甲申、乙酉之间，身历其事而记不逾年，自应视为第一手资料，而这些资料里均无吴三桂降闯的记载。吴三桂如果当时投降过李自成，必是腾播众口的一大社会新闻，而这些纪实的著作里，均无吴三桂降闯的片言只语。与此形成反照的是，白广恩、陈永福等在陕西降闯，姜瓖在大同降闯，王承胤在宣府降闯，唐通在居庸关降闯，等等，这些事实，在这些纪实之作里都有明确的记载。然则同为边镇总兵，别人降贼，刀笔诛之，何以独厚于吴三桂，使其附逆秽迹，逃避史简？唯一的合理解释是，吴三桂根本就没有投降李自成，当时社会上也没有吴三桂降闯的说法。

至此共举十条证据，前六条可直接否定吴三桂降闯说，后四条可间接否定吴三桂降闯说。更为重要的是，十条证据，均出于纪实，而非传闻！

然而，时隔9年，事情发生了微妙变化。顺治十年，钱𫓧的《甲申传信录》问世，书中出现了这样的说法："闯入，各镇将皆降，三桂道未通。

---

① 叶绍袁辑《崇祯纪闻录》卷4《国难睹记》，文海出版社。
② 陈湖逸士辑《荆驼逸史》所载聋道人《遇变纪略》，清末上海锦章图书局4册石印本。

闯令诸降将各发书招三桂，又令其父勷亦书谕，使速降。三桂统师入关，至永平西沙河驿，闻其父为贼刑掠且甚，三桂怒，遂从沙河驿大掠而东，所过糜烂。"① 这段文字共表述了三层意思：一是李自成据京师，各镇将皆降，唯有吴三桂，因"道未通"而未降；二是因此李自成令已降诸将及吴襄写信，"使速降"；三是吴三桂统师入关，中途听说吴襄被贼严刑拷打，怒而返兵东去。

严格地说，《甲申传信录》并未明言吴三桂降闯。但这段文字的表述颇有问题，问题在于第二层意思和第三层意思之间的衔接。换句话说，吴三桂的统师入关，与诸将和吴襄的招降书信有没有关系？字面上似是而非、模棱两可，这是一种最糟糕的表述。

再隔12年，到了康熙五年，此时距甲申之变已长达22年，文秉《烈皇小识》明确出现了降闯说："平西伯吴三桂如清乞师。（三月）二十七日，三桂以清兵至山海关。先是三桂闻京师失守，先帝殉难，统众入关投降。而三桂父吴襄，故辽东总兵也，逆闯李自成执襄诛求金宝，索诈甚酷。三桂知之，即时返师出关。适清摄政王统兵将入大同，中途相遇，三桂即剃发入营，叩首诉冤，愿假大兵复仇，歃血立誓，摄政王为撤兵西行。逆成闻三桂之来而复去也，急统马兵四十万追之，刘宗敏、李过等皆从，并挟太子、二王东行，追及三桂于关外。"② 这是目前所知最早的吴三桂降闯的文字记载。但这段文字，多为讹误不实之词。衡诸史实，可认定为正确者仅有一处：李自成偕刘宗敏、李过亲征山海关。而可认定为错误者则有八处：

（1）李自成亲征山海关时"并挟太子、二王同行"，不实。李自成亲征山海关时仅挟定、永二王，未挟太子。③

（2）三月二十七日清兵至山海关，不实。实际为四月二十二日。

（3）吴三桂"闻京师失守，先帝殉难"而"统众入关投降"，不实，此前文已明。

（4）李自成执吴襄追索钱财，不实。执吴襄追索钱财者为刘宗敏。

---

① 《甲申传信录》卷8《桑郭余铃》之《借兵复仇》，第139页。
② 《烈皇小识》，264页。
③ 详见林奎成《吴三桂与甲申之变》第十五章之"永平和议"，第196页。

（5）吴三桂听说吴襄被执，"即时返师出关"，不实。吴三桂是"回关"而非"出关"。

（6）"适清摄政王统兵将入大同"，不实。多尔衮此次伐明，接受洪承畴的建议，要从"蓟州、密云近京处"入关，而不是"统兵将入大同"。

（7）"逆成闻三桂之来而复去也，急统马兵四十万追之"，无其事。

（8）李自成"追及三桂于关外"，不实。大顺军及关而止，并未出关，倘若已将吴三桂追至关外，则意味着李自成已经控制了山海关，足可据关而守，多尔衮此行要无功而返了。

总共 200 多字的记述，基本全错，这样的文字，岂能信以为真？

与《烈皇小识》相先后，则有计六奇《明季北略》、谈迁《国榷》、吴伟业《绥寇纪略》、程源《孤臣纪哭》、张怡《謏文续笔》、邹漪《明季遗闻》、彭孙贻《流寇志》、戴笠《怀陵流寇始终录》、张岱《石匮书后集》、李清《三垣笔记》、谷应泰《明史纪事本末》、管葛山人《平寇志》等一大批清初顺、康之际面世的著作。《明季北略》成书于康熙十年，书中采纳了吴三桂降闯说，但该书的严肃性历来颇受质疑，故此处不作专门讨论。①《国榷》虽有关于陈圆圆的简短文字，却不被后人所重。此外，《流寇志》所记"德安马大令言"一节，附录于该书正文之后，本文前已考明事属子虚，而与《流寇志》同出一源的《平寇志》，其"德安马大令"所言一节，同样只见附录，不入正文。除此四书之外，其余所列几部著作里，均相率不采或完全否定吴三桂降闯说。

吴三桂降闯说的比较盛行，是在清中期的康、乾以后，而始作俑者是康熙帝。《清圣祖实录》："逆贼吴三桂，值明季闯贼之变，委身从贼，寻以父死贼手，穷蹙来归。"②此语出于"三藩之乱"爆发五个月之后，康熙帝"宣诏中外"的煌煌上谕。文中"父死贼手"和"穷蹙来归"构成了一个因果关系，而这个因果关系的前提则是吴三桂"委身从贼"。换成现代语言的表述即：吴三桂先投降了李自成，后因李自成杀了吴襄，所以吴三桂走投无路，不得已又来归顺了我大清朝。

① 《明季北略》是一部真伪互见的史料，林奎成《吴三桂与甲申之变》对此有专文讨论，可参阅。
② 《清圣祖实录》卷47，康熙十三年四月丁未。

证实康熙帝说辞真伪的方法很简单："委身从贼"的前提存在与否，要看"父死贼手"与"穷蹙来归"的关系能不能成立。能成立则本文此前所举的证据就要全部推翻，应重新从康熙帝的立论出发，来检讨所有的史实；不能成立，即意味着康熙帝虚拟前提，欺骗世人。

站到清朝的立场来看，吴三桂降清事在甲申四月二十二日即山海关大战的当天，而吴襄之死，史学界公认是在山海关大战之后隔一日的四月二十四日，地点在李自成败逃京师途中的永平之西30里范家店。是知吴三桂之降清，不在吴襄死之后，而在吴襄死之前。仅此一条，即可证明，吴三桂"穷蹙来归"，不是因为"父死贼手"。二者的因果关系既已不能成立，"委身从贼"的前提自然也就失去了着落。看来康熙帝确实撒了一个弥天大谎，朝野的公论且不顾，至少与其族祖多尔衮"李自成遣人招三桂，三桂不从"的亲历事实相违背。

以皇帝之尊，尚且罔顾事实，乱词诬人以非义，则君主倡导于其上，民间从风于其下，吴三桂仕明覆明、降清叛清的事实俱在，也就不差一顶"委身从贼"的大帽子了。于是自此以后，钮琇《觚剩》、陆次云《圆圆传》、郑达《野史无文》、王朝《甲申朝事小纪》、伪书王永章《甲申日记》①、佚名《吴三桂纪略》、伪书孙旭《平吴录》②、刘健《庭闻录》、佚名《四王合传》、官书《逆臣传》、徐鼒《小腆纪年附考》、夏燮《清通鉴》、官书《清史稿》等大量康、乾以降的官书私乘，均将吴三桂降闯视为事实而固定下来，致时人不疑，今人不察，几乎成了撼祈难翻的铁案。

但是，泥沙俱下之中亦不乏汩汩清流，就在康熙帝宣诏中外诬吴三桂以"委身从贼"之后仅一个月，康熙十三年六月，授贝勒尚善为"安远靖寇大将军"，尚善衔命平乱，师次湖广岳州时，曾移书吴三桂。这封书信，经今人整理，名之为《贝勒尚善寄吴三桂书》，原文较长，仅录其与本文有关的部分如次："向者王在明时，仅备臣列，曾未加旷典于王。明室衰弱，被流贼丧败之后，举国皆保家室、重妻子、全生命以从贼。惟王孤身为国忘家，父死不顾、守忠不降者，亦欲效忠名、垂青史。是以王始出境，哭诉皇廷，皇上怜念足下之忠，甫动大兵，一举而剿灭之，足下复君父之仇矣。"信中

---

① 林奎成《吴三桂与甲申之变》对王永章《甲申日记》有专文辨伪，见该书第七章。
② 林奎成《吴三桂与甲申之变》对伪书《平吴录》有专章考证，见该书第五章。

又说："王在明时，不过一总兵官耳，国破不降，而能请兵灭贼，以复君仇者，可谓尽忠于明室矣。"① （按：文中之"王"与"足下"均指吴三桂。）尚善与吴三桂是旧识，稔知有素，无可讳语。在这两段文字里，以敌对之体，述及往事，说李自成破京之后，明朝旧臣皆为私利而降贼，唯有吴三桂"为国忘家""守忠不降"，"而能请兵灭贼""复君父之仇"，"可谓尽忠于明室矣"。所述事实与康熙帝完全相反。尚善的这封书信，娓娓絮絮，凡2000余言，对吴三桂仕清叛清的劣迹，以诙谐刻薄之语而逐一揭露，且句句诛心，毫不留情。倘若吴三桂曾经降闯，则秽迹在手，适成口实，何以尚善舍此不诛，反而美词褒奖？这在情理上就说不过去。这篇文字出于康熙帝且说吴三桂"委身从贼"之后不久，可见当时的清廷重臣，是深知吴三桂并未降闯这一事实的。

此外，乾隆学者全祖望，大才盘盘，独标学帜，他的《鲒埼亭集外编》断然否定降闯说（见后文）；道光二十二年问世的魏源《圣武记》也摈而不采降闯说。并且，除了上述康熙十三年四月的上谕外，所有清朝档案类资料，如《实录》《起居注》等也都没有吴三桂降闯的说法。

通过以上考察，长期以来史学界普遍认定的吴三桂降闯说就陷入了尴尬的境地，我们不得不承认，古人大致不误，是我们自己弄错了！现在可以得出这样的结论：吴三桂没有降闯的经历。降闯说初起于康熙初年，并未引起人们的认同和重视。"三藩之乱"爆发后，康熙帝出于政治斗争的需要，为批臭吴三桂，乃罔顾史实，亲倡此说，后人趋风，盲目跟从，添枝加叶，积渐成流，卒使谬说窜入正史，混淆学术界视听300余年。如今事实既已澄清，吴三桂降闯说即应予以全盘推倒。

二 吴三桂与陈圆圆的问题

前文已经指出，最早将陈圆圆与吴三桂行事绾合到一起的是吴伟业长诗《圆圆曲》。《圆圆曲》历来被视为写实的"信史"，其中名句"冲冠一怒为红颜"尤为人们所称道。如今我们有充分的理由来推翻这个百年误说了。所谓充分的理由，即本文上一节的结论：吴三桂并未降闯。按照后人

---

① 《贝勒尚善寄吴三桂书》载于《清史研究通讯》1990年第3期。该文整理者的校字与断句，皆有舛误，读时应予注意。

演绎的故事，吴三桂先是接受了李自成的招降，受降途中闻圆圆为刘宗敏所执，因有冲冠一怒、转而投清的举动。现在已经明了，降闯的前提既已不复存在，则吴三桂冲冠一怒，所为何来？——只此即可看出，将"冲冠一怒为红颜"视为信史，实在是对史实失于考察的偏颇之见。吴三桂没有降闯，便不可能发生为了红颜而一怒冲冠之事，仅此一点，即可将各官史私乘的有关说法和记载全部推翻！下面我们再针对这一问题做个具体的考察。

《甲申传信录》和《明季北略》都说崇祯十六年春发生了田弘遇抢掠陈沅和吴三桂千金购沅之事，二书文字互有简繁，但事发的时间完全一样，先看《明季北略》："先是，十六年春，田皇亲游南京，拿名妓陈沅、顾寿而北。田还京病死，三桂使人持千金买陈沅去。"[①] 再看《甲申传信录》："先是，十六年春，戚畹田弘遇游南京……客有干弘遇者，以八百金市沅献之。是岁弘遇还京，病卒。后勤入京，三桂遣人持千金随勤入田弘遇家买沅，即遣人送之西平。"[②]

众所周知，明末四公子之一的冒辟疆与陈圆圆曾有嫁娶之约。据冒辟疆《影梅庵忆语》："至壬午仲春……因便过吴门慰陈姬……至则十日前，复为窦霍门客以势逼去。"[③]

文中"壬午"是崇祯十五年；"仲春"则二月；"陈姬"即陈圆圆；"吴门"为苏州的别称；"窦"者窦婴，"霍"者霍光，二人俱为汉武帝时的著名外戚，故此处以"窦霍"代指皇亲，田弘遇是崇祯帝的田贵妃之父，则"窦霍门客"自是指的田弘遇的门客。冒辟疆明言，陈圆圆是崇祯十五年春二月被田弘遇掠走的。陈圆圆苏州被掠，冒辟疆情感连心，所记必不致误。据此可知，《甲申传信录》和《明季北略》的"先是，十六年春"一节并不是事实，时间上差了整整一年。由此连带，则田弘遇回京后病死，吴三桂使人持千金购沅的说法岂能信以为真？

如以为这种连带否定的作法尚嫌牵强，我们还可从源头入手，将附裹在吴陈故事上的层层迷雾逐一廓清。

① 《明季北略》下册，《吴三桂请兵始末》，第493页。

② 《甲申传信录》之《借兵复仇》，140页。

③ 沈复：《浮生六记》附载《影梅庵忆语》卷1，上海古籍出版社，2000。

1. 子虚乌有的田府家宴

吴三桂之得陈圆圆的传说，大致有两个版本，一说得之于周奎，一说得之于田弘遇。周奎是崇祯帝后之父，田弘遇是崇祯帝妃之父。得之于周奎说均以钮琇《觚剩》为母本，由于得之周奎说经不起事实的检验，已为当今史学界主流意见所否定，故本文对钮琇《觚剩》置而不论。

至今对史学界仍有重大影响的是陆次云《圆圆传》。《圆圆传》是吴三桂得陈圆圆于田弘遇说的母本。但《圆圆传》与后来形成的吴、陈故事之间存在着一个重大歧异，这个歧异是，《圆圆传》说国变时夺圆圆者为李自成，而后来形成的固定说法则说夺圆圆者是刘宗敏。当今许多学者都采用了陆次云所编的故事，稍加改造，弃李自成夺沅而为刘宗敏夺沅，以为如此便是信史，充入著述，滥加引用，造成了当今史学界的混乱。这就有必要对陆次云《圆圆传》做一个认真的考察了。

《圆圆传》开首即云："圆圆陈姓，玉峰歌妓也，声甲天下之声，色甲天下之色。崇祯癸未，总兵吴三桂慕其名，赍千金往聘之，已先为田畹所得。时圆圆以不得事吴，怏怏也，而吴更甚。田畹者，怀宗妃之父也，年耄矣，圆圆度流水高山之曲以歌之，畹每击节，不知其悼知音之希也。"①

文中"玉峰"在今江苏省昆山市，有座著名的寺院"慧聚寺"，始建于南朝的梁代，传为"南朝四百八十寺"之首，古人因以玉峰用作昆山的代称，而陈圆圆却是苏州歌妓。② 如此，《圆圆传》误苏州而为昆山，首先就弄错了地方。又：文中"崇祯癸未"即崇祯十六年；"总兵吴三桂慕其名，赍千金往聘之"，一看便知，与上文列举《甲申传信录》和《明季北略》所共有的"十六年春，三桂使人持千金买陈沅"这一情节完全一样，这一情节即成了后来吴陈传说的固定说法，而本文已举《影梅庵忆语》的证据，证明此说不实。

现在我们再来关注文中"田畹者，怀宗妃之父也，年耄矣"。"畹"大

---

① 虫天子辑《香艳丛书》所载陆次云《圆圆传》，人民中国出版社，1998。以下续引《圆圆传》均出此，版本不另注。按：《圆圆传》成书时间不可具考，笔者据多种资料研判，该书成于康熙三十年前后。

② 陈圆圆是江南常州府武进县人，幼而失怙，流入苏州娼馆为歌妓。对此考辨最详的是陈生玺《陈圆圆其人其事考》，载于陈生玺《明清易代史独见》，中州古籍出版社，1991，第89页，可参阅。

约是“戚畹”的略称，指皇亲，“田畹”即田皇亲，自然就是田弘遇。后来演绎的吴陈故事都说田弘遇是个垂垂老朽，苏州掠沅是为了进献崇祯帝以固荣宠，这个说法，即本于此。事实如何，且看《明史·后妃传》：“恭淑贵妃田氏，陕西人，后家扬州。父弘遇以女贵，官左都督，好侠游，为轻侠。妃生而纤妍，性寡言，多才艺，侍庄烈帝于信邸。崇祯元年封礼妃，进皇贵妃……十五年七月薨。”[①]

“好侠游，为轻侠”分明是青壮盛年浪荡子，岂是耄耋老人的行为？如以为这是说田弘遇年轻时的浪行，则不妨循着这段文字再来看看田妃的年龄，然后即可推算出田弘遇得寿几何。按：“庄烈帝”即崇祯帝，崇祯帝生于万历三十八年（1610），天启二年（1622）封“信王”，时年12岁。明制，未成年皇子不分府，因而当时的信王仍住大内的“勖勤宫”。天启六年（1626）信王16岁，分府就藩，出住王邸，次年成婚。上引《后妃传》说田妃“侍庄烈帝于信邸”即在此年，则这一年信王实足年龄17周岁。又按：明代皇家从民间征选秀女，年龄小者12，大的不过15，取其折中之数，田妃侍信王之年也才十三四岁的样子。“十五年（1642）七月薨”，则田贵妃玉质弱柳，享年不永，仅活了28岁或者29岁。

田弘遇无子，田贵妃是其长女。古时民间男子16岁娶妻生子为恒有之事。以此民俗衡之，则田贵妃死时，田弘遇不过才45岁左右，而这一年的二月，即田弘遇苏州掠沅之时。据《崇祯长编》，田弘遇死于崇祯十六年十一月[②]，则其享年46岁左右。46岁的人，何得谓之“年耄矣”？而这样的年龄，从生理上说，如现在的流行语“男人四十一枝花”，适值青壮时期，激素使然，色欲正炽，加以田弘遇身为国戚，与市井小民又自不同，物质享受和身体保养上都有其特殊的优越条件，因此“好侠游，为轻侠”，每到一处，恃势弄权，猎取民间美女，以供自己享乐，皆为势所不免之事。《三垣笔记》载：“田戚畹弘遇，田妃父。所为不法，人争鼓讼，御史台以法绳之。贵妃脱簪求解，上怒曰：‘祖宗法不可私！’摈居别宫久之。”[③] 可知这位皇亲不是善类，而崇祯帝震怒如此，连带着田贵妃都受到

---

① 《明史》卷114，第3564页。

② 《崇祯长编》卷1，第45页。

③ 李清：《三垣笔记·附识上·崇祯》，中华书局，1982，第161页。后文凡引《三垣笔记》文字均出此，版本不另注。

了处罚，田弘遇岂敢再拂龙鳞，以抢掠民女呈献皇帝的不法行径来自增其咎？——澄清了这类细故，则所谓田弘遇垂垂老朽、苏州掠沅，是为了献给崇祯帝以固荣宠的说法，恐怕就不那么令人信服了。

《圆圆传》续云："甲申春，流氛大炽，怀宗宵旰忧之，废寝食。妃谋所以解帝忧者于父，畹进圆圆。圆圆扫眉而入，冀邀一顾。帝穆然也，旋命之归畹第。时闻师将迫畿辅矣，帝急召三桂对平台，锡蟒玉，赐上方，托重寄，命守山海关。三桂亦慷慨受命，以忠贞自许也。而寇深矣，长安富贵家胥皇皇。"

文中说"甲申春"田弘遇进圆圆于崇祯帝，此为这个杜撰故事的最大破绽。田弘遇死于崇祯十六年，"甲申春"则是崇祯十七年春。去年已死之人，如何能把陈圆圆进献给皇帝？如以为"甲申春"系记时之误，则请再看下文。

再接下来，是陈圆圆设计诱使田弘遇在府中设宴招待吴三桂的情节，原文极琐碎，不妨引用《小腆纪年》缩写后的文字，原意并无改变，说吴陈相识如此："畹忧甚，圆圆曰：'当世乱而公无所依，祸必至；盍不缔交于吴将军？吴慕公家歌舞有时矣。公盖于石尉不借人看，玉石焚时，能坚闭金谷邪？盍以此请，当必来'。畹然之，躬迓吴观家乐。出群姬调丝竹，皆殊秀；一淡妆者，情艳意娇，三桂不觉其神移心荡也。顾谓畹曰：'此非所谓圆圆邪？洵足倾人城，公宁勿畏而拥此邪'？畹不知答。酣饮间，警报踵至。畹前席曰：'设寇至，将奈何'？吴遽曰：'能以圆圆见赠，吾当保公家先于保国也'。畹勉许之。吴即命圆圆辞畹，择细马驮之去。"[1]至此，圆圆归吴。而由此渲染，田府家宴就成了吴陈故事的最主要情节。《小腆纪年》缩写《圆圆传》续云："帝促三桂出关，三桂父襄恐帝闻其子载圆圆事，留府第。三桂出而闯贼旋拔城矣。"

由时间前提的"甲申春"，参以此处"警报踵至""帝促三桂出关""三桂出而闯贼旋拔城矣"诸情节，在显示此次田府家宴就发生在李自成破京之前不久。而考察各种史料，"甲申春"吴三桂一直替朝廷镇守在宁远，并无进京的记录（详见下文）。直至三月六日奉诏勤王之前，吴三桂

---

[1] 徐鼒：《小腆纪年附考》，中华书局，1957，第137页。后文续引《小腆纪年》文字亦出此，不另注。

根本就没有进京的可能，则此次所谓田府家宴为子虚乌有之事，彰彰明甚！

对今人干扰最大的就是这个实际上并不存在的田府家宴。有一种意见认为，《甲申传信录》和《明季北略》的"十六年春田弘遇苏州掠沅"是古人记错了，应系"十五年春"之误，如此，把十六年春改成十五年春，不仅与《影梅庵忆语》所记相符，而且田府设宴、吴陈相识的情节亦因此而成为可能。此说的举证为《国榷》卷九十九记崇祯十六年五月，崇祯帝曾"宴入援总兵吴三桂、刘泽清、马科于武英殿"，是则崇祯十六年五月吴三桂曾经进京，田府设宴当在此时。①

我以为这种擅改古籍的做法不可取，也不聪明，理由有四：

（1）研究历史，即应以历史文献的原貌为依据，真则真，伪则伪，如果把历史文献的作伪之处都按照后人澄清了的历史真相加以改动，世上就没有伪书了。

（2）田府家宴的时间前提是不可改动的。此不唯有"甲申春"的限定，而且上引故事中"时闯师将迫畿辅矣""警报踵至""而寇深矣，长安富贵家胥皇皇"以及"三桂出而闯贼旋拔城矣"等等，都在强调李自成即将打到北京。正由于这个特殊的时间和背景，这个故事才刻意渲染田弘遇设宴结交吴三桂的情节，意在猝临大难，有所依恃，否则田弘遇"设寇至，且奈何？"的发问从何谈起？否则吴三桂"能以圆圆见赠，吾当保公家先于保国也"的回答作何解释？倘若把田府家宴的时间提前一年，则李自成甲申十六年春夏之际尚在湖北战场，逼武昌、破承天、克襄阳、扑杀罗汝才、剿灭袁时中，内讧外攘，反侧经营，忙得不亦乐乎，根本还没有"将迫畿辅"，京城也谈不上"警报踵至"。此时此刻，北京的富贵之家为何"胥皇皇"？此时此刻，田弘遇有必要设宴结欢吴三桂吗？

（3）《国榷》所记确有其事，崇祯十五年冬十一月，清兵破蓟镇的界岭口、黄崖口入塞，纵横腹地1000余里，历时六个月，至崇祯十六年五月始饱掠而归。归途中路过京畿，朝廷恐慌，兵部檄调吴三桂、刘泽清、马科率兵入援。清兵出关后，崇祯帝设宴慰劳三总兵于武英殿，但时间是"十六年五月"，而不是"甲申春"，也不是"十六年春"。五月序属仲夏，

① 陈生玺先生对此说持之最力，见陈生玺《明清易代史独见》，第101页。

春则一、二、三月，不仅年份不对，而且月份也不对，时令不属，根本就不是一回事。

（4）退一步说，就算作了这样的改动，则田弘遇苏州掠沅的时间固然不误，但剩下的矛盾却依然无法解决。我们看上引故事的最后一段："三桂父襄恐帝闻其子载圆圆事，留府第。"按：吴襄进京，出于王永吉的奏议，动议在崇祯十六年十一月，而真正进京授职，已经到了甲申一月。吴襄一生主要生活在辽东，此次进京之前，京中既无职衔，也无府第，则崇祯十六年五月，尚未进京且京中亦无府第的吴襄，何谈留圆圆于吴府？

其实，持此说者为了迁就《国榷》的记载，反而使自己陷入了两难的境地：田府设宴于十六年五月，则吴三桂进京有据，赴宴识沅成为可能，而其时吴襄尚在关外，留圆圆于吴府便成了妄谈。反之，田府设宴于十七年春，则吴襄时已入京，留圆圆于吴府成为可能，而其时田弘遇已死，设宴本身成为妄谈！

然则避开田府家宴如何？

田府家宴既属虚诞，有人会这样难我：有的史料记载并无田府家宴，例如《甲申传信录》仅云："三桂遣人持千金随勷入田弘遇家买沅，即遣人送之西平。闯入京师，伪权将军刘宗敏处田弘遇第……系勷索沅。勷具言遣送宁远，已死。"[1] ——此又何说？

诚如所言，只能对持此说者更为不利。

避开田府家宴，直接说吴三桂千金购沅而去，其结局有二：第一，即《甲申传信录》所说，将陈圆圆送至宁远，已死。20世纪80年代有人力持此据，大做文章，[2] 结果遭到学术界的群起痛驳，因为陈圆圆并未死在宁远，而是随吴三桂到了云南，且死在昆明，证据确凿，无可置疑。第二，如果确实送到宁远而未死，那将荒唐透顶！这意味着，陈圆圆在宁远军三月十九日入关勤王之前就一直跟随在吴三桂身边。果尔如此，不唯"冲冠一怒为红颜"成了天大的笑话，而且所有甲申之际的吴陈故事都是无稽之谈！

2. 国变之时，圆圆何在？

甲申国变之际，最早透露陈圆圆信息的是陈济生。请看《再生纪略》：

---

① 《甲申传信录》卷8《桑郭余铃》之《借兵复仇》，第140页。
② 姚雪垠：《论圆圆曲》，《文学遗产》1980年第1期。

"四月初七日……城中有吴下歌妓陈元、顾寿等与男优私约潜逃，事发，枭男优七人。"① 前文谈到，陈济生亲历国变而著《再生纪略》，在此明确提到了陈圆圆。陈济生记叙此事时，并未受到后来吴陈故事的干扰或影响，因此这个记载不但原始，而且相当可靠。尤为重要的是，这段记载，并不孤立，还有杨士聪的文字可为佐证。杨士聪《甲申核真略》附录："田弘遇女眷潜他处，为贼搜得，以大索联系之。妾殊美者，皆挂□衣入府，不数刻而呼詈彻于衢路矣。"② 杨士聪是明朝的詹事府左庶子，为大顺军追赃助饷的对象，当时恰好就被羁押在田府，以上情节自是他在田府亲眼所见。

两个亲历者的记载，虽然都没有提到刘宗敏，但事发在田府却是明确的，而大顺军进驻北京，刘宗敏入据田府，这是众所周知的事实。据此可以弄清的是：陈圆圆国变之时就在田府。三月十九日刘宗敏占据田府，陈圆圆已入其手。之后圆圆、顾寿与田府男优相约潜逃，四月七日事发，刘宗敏杀男优七人，大事搜索，结果"为贼搜得"，圆圆复归刘宗敏。——所谓"索沅"，事实如此！

如果这个认定没有问题，就要注意事发的时间和地点。

时间为"四月初七日"。前面的讨论已经明了，李自成招降吴三桂事在三月二十九日，而京中发生了刘宗敏"索沅"事在四月七日，则李自成招降吴三桂在先，刘宗敏搜索陈圆圆在后，二者在时间上和事实上都无法衔接。一个有力的证据是，前文的考察已明，四月七日吴三桂已经从玉田返回了山海关，正在议借清兵，筹措军饷，则这一天京中发生的刘宗敏索沅之事，如何能在之前三月十九日入关、前往京师的途中获知？换句话说，吴三桂入京勤王途中尚未发生刘宗敏索沅之事，则"冲冠原不为红颜"不是本文的故作翻案之语。

地点则是"田府"。"索沅"事件的全部过程均发生在田府，与吴襄或"吴府"毫无瓜葛，故"系襄"自系襄，"索沅"自索沅。刘宗敏"系襄"是大顺军的"追赃助饷"政策使然，把刘宗敏拷打吴襄追索钱财与刘宗敏搜索陈圆圆合二为一，说成刘宗敏"系襄索沅"，不是历史事实。

① 《丛书集成续编》第279册，新文丰出版公司，1989，第339~340页。
② 《甲申核真略》，第52页。

如以为上述两证尚不足以认成信史，则下面的讨论极有可能将此敲成铁案。

许多史料记载，崇祯十五年春，与陈圆圆一道被田弘遇掠取进京的，除了顾寿，还有一个杨宛。钱谦益《列朝诗集小传》："杨宛字宛叔，金陵名妓也……国戚田弘遇奉诏进香普陀，还京道白门，谋取宛而篡其赀……戚死，复谋奔刘东平，将行而城陷，乃为丐妇装，间行还金陵，盗杀之于野。"①（按："白门"为金陵的别称，即今南京。）此言杨宛从南京随田弘遇至北京后，田死，杨宛欲适在京供职的旧日相好刘东平，尚未及行而李自成陷京师，杨宛化作乞丐，在潜回南京的途中被盗贼杀害。又朱彝尊《静志居诗话》："甲申寇变，宛叔携田氏女至金陵，匿山村中。盗突入其室，欲污田氏女，女不从，宛叔从旁力卫之，遂同遇害。"②

合参以上二记，杨宛之死，历历如见。其时杨宛已经到了南京郊外，而杨宛是金陵名妓，认识她的人很多，当时的南京士民，道路相望，正在从北方来人的口中打探北京的消息，杨宛自是被打探的对象之一，因而杨宛必是尽己所知，透露了不少亲历见闻。全祖望《鲒埼亭集外编》："吴逆进退俱失，无所置辨。至谓其以陈沅故叛闯，则亦近乎下流之归矣。据杨宛叔言，与沅同见絷于刘宗敏，继而沅为刘宗敏所挟去，不知所往。则国难时沅尚未归吴也，其亦安所考而得其实乎？"③ 这是全祖望断然否定吴三桂降闯说和吴陈故事的根本原因和依据。这条记载，引用了杨宛亲口所言的情节。仓皇之际，惊魂未定，杨宛没有必要为后人撒个无谓的谎言，因而其真实性不好怀疑。是则全祖望断言"国难时沅尚未归吴也"，实在是难以推翻的事实。

3. 圆圆何时归三桂？

前面的讨论证明，甲申三月十九日大顺军破京之前，圆圆尚未归三桂。然则吴三桂究竟什么时候得到了陈圆圆？

山海关大战之后，李自成二十六日晚退归北京，二十九日草草登极，

① 周骏富辑《明代传记丛刊》之《学林类》第11册，钱谦益《列朝诗集小传》，文明书局，1991，第813~814页。
② 朱彝尊：《静志居诗话》卷23，嘉庆二十四年扶荔山房刻本，第59页。
③ 全祖望《全祖望集汇校集注》，《鲒埼亭集外编》卷29"题桑郭余铃"条，朱铸禹汇校集注，上海古籍出版社，2000，第1348页。

当晚弃京西遁，自五月初一日开始，遭吴三桂追杀，李自成一路败逃。管葛山人《平寇志》记大顺军败状："尽弃辎重、美女、金银，自卢沟桥至固安百里，盔甲衣服盈路。"① 文中"固安"在今北京之南的廊坊市。按：山海关大战之后，又有"庆都之战"，庆都之战发生在五月三日，但庆都在固安西南140里，是两军交战追杀状态时一日夜的路程，因而大顺军"尽弃辎重、美女、金银"于卢沟桥至固安之间，其事在庆都之战即五月三日之前应无疑义。如此我们即可把时间范围锁定在五月一日和五月二日的两天之内。

李自成四月二十九日夜遁，五月一日吴三桂奉多尔衮之命追杀大顺军，中间隔了一个四月三十日，由此可知，大顺军的撤退，开始并不匆忙。杨士聪《甲申核真略》记甲申五月事："初一日……午后传吴三桂与□□力争，不令其众入城，止头目同吴三桂护东宫以入，阖城士民大喜。不知三桂已从卢沟桥渡河追贼而西久矣。"② 据此则吴三桂追杀李自成始于五月一日午后，而此时大顺军正在缓缓退师，尚未遭到吴三桂追杀的威胁，因而五月一日当天不可能"尽弃辎重、美女"之类，故五月一日亦可排除。

如此即可准确断定，吴三桂得陈圆圆于追杀李自成败逃的途中，时间为五月二日，地点在卢沟桥至固安之间。《圆圆曲》"蜡炬迎来在战场"本事即此。③

考辨至此，结论自出：甲申国变之时，吴三桂与陈圆圆并不相识，二人也无相识的机会、条件和可能，300余年来家喻户晓的吴三桂因陈圆圆而拒闯降清的故事不是历史事实。

辨清了这些，还有一个问题必须追究：既然陈圆圆是吴三桂意外缴获的"战利品"，吴伟业为何始作其俑，给后人编造了一个与事实出入甚大的《圆圆曲》？这个问题如不辨清，问题仍然不能视为彻底解决。照我的看法，吴伟业有意要掩盖一段极其隐秘的史实，而混淆视听，把舆论的焦点引向吴三桂，这样做，是为了开脱他的一个至交好友。不过这个话题，

① 《平寇志》卷11，第249页。
② 《甲申核真略》，第37页。
③ 林奎成的《吴三桂与甲申之变》第十一章对吴伟业《圆圆曲》有详细解读，对"圆圆何时归三桂"也有更为详尽的考证，可参看。

要放到后面再谈。

三 借清兵的问题

甲申三月四日，崇祯帝敕封吴三桂"平西伯"，三月六日，诏命撤守宁远，调吴三桂入卫京师。本文前已考明，诏下之后，吴三桂十九日才到达山海关，而当天李自成已经攻破了京城，欲救圣驾，师已迟期。自三月六日至十九日，期间出现了 13 天的记载空白。被命之后"迁延不即发""迟迟其行"是人们对吴三桂的一致指责，这么长时间里，吴三桂究竟在干什么？此外，前引《明史·流贼传》说"三桂奉诏入援"，前引《甲申传信录》说"封三桂西平伯，上手敕谕之。三桂方奉召……"，前引《明季北略》说"封三桂平南伯，征兵入援，三桂不即行"，还有为数不少的甲申史料都有关于吴三桂奉诏或崇祯帝诏命吴三桂勤王的说法，给人的印象是，崇祯帝专门给吴三桂下了一道勤王诏书。事实真是这样吗？

1. "撤守宁远"和"入卫京师"

探讨这些问题，首先要明确"撤守宁远"和"入卫京师"不是一回事，二者虽有关联，但毕竟是两项不同的任务。这里重点先谈"撤守宁远"。

天启初年，熹宗纳辽东经略孙承宗之议，在山海关至锦州之间连筑八城，由西南向东北依次为中前所（今前所）、前屯卫（今前卫）、中后所（今绥中）、宁远（今兴城）、连山（今锦西）、塔山、杏山（今高桥镇）、松山，以此八城与锦州合为九珠联星之势，既以拱卫山海关，又以遏制满洲在辽东地区的进一步扩张。崇祯十三年三月清军围困锦州，锦州总兵祖大寿飞章告急。次年七月，朝命蓟辽总督洪承畴率八镇总兵往救。八月，皇太极自沈阳疾驰松山，与洪承畴大举决战，是为著名的"松锦之战"。此战结果，明军大败，八镇 13 万人马折损过半；洪承畴、祖大寿双双被俘降清；锦州、松山、杏山、塔山、连山五城俱为清军所有；明军则不得不退守宁远以南。至此，宁远取代锦州而成为前敌第一镇。崇祯十六年九月，清军再次南下，连拔中后所、前屯卫、中前所三城，尽毁城垣设施而去，如此，关外九城，仅存宁远。

宁远孤悬关外 200 里，危如累卵，已呈朝不保夕之局，倘若清兵刻意来犯，吴三桂的下场只有两个：要么战死，要么投降。十月，吴三桂部将刘应宾、马玉等人通过兵科给事中曾应遴吁请朝廷，首先提出"撤宁并关", 是为 "撤守宁远" 的最早举动。然而此举不仅遭到崇祯帝的痛斥, 也被阁臣视为鼓倡 "弃辽予敌" 的荒唐行为,[①] 乃寝而不行。这一结果造成宁远军民人心浮动。十一月, 辽东提塘官邢志祥呈禀兵部塘报, 详述宁远危局, 其中有云: "宁远临虏, 一马可到, 总赖总镇 (按: 总镇者, 吴三桂) 严防, 无奈人心惊魂未定, 窃恐难敌。"[②] 此后不久, 危机踵至, 十二月发生了吴三桂属将宁远守备孙守白引 300 士兵叛逃沈阳的事件, 为此辽东巡抚黎玉田单衔上疏, 再次奏请 "撤宁并关", 复以阁部大臣搁置不报而不果行。

　　这三次举动相继而发, 绝非偶然。刘应宾和马玉是吴三桂的标下属将; 邢志祥的官职是 "辽东提塘游击", 虽属兵部驿传系统, 而职地却在宁远, 也可视为吴三桂的间接部属; 黎玉田则是吴三桂的上司兼同事, 而吴三桂手握兵柄, 专阃一方, 这些人要采取如此大的举动, 自没有不向吴三桂请示或商量的道理。由此可知, 撤守宁远, 不仅是宁远军民的共同愿望, 也是吴三桂本人的迫切要求。而这一切都不过是表面现象。身为镇臣, 守土有责, 吴三桂一介武夫, 岂敢擅自策动部下和同僚, 率先倡议丢弃国土? 身后若无有力的人物事先默许和襄助, 一旦言路纠弹, 吴三桂立刻就会以煽动部卒哗变之类的嫌疑, 逮京问罪。事实上, 采纳了吴三桂的意见而在实际中策划此事的, 是当时的蓟辽总督王永吉。黎玉田上疏之前, 王永吉考虑到朝廷的顾虑, 随即从大处着眼, 采取了一个屈曲迂回、从长计议的措施, 这个措施就是, 奏请朝廷, 恢复吴襄的薪俸, 并将其调离辽东, 收至京师。吴襄是原宁远总兵, 崇祯七年皇太极兵掠大同, 朝命吴襄率宁远军往救, 吴襄进兵迟疑, 坐失戎机, 兵部依律惩处, 立削吴襄总兵之职, 夺其俸禄, 闲废于中后所。时隔九年, 王永吉起吴襄于闲废之身, 将其收系京师, 实有羁縻吴三桂而使其有所忌惮的含义, 颇收人质之效。而这层意思, 又恰能打动皇帝和辅臣, 因而顺利付诸实施。

　　到了甲申二月八日, 李自成兵陷太原, 朝野震动, 京师恐慌, 王永吉知道可以直接亲自出面说话了。《绥寇纪略》记: "王永吉扼杨鹗之臂而叹曰: '上倚吾蓟门一旅, 今所谓调习整练者, 几何而可以御贼? 计莫若撤

---

① 《明清史料》乙编, 第 6 本,《兵部题行 "御前发下兵科给事中曾应遴题稿"》, 第 585 页。
② 《明清史料》乙编, 第 6 本,《兵部题行 "辽东提塘游击邢志祥塘报"》, 第 574 页。

关外四城而守关，召吴帅三桂之兵亟入，以卫京师。都下公卿莫肯先发，吾两人于责无所逃，其何可以不请？'鹗曰：'善！'相与共为奏。"① 按：杨鹗时任顺天巡抚，建牙于遵化；蓟辽总督的衙门，天启以前，设在蓟镇，崇祯初年移往遵化，因而形成督、抚同城之局。督抚同城，过从易密，故而王永吉拉上了杨鹗，联袂建言。与此同时，王永吉又授意吴三桂单衔上疏，以为策应。如此一督、一抚、一镇，三章齐上，分量不轻了，而结果大悖人意。《明史·吴麟征传》记其事，要言不烦："方贼之陷山西也，蓟辽总督王永吉请撤宁远吴三桂兵守关门，选士卒西行过寇，即京师警，旦夕可援。天子下其议，麟征深然之。辅臣陈演、魏藻德不可，谓：'无故弃地二百里，臣不敢任其咎。'引汉弃凉州为证。麟征复为议数百言，六科不署名，独疏昌言，弗省。"② 从"天子下其议"已可看出，崇祯帝心有所动而当断不断，只好交付廷议。吴麟征时为吏科给事中，深以王永吉的意见而为然，廷议时争持甚力，无奈孤掌难鸣，首辅陈演、次辅魏藻德都力持不可，致群臣庸庸，相率附和。"弗省"二字下得最妙，意为一堂君臣，执迷不悟！

《三垣笔记》所叙较为具体："吴都谏麟征争之尤力，谓事当从实……又因阁部议久未决，极言'关外九城势必弃，弃则关门益薄，无与守者。弃地不可，弃地兼弃人不可，弃人失天下将士心，是失天下，愈不可！吴三桂勇将，宜拔用，勿委之敌人。今寇旦夕发秦晋，若使来捍京城，一举两得。今日之事，当揆缓急，无论是非也！'趣六垣署名，竟互诿不决，乃独署之。"③ 按：所谓"关外九城"，前文已明，其时已丢其八，故知这段文字也有传闻之讹，而其余情节，与《吴麟征传》相参看，则可信为得实之词。文中"今日之事，当揆缓急，无论是非也！"是针对上引"汉弃凉州"的说法而言的。④ 陈演等人以汉弃凉州为证，自然是墨守古义，强烈反对放弃宁远的表示；而吴麟征不谈历史的是非，只强调时局的缓急，

---

① 吴伟业：《绥寇纪略·虞渊沉·中》，上海古籍出版社，1992，第 396 页。
② 《明史》卷 266，第 6859 页。按：下文续引《吴麟征传》亦出此，不另注。
③ 《三垣笔记》，第 220 页。
④ 按：凉州地属西域，东汉安帝永初五年，羌人煽惑居民叛乱，意在与汉朝争夺凉州之地。辅政大将军邓骘采纳庞参的献议，主动放弃凉州，将汉武帝倾十年之功纳入版图的凉州诸郡拱手让人，事见《后汉书·邓骘传》，此事颇遭史家非议。

则是一种通权达变的态度，非如此，不足以挽狂澜于既倒。不幸吴麟征独自署名的奏疏竟未能感格天心，结果是"留中不发"。此次撤宁入关之议，崇祯帝内心无疑是赞许的，吴麟征的奏疏正好符合他的这一意图，如此即应以天子的特权，摈弃众议，乾纲独断，直接批付内阁执行就是了，而他却极其糊涂地留中不发，这个做法，只能给廷臣造成错觉，以为皇帝并不赞成此议，致使这一匡时救亡之策迁延难决，可见亡国之君，自有取亡之道。

《三垣笔记》续记："疏留中，（吴麟征）又补牍云：'边臣不可令有惧心，不可令有死心。臣读吴三桂疏，言切情危，若有格格不忍言之意，臣知其有惧心。始以裹革自任，终为父弟乞恩，臣知其有死心。今寇势方张，不使徙近捍卫京师，则可恃乎？'"这里面明确提到了吴三桂的奏疏。前面谈到，王永吉授意吴三桂单衔上疏，以为策应，即指此而言。吴三桂的这个奏稿未能流传下来，但看吴麟征的补奏之文，可知必是一篇"言切情危"的动人文笔，既见惧心，又抱死心。很显然，吴三桂是在向朝廷表示：不撤宁远，有死而已。《吴麟征传》续记其事："及烽烟彻大内，帝始悔不用麟征言，旨下永吉。永吉驰出关，徙宁远五十万众，日行数十里，十六日入关，二十日抵丰润，而京师已陷矣。"

"十六日入关，二十日抵丰润"者确为王永吉前已辨明。"及烽烟彻大内"，意为到了李自成逼近京师，"帝始悔不用麟征言"，于是乃有不顾廷议，绕开内阁，匆匆于三月四日敕封吴三桂平西伯，三月六日撤宁入卫的诏旨。事情衍化至此，已经不是单纯"撤守宁远"的问题，而是两事合一，连"入卫京师"也要一并施行办理了。《绥寇纪略》记此事最确："于时畿辅糜沸，天子危逼，手诏王永吉总督各路援兵，趣三桂亟入卫，与唐通、刘泽清共济国难。"[1] 据此而参照上引《吴麟征传》，即可准确获知，崇祯帝手诏的内容，既有"撤守宁远"，又有"入卫京师"。

弄清此事的背景和过程，我们就可明白：（1）"撤守宁远"的最早提出者是吴三桂，崇祯帝批准这个动议，吴三桂是最大的受益者，奉命唯谨之不遑，完全没有在被命之后"迁延不即发"或"迟迟其行"的可能和理由。（2）"撤守宁远"的被批施行，是在王永吉的周密策划下，抚臣黎玉

---

[1] 《绥寇纪略·补遗上·虞渊沉》，第398页。

田、杨鹗，镇臣吴三桂，谏臣吴麟征等人共同努力的结果。（3）崇祯帝最终下决心批准撤守宁远，一个更为重要的原因是，李自成已经逼近京畿，则此举不是未雨绸缪，而是迫不得已！这就意味着，此时撤守宁远，已经失去了它的本来意义。"入卫京师"是单纯的军事行动，"撤守宁远"则必须解决宁远百姓的安置问题。换言之，此时此刻，当务之急已经不是"撤守宁远"，而是"入卫京师"了！——于此我们要弄清的是，将"撤守宁远"和"入卫京师"相提并论而交付疆臣执行，是崇祯帝自误误国，最终把自己逼入绝境的一招死棋！

2. 谁是奉诏人?

讨论至此，问题已经很清楚了：奉诏人不是吴三桂，而是王永吉！

上引《明史·吴麟征传》明言"诏下王永吉"，上引《绥寇纪略》明言"手诏王永吉"。除此而外，本文第一节所引《清史列传·逆臣传·吴三桂》亦明言"令蓟辽总督王永吉徙宁远兵五十万入卫，三桂留精锐殿后"。这些记述，最为准确，其余均为不明当时朝制的模糊说法。吴三桂没有资格直接接受皇帝的诏命；反过来，崇祯帝不可能越过王永吉而直接给吴三桂下达手诏。

明朝末年，北方各个边镇的总兵其实都是平级关系。宁远地处辽东，但在崇祯年间，我们找不出"宁远总兵"隶属于"辽东总兵"或"辽东总兵"统辖"宁远总兵"这种从属关系的证据。另一个典型的例子是，明代的辽东，在行政区划上归属于山东行省，这与现代的山东与辽宁之分是大不相同的。但是，资料表明，当时的山东总兵刘泽清，与宁远总兵吴三桂也是同级关系，看本文上一节所引《绥寇纪略》"手诏王永吉总督各路援兵，趣三桂亟入卫，与唐通、刘泽清共济国难"可知，刘泽清并无统辖吴三桂的权力，他与吴三桂、唐通一样，都要受蓟辽总督王永吉的节制。明朝兵制的特点是以文纵武、互为制衡。[①] 吴三桂实际上是明末北边诸多总兵之一，他和其他方镇总兵一样，都相当于现在某地驻军的军长。他的上司既有与他在官阶上同是正二品，但却有都察院右佥都御使之衔的辽东巡抚黎玉田，更有直接统辖他的顶头上司一品大员蓟辽总督挂兵部尚书衔的王永吉，大致而言，王永吉的身份相当于现在的野战军大军区司令员。

---

① 详论见林奎成《吴三桂与甲申之变》，第 142 页。

既是这样的身份和关系，则崇祯帝手诏兵马进京，岂能越过王永吉而直接给一个地方总兵发号施令？

因此之故，所有关于"诏吴三桂入援"之类的说法都不是事实，至少是一种非常模糊的表述。崇祯帝亲下手诏，谕令"撤守宁远"和"入卫京师"，奉诏人只能是王永吉。

研究甲申史而忽略王永吉，这一现象，极不应该。至今尚没有一篇把王永吉放到甲申之变来考察的文章，致使这个国变之际担任了重要角色的人物，近400年来，阒默无闻，早已淡出了人们的视野。本文首发其覆，将这一隐秘的人物，及其在甲申之变时借兵复仇的真相彻底揭开。

通过上文讨论我们已经知道，撤守宁远和征调吴三桂入卫是崇祯帝的诏命，而这份诏命，《绥寇纪略》记为"手诏"是符合实际情况的。通常调兵，只需兵部移文，直接经兵部系统的驿站送达地方总兵，验明"勘合"无误，地方总兵即须遵部命行事。而王永吉是总督，身份与兵部尚书相埒，兵部无权对他发令。明清两代的封疆大吏与中枢衙门的部院大臣一样，都要直接对皇帝负责。以此制度上的原因，三月六日崇祯帝的诏命必是以手诏的形式直接下达给了王永吉。

接下来的程序就比较麻烦。如果是部文，则明朝兵部的驿传机构有严格规定，重要文书可用"六百里加急"星夜驰递，而皇帝的手诏却另有一套繁文缛节，明代制度，要由御前宦官专赍诏书送达奉诏人，还要代表皇帝当面向奉诏人宣达诏书内容，起拜供奉，一如天子亲临。有学者关注到，三月六日的这份崇祯帝诏书，是由御前太监谢文举专程递送的。[①]

蓟辽总督的衙门设在遵化，离京城350里。太监赍诏，比不得驿差驰递，速度上要慢得多。谢文举就算日行百余里，也要三天时间才能赶到遵化，而这一天已经是三月九日了。《三垣笔记》的这条记载颇可注意："永吉闻命，与三桂以三月初旬出关，徙宁远五十万众，日行数十里，十六日入关，二十日抵丰润，而京师已陷。"[②]

所记王永吉入关时间与本文考证结果相同，而此处又添一证。这段文

---

① 见王兴亚《甲申之变》，中国社会科学出版社，2011。按：王先生未注出处，但我相信御前太监谢文举宣达此次诏书是事实，因为它与当时的朝制相符。

② 《三垣笔记·附识中·崇祯》，第220页。

字可注意者有二：一是王永吉奉诏后的出关时间为"三月初旬"，则与谢文举到达遵化的时间相符；二是随同王永吉出关的还有吴三桂，可知王永吉早有准备，已事先将吴三桂召至遵化的总督衙门待命，一俟皇命赏到，随时偕吴三桂出关料理。①

奉诏之后，王永吉从初九日出关，到十六日入关，期间用去了七天时间。遵化距关外宁远570里，从宁远返回山海关又是220里，合计近800里途程，而费时仅仅七天，从空间距离来看，无论如何，不能算多，甚至可以说相当紧迫或急促，因为七天之内还包括了移民的组织和动员时间，就是说，王永吉奉诏之后，并未迁延耽搁。况且将宁远50万辽民撤至关内，工程浩大，若无高效的组织调配能力，绝难在数天之内完成如此艰巨的移民工作。又据《明史·陈演传》："廷议撤宁远吴三桂兵入守山海关，策应京师。帝意亦然之，演持不可。后帝决计行之，三桂始用海船渡辽民入关，往返者再。"② 不难想见王永吉为调度移民花费了极大心思，水陆两途，同时并举。（按：宁远东南13里有觉华岛，即今天的菊花岛，为宁远城军资粮秣的储存之地，自觉华岛"用海船渡辽民"，循水路可直达山海关的老龙头。）"往返者再"，即水路移民，往返了两次。前文已明，宁远军分为两路，王永吉十六日入关，吴三桂十九日入关，可知吴三桂殿后，是奉了王永吉之命，专为护送水陆两路的辽民入关。据康熙《永平府志》卷一和卷三记载，这50万辽民分别被安置在关内的滦州、开平、乐亭，昌黎四地。本文前已考明，吴三桂十九日入关后，二十四日才到永平，费时五天，而山海关距永平仅180里，是两天的行程。两天行程，而费时五日，可知其中的三天用于了安置移民。此外不难想见的是，黎玉田必然也奉王永吉之命而参与了移民的安置之事，因为巡抚既掌军务，亦理民事，没有他与吴三桂的密切配合，很难想象在如此之短的时间内能把50万移民安置得妥妥帖帖。

至此，我们大致可以弄清这十三天内发生的事情：三月六日诏命下。

① 陈生玺《陈圆圆其人其事考》认为：既然吴三桂三月初旬曾经出关，则说明吴三桂此时亦曾进过京城。陈先生强调这一点，是为了证明吴三桂甲申春天在北京"千金购沅"有可能。其实吴三桂此时出关，并不意味着吴三桂此时进京，林奎成《吴三桂与甲申之变》对此有专文考辨，可参阅。

② 《明史》卷253，第6548页。

九日，御前太监谢文举驰至遵化向王永吉宣达诏书。奉诏之后，王永吉片刻未停，当日率吴三桂离开遵化，以日行 120 里的速度，于十四日到达宁远。在宁远，将宁远军的兵马分为两个部分，一部分随王永吉先行勤王，于十六日返回山海关，二十日到达丰润县；另一部分由吴三桂统带作殿后之师，主要任务是动员和护送辽民迁徙，防备清兵袭扰，十五日启程，日行 50 里，费时四天，行程 220 里，于十九日到达山海关。进关之后，又费时三日，与黎玉田协同配合，将辽民安置在关内四城后，又于二十二日离关西行，二十四日到达了永平。

以上行程和行事表明，王永吉也好，吴三桂也好，奉诏之后，行动都极其迅速，在极短的时间内完成了撤宁入关和迁徙辽民的任务。

王永吉二十日到达丰润之后也未停留。《绥寇纪略》载："王永吉督兵入卫，于三月二十三日至盘山，而京师已陷。"① （按："盘山"在今天津市蓟县境内，距北京约 250 里。）由此不难推知，王永吉于三月二十三日在盘山得到了李自成已陷京师的消息。

吴三桂二十四日在永平必然也得到了"京师陷"的消息，但本文第一节已经考明，二十七日，吴三桂又西行至玉田。在永平即知京师已陷，为何还要西行至玉田？这当然与王永吉有关。遽逢国变，吴三桂自必要急于得到总督的方略指示，况且王永吉所率的先遣勤王部队，是宁远军的一部分，吴三桂不能弃之不管。所以吴三桂永平西行，毫无疑问是为了接应王永吉，以使先遣和殿后的两部分宁远军会合。②

王永吉的资料目前存世极少，《清史列传》和《清史稿》有传，但文字都极简略，并且《清史稿》的《王永吉传》基本上袭自《清史列传》。两传对王永吉在明朝的行状只字不提，如《清史列传》本传："王永吉，江南高邮人。明天启进士，官至蓟辽总督。本朝顺治二年，以顺天巡抚宋权荐，授大理寺卿。"③ 涉及明朝的经历，仅有 11 字简介："明天启进士，官至蓟辽总督"，这种写法在史传里不常见，可谓异数，何以如此，本文后面将要谈及。现据各家私著，将王永吉的情况做个简单介绍。

---

① 《绥寇纪略·虞渊沉·中》，第 399 页。
② 清代文秉记王永吉三月十五日在居庸关降贼，见《烈皇小识》，第 257 页。按：此为伪史料无疑，林奎成《吴三桂与甲申之变》已做辨析，可参看。
③ 《清史列传》卷 97《贰臣·乙编·王永吉》，第 6540 页。

王永吉，字修之，号铁山，江南高邮人，天启五年的进士。崇祯十四年特简都察院右佥都御使，出为山东巡抚。任内戡除奸盗，剔厘疵政，仅仅用了数月时间，便使山东境内弊绝风清。离任之日，山东父老，攀辕慰留，家家立生祠祝祷，以此誉满京华。《三垣笔记》记其事："山东王抚军永吉戡盗除奸，家家尸祝，一时誉满长安，有北史南王之称。"① 按："北史"者，史可法，史可法出生于河南开封府祥符县，而其祖籍却在京畿所属的顺天府大兴县，故称北史；王永吉籍隶南直高邮，为"南王"，一时并称二杰。崇祯帝特召二杰于文华殿，礼遇优渥，慰勉有加。崇祯十五年清兵入塞，兵锋及于山东全境。王永吉身为山东巡抚，"拥有全齐，兵权在握"而"堵御无术，不阅月连陷七十余城"，"虏走于前，兵尾于后，不报陷城而报复城"②。其政事干才，军事庸才，于此已露端倪。明律，疆臣失地，必治以重典，而崇祯帝对王永吉却格外矜全，《三垣笔记》续记："及北兵入齐地，陷五十余城，上赦不诛，改总督蓟辽。召对引罪，上谕以图功。"当罪不罪，反而加官进爵，由山东巡抚擢为蓟辽总督，崇祯帝的吏治，悖情枉法，昏庸如此！而王永吉既膺殊荣，复蒙特简，即当不渝王事，以死相报，不料后来的行径，辜恩溺职，大失时望！

王永吉三月二十三日在盘山闻变，二十七日回至玉田，与吴三桂汇合。二十八、二十九两日，王、吴在玉田按兵不动。当时大顺军的势力范围仅达京郊，东边至通州、顺义而止，玉田已经是宁远军的安全地带。前引"辽东海州卫生员张世珩"的《塘报》："三桂差人进北京打探老总兵、圣上消息。"由此推知，很可能二十四日在永平，吴三桂已经得知了京中有变的零星消息，但混沌不明，因而当即派人进京打探。王永吉与吴三桂二十七日在玉田会合后，勒兵观望，不急于采取行动，即在等候京中的具体消息。而京城方面，刚刚受刑被释的吴襄也打发傅海山前来传告京中发生的一应大事。可以确定，在玉田的三天时间里，王永吉和吴三桂彻底弄清了京中发生的一切：李自成盘踞大内、明朝官员纷纷投效新朝、大顺军追赃、百官受刑等，其中当然也包括吴襄被夹打要银。尤为重要的是崇祯帝已经殉国，前引佘一元诗"进抵无终地，故主已升遐"，即指此而言。

---

① 《三垣笔记·笔记中·崇祯补遗》，第86页。
② 李清：《南渡录》卷1，浙江古籍出版社，1988，第32页。

宁远军于四月五日返回山海关，接着就是酝酿借兵复仇。《甲申传信录》卷八"吴三桂人关之由"，其中有这样的说法："部将胡守亮素通满语，乃献借兵之策。"伪书《平吴录》则云："桂与方光琛等谋曰：'敌众我寡，计将安出？'光琛曰：'莫若请北兵进关，共歼李贼，事成则重酬之。'"

一说首献借兵之议的是胡守亮，一说方光琛。这两条史料被当今不少学者所采用，其实并非信史，两说都是凭空杜撰的不经之辞。比较可靠的是《庭闻录》所载两篇吴三桂移书清朝兵部为属下有功人员请赏的咨文，在这两篇咨文里吴三桂明确说首献借兵之议者是宁远军的"监军同知童逵行"。[①]

童逵行不过是个"监军同知"，阶秩五品，以参谋的身份而献借兵之议没有问题，问题是，谁批准了这个献议？吴三桂吗？答案是否定的！借兵剿贼，事关重大，成则有后晋石敬瑭的例子在，煌煌史简，彰明昭著，读书人没有不知道的，借兵契丹的结果是割让燕云十六州，政权虽存，疆域已失，这本身就是冒千古骂名的大不韪之举。不成则将更加糟糕，前门拒狼，后门进虎，大局从此不堪收拾，欲存明社，反绝汉统，此为读书人痛心疾首的莫大罪过。吴三桂一介武夫，哪里懂得这番道理？况且就身份而言，此为国事，而非军事，吴三桂也无权做出这样的决定。毫无疑问，有权作出这一决定的只能是王永吉。王永吉两榜出身，习经读史是其出仕立世的起家资本。而史鉴既明，且又身为疆臣之首，《平寇志》："（三月）丙申，大风霾，昼晦，命司礼监太监王承恩提督内外京城，总督蓟辽王永吉节制各镇，俱便宜行事。"[②] 由此可知，早在三月初八（丙申）崇祯帝已经把独自裁决军国事务的特权授给了王永吉。如此煊赫的权位，则存邦丧邦，决于一言，在借兵剿贼的决策上，除了王永吉，谁还有这样的权力或身份？

本文的这个推断是从事理的角度得出的，然则这个推断有证据支撑吗？有！而且证据并不孤立。先看《明季北略》：（三月十七日）"李自成至永平，

---

① 刘健：《庭闻录》卷1《乞师逐寇》，上海书店，1985年影印本，第8~9页。
② 《平寇志》卷8，第192页。

总督王永吉以三十骑，戎装乘马，间道南下。"① 再看《平寇志》："（三月）十七日甲戌，自成兵至永平，总督王永吉弃其军，将三十骑间行南下。"②

这两条记载，文字互异而时间和事实则完全相同，可知并非抄自于同一个版本。前文已明，四月十一日，杨坤、郭云龙奉命出关借兵。十二日至十八日，关宁军在山海城南郊阅兵，筹措军饷。恰恰在此期间的十七日，王永吉率三十人"戎装乘马，间道南下"，这绝不是个简单而孤立的行动。首先可以明确的是，三月二十七日宁远军在玉田会合、四月五日返回山海关之后，王永吉一直在山海关上，关、宁两军的事务一直掌控在他的手中。其时天子崩殂，朝廷解体，京中的内阁大臣和部院大臣被李自成一网打尽，所余南北二杰之一的史可法时在江南，任南京兵部尚书，对北国事务，鞭长莫及，而王永吉不仅身怀崇祯帝"总督各路援兵"的手诏，而且手握"便宜行事"的特权，成了一时无两的北方最高行政和军事长官，事无巨细，总揽全局。这样的身份和地位，包括黎玉田、吴三桂在内的所有文武官员，只能唯他的马首是瞻。其次可以断定的是，从三月九日接奉崇祯帝手诏，直到四月十七日弃军南下，关宁两军一切大小事务的决策人都是这个王永吉。是故借兵剿贼这个至要至巨的军国大事，没有他的决策，谁也不敢轻举妄动！后人在借兵的问题上，万矢一鹄，对吴三桂苛责备至，而对王永吉只字不提，这样做法，实在太不公平！

王永吉是政治家，吴三桂充其量只能算个优秀的军事将领，冲锋陷阵、三军夺帅是吴三桂所长，若论帷幄决策，平章国事，无论身份、地位和才能，在王永吉面前，他根本就没有置喙的余地。

3. 王永吉刻意隐瞒真相

现在要讨论的是，王永吉的这个决策究竟对不对？

四月十一日，王永吉命杨坤、郭云龙移书清廷，这封书信十五日在翁后交给了清朝摄政王多尔衮，节录如下："京城人心不固，奸党开门纳款，先帝不幸，九庙灰烬。今贼首僭称尊号，掳掠妇女财帛，罪恶已极……三桂受国厚恩，悯斯民之难，拒守边门，欲兴师问罪，以慰人心。奈京东地小，兵力未集，特泣血求助……王以盖世英雄，值此摧枯拉朽之会，诚难

---

① 《明季北略》下册卷20 "四月十七日甲戌"，第488页。
② 《平寇志》卷11，第243页。

再得之时也。乞念亡国孤臣忠义之言，速选精兵，直入中协、西协，三桂自率所部，合兵以抵都门，灭流寇于宫廷，示大义于中国，则我朝之报北朝者，岂惟财帛？将裂地以酬，不敢食言。"① 这封书信，不管出于哪个文案人员的手笔，毫无疑问是王永吉的授意，完全表达了王永吉本人的意思。通观全文，无非对清军喻之以义，唉之以利，以图共同灭贼，而脚步站得很稳。（按：明末北边长城分段督守，划为"三协"，文中的"中协"指蓟镇之北的喜峰口和遵化之北的龙井关，"西协"是密云境内的古北口和墙子岭，山海关则在"东协"范围内。）王永吉深知山海关的重要性，纵然借兵剿贼，亦不能使清军靠近山海关一步。王永吉的意图很明显，要求多尔衮从中协、西协，绕道入塞，与关宁军"合兵以抵都门"，形成东西合围之势，共同夹击北京，如此则山海关不失，京辽通道的锁钥仍然掌控在明军手中，即使日后多尔衮逾盟，亦必进退失据，不难将其重新赶出关外②，此其一。其二，通篇文义，虽不无屈己求人的谦卑之态，但两国协商，对等谈判的立场并不错乱。其三，事成之后，除了"流寇所聚金帛子女，不可胜数，义兵一至，皆为王有"之外，还将"裂地以酬"，这是要重蹈石敬瑭的覆辙了。张怡《謏闻续笔》有记："访东宫及二王所在，立之南京，黄河为界，南北通好。"③ 可知裂地以酬的代价，是将黄河以北的版图拱手送给清军，而明朝即得以在黄淮以南存续国脉。（按：清人的先祖是女真人，北宋中期崛起于东北的白山黑水之间，先灭契丹的辽国，将其余部赶至西域一隅，史称西辽；继而大举南下，吞灭北宋，版图及于黄淮以北，是为金朝。王永吉的裂地以酬，恰好恢复了满清祖先当年的风光，酬庸之诚，至矣厚矣！）

古人崇奉儒家"君父之仇不共戴天"的观念，因而对借清兵剿贼之举不能用今天的民族观念来看待或解释。以历史的眼光来看，王永吉采纳童逵行的借兵之议，虽非上善之策，但也还算是死中求活、差强人意，不失为灭贼图存、延续明朝统绪的可行之举。但此事大有可议者二：

（1）两国谈判，王永吉身为总督，却隐于幕后，借兵书信以吴三桂出

---

① 《清世祖实录》卷4，顺治元年四月壬申。
② 清兵此前曾多次从中协入掠，均被明军赶出关外，林奎成《吴三桂与甲申之变》对此有具体论述，可参阅。
③ 清遗民（张怡）：《謏闻续笔》卷1，民国进步书局校印版。

面的形式而将其推到了第一线，致一介武夫，勇而乏谋，中道临变，拙于应对，最终使大局弄到糟不可言。推度王永吉的私衷，自然是想逃避割让国土的春秋责备。

（2）与此相连带，最不应该的是，一切筹谋，绵密备至，王永吉却在四月十七日离开了山海关，把未来随时可变而难以预料的后果，去让吴三桂一人承担。王永吉率三十骑间道南下，无非是要与江南的史可法取得联系，敦促史可法集兵北上，与吴三桂形成呼应之势，以遏阻清军的无餍之欲。然而，这一事务，交给黎玉田去办理，绰绰有余，何烦总督千里奔波？四月十七日距清兵二十二日入关仅仅五日之差，事涉两个政权的根本利益，丝毫之谬，足以改变大局的走向。当时的局面，需要王永吉亲自出面，与多尔衮斡旋于两军之前，折冲于樽俎之间，以睨柱吞嬴的气概，迫使多尔衮接受相应的条件。王永吉是难得的干才，受事既多，腹笥亦宽，必能从历史和现实的事例中寻找出应对之策，面折敌帅，促成双赢，而吴三桂哪里是这块材料？

由此可知，王永吉在为恢复明朝、百计筹谋的同时，已经萌生了叵测的居心：首鼠两端，预留退路，为自己布下日后开脱的余地。借兵事成，则不居首功，而决策之功不可泯；借兵事败，则不任其咎，自有吴三桂去做替罪羊。是以其情可恶，其心可诛！

更为恶劣的是，王永吉弃军南下后并未直趋南京。大约在走到原籍高邮的时候，得到了清兵入关的消息，时局的变化，与自己的愿望背道而驰，因而滞留故里，静观变化。此后大局鱼烂崩溃，清兵铁骑，遍于北国，自己筹谋备至的借兵剿贼计划，如今成了倒持干戈，授人以柄，清朝初、中期，康熙、乾隆祖孙二人大肆宣扬清朝得天下于流贼，而非攘夺于大明，所据口实，即基于此。而当初身历其事的堂堂总督，此时竟不主动去向南明朝廷说明真相，承担责任，为奉自己命令行事的吴三桂分谤洗刷，则是毫无良知，刻意陷人于不义了！

《三垣笔记》记王永吉此时一事，颇可玩味："及北都陷，削发遁归，其师尚应轸作诗云：'昔日文山今铁山，文山死节铁山还。'又有人续之云：'更有叠山能蹈死，三山相遇问谁惭？'"① 此诗虽是二人合成，但天衣

① 《三垣笔记·崇祯补遗》，第86页。

无缝，堪称完璧。尤其是首句两行出自王永吉的老师之手，古时师弟如父子，隐恶扬善之不遑，哪有老师作诗骂弟子的道理？而尚应轸不假辞色，刻意挖苦，鄙视之意，与"清理门户"无异。诗中将王永吉（铁山）与南宋名臣文天祥（文山）和谢枋得（叠山）相对比，可知时人是深知王永吉在甲申鼎革事变中的身份之重、责任之巨的。"三山相遇问谁惭？"王永吉清夜扪心，得无愧乎？

甲申五月，朱由崧南京称尊，是为弘光帝。八月，以刘泽清、高弘图的合力推荐，得旨："命原任蓟督王永吉戴罪总督山东军务。"① 其时山东已为清军所有，王永吉遥领虚衔，徘徊河上，之后竟上疏弘光帝，极其荒唐地为父母请救诰命。此事惹恼了一名监察御史沈宸荃，立上弹章，痛揭老底："王永吉拥兵近甸，不能勤王救败，惟知一逃"，紧接着又"观望逗留，徘徊淮海间，未闻荷戈，先请诰命。旧劳乎？昔日之罪无可逭；新功乎？今日之功无可录。且何急于荣父母，而缓于勤君上！"② 往日秽迹，昭然若揭，是知春秋之辨，严于斧钺，王永吉岂能轻逃史笔之诛？

然而问题不止于此！上引《三垣笔记》也好，南明监察御史沈宸荃的弹章也好，都没有提到王永吉在山海关筹借清兵之事。这说明"戎装乘马，间道南下"之后，发觉大局已变，不可收拾，王永吉刻意隐瞒了这段事实，目的是免遭误国的骂名。所谓"削发遁归"，不过是王永吉自造的假象。王永吉宁愿示人以临事逃遁，也不承担自己决策失误，导致异族军兵蜂拥入关、窃据神京的祸国之责。两害相权取其轻，王永吉之工于心计如此！而从效果上看，王永吉做得非常成功，前引《清史列传》本传只字不提王永吉在明朝的事迹，即是其成功隐瞒劣迹的结果。史简湮没，化有为无，一个决策了大明王朝生死命运的关键人物，就此逸出了人们的视野。而大憝不诛，罪及无辜，吴三桂反而成了千古骂名的众矢之的。

王永吉卒于顺治十六年，赠宫衔"少保"，入《贰臣传》，谥"文通"。《清会典》所载谥法："物至能应曰通。"以此总括其人一生的处世圆滑，自然不是美谥！

王永吉一生交游疏浅，但却有个关系极密的好友，此人就是《圆圆

---

① 《南渡录》卷2，第93页。
② 《南渡录》卷3，第157页。

曲》的作者吴伟业！王永吉死后，吴伟业特为撰写《少保大学士王文通公神道碑铭》[①]，交情之厚，于此可见。吴伟业《绥寇纪略》只字不提吴三桂降闯和陈圆圆的故事，事关史实，不废公正，这当然体现了吴伟业秉笔撰史的严肃立场。但是，史书与辞章不同，史书不苟，须持论以正，而辞章闲什，不妨为朋友做一些言不及义，甚至言不由衷的开脱，盖古人风义如此！说到这里，前面遗留的问题即有了合理的解释：吴伟业为何罔顾史实，首开其端地为后人写了一篇亦真亦幻、扑朔迷离的《圆圆曲》！以诗史之笔，为尊者讳，吴伟业不惜屈己之名而扬己之才，苦心孤诣地转移世人视线，替王永吉掩盖一段不可告人的历史秘辛，作为好友，忠信至矣，百代以后，我亦诚服，一生得挚友如此，足慰九泉！然而，揆诸春秋大义，衡以圣贤垂训，君子行事，须当俯仰无愧，不欺于心，而吴伟业诗坛盟主，人望所系，却以私谊掺入公义，细行不谨，良知自污，替人掩过而祸及不当其罪的吴三桂，则其故为已甚之词，昧心护友之咎，又岂能轻逃于天地霄壤之间？

（作者单位：河南省开封市文联）

---

① 吴伟业：《吴梅村全集》卷41《文集》19，上海古籍出版社，1990，第874页。

读史札记

"乾净衙"旧址考辨

王政尧

摘　要：有清一代，朝鲜使清的使节、学者及其他同行人员对于以宣南为代表的京师胡同情有独钟，"乾净衙"便是其一。《乾净笔谈》是朝鲜李朝著名学者洪大容的代表作之一。这部燕行史著记录了"洪严之交"的形成原因和过程。"场戏"等多方面笔谈则是他们之间"说真话"的重要内容。《乾净笔谈》中一再写到的"乾净衚衕"与"天陞店"则是洪大容此次中国北京之行与"洪严之交"形成的主要地址。为此，如能通过考证等研究方法、结合韩中两国相关档案文献、官私史著，进而清楚说明乾净胡同和天陞店在今天北京的具体位置，这无疑为"洪严之交"找到了重要见证，同时，对弘扬人们称颂的这段佳话也是很有意义的。

关键词：《乾净笔谈》　"洪严之交"　"乾净衚衕"　"天陞店"　厌清思明

一　衚巷、交友与《乾净衙笔谈》

有清一代，朝鲜使清的使节、学者及其他同行人员对于以宣南为代表的京师胡同情有独钟，表示出浓厚的兴趣。什么是胡同？《康熙字典》释云："京师街道曰衚衕。"① 在韩国保留至今的众多《燕行录》中，他们把胡同称为"衚衕""衚巷""衚洞"等②，有些学者在诗中直接表达了他们

---

① 《康熙字典·申集下·行部》，中华书局，2010。
② 〔朝鲜〕李商凤：《北辕录》卷3，见韩国成均馆大学校编《燕行录选集·补遗上》。

对胡同的情趣。例如，在胡同中往返，以至"奔走胡同不忆家！"再如，"直走衕衕舍挟斜，痴心一欲玩纷华，贤公游街难及我，竟夜吟诗不记家！"① 三如，在宣南衕巷会友后，即兴诗曰"一时佳话遍城南。"② 余者，恕不一一列举。以上内容都是包含在不同的胡同内，以交友为内容、诗酒唱和的"一时佳话"。然而，在这诸多记载有关胡同和交友的燕行著作中，最有影响者当属《乾净衕笔谈》（简称《笔谈》）。

《乾净衕笔谈》又称《乾净衕会友录》《乾净笔谈》《乾净衕衕笔谈》，与之相关的著作则有《杭传尺牍》《天涯知己书》《日下题襟合集》等。该书是朝鲜李朝著名实学思想家、北学派奠基人洪大容的代表作，其影响所及，直至今世。洪大容，字德保，号湛轩，生于1731年（李朝英祖七年），卒于1783年（正祖七年）。他的祖上世代为官，而他在科场上却屡试不中，遂断科举之念，专心于天文历法、国计民生之学。因其涉猎广博，举一反三，几经实验观测，提出了地转说、宇宙无限等重要思想，开创了北学派新的实学理论，形成了一个新的时代。洪大容一直希望来中国考察，亲自了解清王朝。1765年（李朝英祖四十一年、清乾隆三十年），他以子弟官的名分，随其叔父（即是年冬至谢恩使书状官洪檍）使清，并从是年十二月到次年二月在京师考察。其间，他在乾净胡同天陞店结识来京考试的杭州举人严诚、潘庭筠。整个二月份，洪大容和潘庭筠、严诚共有七次会晤，和后来认识的陆飞也有两次晤谈。因其语言不通，遂以笔代说，是为笔谈。有清一代，双方在笔谈时，有的是因为"辞涉番情，随书随毁，防语泄也"③。朝鲜来华使者，多用这种方式进行交流，并非都因如此。因此，以"笔谈"为名的燕行著作，在其书目和书内小标题中颇为常见。洪大容正是通过这种笔谈，同严诚结下了"天涯知己"的动人友谊，史称"洪严之交"。这是中朝关系史上的一段佳话，传颂至今，已近两个半世纪了。

是年五六月，洪大容将他们之间笔谈的那些宝贵纸页，连同其认真回忆，以及未晤面时彼此的诗文信劄，几经努力，编著成《乾净衕笔

---

① 〔朝鲜〕成仁浩：《游燕录》，见林基中《燕行录全集》第78卷。
② 〔朝鲜〕郑元容：《燕槎录·诗》，见韩国成均馆大学校编《燕行录选集·补遗中》。
③ 〔朝鲜〕郑健朝：《北槎谈草》卷78。

谈》。在韩国，是书已有不同的版本，但在我国使用时尚有其不便之处。
2010年9月，上海古籍出版社出版了邝健行先生点校的《乾净衕笔谈》
和李德懋著的《清脾录》，引起广泛关注，为研究者们提供了很大方便。
为此，本文在引用该著时，即以此版本为主，同时对照韩国成均馆大学
校出版的《燕行录选集》和韩国东国大学校出版的《燕行录全集》及其
他相关版本。

1995年9月，我作为访问学者到韩国庆南大学校进行学术交流。其
间，我在该校图书馆、李铉教授的工作室和成均馆大学校等处阅读了
《乾净衕笔谈》，引起我很大兴趣，其原因之一是：洪大容笔下的"乾净
衕"，很像和我所居胡同平行的另一条胡同，这两条胡同同属前门外大
栅栏地区，那里留下了我少年和青年时的足迹，历时30余年！彼时彼
刻，我身在异国他乡，产生对此要考证清楚的愿望。回国之后，我在时
断时续的研究中，初步认定洪大容所写的"乾净衕"就是与我家为邻的
甘井胡同。此后，在弘扬宣南文化的讲座或研讨会等场合，我尽力宣讲
燕行录在宣南文化研究中的重要作用，与此同时，我在讲士人文化时，
满含感情地提到洪大容与琉璃厂和甘井胡同。因为，这应是宣南文化发
展史的重要篇章！尽管如此，我深知，要解决洪大容在《乾净衕笔谈》
中多次提到的乾净衕、天陞店的具体位置及其相关问题，还需要在进一
步查阅有关档案、文献和清人笔记等史著的基础上，结合实地考察，缜
密求证。近两年，我取得了尚感满意的研究成果，为此，笔者不揣冒昧，
将几年来的读史札记连缀成文，并从以下三个方面考证和辨析"乾净
衕""天陞店"及洪大容取名《乾净衕笔谈》的劳神之举等。一得之见，
不敢自必，敬请同行专家指正。

二 "乾净（衕）衖"今何在？

在朝鲜来京学者的眼中，北京的胡同是那么美好，而上溯到18世纪所
谓"康乾盛世"之时，"乾净衖衕"因有《乾衕笔谈》中的种种感人事
迹，使其在京师宣南的重要位置自然就凸显出来了。因此，确认乾净胡同
在今天的什么方位，就显得非常必要了。

笔者以为，要明确乾净胡同在目前的具体位置，应首先全面了解洪大
容笔下的乾净胡同。以下，笔者按其著录的时间先后，择主要者排列之：

（1）二月一日，洪大容知道了乾净胡同在"正阳门外"。①

（2）二月初三日，洪大容等三人，从玉河桥南馆出发，"同车出正阳门。行二里许，至乾净衕，有客店榜云'天陞店'，乃二人之所居也"。

（3）二月初八日，洪大容"与平仲早往。至洞口，舍车而入"。

（4）同上日，洪大容问潘庭筠、严诚，"'别后通信，或有商量否？'兰公曰：'煤市街徐朗亭，即弟之表兄也，寄此便是。'……余曰：'朗亭，吾辈行前可得一会面如何？'兰公即呼仆人，使之请来。余曰：'日已晚矣，请俟后日。'遂止之"。

（5）二月十二日，"余早饭随至正阳门外，直往乾净衕，则两僮已候门矣"。

（6）二月十七日，"早食而往。门者先报，兰公走出迎入。过其所居之炕，隔帘而呼曰：'严兄。'力闇曰：'喏。'……两生所寓同屋而隔壁，门皆向北。吾辈自初会话，兰公之寓也"。

洪大容在书内给我们带来有关乾净胡同的信息是：乾净胡同是一条不长的胡同。它距离正阳门约二里许，位于煤市街往东、正阳门往西。正阳门西边、与煤市街平行的街道名为粮食夹道，该街在正阳门大街身后，同煤市街均为由北向南的走向。据洪大容所述，乾净胡应当在此范围之内。那么，在明清两代的历史地图和文献著作内，京师正阳门外有没有以"乾净"命名的胡同呢？

且看以下相关史料：

（1）明嘉靖三十二年（1553），为防蒙古俺答部掠扰，建京师外城以御之。但是，由于多种原因，仅初步建成城南部分。在此后的明代地图中，洪大容所记的方位内由南向北的胡同有：干井儿胡同、井儿胡同、云居寺胡同、张善家胡同、施家胡同、蔡家胡同等。②

（2）明嘉靖三十九年，张爵著《京师五城坊巷胡同集》，在《南城·正东坊》栏目下，有"乾井儿胡同"，其排列顺序与上文地图同，不同的是，在乾井儿胡同平行走向的顺序中，新加入如王皮胡同等。需要指出的

---

① 〔朝鲜〕洪大容、李德懋：《乾净衕笔谈·清脾录》，邝健行点校，上海古籍出版社，2010。以下凡引是书之《乾净衕笔谈》者，不另加注，专此说明。

② 侯仁之、岳升阳主编《北京宣南历史地图集》，学苑出版社，2012，第21页。

是，干、乾同音、同义，可互写，其意与湿相对应。

（3）清乾隆十五年（1750）的《宣南图》中的同一方位为"干井儿胡同"，东西两边的街道是粮食夹道和煤市街。①

（4）乾隆三十二年至乾隆三十四年间，著名学者、乾嘉学派的主将之一钱大昕在一首诗中写道："甘井汲泉宜勿幕（习庵寓甘井胡同），官园种菜只如乡（予寓官菜园上街）。"这是笔者第一次看到官方称的"干井儿胡同"被钱大昕写作"甘井胡同"，其意义深远。②

（5）京师的会馆云集在宣南，而同一位置的"乾井胡同"则因有赣宁会馆而名著京华，是为乾隆五十三年事。③

（6）道光二年（1823）朝鲜李朝徐有素对京师记有：正阳门"大街西边，市房后有里街，曰珠宝市，曰粮食店，南至猪市口，又西半里许，有里街，曰煤市桥，曰煤市街，南至西猪市口，其横衔曰……大栅栏，曰大齐家胡同……曰乾井胡同。"④ 这是朝鲜燕行者记录"乾井胡同"方位最为清晰的标志。

（7）清光绪间，朱一新将此平行的十三条胡同一一列出，其中，紧临西珠市口大街最近的胡同，即甘井衚衕，并注明此胡同有二口井。⑤ 因朱一新参加了官方《顺天府志》编纂，所以，他的著作应视为清官方第一次称"乾井胡同"为"甘井胡同"。

（8）1930年至1935年，陈宗蕃在编著《燕都丛考》时，同朱一新的提法一致，两次均称以前的"乾井胡同"为"甘井胡同"。详见其第三章《外二区各街市》。

（9）中华人民共和国成立后，甘井胡同则"位于宣武区东北部，大栅栏街道办事处辖域东南端，前门大街西侧，珠市口西大街北侧。呈东西走向。东起前门大衔，西止煤市街，东段横穿粮食店街南段，北与湿井胡同为邻。全长约270米，宽约4米。沥青路面。门牌：1～29号、2～34号。

① 侯仁之、岳升阳主编《北京宣南历史地图集》，第24～25页。
② 钱大昕：《潜研堂集·潜研堂诗集》卷10"柬习庵"，吕友仁校点，上海古籍出版社，2009。
③ 吴长元：《宸垣识略》卷10《外城二》十。
④ 〔朝鲜〕徐有素：《燕行录·燕京桥街坊市》，见林基中《燕行录全集》卷80。
⑤ 朱一新：《京师坊巷志稿》卷下。

明代此胡同属正西坊，称乾井儿胡同。因此胡同原有一口水井，水浅常干，故称干井儿胡同。清沿用此称……现胡同内主要为民居。单位有煤市街小学（原甘井胡同小学）、大栅栏房管所"①。这应是新中国成立后对甘井胡同最全面的注释，文内有误之处，不再引用。必须指出，随着近些年来煤市街拓宽马路和拆迁工程的不断进行，甘井胡同将会空有其名！

（10）会馆文化是宣南文化的重要组成部分。因此，《大栅栏重要史迹分布图》中特别标出赣宁会馆位于甘井胡同。② 实际上，这应是赣宁会馆分馆、甘井胡同小学的前身。

（11）《北京地名典》称："关于这条胡同的得名，说法不一。""尽管是口常干之井，也不能填。因之，可能是个储存蔬菜或肉食之干井"③。因此，谓之干井胡同。

综上排列考述，可知今之甘井胡同与洪大容笔下的乾净胡同同属一条胡同。有明以降，我国历朝历代有关京师的各种地图、文献著述，以及朝鲜使清的不同人士的著录中，按照洪大容所记的方位，没有"乾净胡同"，只有乾［干］井、甘井等与之读音相近的胡同名称。那么，乾井胡同为何成了"乾净胡同"呢？其一，朝鲜人读中文之乾井与乾净读音相近；其二，洪大容在其著作的题目上，将历史上的干井胡同更名为"乾净胡同"，这恐怕是这位大学者"别有一番滋味在心头"而有意为昕。总之，洪大容的名著《乾净衕笔谈》中的"乾净胡同"就是清乾隆年间的乾井胡同，即当今之甘井胡同。

三　寻踪"天陞店"

自乾隆朝开始，乾井胡同在京师宣南声名日著，其主要原因是以曹仁虎为代表的一些汉族名臣名士居住其间。曹仁虎，字习庵，江苏嘉定人，乾隆二十六年成进士，后居乾井胡同，官至日讲起居注官、充侍讲学士，"每遇大礼等，高文典册多出其手"④。声望颇著，士人皆敬之。他与王鸣

① 宣武区地名编辑委员会：《北京市宣武区地名志》，北京出版社，1993，第239～240页。
② 王世仁主编《宣南鸿雪图志》，中国建筑工业出版社，1997，第71页。
③ 王彬、徐秀珊主编《北京地名典（修订版）》，中国文联出版社，2008，第393页。
④ 《清史列传》卷72，《文苑传三·曹仁虎》。

盛、王昶、钱大昕等七人并称"吴中七子"①，人称羡之，华冠都城。他与陆飞、潘庭筠、严诚等皆居于此。钱大昕在自编《年谱》"乾隆三十年乙酉"条内，评价陆飞、潘庭筠、严诚"皆一时杰出者"。与之居住附近，还时有过从者，如王夫之、陈廷敬、李光地、钱大昕、孙翼谋、张问陶、朱轼、查礼、徐朗亭等汉族的名臣、名士、儒商也为乾井胡同增添了名气。可以说，乾井胡同在乾隆朝前后是一条文化氛围很浓的胡同。因此，当笔者考证出洪大容笔下的"乾净胡同"的确切地方位之后，继之而来的问题就是成就"洪严之交"的"天陞店"在哪个院落，找寻出天陞店在今天的具地位置，不仅是笔者的期望，同时，也应是考证《乾净衕笔谈》若干待解之迷的"重中之重"。

　　大凡客店的位置，大都在繁华地区。康熙二十三年（1684），清廷开海禁之后，京师及相关地区的民间旅店业和同乡会馆都得到了发展。其时，在外城的前门、西河沿和打磨厂等地均属繁华街区，客源丰盈，因此，清代的民间客店多聚集在这些地区，每座客店都有自己的服务特点，从而形成其招徕客源的经营之本；与此同时，它的店名也是有针对性的，那些以接待外地进京赶考的举人为主的客店，其牌匾则有"连陞店""三元店""奎元店""状元店""高陞店"等，而本文之重点"天陞店"也在此列，更有朝鲜来京人士在宣南永光寺西街看到并记下了"八宝会试店"②，这些店名都是为了迎合住店客人的心理需求，使之讨个吉利，从而，让客人一进店门便有"店家、店家，进店如到家"的亲切之感。关于经营客店的上述条件，本文之重点"天陞店"均具备之，更有不同之处，即在于本店选址在乾井胡同内，使之闹中取静，非常符合举人们考试前的要求，这也是其颇受欢迎的一个原因。

　　当我们从天陞店的选址、店名等方面予以简要分析后，天陞店在今天的具体位置就显得更加重要。解决这一问题，还须从洪大容的《乾衕笔谈》说起。

　　以下，笔者按时间先后，将洪大容对天陞店的记录顺序排列：

　　（1）二月初三日，洪大容"饭后三人同车，出正阳门。行二里许，至

---

　　① 《清史稿》卷485《文苑二·曹仁虎》。

　　② 〔朝鲜〕郑元容：《燕槎录·日记》，见《燕行录选集·补遗》中。

乾净同衕，有客店榜云'天陞店'，乃二人之所居也。下车立于门外，令马头先入通之。二人闻之，出迎于中门外，屈身肃揖，极其致恭，引我辈先行，盖中国之俗也。辞谢而后行。将入门，二人先至门，掀簾待之入门，扶我辈坐于炕上，各以椅子对坐炕下，此亦其俗也。东壁　置高足大桌，桌上有书数十卷。中炕而置短足小桌，上覆蓝毡。西北壁下皮箱木柜，皆行囊也"。

（2）二月初八日，"与平仲早往，舍车而入"。

（3）同上日，洪大容问潘庭筠、严诚，"'别后通信，或有商量否？'兰公曰：'煤市街徐朗亭，即弟之表兄也，寄此便是。'……余曰：'朗亭，吾辈行前可得一会面如何？'兰公即呼仆人，使之请来。余曰：'日已晚矣，请俟后日。'遂止之"。

（4）二月十二日，"余早饭随至正阳门外，直往乾净衕，则两僮已候门矣"。

（5）二月十三日，兰公曰："兄辈寄信，须趁此戒人交付于朗亭也。在昔湜湖之从祖稼斋公随兄入京，与关内人程洪一夜订交，几年书信不绝。此有古例，当无彼此邦禁也。"

（6）二月十七日，"早食而往，门者先报，兰公走出迎入。过力闇所居之炕，隔帘而呼曰：'严兄。'力闇曰：'喏。'……掀帘而出，相揖而入。两生所寓同屋而隔壁，门皆向北。吾辈自初会话，兰公之寓也"。

（7）此后，值洪大容回国，他再次强调，"以天陞店在乾净衕衕，名之曰《乾净衕笔谈》"。

据洪大容在《乾净衕笔谈》中提供的这些"实录"，笔者经过分析，可将天陞店概括为三个方面的特点：

第一，天陞店街门较大，应大于当时的"蛮子门"、小于彼时之"广亮门"，院内有中门，在宣南的胡同内的旅店，它应是一座比较大的、非正规的四合院。按照当时建在胡同内这类客店，院内应有房30间或40间左右。

第二，整个院落南向，即在胡同的南边，院内正房为南房，胡同内南向院落有以"南房为正"之说。

第三，天陞店离煤市街很近，这样，它的位置应在乾净胡同的偏西方向。

即便如此，笔者并没有在相关文献和著作中找到天陞店的踪迹。其后，在北京市档案馆发现有关甘井胡同的档案，特别是其铺户档案中，有一份商铺档案资料与洪大容所记的天陞店的状况和笔者的分析非常相近。这座院落既基本符合客店的标准，也同洪大容笔下的天陞店的规模与特点非常接近。这座院落就是民国时期甘井胡同的24号，其时，它也是一座客店，名曰"涌泉店"。

笔者对"涌泉店"的店名有三层理解。（1）盼乾井能涌泉。（2）祝住店的士子文思如涌泉。（3）愿本店的客源如涌泉。可见，涌泉店仍是一座以文人学士为主要客源的旅店。

巧合的是，在以档案、文献为主要资料来源的《北京会馆资料集成》中，同样有一座民国时期在乾井胡同内24号的建筑物，这就是名著京华的赣宁会馆。严格地说，它应是赣宁会馆分馆或赣宁会馆"附产"。因为在它之前，在西珠市口34号（今49号）已有赣宁会馆。为了适应应试举人不断增加的需要，复建此馆，其性质属"同乡试馆"[1]，"占地"0.915亩（一说0.92亩），有房31.5间"，"路南"。[2] 以上内容与洪大容的记录及笔者的考证越来越相近了。如众所知，经商者的经营理念是：在购买某一处房产准备做买卖时，一般都尽量不动或不大动原来院落的结构布局，结合其原店特点，少花钱，多办事，多属修修补补，简单装修，为的是尽早开业。有些经营者则利用原店的人气，继续做与前者相近或相同的生意。结合以上考证和辨析，笔者认为：赣宁会馆是在乾井胡同内早于涌泉店、晚于天陞店的格局基本没变的同一个建筑物。它们同在一个位置，即民国时期的24号，现在的18号！笔者以为，在会馆林立的宣南，赣宁会馆分馆能够后来居上，并成为宣南"会馆之著者"，这与它承用天陞店店址和天陞店的原有声誉有直接关系。

1954年8月，在甘井胡同18号成立了甘井胡同小学。毕业后多年的本校学生曾同我清晰地回忆着他的母校：校门比较大，不像胡同里一般四合院的门，进去有门道，有中门，二进院，都是平房，有30到40间房

---

① 李金龙、孙兴亚主编《北京会馆资料集成》中，学苑出版社，2007，第792页。

② 北京市档案馆编《北京会馆档案史料》，北京出版社，1997，第766页；白继增：《北京宣南会馆拾遗》，中国档案出版社，2011，第255～256、432页。

（含教室和教研室），总看着像个旅馆。为这还问过老师，老师说，他也听说过以前就是个旅馆。如今，我的孩子的这些同班同学大多是各自行业里的骨干，有的还是大学老师。这些口述史更加使我认定，此地就是洪大容笔下天陞店的旧址！1977年2月，培英胡同小学被并入后，合名为煤市街小学，后因拆迁，今已不存，惜哉！

从乾隆三十一年出现在洪大容笔下的天陞店，到乾隆五十三年已成京师"会馆之著者"的赣宁会馆，再到我们已知的涌泉店，直到甘井胡同小学、煤市街小学，从已知的档案、文献和回忆来看，这一座至少经历了两个多世纪的院落，传承有续，有证可查。在几度风雨、几经变迁、历经沧桑之后，让人们怀念的是：它们在不同的时代，都在做着与教育有关的事，从而使笔者感到它们经历的似是在一脉相承、"心有灵犀"。感谢洪大容为我们留下了具有重要意义的天陞店的史料！

四　"乾井"因何改为"乾净"

洪大容在读、听、说、写中文方面，堪称具有上乘水平，他自己曾说："京里的人者呢（这里指北京），他说的话我懂得，我说的话他也是懂得。两位（指严诚、潘庭筠）说的话真个都不懂得。"洪大容认为，这是因为"南方语势与北京大异，多不解听"。这说明他虽然听不懂杭州地方话，但对于当时的北京"普通话"，他却能听得清楚明白。这就是说，在具备上述四方面条件的情况下，他原原本本将在天升陞店笔谈的内容写成《乾井衕衕笔谈》，不存在任何问题！既如此，那他为什么一定要写成《乾净衕衕笔谈》呢？显然，其中必有原因。长期以来，这个问题不断引起中外学者的关注和讨论，真可谓仁者见仁，智者见智。对此，笔者将以《乾净胡衕衕笔谈》为核心，从以下三个方面提出自己的认识。

第一，洪大容认为，他同严诚、潘庭筠等乾隆朝士人的笔谈内容是清白干净的。洪大容在二月初三日，同严、潘初次见面时即明确表示："衙门如有阻搪之弊，鄙等当先期出待于门外，择**乾净**去处，更为一日之会无妨。"这就说明：中朝两国学者对"乾净"一词含义的理解是一样的。洪大容在同严诚、潘庭筠等学子的笔谈中，涉及内容非常广泛，包括政治、思想、学术、人物、文学、戏剧、历史、民俗、风景名胜、科举考试、天文地理以及各自的年龄、家庭、籍贯等许多方面。洪大容此行本意是"其所大愿，则欲得一佳秀才会心人，与之剧谈"。双方见面晤谈后，严诚则说："既成相好，不当作客话。""此宜只说真话。"双方一拍即合，畅所欲言，时有欲罢不能之势。

如何看待满族建立的清王朝，这在当时是一个极为敏感的问题。洪大容对于这一重大问题与多数朝鲜使节和学者等人认识不同，他明确表示，"天地为一大父母，同胞何间于华夷哉？两兄既许以知己，弟亦当抗颜，而自处以知己也"。其间，尤为突出的是，他说："舜，东夷人也；文王，西夷人也；王侯将相宁有种乎?! 苟可以奉天时而安斯民，此天下之义主也。本朝入关以后，削平流贼，到今百有余年，生民安堵，其治道可谓盛矣。"论及康熙帝，洪大容对严诚等人说："康熙皇帝，我东称以英杰之君，此一事亦历朝之所不及。"这大概是洪大容提出"择一**乾净**去处，更为一日之会无妨"的原因吧！

第二，洪大容在《笔谈》中写出了他同严诚等人在乾净衕衕结下的友谊是高尚纯洁的。其因在于：自从在他们之间有了"只宜说真话"的共识后，随着讨论内容的扩大和深入，他们之间的友谊也在与日俱增，并显示出他们之间的友情高尚而纯洁。在乾隆朝文网严密、文字狱层出不穷，甚至株连九族的情势下，严、潘等人仍与之倾心交谈，这让洪大容喜出望外，实现他久盼来华之"大愿"！至于别后通信，又有煤市街儒商徐朗亭的帮助，更无后顾之忧。"洪严之交"正是在这个过程中形成的。

洪大容在初次见面就感受到"一面如旧，幸慰大愿，真有志者事竟或也。只恨疆域有限，后会无期，顾此爱慕之诚，何日忘之？"严诚也写道："鄙等至性之人，未遇真正知己，今日之会……足以感人矣。"可谓"天涯知己，千古所无！"我等"从未见有倾盖铭心、真切恳至如吾兄者也"。洪大容的"同胞何间于华夷哉"，即由此起。所以，严诚于初六同日当即回复，"惟朋友知己，虽骨肉之戚，无以过之"。初八日，在研讨了程朱等学后，严诚感此友谊之珍贵，遂有"丈夫虽有泪，不洒别离时"之感。十七日，他们在讨论科举制时，严诚痛斥科考之弊，并举出了一系列作弊手段，洪大容即答曰："此实天下同！"说明他们在不同国家看到的情况是一样的。在洪大容谈到"中国衣冠之变"等敏感话题时，严诚针对潘庭筠奋然说道："天知地知子知我知，老兄何畏而有此粧撰？湛轩笃实君子，汝以渠为何等人耶?!"当他被以当时形势而提醒时，严诚则更以"砍头便砍头，此严将军语也！"此情此景使洪大容深受感动，"呜呼，此意良厚，吾未敢言矣"。

与此同时，严诚已被洪大容的人品和学识所折服。他在《养虚堂记》中开篇即写道：洪大容"既与余相见，则欢然如旧识。嗟呼！余何以得君哉！洪君于中国之书无所不读，精历律算卜战阵之法。顾性笃谨，喜谈理学，具儒者气象"。并再次表示出敬佩洪大容之"为人"。及至二十六日，洪大容归国之期日近，他难过地表示，"从此永别之外，无他策矣"。又说："吾辈偶然邂逅，情投气合，相许已知己。一朝星散，永作生死之别，其离怀之愁绝，相思之断肠，不须言；只各相勉戒，迁其善，改其过。"前日之"同胞何间""当如贤弟（指严诚）之言"。严诚喜形于色，以"死且不朽"面赠！表示"海枯石烂，永远不渝，"复言"海枯石烂，勿忘今日！""大书'惨极'二字，又无数打点于其下"。严诚"含泪颦蹙，以手指心而示之而已"。

是月二十八日，洪大容评价严诚："甚矣！铁桥子之好学也。闻一善言，如嗜欲然。"更可贵者，"以其言颇切直！"次日，即洪、严离别之日，严诚再书致洪大容，"诚以所欲言于足下者，虽累万言不能尽"，"至于临分惜别之语，我辈方以圣贤豪杰相期……他日各有所成就，虽远在万里之外，固不啻朝暮接膝也！""别绪万千，唯知己默鉴而已"，"鸭江水急，千万珍重！"洪、严等人的行动，深深感动了仆人等服务人员，"渠也看来不觉泪下云"。源于此，才有后来的《中朝学士书翰》《天涯知己书》《日下题襟合集》等朝中学者的著作，传颂着他们的友谊。

被后人称之为"天涯知己"式的洪严之交在中朝关系发展史上具有跨越国界、超越时代的重要意义，其重要原因就是因为洪大容、严诚等朝中学者的友谊是高尚而纯洁的。遗憾的是，见证这种友谊的天隍店旧址已荡然无存！这种无可弥补的损失永远需要我们反思和铭记。

第三，洪大容的"厌清"思想是襟怀坦荡的；其"思明"意识则是由来已久的感恩情结。二月初四日，即洪、严等人认识的第二天，一场衣冠、"场戏"的讨论揭开了洪大容认识清王朝的另一面。请看以下对话：

潘庭筠问："贵处朝服皆纱帽团领乎？"

洪大容答："然。亦有上衣下裳，金冠玉珮之制。"

潘庭筠问："国王戴何冠？"

洪大容答："冕旒。亦有便服之冠。"

潘庭筠问："如此制乎？"

洪大容答："然。""中国戏台专用古时衣帽，想已习见之也。"

潘庭筠问："来此见场戏乎？"

洪大容答："见之。"

潘庭筠问："场戏有何好处？"

洪大容答："虽是不经之戏，余则窃有取焉。"

潘庭筠问："取何事？" 余笑而不答。

潘庭筠说："岂非复见汉官威仪耶？""余笑而颔之。又，余入中国，地方之大，风物之盛，事事可喜，件件精始；独剃头之法令人抑塞。吾辈居在海外小邦，坐井观天，其生靡乐，其事可哀；惟保存头发为大快乐事！两生相顾无语。余曰：'吾于两位，苟无情分，岂敢为此言乎？'皆颔之。"

此后，洪大容在谈论衣冠、场戏时进而指出："中国衣冠之变，已百余年矣。今天下惟我东方略存旧制，而其入中国也，无识之辈莫不笑之。呜呼！其忘本也！见帽带则谓之类场戏，见头发则谓之类妇人，见大袖则谓之类和尚，岂不痛惜呼?!"借此，洪大容心怀坦荡地向严诚、潘庭筠说出了自己厌清的原因。

其实，洪大容记载的由场戏、衣冠引发的这种"厌清思明"的思想并非只此一处。在其著《湛轩书》中，他就由此而批判了乾隆朝的腐败。他指出，清乾隆时，演戏之风"甚至于流入大内，耗经费，旷万机。至于今，戏台遍天下。尝见西直门外，有戏具数车，皆藏以红漆柜子。使人问之，答云：'自圆明园罢戏来。'盖皇帝所玩娱也。正阳门外有十数戏庄，自官征税，有差。其大者，创立之费银已八九万两，修改之功不与焉。则其收息之繁富，亦可想也。盖一人一日之观，予之三四两银，则不惟戏玩之娱而已。茶酒果馐极其珍美，饱嬉终日惟所欲，所以绮纨富豪耽嗜而不知止也。此其淫靡杂剧，王政所必禁。惟陆沉以来，汉官威仪、历代章服，遗民所耸瞻，后王所取法，则非细故也。且以忠孝义烈，如《五伦全备》等事，扮演逼其真。词曲以激扬之、笙箫以涤荡之，使观者愀然如见其人，有以日迁善而不自知。此其惩劝之功，或不异于《雅》、《南》之教，则亦不可少也"①。是年正月初四日，他在剧场看戏，当扮演官员的演员出场后，"其官人皆着网巾、纱帽、团领，宛有华制。耸肩大步，顾眄有度，所谓汉官威仪者，其在斯矣。但既不识事实，真是痴人前说梦，满座欢笑，只从人褒如而已"。尽管清王朝的翻译在对燕行使发问时，回以"清人为侮辱汉官，而设此戏。然，此后如有真主起，欲复洪武故制，其在斯欤，其在斯欤！"② 实际上，洪大容在上文两次提到的"汉官威仪"及"惟陆沉以来，汉官威仪、历代章服，遗民所耸瞻，后王所取法，则非细故也"，也正含此意。

对于明朝制度，洪大容明确表示："安于故常，不忍忘明制耳。"洪大容等李朝君臣因何对前明怀有如此感情？他对严诚、潘庭筠严肃指出："万历年间，倭贼大入东国，八道糜烂。神宗皇帝动天下之兵，费天下之财，七年然后定；到今二百年，生民之乐利，皆神皇之赐也！且末年流贼之变，未必不由于此，故我国以为由我而亡，没世哀慕，至于今不已！"对此，李朝孝宗也谕以"（明）神宗皇帝再造之恩，自开辟以来，亦未闻于载籍者。宣祖大王所谓义则君臣，恩犹父子，实是真诚痛切语也！呜呼！昊天降割，致有今日，思之肠断，岂忍言！岂忍言！"③ 因此，"我国于前明有再造之恩"。如今，"惟中国之剃头变服，沦陷之惨，甚于金、元时，为中国不胜哀涕"。严、潘二人"相顾无语"，"盖见余之眷眷明朝，气色颇以为难便，此则其势亦然矣"。其间，洪大容还列举一系列实例，说明汉族官民对前明及其服制的眷恋。至此，洪大容的"厌清思明"的思想已跃然纸上。需要指出的是，洪大容的这种认识不是单一的，他所代表的是李朝君臣的群体意识。

简言之，洪大容在《乾净衕笔谈》中，既以"王侯将相宁有种乎"，肯定了清王朝的合法性，又从场戏衣冠、科考之弊和中朝联合抗倭等史实，对之予以了否定。这种看似矛盾的两方面，一方面说明了洪大容在

---

① 〔朝鲜〕洪大容：《湛轩燕记》卷 4《场戏》，见成均馆大学校大东文化研究院编《燕行录选集》上，东国文化社，1962；〔韩国〕林基中编《燕行录全集》第 42 卷，东国大学校出版部，2001。

② 〔朝鲜〕李商凤：《北辕录》卷 5。

③ 吴晗辑《朝鲜李朝实录的中国史料》九《孝宗实录八年》，中华书局，1980。

"华夷之辨"问题上的不同凡响；另一方面则说明他受到的历史局限，而这种局限是因其深受李朝以客观事实为基础的，更无可非议的传统尊明思想的影响。在这种情势下，洪大容对清王朝的评价已经具有了划时代的意义，源于此，才有北学派后来者朴齐家在其著《北学议》中写出了"力学中国！"这是洪大容在《乾净衕笔谈》中留给我们的宝贵财富。与此同时，洪大容在这部传世名著中还给我们留下了乾净衕衕、天陞店和"洪严之交"等珍贵遗产。这些地点与佳话使我们更加理解了洪大容主张的找一个"乾净"之处，与"会心人"倾心交谈，只谈"真话"而不说"客话"。在此基础上，经过数日多方面且无拘无束的交谈，有时甚至是"多犯时讳"之后，洪大容与严诚成为了"天涯知己、千古无两"的异国挚交！而成就这段传世佳话的"乾净"去处就是乾隆年间的乾井胡同内的天陞店（今之甘井胡同 18 号，即拆迁前的煤市街小学）。洪大容"以天陞店在乾净衕衕，名之曰《乾净衕笔谈》"，此著后又改名《乾净笔谈》①，这就进一步说明了将"乾井"改名"乾净"的深意。应当看到，这不是一个简单的读音相近的问题，而应用上述内容去理解其书名之真意，认识到洪大容为此书付出的真情实感与良苦用心！

（作者单位：中国人民大学）

---

① 见上文引用之《燕行录选集》卷 5、卷 6 和《燕行录全集》卷 42。

清朝殿试时间考

于爱华

摘　要： 殿试是科举考试中最高级别的考试形式，清朝殿试已经制度化和规范化，在考试试期、场次、规格、考官等方面皆有明确规制。清朝殿试在实际操作过程中，受外界因素影响较多，试期变化较大。本文根据《清实录》及相关资料记载，对清朝殿试时间进行统计，并分析其特点及变化的相关原因。

关键词： 殿试　试期　《清实录》

科举制度从明朝开始，进入了规范化、标准化的时代，从乡试、会试到殿试，在考试内容、考官选派、试期、场次、命题等方面均有严格规定，清代亦如此。制度化的考试便于实际操作，凡乡、会试年，只须照章办理即可。但实际上，任何制度都是有变化的，在执行过程中受各种因素的影响，如清代的乡试就曾因天灾、战乱等原因而调整考试日期，但总体来说，变化不大。就考试时间而言，清代的殿试变化最大，而研究清代科举者似乎对此关注不够。本文仅就殿试考试的时间进行考证，并做相关分析。

一　关于殿试时间的制度规定

首先，我们先来看一看清代对殿试时间所做出的具体规定。清代对殿试时间的规定不像乡、会试时间那样较为稳定，而是经过多次调整，至乾隆朝始成定制。这主要在于殿试的特殊性。

自顺治朝决定开科取士始，便对殿试试期有明确规定。王庆云所谓，

"初，会试以二月，则殿试在三月，唯加科无常期"①，只是讲考试月份，而非具体日期，恐怕就在于清初殿试试期有很大变数，太不固定。特别是加科、恩科无固定时间。顺治元年（1644），"诏以三年夏四月初一日殿试"②。这个殿试时间是诏书中所提及，只针对顺治三年的殿试，尚不属制度规定。而事实上，顺治三年并未遵循此时间，是科会试揭晓后，礼部奏言："旧例，会试中试举人于殿试传胪之后、释褐以前，各穿进士巾服，至于状元冠服，及诸进士钞锭，皆有钦赐。兹殿试届期，请旨定夺，以便遵行。得旨：三月十五日殿试，明朝巾服不准用……"③ 由此把殿试的日期定在三月十五日。这是清朝历史上第一次对殿试日期的制度规定。当年即遵旨而行。④ 其后，有沿此例者，亦有不遵者，如顺治六年殿试于四月十二日举行，⑤ 顺治九年于三月二十五日举行，⑥ 顺治十五年因覆试江南乡试举子，殿试改期于四月初二日举行。⑦ 顺治十八年，因顺治皇帝病故，科考时间有所变动，会试延期至三月，殿试也相应推迟至四月二十五日举行。⑧

康熙朝开科取士次数较多，殿试试期亦有新的规定。康熙三年（1664），礼部题："殿试定例于三月十五日，今三月十八日恭遇万寿节，请将殿试之期改于三月二十二日举行。"获准。⑨ 在皇帝生日的前三天举行殿试，显然会影响万寿圣节的筹办，而顺治三年的规定又不可能考虑到这一点。因此，康熙朝将殿试试期改在万寿圣节之后的四月二十二日当然是可以理解的。这也是清朝第二次确定的殿试试期。然而，只行本年一科，其后，又将殿试试期规定为三月二十日。⑩ 遂为康熙一朝所遵循。其间亦有变动，如康熙五十一年，开始实行会试覆试，并由康熙帝

---

① 王庆云：《熙朝纪政》卷1《纪殿试、朝考》。

② 光绪《大清会典事例》卷361《礼部·贡举·殿试》。

③ 《清世祖实录》卷25，顺治三年三月辛亥。

④ 见《清世祖实录》卷25，顺治三年三月壬戌。按：是月为戊申朔，壬戌为十五日。

⑤ 见《清世祖实录》卷43，顺治六年四月庚子。按：是月为己丑朔，庚子即十二日。

⑥ 见《清世祖实录》卷63，顺治九年三月丙申。按：是月为壬申朔，丙申即十五日。

⑦ 见《清世祖实录》卷116，顺治十五年四月戊辰。按：是月为丁卯朔，戊辰即初二日。

⑧ 见《清圣祖实录》卷2，顺治十八年四月甲辰。按：是月为庚辰朔，甲辰即二十五日。

⑨ 《清圣祖实录》卷11，康熙三年二月壬戌。

⑩ 王士禛：《池北偶谈》卷4《谈故四·殿试改期》，中华书局，1982，第74页。

亲自主持，于是，殿试试期改为四月初二日。① 康熙五十二年，增开万寿恩科，乡试定于二月，会试于八月，殿试遂推迟至十月初九日举行。② 康熙五十四年、六十年则是四月初二日举行，③ 康熙五十七年于四月初五日举行。④

雍正朝殿试试期变化较大。雍正元年（1723），特开登极恩科，四月举行乡试，九月举行会试。雍正二年则二月举行乡试，八月举行会试，恩、正两科的殿试试期分别推迟至十月二十五日、⑤ 十月初二日举行。⑥ 雍正五年，"以今年闰月，节气稍迟，二月天寒，故将会试日期改至三月"⑦。因当年闰三月，天气寒冷，因而殿试试期相应推迟，至四月初二日举行。⑧ 雍正八年为四月初一日，⑨ 雍正十一年则是三月二十九日。⑩

乾隆朝对殿试试期进行新的规范。乾隆十年三月，定殿试日期。谕："向来会试之期在二月，则三月发榜，四月初间殿试。雍正五年、乾隆二年，会试改期三月，则四月发榜，五月初间殿试。朕思五月天气渐热，向来改殿试之期者，因三月会试，系偶一举行之事。今三月会试，已着为定例，则殿试之期自应酌量变通。着自今科为始，于四月二十六日殿试，五月初一日传胪。"⑪ 因天气变热原因，将殿试试期规制为四月二十六日，乾隆十年便按此规定执行，⑫ 但实际上，在执行过程中因种种原因而有所变化。如乾隆十三年是四月二十三日，⑬ 乾隆十六年是五月初十日，⑭ 乾隆十七年是九月二十六日，乾隆十九年是四月二十六日，乾隆二十二年是五月

① 《清圣祖实录》卷 250，康熙五十一年四月甲寅。按：是月为癸丑朔，甲寅为初二日。
② 《清圣祖实录》卷 256，康熙五十二年十月癸未。按：是月为乙亥朔，癸未为初九日。
③ 《清圣祖实录》卷 263，康熙五十四年四月丁卯。按：是月为丙寅朔，丁卯为初二日。
④ 《清圣祖实录》卷 278，康熙五十七年四月癸未。按：是月为乙卯朔，癸未为初五日。
⑤ 《清世宗实录》卷 12，雍正元年十月辛未。按：是月为丁未朔，辛未为二十五日。又见王庆云《熙朝纪政》卷 1《纪殿试、朝考》。
⑥ 《清世宗实录》卷 25，雍正二年十月壬申。按：是月为辛未朔，壬申为初二日。
⑦ 《清世宗实录》卷 54，雍正五年三月庚寅。
⑧ 《清世宗实录》卷 56，雍正五年四月戊子。按：是月为丁亥朔，戊子为初二日。
⑨ 《清世宗实录》卷 93，雍正八年四月己亥朔。按：是月为己亥朔，己亥为初一日。
⑩ 《清世宗实录》卷 129，雍正十一年三月庚戌。按：是月为壬午朔，庚戌为二十九日。
⑪ 《清高宗实录》卷 236，乾隆十年三月乙亥。
⑫ 《清高宗实录》卷 236，乾隆十年四月戊辰。按：是月为癸卯朔，戊辰为二十六日。
⑬ 《清高宗实录》卷 312，乾隆十三年四月己卯。按：是月为甲寅朔，己卯为二十三日。
⑭ 《清高宗实录》卷 288，乾隆十六年五月丙午。按：是月为丁酉朔，丙午为初十日。

初十日，乾隆二十五年是五月初五日。① 乾隆二十五年始，会试开始实行磨勘惯例，殿试于是推迟至五月初五日举行。②

乾隆二十六年再次降旨规定："令会试发榜次日速磨勘，不得稽延，应克日就理。并定：嗣后四月二十一日殿试，二十五日传胪。"③ 至此，四月二十一日作为殿试日期成为定制。④ 这也是清朝最后一次确定的殿试试期，并成为定制，以后再无更改。

二　历科殿试时间之考察

上面谈到了有关殿试时间的规定，那么有清一代的殿试遵循定制的情况又如何呢？我们根据《清实录》对殿试时间的记载做成表1，以便于观览。

表1　清朝殿试时间统计

科　分	时　间	科　分	时　间	科　分	时　间
顺治三年丙戌科	三月壬戌（三月十五日）	顺治四年丁亥科	三月丙辰（三月十五日）	顺治六年己丑科	四月庚子（四月十二日）
顺治九年壬辰科	三月丙申（三月二十五日）	顺治十二年乙未科	三月庚子（三月十五日）	顺治十五年戊戌科	四月戊辰（四月初二日）
顺治十六年己亥科	九月癸酉（九月十五日）	顺治十八年辛丑科	四月甲辰（四月二十五日）		
康熙三年甲辰科	三月甲申（三月二十二日）	康熙六年丁未科	三月甲午（三月二十日）	康熙九年庚戌科	三月戊午（三月初一日）
康熙十二年癸丑科	三月庚寅（三月二十日）	康熙十五年丙辰科	三月壬寅（三月二十日）	康熙十八年己未科	三月乙卯（三月二十日）
康熙二十一年壬戌科	九月乙巳（九月初一日）	康熙二十四年乙丑科	三月庚辰（三月二十日）	康熙二十七年戊辰科	三月己亥（三月二十六日）

---

① 《清高宗实录》卷423，乾隆十七年九月癸未。按：是月为戊午朔，癸未为二十六日。
《清高宗实录》卷461，乾隆十九年四月乙巳。按：是月为庚辰朔，乙巳为二十六日。
《清高宗实录》卷538，乾隆二十二年五月庚子。按：是月为辛卯朔，庚子为初十日。
《清高宗实录》卷612，乾隆二十五年五月戊申。按：是月为甲辰朔，戊申为初五日。
② 《清高宗实录》卷612，乾隆二十五年五月戊申（是月为甲辰朔，戊申为初五日）；吴振棫：《养吉斋丛录》卷9，北京古籍出版社，1983，第84页。
③ 《清高宗实录》卷634，乾隆二十六年四月甲戌；光绪《钦定科场条例》卷55《殿试·殿试读卷·例案》；赵翼：《陔余丛考》卷28《试期》，河北人民出版社，1990，第490页。
④ 陆以湉：《冷庐杂识》卷6《传胪》，中华书局，1984，第325页。

科 分	时 间	科 分	时 间	科 分	时 间
康熙三十年辛未科	三月丙午（三月二十日）	康熙三十三年甲戌科	三月戊午（三月二十日）	康熙三十六年丁丑科	七月壬辰（七月十六日）
康熙三十九年庚辰科	三月癸丑（三月二十日）	康熙四十二年癸未科	四月己卯（四月初四日）	康熙四十五年丙戌科	三月戊寅（三月二十日）
康熙四十八年己丑科	三月辛卯（三月二十日）	康熙五十一年壬辰科	四月甲寅（四月初二日）	康熙五十二年癸巳科	十月癸未（十月初九日）
康熙五十四年乙未科	四月丁卯（四月初二日）	康熙五十七年戊戌科	四月癸未（四月初五日）	康熙六十年辛丑科	四月壬辰（四月初二日）
雍正元年癸卯科	十月辛未（十月二十五日）	雍正二年甲辰科	十月壬申（十月初二日）	雍正五年丁未科	四月戊子（四月初二日）
雍正八年庚戌科	四月己亥（四月初一日）	雍正十一年癸丑科	三月庚戌（三月二十九日）		
乾隆元年丙辰科	四月丙寅（四月初二日）	乾隆二年丁巳科	五月戊子（五月初一日）	乾隆四年己未科	四月丁丑（四月初一日）
乾隆七年壬戌科	四月庚寅（四月初一日）	乾隆十年乙丑科	四月戊辰（四月二十六日）	乾隆十三年戊辰科	四月己卯（四月二十三日）
乾隆十六年辛未科	五月丙午（五月初十日）	乾隆十七年壬申科	九月癸未（九月二十六日）	乾隆十九年甲戌科	四月乙巳（四月二十六日）
乾隆二十二年丁丑科	五月庚子（五月初十日）	乾隆二十五年庚辰科	五月戊申（五月初五日）	乾隆二十六年辛巳科	四月庚寅（四月二十一日）
乾隆二十八年癸未科	四月戊申（四月二十一日）	乾隆三十一年丙戌科	四月庚申（四月二十一日）	乾隆三十四年己丑科	四月癸酉（四月二十一日）
乾隆三十六年辛卯科	四月辛卯（四月二十一日）	乾隆三十七年壬辰科	四月丙戌（四月二十一日）	乾隆四十年乙未科	四月戊戌（四月二十一日）
乾隆四十三年戊戌科	四月辛亥（四月二十一日）	乾隆四十五年庚子科	五月戊子（五月初十日）	乾隆四十六年辛丑科	四月甲子（四月二十一日）
乾隆四十九年甲辰科	四月庚戌（四月二十六日）	乾隆五十二年丁未科	四月戊午（四月二十一日）	乾隆五十四年己酉科	四月丁未（四月二十一日）
乾隆五十五年庚戌科	四月辛未（四月二十一日）	乾隆五十八年癸丑科	四月癸未（四月二十一日）	乾隆六十年乙卯科	四月丁酉（四月十七日）
嘉庆元年丙辰科	四月丙申（四月二十一日）	嘉庆四年己未科	四月己酉（四月二十一日）	嘉庆六年辛酉科	四月丁卯（四月二十一日）
嘉庆七年壬戌科	四月辛酉（四月二十一日）	嘉庆十年乙丑科	四月甲戌（四月二十一日）	嘉庆十三年戊辰科	四月丁亥（四月二十一日）
嘉庆十四年己巳科	四月庚戌（四月二十一日）	嘉庆十六年辛未科	四月戊辰（四月二十一日）	嘉庆十九年甲戌科	四月壬午（四月二十一日）

科 分	时 间	科 分	时 间	科 分	时 间
嘉庆二十二年丁丑科	四月甲午（四月二十一日）	嘉庆二十四年己卯科	四月壬午（四月二十一日）	嘉庆二十五年庚辰科	四月丙午（四月二十一日）
道光二年壬午科	闰三月丙申（三月二十一日）	道光三年癸未科	四月庚申（四月二十一日）	道光六年丙戌科	四月壬申（四月二十一日）
道光九年己丑科	四月甲申（四月二十一日）	道光十二年壬辰科	四月丁酉（四月二十一日）	道光十三年癸巳科	四月辛酉（四月二十一日）
道光十五年乙未科	四月庚戌（四月二十一日）	道光十六年丙申科	四月癸酉（四月二十一日）	道光十八年戊戌科	四月壬戌（四月二十一日）
道光二十年庚子科	四月辛巳（四月二十一日）	道光二十一年辛丑科	四月乙巳（四月二十一日）	道光二十四年甲辰科	四月丁巳（四月二十一日）
道光二十五年乙巳科	四月辛亥（四月二十一日）	道光二十七年丁未科	四月乙巳（四月二十一日）	道光三十年庚戌科	四月癸未（四月二十一日）
咸丰二年壬子科	四月辛丑（四月二十一日）	咸丰三年癸丑科	四月乙未（四月二十一日）	咸丰九年己未科	四月辛酉（四月二十一日）
咸丰十年庚申科	四月乙酉（四月二十一日）				
同治元年壬戌科	五月壬午（五月初一日）	同治二年癸亥科	四月丁酉（四月二十一日）	同治四年乙丑科	四月乙酉（四月二十一日）
同治七年戊辰科	四月己亥（四月二十一日）	同治十年辛未科	四月庚辰（四月二十一日）	同治十三年甲戌科	四月癸巳（四月二十一日）
光绪二年丙子科	四月壬午（四月二十一日）	光绪三年丁丑科	四月丙午（四月二十一日）	光绪六年庚辰科	四月戊午（四月二十一日）
光绪九年癸未科	四月辛未（四月二十一日）	光绪十二年丙戌科	四月甲申（四月二十一日）	光绪十五年己丑科	四月丙申（四月二十一日）
光绪十六年庚寅科	四月庚申（四月二十一日）	光绪十八年壬辰科	四月癸丑（四月二十六日）	光绪二十年甲午科	四月丁卯（四月二十一日）
光绪二十一年乙未科	四月壬戌（四月二十一日）	光绪二十四年戊戌科	四月癸卯（四月二十一日）	光绪二十九年癸卯科	五月戊寅（五月二十四日）
光绪三十年甲辰	五月己亥（五月二十一日）				

根据《清实录》记载，从顺治三年（1646）始至光绪三十年（1904）259 年间，清朝共举行殿试 112 次，其中顺治朝 8 次，康熙朝 21 次，雍正朝 5 次，乾隆朝 27 次，嘉庆朝 12 次，道光朝 15 次，咸丰朝 5 次，同治朝 6 次，光绪朝 13 次。清朝殿试次数最多的是在康熙朝和乾隆朝，分别是 21

次和 27 次，所占比例高达 18.8% 和 24.1%。从表 1 中可以看出：清朝的殿试时间较为杂乱，尤其是顺、康、雍及乾隆二十六年前，变化较大，乾隆二十六年后才基本固定下来。

顺治朝共举行殿试 8 次，但并未严格按照三月十五日定期举行。顺治三年和四年、十二年严格遵循此例。康熙朝 21 次殿试中，有 10 次是三月二十日举行，其余 11 次殿试时间较为混乱。乾隆朝共举行 27 次殿试，有 13 次试期是不固定的，其余 14 次的殿试试期则定于当年的四月二十一日举行，如期举行的比例大约达到 51.9%。嘉庆朝一共举行殿试 12 次，遵循乾隆二十六年定制，于四月二十一日如期举行。道光朝殿试 15 次，其中道光二年（1822），因有闰三月，壬午恩科殿试于闰三月二十一日举行。[①] 而道光二十一年，虽有闰三月，但仍于四月二十一行殿试。[②] 也就是说，道光朝基本上是如期举行的。咸丰朝殿试 5 次，其中咸丰十年（1860）闰三月，殿试仍如期举行。[③] 同治朝殿试 6 次，有 5 次如期举行。其中，同治元年（1860），因四月二十五日为遇上两宫皇太后尊号、徽号与进册宝之期，遂改五月初一日殿试。[④] 光绪朝殿试 13 次，有 10 次如期举行。3 次殿试时间有变化：光绪十八年，以送醇贤亲王金棺，殿试改为四月二十六日举行；[⑤] 光绪二十九年和三十年因会试借闱河南，贡士回京殿试需要时间，故分别于五月二十四日、[⑥] 五月二十一日举行殿试。[⑦]

纵观整个清朝殿试时间，可以乾隆二十六年作为分水岭，乾隆二十六年前虽对殿试时间有过多次规定，但并未固定下来，均未严格执行，殿试时间变化较大；乾隆二十六年后，殿试试期基本固定下来，四月二十一日成为规制，并为以后朝代所遵循。

---

① 《清宣宗实录》卷 32，道光二年闰三月丙申。按：是月为丙子朔，丙申为二十一日。

② 《清宣宗实录》卷 351，道光二十一年四月乙巳。按：是月为乙酉朔，乙巳为二十一日。

③ 《清文宗实录》卷 317，咸丰十年四月乙酉。按：是月为乙丑朔，乙酉为二十一日。

④ 《清穆宗实录》卷 27，同治元年五月壬午朔；光绪《大清会典事例》卷 361《礼部·贡举·殿试》。

⑤ 《续增科场条例》，光绪十八年四月内阁奉上谕；《清德宗实录》卷 310，光绪十八年四月甲寅。按：是月为己丑朔，甲寅为二十六日。

⑥ 《清德宗实录》卷 516，光绪二十九年五月戊寅。按：是月为乙卯朔，戊寅为二十四日。

⑦ 《清德宗实录》卷 531，光绪三十年五月己亥。按：是月为己卯朔，己亥为二十一日。又，商衍鎏：《清代科举考试述录》，三联书店，1958，第 109 页，谓此二科均为五月二十一日，误。

三　清朝殿试时间变动较大的原因

殿试是科举考试中最高级别的考试，殿试就考试时间而言，呈现出自身的一些特点：

第一，殿试考试人数少、考试时间相对集中。殿试试期定于会试揭晓后若干日举行，与会试同属一科，旨在将会试中式的贡士进行面试后重新排名，分为三甲，分别赐予进士及第、进士出身以及同进士出身。就考试时间而言，会试通过后通常留在京师等候殿试，因考虑士子们在京师的盘缠、花费等问题，殿试距离会试时间一般不会太长，相对较为集中。与会试相比，殿试经过层层选拔和筛选，考试人数已经大为减少。有清一朝，殿试人数规模一般在二三百人左右，最多时也未能超过 400 人。因此，殿试时间的调整影响不会太大，也不会给新贡士带来多少麻烦。

第二，殿试时间受外界因素影响较大，试期时有变化。殿试紧接于会试后举行，会试时间的变动将直接影响到殿试。清朝初年会试试期变化较大，导致殿试试期也随之变化。如雍正元年和五年皆有闰月，因天气尚寒，将会试试期由二月改为三月，殿试试期也相应随之变化。此外，殿试是皇帝"亲策于廷"，是由皇帝亲自主持的考试。正缘于此，殿试不像乡试和会试一样严格，受皇帝个人主观因素影响较大，其考试的时间也会有一定的灵活性。如顺治十八年因顺治帝病故，殿试试期延迟到四月二十五日举行；康熙三年因万寿节，推迟到三月二十二日；康熙二十一年因赴盛京谒陵，故至九月初一日殿试；康熙三十六年亲征噶尔丹，殿试至七月十四日举行；乾隆十六年、二十二年因皇帝出巡，殿试改为五月初十日举行；等等。殿试因受会试试期以及皇帝主观因素等的影响，其试期变化远远大于会试。

（作者单位：云南师范大学）

征稿启事

《清史论丛》创刊于 1979 年，由中国社会科学院历史研究所清史研究室主办，是国内清史学界历史最为悠久的学术刊物。数十年来，历经风雨，海内外学术界一直以各种方式对敝刊给予支持，使我们葆有办好《清史论丛》的热情和动力。因改版需要，《清史论丛》现向海内外同仁征集文稿，凡专题研究、学术争鸣、文献研究、读史札记、书评、综述等类撰述均欢迎赐稿。

来稿要求：

1. 请提供打印文本和电子文本，且自留底稿。

2. 稿件请附内容摘要（200 字以内）及关键词。

3. 稿件请附作者简历及联系方式。

4. 打印文本请寄至：北京建国门内大街 5 号、中国社会科学院历史研究所清史研究室《清史论丛》编辑部，邮编：100732。电子文本请发至邮箱 qshlc@ sina. cn。

《清史论丛》编辑部

图书在版编目（CIP）数据

清史论丛 / 中国社会科学院历史研究所清史研究室编 .
—北京:社会科学文献出版社,2015.1
ISBN 978 - 7 - 5097 - 0840 - 8

Ⅰ.①清…　Ⅱ.①中…　Ⅲ.①中国历史 – 清代 – 文集
Ⅳ.①K249.07 – 53

中国版本图书馆 CIP 数据核字（2015）第 019406 号

清史论丛

编　　者 / 中国社会科学院历史研究所清史研究室

出 版 人 / 谢寿光
项目统筹 / 梁艳玲　张倩郢
责任编辑 / 张倩郢　张礼恒

出　　版 / 社会科学文献出版社·人文分社(010)59367215
　　　　　地址：北京市北三环中路甲 29 号院华龙大厦　邮编：100029
　　　　　网址：www. ssap. com. cn
发　　行 / 市场营销中心（010）59367081　59367090
　　　　　读者服务中心（010）59367028
印　　装 / 三河市尚艺印装有限公司

规　　格 / 开本：787mm × 1092mm　1/16
　　　　　印张：23.5　字　数：380 千字
版　　次 / 2015 年 1 月第 1 版　2015 年 1 月第 1 次印刷
书　　号 / 978 - 7 - 5097 - 0840 - 8
定　　价 / 50.00 元